# 中國学術思想 研究輯刊

## 二二編

林慶彰 主編

## 第 14 冊

### 自然與自由的統一
#### ——莊子與康德的比較研究

路傳頌 著

花木蘭文化出版社

國家圖書館出版品預行編目資料

自然與自由的統一———莊子與康德的比較研究／路傳頌 著 --
初版 -- 新北市：花木蘭文化出版社，2015〔民 104〕
目 4+308 面：19×26 公分
（中國學術思想研究輯刊 二二編：第 14 冊）
ISBN 978-986-404-371-2（精裝）
1. 老莊哲學 2. 康德哲學 3. 比較研究
030.8                                                104014685

ISBN- 978-986-404-371-2

9 789864 043712

中國學術思想研究輯刊
二二編　第十四冊                      ISBN：978-986-404-371-2

## 自然與自由的統一──莊子與康德的比較研究

作　　者　路傳頌
主　　編　林慶彰
總 編 輯　杜潔祥
副總編輯　楊嘉樂
編　　輯　許郁翎
出　　版　花木蘭文化出版社
社　　長　高小娟
聯絡地址　235 新北市中和區中安街七二號十三樓
　　　　　電話：02-2923-1455／傳真：02-2923-1452
網　　址　http://www.huamulan.tw 信箱 hml810518@gmail.com
印　　刷　普羅文化出版廣告事業
封面設計　劉開工作室
初　　版　2015 年 9 月
全書字數　280925 字
定　　價　二二編 22 冊（精裝）新台幣 40,000 元

# 自然與自由的統一
## ——莊子與康德的比較研究

路傳頌　著

## 作者簡介

路傳頌，1983年生，安徽省阜陽市界首市人。2006年畢業於淮北煤炭師範學院歷史系，獲歷史學學士學位，同年進入西北大學中國思想文化研究所學習，主要從事道家思想文化研究、中西方思想文化比較研究，分別於2009年獲歷史學碩士學位，2013年獲歷史學博士學位。2013年開始留校任教，教授「歷史學與思想史」「秦漢思想史專題」「中國傳統文化概論」「批判性思維」「西方哲學基本問題及理論」等課程，發表論文多篇。

## 提　要

當代社會迫切需要重新思考人與自然之間的關係，中國古代哲學家不遺餘力地探討「天人之際」，爲當代人提供了豐富的智識資源；西方哲學對自然與自由的關係的討論同樣是對這一問題的思考。莊子與康德對此問題的看法在各自的文化傳統中都具有典型性，對莊子與康德的比較研究有益於當代人對這一問題的重新思考。

莊子與康德二人都把自然分爲可知的自然和不可知的自然兩個維度，即「道」與「物」、「物自身」與顯象以及感性自然或感官世界。就不可知的自然與自由的關係而言，莊子的道與康德的物自身概念在各自的思想體系中，佔據著相似的地位，發揮著相似的功能，都是自由的超感性根據，爲自由提供可能性。物和顯象屬於可知的領域。莊子認爲實體化、客體化的物是從氣化之流的整體中分化出來的，是一種暫時的形態；物與物之間處於彼此對立、相互依賴關係中，是有限的、不自由的。康德認爲物（顯象）本質上是物自身在心靈中的再現，根據心靈用以描述自然的範疇，物遵循嚴格的因果必然律，沒有自由。

莊子與康德二人也都把自我分爲眞實自我與經驗自我兩個方面。莊子一方面主張擴大自我認同的範圍，不受軀體的限制而把整個自然作爲精神的府宅，另一方面主張虛化「成心」亦即經驗自我，使心靈保持開放，不受任何教條式的思想、觀念的束縛。康德認爲自我不在自然之內，而是自然的邊界、自然的立法者。康德把純粹理性作爲眞實自我，實際上是用理性佔據了物自身的位置，並把認識論中的消極本體轉變成實踐中的積極本體。與此不同，莊子否認任何單一的心靈屬性或精神力量有資格成爲眞實自我，而是把「德之和」作爲人的本質自我。

康德的「先驗自由」是一種與自然不相容的自由，不存在於自然之內；康德的「自律」應該被修正爲一種理想化的後天自由，是擁有自由意志的主體應該追求的目標。莊子的「自然」概念本身就含有自由的涵義，自然與自由是相容的；「逍遙」和康德的「自律」一樣也是一種理想化的後天自由，但「自律」是理性的道德自由，伴隨著人的感性被壓抑的痛苦意識，而「逍遙」則是一種審美化的自由，表現爲心靈的諸種精神力量之間的和諧。

康德的自然概念與自由概念之間存在著一個鴻溝，需要用審美和目的論來溝通。康德以「美」統一了自然與自由，但自然與自由的統一隻是通往自由的橋梁，康德的最終目標是要超越自然，達到自由的彼岸。康德在目的論中所承諾的自然與自由的統一，是在以人爲目的、以自然爲工具的等級關係中的統一。莊子認爲根源於「成心」的自我中心主義和人類中心主義使人與自然相互對立，並使人自身陷入不自由的生存狀態之中。康德認爲「自律」的關鍵在於一種思維方式的轉變，莊子也同樣認爲「逍遙」有賴於一種「用心」方式的轉變，並寄希望於通過一種審美的「用心」方式，克服自我中心主義和人類中心主義，恢復人與自然之間的和諧。自然與自由的統一，對莊子來說不是橋梁，而是終極目標。

# 目

# 次

# 引　言

## 第一節　選題意義

### 一、自然與自由

　　從某種意義上來說，自然與自由的關係就是自然與人的關係。在現代漢語中，「自然」一詞既可以理解為名詞，也可以理解為形容詞「自然的」。作為名詞，「自然」一詞首先是指西方近代自然科學所界定的自然界，它包括了由各門科學所研究的大氣圈、水圈、岩石圈、生物圈所構成的環境以及整個宇宙。在前科學時代，「自然」也被理解為事物特性和行為的內在來源，意味著使自然界是其所是的原則、本源。科學的世界觀興起之後，「自然」的這一意義變成自然界中存在的規律性即因果必然性。在英語、德語等語言中，「自然」一詞總是具有這兩種含義──自然物的集合與內在於事物的原則；而這種雙重觀念，是繼承自古希臘的遺產。在希臘文中，自然（physis）的詞根 phyo 意為產生、成長、本來就是那樣，後來指自然而然成長的、變化的東西，physis 就意指本性上就有力量成為「如此如此」的東西。[註1] 在後來的發展過程中，古希臘「自然」這個範疇具有了以下三種意義：1、「自然而然的」，與「人工製造的」相對應；2、「本性使然的」，與「人為約定的」相對應；3、「自然界的」，與「社會共同體的」相對應。[註2]

---

〔註 1〕 參見汪子嵩、范明生、陳村富等著：《希臘哲學史》（第一卷），北京：人民出版社，1988 年，第 610 頁。

〔註 2〕 參見汪子嵩、范明生、陳村富等著：《希臘哲學史》（第二卷），北京：人民出版社，1993 年，第 203 頁。

作爲形容詞的「自然」或「自然的」，其含義主要來源於「自然」的第二種名詞含義，事物的一切源於內在原則的特性和行爲特徵、行爲方式，都被稱爲「自然的」。在這個意義上，與「自然」形成對立的，就是被強制的、矯揉做作的、畸形的、反常的。這種對立的關鍵是，「自然」因爲強制、嬌柔做作、反常，而被損害甚至喪失了。

「自然」作爲自然物的集合，在最完全、最廣泛的意義上，也包括人、人的活動、人的活動成果在內。但「人」這一特殊的自然物如此特殊，以至於經常被與其他自然物區別開來，並形成參照系統中的相互比較甚至相互對立的兩極：人與自然，如此一來就有了自然——藝術、自然——習俗的區別或對立。這種對立的關鍵是：「人」爲「自然」添加了新的因素。

「人」自身也被分爲相互區別甚至對立的兩個方面：天性——教養（文化）。教養與天性的對立體現於約束個體生活的社會規範體系。人們通常認爲，教養使人脫離動物似的野蠻與未馴化的自然狀態，進入文化狀態、文明狀態，因而這一對立對人類文化體系的構成具有根本性的作用。天性是普遍的、始終如一的，文化則是相對的、可變的。生活在任何群體中的人都要滿足衣食住行的需要，但不同的社會群體以不同的標準化解決辦法應對生存需要。文化的相對性的一個體現是：並非所有社會都認同自然——文化的對立；即便是那些承認這一對立的社會，對於什麼是「自然」也有不同的認識，比如，有的社會把女人視爲自然的，文化則被歸於男性範疇；而有的社會則把兒童視爲自然的，文化被歸於成人範疇。這表明雖然自然、天性是普遍的，但「自然」概念、「天性」概念卻是一種社會定義、文化建構。它們作爲一對範疇，不僅是社會定義的產物，也是哲學思考的產物。

規律性或因果必然性這一概念，使自然與人有了另外一層差別：自然是必然的，而人是自由的。這種對立也是一種文化建構，且主要是在西方自然科學影響下的文化建構。

由此可見「自然」是人類理解自身的重要參照或坐標，人們往往通過把自身與自然區別開來的方式，理解自身、確認自身的獨特性，並尋找人類在自然中的位置。對「自然」和「人」的定義、對「自然」和「人」的特徵的描述，是我們藉以感知和理解現實的基本圖式的重要方面。

今天的人類社會面臨著嚴重的環境污染、生態失衡、自然災難。人類賴以生存的生物圈備受摧殘與破壞，已經嚴重威脅到人類自身的生存與發展。

嚴峻的現實逼迫人們反省人類對待自然的態度，反思歷史上對「自然」和「人」的定義，重新思考人與自然的關係、人在自然中的位置。人們認識到人自身的命運與自然的命運深深地聯繫在一起，渴望尋求人與自然之間的和解、統一，同時也重新思考天性與教養的關係，尋求人與自身的和解。當然，這並不意味著抹殺人與自然的差異，而是嘗試著尋找人與自然的真實差異，正視這種差異，在差異的基礎上尋求和解與統一。

## 二、莊子與康德

　　莊子生活在戰國中期。這是中國歷史上的一個大變革時期，各國為了適應兼併戰爭的需要，紛紛進行政治、經濟、軍事、文化方面的改革。從政治角度看，舊的氏族貴族不斷沒落，官僚組織替代了家臣體制，權力運行模式從貴族分權向中央集權過渡。從經濟角度看，井田制與農村公社土地制度瓦解，小農經濟成為主要的生產方式，農民不再依附於貴族，而成為君主政權的經濟基礎。戰爭不再是貴族的專屬權力，自耕小農在成為君主政權的經濟基礎的同時也成為其軍事基礎。戰爭規模和戰爭方式因此而發展巨大變化，殘酷的步兵、騎兵野戰取代了具有貴族禮節的車站。與之相伴隨的是急劇的社會動蕩，大量的自耕農、手工業者負債累累，甚至在戰爭中淪為其他國家的奴隸，佃農、長工和奴婢的數量也因此而增加。另一方面，新的知識分子階層奔走遊說於君主之間，民間聚徒講學之風與大臣「養士」之風盛行。莊子就生活在這樣一個戰亂頻仍、下層人民生活極度困難的時期。

　　司馬遷對莊子的活動年代、生平身世、思想宗旨與特色有簡要的介紹：

> 莊子者，蒙人也，名周。周嘗為蒙漆園吏，與梁惠王、齊宣王同時。其學無所不窺，然其要本歸於老子之言。故其著書十餘萬言，大抵率寓言也。作《漁父》、《盜跖》、《胠篋》，以詆訿孔子之徒，以明老子之術。「畏累虛」、「亢桑子」之屬，皆空語無事實。然善屬書離辭，指事類情，用剽剝儒、墨，雖當世宿學不能自解免也。其言洸洋自恣以適己，故自王公大人不能器之。

> 楚威王聞莊周賢，使使厚幣迎之，許以為相。莊周笑謂楚使者曰：「千金，重利；卿相，尊位也。子獨不見郊祭之犧牛乎？養食之數歲，衣以文繡，以入大廟。當是之時，雖欲為孤豚，豈可得乎？

　　子亟去，無污我。我寧遊戲污瀆之中自快，無為有國者所羈，終身
　　不仕，以快吾志焉。」（《史記‧老子韓非列傳》）

莊子具體的生卒年已經不可考，馬敘倫給出了一個比較寬的生卒年上下限，即周烈王七年（公元前 369 年）至周赧王二十九年（公元前 286 年），其他學者給出了與馬敘倫的上下限很接近的幾種說法：公元前 355 年～前 275 年（呂振羽）、公元前 328 年～前 286 年（范文瀾）、公元前 365 年～前 290 年（楊榮國）、公元前 375 年～前 295 年（聞一多）。〔註3〕莊子的籍貫是一個聚訟紛紜的學術公案，司馬遷說莊子是「蒙人」，卻沒有說明國籍，今人或云是今河南商丘（宋之蒙人），或謂今安徽蒙城（楚之蒙人），還有說是今山東曹縣，莫衷一是。關於莊子的師承，司馬遷僅說他「無所不窺」。成玄英認為莊子的老師是長桑公子，韓愈懷疑莊子出自子夏門人田子方，郭沫若疑其出自「顏氏之儒」，孫以楷認為莊子的老師是老子在秦國的後傳弟子南郭子綦（亦即南伯子綦、南伯子葵、東郭子綦）。〔註4〕

　　司馬遷對莊子生平的記述，除「嘗為蒙漆園吏」外皆能證於《莊子》本書，而《莊子》對莊子的生平事跡的記載有二十九條，比《史記》更為詳細豐富，除《田子方》篇「莊子見魯哀公」和《說劍》篇「莊子論劍」二事，其他都有很高的可信度。這二十七條故事，從各個側面反應了莊子的性格和思想，表現了莊子有傲骨、重氣節，蔑視功名利祿、嚴於律己，追求個人自由和人格獨立，也說明莊子對社會各階層的生活方式都很熟悉，尤其與社會下層各色人物和隱者階層有很廣泛的交往和聯繫。

　　司馬遷對莊子的思想宗旨、思想特點、文學特色以及社會影響的概括也基本符合實際。其學受老子影響最大，重自然，輕禮教；剷剝儒墨，與隱者為伍，對當時的主流知識分子持批判立場；善於為文，但不以文學為牟取功利、聲譽的工具。莊子在當時的社會條件下，能夠「無所不窺」，說明他出身於貴族階層，但他看不慣貴族的生活方式，倒是很親近於自食其力的下層人民；莊子學識淵博，但卻十分蔑視當時的知識分子的裝腔作勢與趨炎附勢，因此既拒絕出仕，也拒絕做依附於權勢的清客。對底層勞動人民生活方式、勞作方式的審美化理解、對隱士文化的繼承和超越，是莊子批判政治、知識、

---

〔註3〕參見任繼愈：《莊子探源》，載《哲學研究》，1961 年第 2 期。
〔註4〕參見孫以楷主編：《道家與中國哲學》（先秦卷），北京：人民出版社，2004 年，第 83 頁。

禮教的根基與參照。莊子絕不是從現代人所理解的沒有文化的野蠻人的立場來批判文明的，「自然—文化」或「自然—文明」之間的截然對立，完全是現代人的理解。莊子的「自然」包含了許多屬於文化、教養範疇的東西，而不是文化、文明的對立面，莊子以「自然」爲基礎批判三代政治與儒家思想，不是批判一般而言、普遍的文化、文明，而是批判一種特殊的文化、文明。

康德生活在啓蒙運動時期。啓蒙運動最突出的特點是對理性和進步的信仰。啓蒙運動的領袖們相信，傳播知識是解決一切社會糾紛的靈丹妙藥，因此致力於使所有人受到教育、獲得知識。啓蒙運動者相信，一定存在著像支配宇宙的物理法則那樣支配著人類社會的法則，因此所有傳統、所有制度都要經受理性的檢驗。知識界普遍關注對最美好的社會制度的「發現」。歷史獲得了一種自我意識，「過去」被視爲迷信和無知的年代，「當代」則是一個啓蒙的時代、進步的時代。自由、平等的觀念激勵著人們，啓蒙運動同一切對人民的欺騙和愚弄進行不懈的鬥爭，這是一場具有民主性質的運動。在經濟領域，啓蒙領袖主張讓人民做他們願意做的事情，讓世界自然的發展。在宗教領域，啓蒙領袖同宗教狂熱和不容異說做鬥爭（因爲它既妨礙科學與眞理，又危及政治統一和穩定）；並且拒絕上帝支配著世界和人類命運的傳統信仰。在政治領域，「社會契約」的口號深入人心，強調人民主權，把統治權視爲一種「代辦權」。

與同時代的英國、法國相比，德國是一個落後國家，但德國的農業也已經深受市場的影響；城市資本主義手工業與商業也日益發展，社會變革的趨勢到處都在。

康德於 1724 年 4 月 22 日出生在哥尼斯堡的馬具師的家庭，逝世於 1804 年 2 月 12 日。康德的一生幾乎都是在哥尼斯堡渡過的，從未越出過東普魯士疆域一步。他在幼年時期和中學時期，都深受虔敬教派的影響，他對他受到的中學教育的評價是虛僞、奴性和傲慢，但卻高度評價了自己從父母身上獲得的道德教育。康德 16 歲考入大學，當時哥尼斯堡大學有四個系：神學系、法律系、醫學系和哲學系，他從大學四年級起就開始獨立撰寫物理學著作。康德在開始他的哲學批判前，花了很長時間研修物理學、自然地理等自然學科。康德的一生是平淡的，他的生活方式甚至顯得非常單調、刻板。但康德的一生卻是不斷追求眞理的一生，古留加說：「就康德而言，除了他學說的歷史外，他自己就再沒有別的傳記。」「康德的一生是精神世界不斷發展的一生，

永遠探索的一生，直至晚年，到他不能駕馭自己的思想的時候爲止。」〔註5〕

　　康德的第一部著作《關於活力的眞正測算的思想》就已經顯示了他的學術品格和思想特徵。他不迷信任何權威，敢於獨立思考，對追求眞理有一種無畏而倔強的態度。他善於揭示矛盾，對矛盾雙方都表現出容忍的態度，試圖尋找第三條道路超越矛盾的雙方。《形而上學各首要原則的新說明》一文把充足理由律用於說明人的行爲，人的自由問題從此就成爲令康德耿耿於懷的問題。正是必然與自由的矛盾對立，促使康德走上了批判哲學的道路。里斯本大地震深深地震動了歐洲思想界，震動了歐洲人的自我理解。康德在《1755年底振動地球一大部分的那場地震中諸多值得注意的事件的歷史和自然描述》中說：

　　　　對這樣一些可怕的偶然事件的考察是富有教益的。它使人看到，他沒有或者至少失去了期望從上帝所安排的自然規律得出純粹愜意的結果的權利，從而使他謙卑恭順；人也許還以這種方式學會發現，他的欲望的這一遊戲場地理所當然地並不應當包括他的所有意圖的目標。〔註6〕

　　　　人對自己是如此之自信，乃至僅僅把自己視爲上帝的安排的惟一目的，彷彿除了人自己之外，上帝的安排就沒有任何別的著眼點，以便在對世界的統治中確立各種準則似的。我們知道，大自然的整體是上帝的智慧及其安排的一個相稱的對象，他們是大自然的一部分，但卻想成爲整體。〔註7〕

　　　　人生來並不是爲了在這個虛榮心的舞臺上建造永恒的茅舍的。由於人的整個生命有一個更高貴得多的目標，並不是世界自身的不穩定使人在對我們來說顯得最偉大、最重要的事物身上所看到的一切毀滅都與它如此美妙地相配，以便使我們想到，地球的財富並不能滿足我們追求幸福的欲望！〔註8〕

康德在這裏批判了人類中心主義。或許這個災難也是康德重新思考人在宇宙

---

〔註5〕〔蘇聯〕阿爾森・古留加著：《康德傳》，賈澤林、侯鴻勳、王炳文譯，北京：商務印書館，1981年，第1、2頁。

〔註6〕李秋零編：《康德著作全集》（第一卷），北京：中國人民大學出版社，2003年，第419頁。

〔註7〕同上，第445頁。

〔註8〕同上，第446頁。

中的地位、使命的一個契機。康德認爲，思考人與自然的關係，不能著眼於人的幸福、欲望，而應該著眼於「更高貴得多的目標」，即人的道德性。

　　莊子與康德生活在不同的時代、不同的文化環境之中，出身和社會階層也不同。莊子看不慣「竊鈎者誅，竊國者爲諸侯，諸侯之門而仁義存焉」(《莊子‧胠篋》)的社會現實，痛恨統治階級以殘酷、血腥的方式對待下層人們，鄙視統治階級的虛僞、狡詐。這使莊子對人的知識、知性產生了警戒之心，展開了對主流意識形態、文化成就的批判。康德生活在一個昂揚向上的時代，是一個更長歷史階段的一部分 (17 世紀至 19 世紀)，這個歷史階段或許是除了古希臘文明以外人類文明中最偉大、成就最爲突出的時代。這個時代是權利、自由普及的時代，是理性與進步深入人心的時代，康德有理由對人類充滿信心與期待。

　　雖然有這些差別，但是，我們仍然有理由把莊子與康德放在一起進行比較研究。首先，莊子與康德都思考了同一個問題：人與自然的關係、自由與自然的關係。莊子哲學的主題就是「究天人之際」，並以「天而不人」爲旨歸。鄧曉芒認爲「自然與自由的關係問題是康德考慮一切哲學問題所圍繞的核心。」〔註9〕俞吾金認爲，雖然康德批判哲學的敘述起點是休謨的認識論問題，但其研究起點卻是自然與自由的背反關係。〔註10〕如前所述，自然與自由的關係也正是人與自然的關係。誠然，莊子思想與康德哲學之間的差異是顯而易見的，莊子重直覺，康德重理性；莊子重想像，康德重邏輯；莊子希望人的行爲能體現出更多的自然自發性的成分，康德重視理性的自決能力，貶斥情感、偏好的道德價值；莊子想以「自然」爲核心，重新思考文化與自然的關係，希望實現一種與自然和睦相處的文化，康德則以人的「道德性」爲著眼點思考人、文化、自然之間的關係；莊子希望親近自然、回歸自然，康德以超越自然、營造人工文明爲目標。莊子與康德雖然都自覺地試圖彌合人與自然之間的裂縫，但二者有完全不同的價值追求：親近自然與超越自然。通過比較莊子與康德在解決自然與自由的統一問題時所採取的不同立足點與思路，我們可以看到溝通自然與人的困境，從而爲我們今天理解自然、理解人類自身提供啓迪與借鑒。

　　其次，強烈的文化差異、時代差異不僅不是拒絕莊子與康德之間的比較

---

〔註 9〕鄧曉芒：《康德自由概念的三個層次》，《復旦學報》，2004 年第 2 期。

〔註10〕俞吾金：《康德批判哲學的研究起點和形成過程》，《東南學術》，2002 年第 2 期。

研究是理由，反倒正是本文把他們放在一起進行比較的一個原因。比較哲學的意義不僅在於發現各種文化之間的共通性，尋求對人類自身的理解，也在於通過比較、通過對文化差異的認識而獲得對本民族文化的進一步理解。哲學是人類生活方式的體現，不同的哲學反應了不同的生活方式，任何一種文化傳統都不能反應整個人類的生活方式，任何一種哲學體系也都不能代表整個人類，因此任何一種文化傳統、哲學體系都有其局限性、片面性，比較哲學能使我們更全面地去理解人類自身。比較哲學為我們提供了理解異質文化的機會，同時也能讓我們去發現本民族文化傳統隱含的一些預設前提，能讓那些被我們視為理所當然而未經深思的觀念顯得陌生，從而提供了加深文化自我理解、文化自覺的機會。

## 第二節　研究現狀與研究方法

### 一、研究現狀

　　莊子哲學與康德哲學一直都是學術界的研究重點。已發表的關於莊子的自由觀、康德的自由觀的文章非常多；關於莊子的自然觀、康德的自然觀的文章也有一些；對莊子思想中自然與自由的關係的研究、對康德思想中自然與自由的關係的研究也有一些，如高晨陽《必然與自由：論莊子的心境說》、蒙培元《自由與自然：莊子的心靈境界說》；陳徽《因自然而自由：莊子對老子「道法自然」的充實與演進》、於雄民《自然與自由：莊子的「相忘於江湖」解》、安希孟《必然王國和自由王國：從康德歷史哲學中的自然和歷史說開去》、《康德歷史哲學中的自然和自由》、梁鵬《判斷力：從自然向自由過渡的橋梁》、胡友峰《康德美學中的自然與自由觀念》，除此之外中國哲學史、莊子研究專著、康德研究專著也會涉及自然與自由的關係。

　　但對莊子與康德的比較研究，目前主要集中在美學思想比較，如：何軍寧：《比較康德和莊子的「遊戲」思想》；〔韓〕金柱完《從康德、哈特曼到莊子的崇高美》；宋雄華《中西美學會通與對話的個案研究：莊子與康德美學自然觀比較》；賀天忠《莊子的大美與康德的崇高之美》；周占武《莊子與康德的審美無功利論之比較》；孫武軍《莊子與康德審美觀比較》。莊子與康德認識論比較：范曉麗《康德與先秦道家關於人的認識能力學說同異辯》；李潤東《中西方關於認識理解的一種比較：以康德、莊子、佛陀為例》，汪秀麗《莊

子之「道」與康德「物自體」比較研究：兼論莊、康不可知論異同》。莊子與康德自然觀比較的有：《論莊子、康德「自然」觀之異同》；岑星《論康德與莊子的自然美論》。莊子與康德的自由觀比較的有：胡元志《莊子與康德的自由觀比較》；Hyuny Höchsmann 的「The starry heavens above-freedom in Zhuangzi and Kant」等等。

　　但是，比較莊子與康德統一自然與自由的不同方式與路徑的文章卻幾乎沒有。本書就意圖在這方面貢獻一點微薄之力。

## 二、研究方法

　　本文所要研究的問題是自然與自由的對立和統一，或者說是自然與人的對立和統一。人自身也是一種自然物，並且通常在「自然—自由」的框架被一分爲二：人的內在自我—人的內在自然。因此自然與自由的對立，不僅包括人與外在於人的自然環境之間的對立，也包括人的內在自我與內在自然之間的對立。之所以會產生人與自然的對立，既與人對自然的理解有關，也與人對自身的理解有關；人與自身（內在自然）的和解，與人與自然的和解是相互聯繫的兩面。

　　在前科學時代，「自然」被理解爲事物的特性與行爲的內在根源、內在原則，「自然」概念與「自由」概念之間並沒有深刻的對立。自然科學在 17 世紀的發展，使作爲內在原則的「自然」變爲規律性、因果必然性。因此，在康德那裏，除了人與自然之間的現實的矛盾（人的意願、目的與自然存在之間的矛盾），還有「自然」概念與「自由」概念之間的矛盾，即康德所謂的「先驗自然規律」與「先驗自由」之間的矛盾。對概念之間的矛盾的展示與解決，屬於認識論和形而上學範疇。人與自然之間的現實的矛盾及其解決，則屬於（寬泛意義上的）倫理學的範疇，即探究更爲合理的生活方式。因此，本文的研究內容既要包括對觀念（idea、concept）的比較研究，如自然觀念、自我觀念、自由觀念，也包括對觀點（view、outlook）的比較研究。這兩方面的問題時常糾纏在一起，因爲對自然觀念和自由觀念的不同認識和理解，潛在地影響了世界觀、人生觀和價值觀，而後者的差異也能反應前者的差異。本文擬嘗試在揭示莊子與康德在這兩方面的差異的基礎上，研究他們各自統一人與自然的不同思路、途徑，探索東西方文化的互補與會通之處。

　　本文擬採用文獻分析與比較研究方法。本文將對原始文獻進行批判性分

析，注重對哲學論證過程的分析與評價；本文還將採用比較哲學的方法，研究莊子與康德的觀點分歧、價值觀分歧。另外，一個時代的哲學總是受限於該時代的知識狀態、知識水平。本文將以當代物理學、心理學、腦神經科學、進化論等學科為知識背景，回頭審視莊子與康德在理論上的得失。

## 第三節　結構框架

　　本文並不按照時間的先後順序，先論述莊子的思想，再論述康德的思想，然後再進行二者的比較，而是選擇先論述康德的思想，再論述莊子的思想。康德的思想比較體系化，邏輯論證比較嚴密，思想發展的軌跡也比較清楚。《莊子》一書並非莊子一個人的作品，而是莊子及其後學的作品集。〔註11〕先康德再莊子的做法有一個好處，就是把更為體系化、更為成熟的康德哲學，當作一面鏡子，以便更好地審視莊子及其學派的思想，加深我們對莊子的理解。對於康德思想與莊子思想的比較，本文有時候是專列一節，有時候是夾雜在對莊子思想的闡述中。

　　本文共分為七章。第一章主要辨析三個概念，即自由、自然與逍遙。本文首先介紹了西方學者對「自由」（freedom、liberty）的語言學考察，介紹了西方「自由」概念的一般形式規定以及自由在不同哲學領域內的內涵，然後考察了「自由」一詞在中國古典文獻中的含義，比較了中西方在「自由」問題上的觀念差異。現代漢語中的「自由」一詞來源於日本，是對 freedom、liberty 的翻譯。「自由」在中國古代文獻中基本上被用作貶義詞，而「自然」、「自如」等詞在詞性上更接近於西方的自由。本文還採納了一些西方學者的建議，從行動者、約束、束縛三個變項的關係著眼來理解自由，從先天、環境和後天修養三個方面來理解不同種類的自由。道家的「自然」常常被錯誤地理解為自然界，本文討論了老子的「自然」與「自由」、「無為」、「自治」、「習俗」的關係。莊子的「逍遙」經常被理解為「自由」，一些學者指出了這種簡單比附的局限性，但有些學者矯枉過正，認為「逍遙」是指散步、徘徊，且與苦

---

〔註11〕　郭沫若推測，外雜篇至少有四五位作者（參見《十批判書》）。任繼愈認為內篇是莊子後學的作品，而外雜篇是莊子本人的作品；劉笑敢與崔大華等學者則認為內篇是莊子的作品，外雜篇是莊子後學的作品。劉笑敢對內、外、雜篇的作者及其所屬派別的考證是令人信服的，但學術界通行的做法是把《莊子》看作一個整體，當作莊子思想資料來研究，本文也是採取這種做法。

悶的情緒相關。本文指出，「逍遙」的本義是散步，但在《莊子》則是指精神狀態的閒適、安適，是一種審美自由感。

第二章討論的是存在論問題。莊子與康德都把存在或自然分爲兩個維度，一個是不可知的本體或「道」，一個是可知的現象或「物」。感性「物自身」與「道」分別在康德的思想體系與莊子的思想體系中發揮著近似的作用，都與人類自由密切相關。本章對「物」或「顯象」的討論，既論述了「物」的特徵，也論述了「物」的存在方式、運動方式，還討論了「世界」概念。康德與莊子都有要擺脫「物」（經驗）的束縛的意思，但康德把超越的目標設定在了彼岸世界、理智世界，是以另一個世界超越此在世界，而莊子則把超越的目標設定在與大自然同體上，是從整體論、有機論的立場超越「物」的局限性。康德對兩個世界的設定，莊子對宇宙整體的認同，影響了二人對「自由」的理解。現代自然科學把「因果性」作爲理解世界運動、變化的關鍵概念，而莊子則把一切生成與變易都稱之爲「化」，「因果性」與「化」這兩個概念分別影響了康德與莊子對自由的理解。

第三章討論的是一種特殊的「物」（存在者），即人，亦即一般所謂的自由的主體。關於「自我」，本文簡要梳理了笛卡爾、休謨等人對「自我」的理解，詳細討論了康德的「先驗自我」，並在吸收當代自然科學家對意識的研究成果的基礎上，評價了康德的「先驗自我」與「我思」，也介紹了康德對理性心理學的批判。進化論認爲人的「自我」依賴於人的腦功能，人腦內嵌於身體中，身體內嵌於整個自然環境之中，腦以及意識都依賴於自然選擇。從認識論上來說，是意識建構了「現實」，但在生存實踐上來說，是人與自然的互動塑造了人的認識系統。但是康德的「先驗自我」卻成爲了一種超越世界之上的「上帝之眼」。莊子的「吾喪我」可以用作對這種「先驗自我」的批判，莊子主張弱化主體、自我，實際上是擴大自我認同的範圍，遊心於「形骸之外」，即認同於整個宇宙。本章的重點就是自我及其與世界的關係、經驗自我與眞實自我的關係。

第三章討論的是「我」是什麼，以及「我」與世界的關係，第四章討論的則是「我」的本質屬性。康德認爲人性的根本屬性是自由，自由使人具有了行善作惡的能力。莊子認爲，人性的根本屬性是虛無、恬淡、寂寞、無爲，也就是說人性的根本屬性是其美學性質。康德認爲人性中具有向善稟賦和趨惡傾向，兩者都根植於人的自由，人應該自覺地去惡揚善。莊子認爲人性是

簡單、淳樸的，並沒有肯定人性就是善的，但莊子認爲人作惡的能力是伴隨人行善能力的提高而提高的，因此，「與其譽堯而非桀，不如兩忘而化其道」。康德道德哲學中的「自由」是一種理想化的自由、道德自由、後天自由，與善是同一的。正是人性的根本惡，使得對意志的自律成爲必要；認識到人性的根本惡，則是自覺追求自律（道德自由）的心裏動力。莊子更傾向於從社會批判、文化批判的角度來理解「惡」，認爲「惡」的產生，是因爲統治者違背人性，使人不得自由。

第五章討論的是「自由」問題。本文考察了康德的「先驗自由」和「自律」概念，討論了先驗自由與自然因果律的關係、道德自律與自由的關係。莊子的「自由」不僅涉及人際關係的，也涉及人與物、與自然的關係。本文把莊子的「自由」分爲與「物」遊、與人遊、遊世、遊心幾個方面。本文從自由、智慧與知識的關係、自由與必然的關係、自由與自我的關係、自我與他人的關係幾個方面比較了莊子的「自然」、「逍遙」與康德的「自律」的差別，認爲莊子追求的是一種和諧化的自由，既包括自我與自然、自我與他人的和諧，也包括自我的內在和諧。莊子認爲，知性（「心」）的自由與道德自由，是一種異化的自由，是自我內部「心」與「性」、「知」與「恬」的相互疏離、相互鬥爭，（理性的）「自由」與（感性的）「不自由」相伴而生。「遊心乎德之和」則是「知與恬交相養」，是伴隨著審美自由感的眞實的自由。

第六章介紹了康德統一自然與自由的嘗試。康德試圖在美學、目的論、歷史哲學中統一自然與自由。但在美學中自然與自由的統一隻是一個橋梁，是由自然向自由的過渡狀態，也就是說自然與自由的統一併不是終極理想。在目的論中，自然與自由的統一是一種等級化的統一，自由或道德性被視爲宇宙存在的目的，自然萬物都只是實現人的道德性的工具。在歷史哲學中，康德提出「自然意圖」說，把自由與歷史必然性統一起來，但這裏所謂的自由並非康德在實踐哲學中提出的作爲「自律」的「自由」，不是意志的自由，而是與自然相容的任性的自由。本章還具體討論了莊子自由觀的美學性質，分析了莊子的「自然全美」觀念，以及莊子對審美意識的描述。本章還比較了莊子與康德對藝術的態度，莊子與康德都對藝術提出了批判，但莊子對技藝有高度的讚揚，認爲這是通往「道」的途徑。最後，本章還比較了莊子與康德的歷史觀。

# 第一章　幾個關鍵概念

## 第一節　「自由」

　　自由是西方人最為珍視的事物之一，它是好的生活的一個要素，甚至是好的生活的先決條件，而且也是道德和道德責任的邏輯前提，人們願意為之奮鬥，為之獻出生命。因此，「自由」就成了西方文化與哲學中最為重要的概念之一，它常常成為文學、歷史、政治、哲學、神學、藝術的核心主題。但同時，「自由」也是西方文化和哲學中最含混不清的概念之一。亞伯拉罕·林肯曾經說過：「我們都宣稱主張自由，但在使用這同一個詞語的時候，我們並不總是指稱同一個事物。」〔註1〕終其一生都在試圖闡明與辨析「自由」的多種含義的以賽亞·柏林也曾經說過：「自由是一個意義漏洞百出以至於沒有任何解釋能夠站得住腳的詞」。〔註2〕

　　「自由」的含義之所以「漏洞百出」，既因為它的語言學根源複雜多樣，也因為它牽涉西方文化中的眾多重大思想議題。「自由」繼承了古代多種語言的思想內涵，而且在每一種語言的發展演變中，「自由」的含義也不是一成不變的。對自由的思考，常常是在人與神、人與命運、人與自然、人與歷史、人與國家、人與社會、人與自我這些大問題的視野下展開的。在不同的問題

---

〔註1〕 Roy P. Basler, editor, *The Collected Works of Abraham Lincoln*（Rutgers University Press, 1953）, Vol.VII, p, 301.轉引自〔美〕馬克·里拉等編，劉擎等譯：《以賽亞·柏林的遺產》，北京：新星出版社，2009年，第3頁。

〔註2〕 〔英〕以賽亞·柏林著：《自由論》，胡傳勝譯，南京：譯林出版社，2003年版，第189頁。

域中，自由意味著什麼以及自由的對立面是什麼，都是不盡相同的。而且，不同的思想家與思想派別對自由的理解也時常是相互競爭甚至是相互對立的。

　　本節的內容主要涉及三個方面：（1）簡要介紹西方文化與哲學中的「自由」概念；（2）中國傳統的「自由」一詞的含義以及西方自由觀念與中國固有的「自由」一詞的影響；（3）爲方便對莊子與康德哲學的比較而對「自由」概念所做的必要的解釋與辨析。

## 一、西方的自由概念

### 1.「自由」一詞的語言學考察

　　德國人用「Freiheit」表示「自由」，法國人用「Liberté」，而英國人則用「freedom」與「liberty」兩個詞來表示「自由」。英語的「freedom」來源於德語「Freiheit」，由盎格魯─撒克遜人傳入，「liberty」來自拉丁語，由諾曼人將其從法國引入英語。筆者無力對西方語言中的「自由」一詞做語言學的考察，這裏只簡要介紹一下漢娜‧皮金特的相關研究。〔註3〕

　　西方詞源學家關於「freedom」與「liberty」的討論聚訟紛紜。大致說來，以「free」爲前綴的詞族來自印歐語的形容詞「priyos」，並受到了哥特語、日耳曼語的影響，拉丁語「liber」與希臘文「eleutheria」的起源是同步的，在諾曼征服前後，該詞的內涵發生了許多變化。皮金特指出，對「freedom」與「liberty」這兩個概念的本質無法做出權威的界定，但皮金特還是詳細比較了盎格魯─撒克遜語中的 frē-詞族與諾曼語中的 liber-詞族的共同點與差異。就相同的方面而言，兩者都意味著奴隸制的反面，由此引申爲各種更爲抽象的限制的反面；都具有某些道德化身份的意思，描述適合於主人的行爲和特徵；都指法人實體在更高的權威面前的特權和豁免權；在宗教的語境中，兩者都表示在善和惡之間進行選擇的能力。

　　兩者的差別主要有以下幾點：（1）liber-詞族強調選擇惡的能力，以至於其中的一些詞只用於罪行，而 frē-詞族則沒有這些義項；（2）兩個詞族都有道德化身份的含義，但 frē-詞族也可以指高貴出身或地位本身，而 liber-詞族則不可以，但後來 frē-詞族喪失了指稱高貴出身的能力，甚至也喪失了道德化身

---

〔註3〕漢娜‧皮金特著，陳偉譯：《「Freedom」與「Liberty」是孿生子嗎？》，載應奇、劉訓練編《第三種自由》，北京：東方出版社，2006年，第312～353頁。

份的義項；（3）frē-詞族發展出了「沒有成本」、「免費」等義項，而 liber-詞族則沒有；（4）frē-詞族發展出了各種更具體的、物理的含義：無邊無際的空間、不受限制的運動，包括無生命物體的運動，而 liber-詞族一開始也可用於無生命的物體，但這些義項在法語的形成過程中消失了；（5）frē-詞族可以用以形容自發的、自願的行為，liber-詞族則沒有這些意思；（6）liber-詞族在功能上沒有與「free」相當的一般性形容詞；（7）除了表示得到權威認可的特權和豁免權之外，二者沒有其他的政治含義，古法語的 liber-詞族漸漸失去了它來自於拉丁語的「共同體自治」的含義，雖然兩者最終再次獲得了這種含義，但 liber-詞族比 frē-詞族晚了幾個世紀。

皮金特還比較了「freedom」與「liberty」在日常用法中的差別。首先，「freedom」更多地是單數的，意指一個整體的存在境況或狀態，而「liberty」更多地用於複數；其次，「freedom」更多地指某種心理的、內在的、自我固有的事物；第三，「freedom」包括不受限制的空間和運動，甚至是無生命的物體的運動，而「liberty」則不可；第四，由於上述原因，「freedom」比「liberty」更容易產生哲學上的困惑，尤其是關於「自由」的形而上學思考。

在哲學上，「freedom」常常關涉心靈自由意義上的自由人格、內在的自主性、自我的力量、本真的自我、不受規則主導的行為、自發性得以生發的心靈深度。因為「free」在日常用法中還用於無生命的物體，如自由落體、氣體的自由擴散、免費的東西，它在哲學上還牽涉到了宇宙論意義上的自由。而「liberty」包含的內容更正式、理性和有限。儘管「liberty」意味著限制的不存在，但它同時也意味著由限制、秩序、規則所構成的控制結構的存在，而所謂的「限制的不存在」更多地是指這個規則體系內的許可。

## 2. 自由的一般形式規定

《西方哲學英漢對照辭典》是這樣解釋「自由」（freedom）一詞的：

> 涉及思想和行動的概念，它有兩個相關聯的方面：一是消極的自由或「解脫」（freedom from），即沒有外部的約束、強制或強迫而行動的力量，另一個是積極的自由或「自主」（freedom to），即主體在各種選擇方案中選擇他自己的目標或行為方式的力量。在上述的一般規定之下，自由具有各種形式，諸如言論自由，思想自由，出版自由，結社自由和各種經濟自由，它們在歷史上是最重要的自由形式。如果人們能聲稱對某個特定興趣的自由，那麼他們就有權利

追求實現那種興趣。自由（freedom）被用作另一個「自由」（liberty）的同義詞。〔註4〕

首先，這個解釋把「自由」限定在思想和行動的領域，因而類似於自由落體這樣的純粹物理運動的自由被排除在外。其次，這個解釋涉及了「自由」的一般規定與「自由」的不同形式。就一般的形式規定而言，「自由」被分為相互關聯的兩個方面，即「解脫」（free from）與「自主」（free to）。free from 也常常被譯為「免於……的自由」，而 freedom to 也常常被譯為「做……的自由」。

「消極自由」所謂的限制、約束可能是多種多樣的，它包括自然環境的、外國的侵略勢力、國內的專制力量、社會規範的禁令等等。「消極自由」是工具性質，人們珍視消極自由，是因為消極自由為人們提供了按照各人對好的生活的理解來對自己的生命走向施加控制的前提條件。而「積極自由」所追求的，設定自己的生活目標、製定自己的生活計劃、選擇自己的生活方式，只有在沒有外在干涉的情況下才是可能的。因而，「消極自由」與「積極自由」是緊密相聯的，「它們總是同時出現；即使只說出其中一個，這一個也總是預設了另一個。」〔註5〕有鑒於此，一些學者試圖結合消極自由與積極自由，探討對「自由」一詞的更為一般的規定的。傑拉爾德・麥卡勒姆把「自由」視為行動者、約束和目標這三個變項之間的關係，自由就是「X 在擺脫 Y 去做（或不做、成為或不成為）Z 上是自由的」。〔註6〕對三個變項的範圍或本性的理解不同，對「自由」的理解也就會不同，但「自由」始終是三位一體的，儘管在具體的語境某個變項可能是十分清楚，因而無需一個完整的解釋。

## 3. 自由所涉及的問題域

西方的自由概念與政治、政治制度密切相關。在西方歷史上「自由」最初就是一個社會政治概念。儘管古希臘神化、詩歌與戲劇中常常上演諸神、英雄人物的自由與命運之間的戰爭，但「自由」最早以抽象名詞（eleutheria）的形式出現，卻是在希波戰爭時期，希臘人用 eleutheria 來表示不受奴役、不受外來支配的統治，也用來特指希臘人特定的生活方式，「與波斯人的生活方

〔註4〕 尼古拉斯・布寧、余紀元編著：《西方哲學英漢對照辭典》，北京：人民出版社，2001年，第395頁。

〔註5〕 〔美〕羅伯特・所羅門著：《大問題：簡明哲學導論》，張卜天譯，桂林：廣西師範大學出版社，2004年，第243頁。

〔註6〕 〔美〕傑拉爾德・麥卡勒姆著：《消極自由與積極自由》，李麗紅譯，載載應奇、劉訓練編《第三種自由》，北京：東方出版社，2006年，第41～42頁。

式相反，它是指法治的、非人治的而不是專制和獨裁的統治，是指開放的且共同掌權的公共生活（儘管仍然只限於狹窄範圍的精英），而不是一種神聖的、無法接近的祭司—國王的統治。」〔註7〕據皮金特的解釋，「自由」首先是一個集體名詞，用於城邦而不是個人，它關注的是希臘人不同於波斯人的一種共享的生活方式，公民之間共享的一種狀態：「它意味著法律和政治上的平等，包括有權在公共決策中投票，有權提案，以及有權在集會上發言；它意味著輪流擔任公職，短暫的任期，責任制，平等地獲得公職，甚至通過抽籤來選公職」。皮金特甚至宣稱，在古希臘「eleutheria 就是指民主」〔註8〕。

　　《西方哲學英漢對照辭典》列舉了現代社會中最重要的幾種自由形式，而這幾種形式的自由都關係到人與國家的關係、人與社會的關係。在政治思想領域，主要有共和主義的自由、消極自由與積極自由三種互相競爭的理論體系〔註9〕。

　　擁護共和主義自由觀的代表人物有馬基雅維利、彌爾頓、帕克、西德尼、阿倫特，以及近年來以菲利普·佩蒂特等人為代表的新共和主義者。這種自由觀主張，自由就是參與公共事務，進入公共領域，只有在一個共和政體的自治形式下，個人的自由才能得到充分的保證。與自由相對的是政治身份的臣屬狀態或依附狀態，自由就是反對奴役。共和主義認為自由必定是政治性的，政治生活即便不是人類唯一真正的自由領域，也是人類最高級、發展最充分的自由。

　　消極自由概念則認為只有在私人生活中才有真正的自由，政治結束的地方，才是自由開始的地方。共和主義的自由是防止被奴役，而「消極自由」是防止私人生活被干涉。霍布斯最早明確表述了「消極自由」的內涵。霍布斯認為，「自由」一詞的本義指的是沒有阻礙的狀況，「自由人」一詞的本義

---

〔註7〕　〔美〕漢娜·皮金特：《「Freedom」與「Liberty」是孿生子嗎？》，載應奇、劉訓練編《第三種自由》，北京：東方出版社，2006年，第325頁。

〔註8〕　〔美〕漢娜·皮金特：《「Freedom」與「Liberty」是孿生子嗎？》，載應奇、劉訓練編《第三種自由》，北京：東方出版社，2006年，第326頁。

〔註9〕　作為概念體系或思想派別的消極自由、積極自由應該區別於作為自由之一般形式規定的消極自由、積極自由。前者涉及自由主體的身份、自由主體與法律、政治權威、平等、正義等諸多問題，在這方面，消極自由與積極自由常常是對立的。而後者僅僅關注自由之所以是自由的根本要素是什麼，在這方面，消極自由與積極自由是同一事物的不同側面。甚至，作為概念體系的自由，本身也只是對自由之一般形式規定的不同理解。

是指「在其力量和智慧所能辦到的事物中，可以不受阻礙地做他所願意做的事情的人」，〔註10〕因此只有在法律未加規定的地方才有自由。傑斐遜、孟德斯鳩、潘恩、貢斯當、邊沁、托克維爾都被視為「消極自由」的思想家，但對二十世紀的政治哲學影響最大的哲學家則是以賽亞·柏林。按照柏林的理解，自由簡單地說，就是一個人能夠不被別人阻礙地行動的領域。理解「消極自由」的關鍵在於理解「私人生活領域」與「公共生活領域的劃分」。自由就在於個人對自己的私人生活領域的控制，私人生活不受干涉的領域越大，一個人的自由也就越大。因此，柏林特別強調：「自由，在這個意義上，無論如何，並不與民主或自治邏輯地相關聯。」〔註11〕個人自由並不關注「誰統治我？」的問題，而關注「政府干涉我到何種程度？」換句話說，「消極自由」致力於劃定免受政府干涉的私人生活領域。

　　按照柏林的理解，「積極自由」是對這一問題的回答：「什麼東西或什麼人，是決定某人做這個、成為這樣而不是做那個、成為那樣的那種控制或干涉的根源？」對「積極自由」的熱情源於個體想要成為他自己的主人的願望，想要使個體避免成為自然、尤其是激情、欲望等人的內在自然的奴隸。「積極自由」的理論引入了兩種自我，一方面是理性的、理想的、高級的、處於支配地位的自我，一方面是非理性的、現實的、低級的、處於從屬地位的自我，自由就在於高級自我對低級的自我的主宰、控制，換句話說，自由在於自我強制。只有通過批判的力量，認識到人的真實自我，克服非理性的激情和欲望，成為一個理性聖人，一個人才能是自由的。

　　「積極自由」本質上是一種道德信條，它追求人的自律、自我超越、自我實現。柏林認為，一旦這種學說不再僅僅運用於人的內在生活，而是運用於人與其社會中的其他成員的關係中時，「積極自由」就成了個人自由的敵人。因為，首先，「積極自由」學說容易導致價值的一元論，即原則上只有一種正確的生活道路，它符合每個人的真實自我的利益。其次，「積極自由」的兩種自我的概念被運用於社會政治領域時，社會也被分成高級的、理性的部分與低級的、非理性的部分。社會的理性部分可以通過思想啟蒙的方式使非

---

〔註10〕 〔英〕霍布斯著：《利維坦》，黎思復等譯，北京：商務印書館，1997 年，第165 頁。

〔註11〕 〔英〕以賽亞·柏林著：《自由論》，胡傳勝譯，南京：譯林出版社，2003 年版，第 198 頁。

理性的部分獲得的自由，但是，當社會的非理性部分拒絕認同唯一的價值觀時，社會的理性部分就可以運用法律強迫社會的非理性部分。因爲法律符合人的真實自我的利益，法律與人的真實自我的自由是統一的。

　　儘管這三種自由觀彼此之間有眾多差異，但它們都是對這一問題的回答：個人與國家、與政治權威的關係是怎樣的？不管持有什麼樣的觀點，但凡在這一問題框架下審視自由，自由就必然與平等、法律、正義等諸多概念構成一個相互關聯的概念網絡，並在相互聯繫中賦予彼此以意義。

　　自由還與神學、宗教密切相關。自由的抽象名詞形式「eleutheria」出現以前，古希臘的神話、戲劇已經開始探討人的選擇能力與命運的衝突。命運一詞就其起源來說，是一個神學詞彙，也就是說，命運被賦予了人格，它或者是神靈，或者是某種超自然力量。命運爲人生這齣戲劇設計好了結局，儘管古希臘人並不懷疑人具有選擇的能力，但悲劇主人公，甚至宙斯也無法逃避命運的籠罩。人在人生的舞臺上做出這樣那樣的選擇，但正由此而一步一步走向命運設計好的厄運。命運正是通過人的意志與選擇才能實現。與「命運」相近的是「運氣」這個詞。這兩個詞時常被看作同義詞，它們都爲人類自由設定了限制。「運氣」也是人難以把握的神秘力量，但與「命運」不同，「運氣」暗示著機會的存在。「在某種意義上，在對抗命運的搏鬥中，運氣可說是自由的盟友。」〔註12〕

　　希臘化時期，希臘本土喪失了政治活動的獨立性。面對劇烈變化的社會現實，人們退居到自己的內心生活之中，對外在政治自由的追求逐漸被對內在精神自由的追求所取代，〔註13〕渴望爲苦難的人生提供一個避難所。按照策勒爾的說法，在這個時期，哲學與知識、科學分道揚鑣，而與宗教趨於結合。〔註14〕希臘化時期自由思想的這種轉變，成爲基督教自由意志問題的歷史先驅。在猶太教——基督教傳統中，一些思想家否定「命運」的概念。奧古斯丁認爲，如果「命運」一詞指的是無關上帝而被決定好了的東西，那麼它就是錯誤的，如果「命運」是上帝所意欲之事，那麼就應該用「神意」、「前

---

〔註12〕　陳嘉映等譯：《西方大觀念》，北京：華夏出版社，2007年，第413頁。
〔註13〕　這當然不是說在此之前古希臘的哲學家沒有涉及精神自由。柏拉圖對理想、激情和欲望之間的關係的討論，亞里士多德把欲求能力理解爲把思想轉變成行動的因素，都是對內在精神自由的討論。
〔註14〕　〔德〕策勒爾著：《古希臘哲學史綱》，翁紹軍譯、賀仁麟校，濟南：山東人民出版社，1996年，第223頁。

定」等詞語來替代它。另一些思想家則保留「命運」概念，但認爲「命運」不過是上帝實現自己的計劃與意志的中介手段。

上帝之下的自由問題與「神知」和「恩典」問題密切相關。自由意志與神知之間的矛盾，就是自由意志與神學決定論之間的矛盾。如果上帝是全知全能的，就要否定人是自由的，因爲上帝就像知道已經發生的事情那樣預知即將發生的事情，未來已經被決定了，從而沒有給自由意志留下任何餘地。但如果否定了人的自由，那麼上帝就要爲人間的罪惡負責。奧古斯丁認爲，上帝的預知並意味著人的行爲不取決於意志的自由行使，「我們的意志本身就包括在那種對上帝來說是確定的原因次序之中，並被上帝的先見之明所包含，因爲人的意志也是人類行動的原因。」〔註15〕對奧古斯丁來說，自由意志來源於上帝，是上帝賜予人類的禮物。上帝賦予人的自由是一種不犯罪的自由，追求上帝的智慧和眞理，但人類自願把自由意志用於追求惡，從此人類陷於惡的奴役中，並受到懲罰。但自由意志本身是好的，沒有自由意志，人類不會追求惡，但也不會追求善。人類自身無法恢復原初善的自由意志，惟有借助上帝的恩典，才能重獲追求上帝的智慧與眞理的自由意志。對於人來說，重要的是如何重獲追求上帝的智慧和眞理的眞正的自由，而不是在不同的可能性中進行選擇的自由。〔註16〕

自由意志問題的核心不是人類行爲的自由，而是意志的自由。人可以自由地行動，可以自由地選擇生活目標與生活方式，可以決定自己做什麼或不做什麼。自由意志問題關心的是我的「選擇」和「決定」是否是自由的，換句話說我的選擇與決定眞正說來是取決於我自身，還是由某種不依我們的意志爲轉移的因素已經決定好了的。除了神學決定論，形而上學還討論物理決定論與心理決定論，物理決定關涉人的外部自然，心理決定論關涉人的內在自然。

之所以會產生自由意志的問題，是因爲我們從兩個視角來看待自己。一個是實踐的、主觀的、第一人稱視角，從這個視角來看，我們的行動是取決於我們自己的。另一個視角是理論的、客觀的、第三人稱的視角，從這個角

---

〔註15〕轉引自陳嘉映等譯：《西方大觀念》，北京：華夏出版社，2008年，第772頁。
〔註16〕參見胡萬年：《奧古斯丁自由意誌概念的形而上維度──兼與康德自由意志的比較》，載《安徽大學學報》（哲學社會科學版），2008年9月第32卷第5期，第40～43頁。

度來看，無論是宏觀的自然進程，還是微觀的心理現象，似乎都服從因果必然性。〔註17〕決定論似乎是人類自由的最大威脅，因爲人們通常認爲自由意志關乎人類的尊嚴與道德責任。一些主張人類具有自由意志的哲學家或者試圖否定決定論，或者試圖論證自由意志與決定論是相容，或者試圖證明自由意志既沒有受到決定論的威脅，也沒有得到非決定論的幫助。

綜上所述，「自由」並不是一個孤立的詞，而是嵌入在了西方整個文化結構中，與許多關於人的重大問題、觀念交織在一起。這許許多多的重大問題又可以分爲兩大類，一類是探討人與人、人與社會、人與政治的關係的，一類是探討人與某種非人的存在的關係的。這裏所謂的「某種非人的存在」，既可以是外在於人的，如神、上帝、歷史、自然環境，也可以是內在於人的，如人的激情、欲望、無意識的動機、生物遺傳因素、思想觀念、意識形態等等，通稱爲人的內在自然。「自由」也相應地被分爲兩大類，如孟德斯鳩把「自由」分爲「政治上的自由」和「哲學上的自由」，密爾也把「自由」分爲「公民或者社會自由」和「意志上的自由」。就「政治上的自由」或「公民或者社會自由」而言，自由牽涉到它與平等、正義、法律、權威的關係，就「哲學上的自由」或「意志上的自由」而言，自由既牽涉到人與非人的或超人的他者的關係，又牽涉到人與自我的關係。

政治上的自由體現在人與他人、社會能夠和諧相處，至少是互不干涉（消極自由）、或平等地參與人類公共事務（共和主義的自由）、或按照某種意識形態支配人類公共事務（積極自由）。意志上的自由一般而言體現在人能夠把握自己的命運，實現自己的生活計劃和目標，能夠掌握人類歷史的發展，能夠支配自然環境，能夠自我控制。無論如何，意志上的自由通常都是指積極的自由。

## 二、中國古代的「自由」一詞與西方自由觀念的傳入

### 1. 中國古代文獻中的「自由」一詞

在中國古代文獻中，「自」、「由」連用似乎始於漢代，大致有兩種用法，一是作爲一個詞組，一是作爲一個獨立的詞。第一種情況者，如以下幾例：

---

〔註17〕參見徐向東著：《人類自由問題》，載徐向東編《自由意志與道德責任》，南京：江蘇人民出版社，2006年，第7頁。

鄭玄：「其文王之德化多少不同者，自由作者有別，又採得多少不同。」（《毛詩正義・詩譜序》）

鄭玄：「天子、諸侯皆有上取、下就，自由尊用之差。」（《毛詩正義・小大雅譜》）

「臣松之以爲孫權橫廢無罪之子，雖爲兆亂，然國之傾覆，自由暴皓。」（《三國志・卷四七・吳書二・吳主傳》）

孔穎達：「皋陶因帝勉己，遂稱帝之德。所以明民不犯上者，自由帝化使然，非己力也。」（《尚書正義・大禹謨》）

孔穎達：「道爲陞降，自由聖與不聖；言之立否，乃關賢與不賢。」（《春秋左傳正義・春秋序》）

孔穎達：「韓簡之意，以爲惠公及禍，自由先君獻公廢適立庶之敗德，不由卜筮。」（《春秋左傳正義・僖公・十五年》）

孔穎達：「吉凶自由於君，不從石、鷁而出。」

（《春秋左傳正義・僖公・十六年》）

當「自」、「由」連用表示詞組的時候，「自」意爲「自然、當然」，或「本是、本來」，「由」意爲「因爲」、「在於」。

作爲一個獨立的詞的時候，「自由」意爲「由自」，即「由自己做主」，如：《禮記・內則》講述烤肉的製作方法與食用方法，說「欲濡肉，則釋而煎之以醢。欲乾肉，則捶而食之。」鄭玄注曰：「欲濡欲乾，人自由也。」烤肉製成之後，吃乾的還是吃濕的，全憑個人愛好。又如《周禮正義・卷四時》云「進則與馬謀，退則與人謀」，鄭玄注曰「馬行主於進，人則有當退時」，賈公彥疏云「馬之進退，由人縱止，恐策及之，惟知其進，故云馬行主於進；人則有當退時，去住自由，路遠則倦，故當有退時」。馬之進退，由人做主，而人之進退，則由人自己做主。

這裏的「自由」與約束、限制有一定的關係。更多的時候，「自由」一詞的使用明確預設了某種約束、限制的存在或不存在，或者與行爲者的身份地位有關。

《禮記・少儀》云「請見不請退」，鄭玄注曰：「去止不敢自由」。

「建武元年，赤眉賊率樊崇、逢安等共立劉盆子爲天子。然崇等視之如小兒，百事自由，初不恤錄也。」

（《後漢書・志第十三・五行一》）

「永壽三年七月，河東地裂，時梁皇后兄冀秉政，桓帝欲自由，
內患之。」（《後漢書‧志第十六‧五行四》）

第一例中的「不敢自由」是因爲存在著禮法規範的約束，不能僭越禮法。第
二例中的「自由」意爲不加約束、不加限制，任其自由。第三例中的「自由」
在語境中意爲親理朝政。

《春秋左傳正義‧莊公‧元年》孔穎達疏：「言齊桓，君也，進
止自由，故先次後救。叔孫，臣也，先通君命，故先救後次。」

《春秋左傳正義‧僖公‧元年》孔穎達疏：「言此是君也，進止
自由；彼是臣也，先通君命。」

這裏的「自由」與行爲者的身份、地位相關，君主有「自由」的權利，而臣
屬的行爲則必須先稟告於君主。更一般地來說，只有尊者、長者才有「自由」
的權利，而卑者、幼者對於尊者、長者只能唯命是從。

因此，在歷代正史，以及唐以前的文學作品中，「自由」常含有貶義，表
示臣屬、子女的行爲不遵守禮法，或不聽從君主或父母之命。如：

「此婦無禮節，舉動自專由。吾意久懷忿，汝豈得自由。」
（《玉臺新詠‧爲焦仲卿妻作》）

《詩經‧小雅‧沔水》「沔彼流水，朝宗於海。鴥彼飛隼，載飛
載止」，鄭玄箋云「言隼欲飛則飛，欲止則止，喻諸侯之自驕恣，欲
朝不朝，自由無所在心也。」

「於是景爲衛尉，耀城門校尉，晏執金吾，兄弟權要，威福自
由。」（《後漢書‧卷十下‧皇后紀第十下》）

「是時河南尹王調、洛陽令李阜與竇憲厚善，縱舍自由。」
（《後漢書‧卷四十三‧朱樂何列傳第三十三》）

「董氏之祖，與梁同焉。到光熹元年，董卓自外入，因閒乘釁，
廢帝殺后，百官總己，號令自由，殺戮決前，威重於主。」
（《後漢書‧志第十七‧五行五》）

「而師遂意自由，不論封賞，權勢自在，無所領錄，其罪四也」；
「師專權用勢，賞罰自由，聞臣等舉眾，必下詔禁絕關津，使驛書
不通，擅復徵調，有所收捕。」
（《三國志‧卷二十八‧魏書二八‧王毌丘諸葛鄧鍾傳》）

《春秋左傳‧隱公‧六年》，孔穎達疏「公子圍告廟者，專權自
由耳，非正也。」

在這種意義上，「自由」與「自專」、「自驕」、「自恣」等詞同義，都是用以形容不忠、不孝、不遵禮法的行為。

從唐代開始，詩歌作品中大量出現「自由」一詞，含義略有變化，且有多種含義。一種用法是指人的意圖、目的與外在環境、命運的關係，「自由」意指能夠實現自己的目的、意圖，或指對個人命運的把握、主宰，如崔國輔《中流曲》：「渡口水流急，回船不自由」；白居易《相和歌辭‧短歌行二首》：「世人求富貴，多為身嗜欲。盛衰不自由，得失常相逐」；韓愈《駑驥》：「孰云時與命，通塞皆自由；」蘇軾《沁園春》：「總是難禁，許多魔難，奈好事教人不自由」；姜夔《憶王孫》：「零落江南不自由」。

一種用法是表示無拘無束、安閒舒適，如杜甫《晦日尋崔戢、李封》：「興來不暇懶，今晨梳我頭。出門無所待，徒步覺自由」；白居易：《蘭若寓居》「行止輒自由，甚覺身瀟灑」；辛棄疾《鷓鴣天》：「浮雲出處元無定，得似浮雲也自由」。在這種意義上，「自由」往往與仕途中的不得志，或公務纏身沒有閒暇相對而言。正如俗語所云「無官一身輕」，只有在野、賦閒時才能體會到這種自由自在的生活，身份、職務就成了行為者意欲擺脫的負擔、束縛，因而對「自由」的渴望，往往透漏出作者辭官、歸隱的願望，如杜牧《早秋客舍》：「不及磻溪叟，身閒長自由」；韓愈《南溪始泛三首》「我云以病歸，此已頗自由」；白居易：「他日終為獨往客，今朝未是自由身」（《與諸道者同遊二室至九龍潭作》）；「幾時辭府印，卻作自由身」（《苦熱》）；王建《贈人詩二首》之一：「金爐煙裏要班頭，欲得歸山可自由」。

當表示「安閒舒適」的含義時，「自由」的對立面不僅可以指某種行為者想要擺脫的某種身份、職務，有時候也可以指糾纏著行為者的某種情感，尤指負面的、消極的情感。如李商隱《即目》：「大勢真無利，多情豈自由」；蘇軾《減字木蘭花‧送別》：「學道忘憂，一念還成不自由」；辛棄疾《菩薩蠻‧送鄭守厚卿赴闕》：「一日甚三秋，愁來不自由」；賀鑄《搗練子‧喚春愁》：「天與多情不自由，占風流」；沈瀛《風入松》：「任自由，毀譽利害不上心。」

佛教禪宗文獻中也時常使用「自由」一詞來表示無拘束、自任自恣，如《壇經》云「內外不住，來去自由」、「於六塵中不離不染，來去自由」；《五燈會元》云「自由自在」。此外，當「自由」與「不」連用時，有時是表示「不

由自主」、「情不自禁」的意思，如杜牧《登池州九峰樓寄張祜》：「百感中來不自由」；又如辛棄疾《鷓鴣天・代人賦》：「情知己被山遮斷，頻倚闌干不自由」，作者明知視線已被山擋住，仍然情不自禁地憑欄遠望。

綜上所述，在中國古典文獻中，「自由」一詞的字面意思是指「由自己做主」。當涉及人際關係的時候，對於尊者、長者而言，「自由」意指（1）親身獨任其事；而對於卑者、幼者而言，「自由」意指（2）不遵守禮法、倫常，一任己意，專斷獨行。當僅涉及個人生活的時候，「自由」意指（3）對個人命運的把握，但更多的時候是意指（4）無拘無束、安閒自在。

意義（1）和（2）都是關於具體行為或特定的行為模式的。古人對「自由」一詞的使用，折射了古代等級制的社會規範。個體被鑲嵌在整個社會結構中，並被賦予某種地位和角色。社會結構和個體的社會角色，建構了個體在與他人發生關係時被賦予的行為期望，人們根據這些行為期望判斷一個人的行為是否得體。擁有權力的一方的「自由」是無可厚非的，而沒有權力或權力較少的一方的「自由」，則是對既有規範的僭越，打破了與一套相對穩定的期望聯繫在一起的人際關係。

意義（3）並不那麼明顯地與具體行為或特點的行為模式相關，而是與人的整個生存狀態相關，而且更多地是與否定詞連用，用以表達人們對於主宰自己命運的無力感。

意義（4）更多地是審美意義上的，而不是實踐意義上的。因而，它也較少地與具體的行為、特點的行為模式相關，對「自由」的渴求，常常意味著對政治生活的逃離、對個人生活中的情趣的珍視。

## 2. 西方自由觀的傳入

在西方，「自由」與許多重大理論問題相關，對「自由」的理解莫衷一是，討論「自由」的文獻汗牛充棟。相比之下，中國古典文獻中的「自由」一詞含義明確，並沒有特別重要的理論問題圍繞「自由」這個詞而展開。

西方古典的「自由」反映了古希臘城邦與羅馬共和國的生活方式，中國古典的「自由」同樣反映了中國古代社會的生活方式。無論是古希臘民主派的「自由」，還是羅馬貴族的「自由」，「自由」都與「平等」有著天然的聯繫，而且，都意味著法治，而非人治、獨裁與專制，執政官的選舉、任期與權力，都有清晰的界定，以防止權力積聚在任何個人和派別的手裏，防止個人和派別的專斷意志威脅貴族的權利和自由。甚至羅馬平民所追求的「自由」，也包

含著尋求被按照法律來對待的權利，尋求對個人安全提供公共的、制度化的保障。因此，「自由」與規則、法律也有緊密的聯繫。反觀中國古代，它是人治而非法治的，無論是君主合法的「自由」，還是臣子不合法的「自由」，「自由」在一定意義上都意味著「自專」，意味著不受制約的專斷意志。對君主與臣屬的「自由」的不同態度，反映了等級制的社會結構，這裏沒有平等，只有「權威—服從」的對應關係。

即使是個人生活領域作為「無拘無束、安閒舒適」的自由，也反映了政治體制對人們生活方式的影響。在這種強調「權威—服從」、強調「人治」的社會中，官員的個人意志受到王權專斷意志的制約，政治生活必然是異化的，而且這種異化是結構性的，不管官員的個人感受如何都是如此。那些無法在政治生涯實現個人理想與抱負的人，更能體會到政治生涯中的異化，即一種深刻的無力感、無意義感和自我疏離感。因此，只有逃離政治生涯，擺脫社會束縛，只有在王權、宗法等權力意志的觸角無法觸及的地方，個人才能體會到自由。

西方近代的「自由」觀主要是資產階級價值觀、資產階級生活方式的體現。雖然中國古典的「無拘無束、安閒舒適」的「自由」與柏林所謂的「消極自由」同屬於私人生活領域的自由，但兩者有著本質區別。「消極自由」不僅包括了知識自由、道德自由，更包含了經濟自由，即擁有和運用財產的權利。消極自由反映的是資產階級對權利的訴求。擁有自由，就是擁有權利，自由從某種絕對無可非議的主觀訴求出發，這種訴求成為了法律、秩序和義務的起源。而「無拘無束、安閒舒適」的自由與權利無涉，它只是一種體現在山水之樂、田園之樂、天倫之樂中的一種主觀感受，一種自由感。

西方「自由」觀念的傳入，是從在華傳教士借用中國古典詞語對譯西洋詞開始的，並受到了日本翻譯家、思想家的影響。馮天瑜《新語探源——中西日文化互動與近代漢字術語生成》一書對此有專門的研究。〔註 18〕這裏只簡要介紹該書的一些研究成果。

（1）17 世紀，意大利來華傳教士稱天主「自主自尊，至愛廣博，至公森嚴，無物不照護」，就是以「自主自尊」來解釋自由；

以「自由」這一古代漢語對譯西方的自由，首先發生在江戶時期的日本。

---

〔註 18〕 馮天瑜：《新語探源——中西日文化互動與中國近代漢字術語生成》，北京：中華書局，2004 年。

日本人所編的《羅葡日辭書》把葡萄牙語的「liuremente」譯爲「自由」；

　　中國境內以「自由」翻譯西方相關概念始於 19 世紀。馬禮遜把英語 liberty 譯爲「自主之理」；麥都思將之譯爲「自主、自主之權、任意擅專、自由得意」；羅存德將之譯爲「自主、自由、治己之權、自操之權、自主之理」，此後，中國人將之譯爲自主、自專、自得、自若、自主宰、任意。

　　「自由」從古典的自恣、自專、放任，發展成近代含義的「自由」是從幕末至明治時期的日本開始的。明治四年（1871 年），中村正直把密爾的《論自由》譯爲《自由之理》，明治七年（1874）年，中村正直發表《西學一斑》，使用「人民自由志力」、「自由的權」，明確從西方近代政治理念角度使用「自由」一詞，與「專制」、「專權」相對。「自由」一詞逐漸脫離其古典意義，演變爲近代政治術語與哲學術語。

　　19、20 世紀之間，中國的進步書刊開始把「自由」一詞與專制主義對立。清末民初，「不自由，毋寧死」成爲熱血青年的口頭禪，西方意義上的「自由」對中國思想文化界產生了廣泛影響。

　　嚴復鑒於古代漢語的「自由」一詞與西方自由的差異，創製「自繇」一詞翻譯西方相關概念，並未獲得民衆認可，且嚴復本人也沒有堅持。梁啓超認爲自由應以不相互侵犯爲界。這都是將「自由」從中國的古典含義引申爲現代義。

## 三、如何思考自由

　　以上對中國古代自由觀的考察是圍繞著文獻中的「自由」一詞展開的。但是，儘管「自由」一詞直到東漢才出現，然而從思想實質來看，周秦諸子以及漢代許多思想家已經涉及到了自由問題，如道家的「無爲」主張政府不應該干涉人們的生活，這涉及到政治、社會生活中的自由，儒家、墨家、《列子》都涉及命運或天命與人的實踐中的自由的關係，儒家思想還涉及人的道德自由問題。

　　儘管這些都可以稱之爲「自由」，但它們所涉及的並不一定是同一個事物。如道家主張的百姓的生活不受政府干涉的自由，可以稱之爲「自治」；涉及命運、天命的自由，講的是人在既定的環境下實現自己的意圖和目的的能力；儒家講的「爲仁由己」說的是道德良知的自覺自願，「我欲仁斯仁至矣」說的則是人在道德上的自我實現的能力。

　　上文曾經介紹過麥卡勒姆的觀點，即按照行動者、約束和目的的三元結構來刻畫「自由」的一般形式規定。我們在許多場合下談論自由，但這三個變項的往往在不同的意境中意指不同的東西。就像安德魯‧海伍德所說的那樣，在談論自由的時候，如果不把三個變項的含義釐清，「我們是自由的嗎？」這個貌似深刻的問題就是無意義的，〔註19〕而且時常把我們引入歧途。

　　按照自由所涉及的領域，我們可以把自由分為意志自由、政治自由、公民自由或個人自由。如果要用「行動者」、「約束」和「目的」這三個變項更為完整、具體地陳述自由問題，就需要另外一個標準區分不同種類的自由。在筆者看來，我們可以按照「約束」或「障礙」的不同種類來區分不同種類的自由。因為，不論「行動者」指的抽象人格還是具體的個人，也無論「個人」是被理解為社會性的還是獨立於社會的，「行動者」所指的終歸是「人」，所不同的只是「人」的不同方面或屬性〔註20〕。而「目的」，無論是指事實上擁有的各種實然的「目的」，還是應然的「目的」，毫無疑問也是「人」的目的。但「約束」、「障礙」既可以是來自於「人」的，也可以是來自於非人格的力量。約束和障礙或者構成了自由的反面，或者為自由確定了邊界。當約束和障礙是不可克服或免除的時候，我們就沒有相應的自由；當約束和障礙是可以且應當克服或免除的是，我們就有權追求相應的自由，或有義務實現相應的自由；當約束和障礙是可以但不應該克服或免除的是，它就為我們的自由確立了邊界，也就是說，我們無權擁有這種自由。

　　各種約束與障礙至少可以劃分為三個種類：一是人的天性；二是我們生存的外部環境（包括社會、文化、政治與經濟環境）；三是我們自己的欲望和激情。根據這種劃分，我們可以借鑒艾德勒（又譯「阿德勒」）對自由的區分，他把自由分為「天生的自由」、「環境自由」和「後天自由」三種主要形式。〔註21〕

　　天生的自由就是選擇的自由，它存在於我們的意志之中，是人性之中固有的自由。人類的天性，或者說人類意志的特性，使人既區別於動物，又區

〔註19〕參見〔英〕安德魯‧海伍德著：《政治學核心概念》，吳勇譯，天津：天津人民出版社，2008年，第161頁。

〔註20〕儘管我們偶而也用形容詞「free」或形容詞短語「自由的」來修飾非人格的自然物，但自然物並不「擁有」「自由」（freedom）。

〔註21〕參見〔美〕摩狄曼‧J‧阿德勒著：《六大觀念：真、善、美、自由、平等、正義》，陳珠權、楊建國譯，北京：團結出版社，1989年，第144頁。

別於上帝（這裏只把「上帝」的概念作爲一種分析工具）。不同於動物，人類行爲並不完全由外部環境制約，人有自由選擇的能力，能夠決定自己應該做什麼、應該成爲什麼。但是，人類的意志又不同於上帝的意志，上帝的意志擁有無限的自由和權能，上帝的意願就是現實，上帝的意願與現實之間不需要任何中介。人的意願要通過「行動」這個中介才有可能成爲現實，並受到我們所處的環境的限制。

天生的自由意味著一種能力，而且是一種選擇的能力，即在不同的目標之間做出選擇。但是，當我們把人的自由與上帝的自由做比較的時候，自由儘管仍然是一個「能力」概念，但是，指的是實現我們的意願的能力。引入「上帝」這個分析工具只是爲了更好地理解我們自身，說明人類自由的本性：人類因其本性而具有如此這般受到限制的自由，而不是無限自由。一旦我們拋開這個工具，「人性」就只是人類自由的可能性條件，而不是限制性條件。因此，說人性是自由的約束和障礙，不是就「人」的類概念而言的，而是就具體的人而言，如精神失常的人、有智力障礙的人。我們說這樣的人失去了自由或不擁有自由，是指這樣的人沒有能力爲自己設定不同的目的，並做出選擇。在這個意義上，「自由受到限制」與「本性受到限制」是一個意思。

天生的自由是一種與生俱來的選擇能力，對於任何本性健全的人來說，這種自由都是沒有程度之別、不可被剝奪的。艾德勒所謂的「環境自由」則是在一定條件下爲所欲爲的自由，因此環境自由則完全依賴於外部環境對個體來說是有利還是不利。環境自由包含著一個機會概念，因環境的有利程度不同，環境自由也有程度上的區別。環境，既約束著可供我們選擇的目標，又約束著我們實現目標的條件。擁有環境自由就意味著能做我們願意做的事、成爲我們願意成爲的人。按照艾德勒的說法，環境自由是一種需要由正義來加以制約的自由，正義決定了哪些是我們有權擁有的自由，哪些是我們無權擁有的自由。艾德勒主張把我們無權擁有的自由稱爲「放縱」：「如果我們用『放縱』這個詞來指稱一個人非法地或者非正義地行使了環境賦予他做他喜歡做的事情這種能力，那麼，當爲所欲爲這種行爲本身是非法或非正義時，它不是一種自由，而是一種放縱。」〔註22〕艾德勒還把政治自由看作環境自由中一個特殊的種類，即「在憲政政府下，已經成年的、享有公民權的

---

〔註22〕〔美〕摩狄曼・J・阿德勒著：《六大觀念：眞、善、美、自由、平等、正義》，陳珠權、楊建國譯，北京：團結出版社，1989 年，第 147 頁。

人所擁有的選舉和參政權」，〔註23〕以及在製定法律時所擁有一定的發言權。

後天自由是個人在其發展過程中獲得的自由，是與智慧和美德聯繫在一起的自由。只有那些獲得了一定程度的美德和智慧的人，才擁有這種自由。一個擁有後天自由的人，是一個能夠控制自己的欲望和激情的人。與先天自由一樣，沒有任何外在的力量能夠剝奪一個人的後天自由，它只存在於一個人的內心中。這種自由又可以被稱為「道德自由」或「精神自由」。從某種意義上來說，後天自由是人有義務去追求的自由的。

## 第二節　老子的「自然」

道家文獻中的「自然」一詞時常被誤解。最常見的誤解有兩種，一是把「自然」單純理解為「大自然」，一是把「自然」僅僅理解為一種狀態。把老子的「自然」僅僅理解為大自然，這是違背古漢語的常識的。老子說「人法地，地法天，天法道，道法自然」，如果「法自然」就是效法大自然，那麼其內容就與法地、法天沒有任何區別〔註24〕。在先秦文獻中，大自然亦即事物的集合，主要是由「天地」、「萬物」、「天地萬物」等詞或詞組來表示的。

把「自然」理解為一種狀態，是受了詞義分析的影響。「自然」的「自」，是「自己」之意，「然」是指「如此」、「這樣」，意指一種狀態，人們很自然的就把「自然」理解為自然而然的一種狀態，如劉笑敢說：「自然則是事物存在的一種狀態，當我們談到自然時，可以指自然界的情況，但在更多的情況下，特別是在老子哲學中，自然顯然是指與人類和人類社會有關的狀態」。〔註25〕之所以會把「自然」理解為一種狀態，大概是因為把詞義分析的重點落在了「然」字上。《老子》中含有「自」的詞組還有很多，如：「自賓」、「自均」、「自化」、「自正」、「自富」、「自樸」、「自來」等，「自然」就是對這些詞的高度概括，「然」字是對上述種種狀態的概括，而「自」字才是這些詞組的重心。「自然」一詞不是描述事物的各種不同的狀態，而是解釋事物之所以是或成

〔註23〕〔美〕摩狄曼·J·阿德勒著：《六大觀念：真、善、美、自由、平等、正義》，陳珠權、楊建國譯，北京：團結出版社，1989年，第149頁。

〔註24〕參見劉笑敢著：《老子古今：五種對勘與析評引論》，北京：中國社會科學出版社，2006年，第273頁。

〔註25〕劉笑敢著：《老子古今：五種對勘與析評引論》，北京：中國社會科學出版社，2006年，第274頁。

為這種狀態的原因、原則，也就是說，「自然」是事物狀態的解釋：事物之所以是「如此」（然），是因其「自」而「如此」（然）。

因此，先秦文獻（尤其是道家文獻）中的「自然」一詞，基本含義就是「自己如此」。「自然」既不是指大自然（事物的集合），也不是指事物的某種狀態，而是指內在於事物的原則。〔註 26〕

「內在於事物的原則」這一短語有兩種理解方式，一種方式是把「事物」理解為單數的，在這種意義上，「自然」相對於「本性」；一種方式是把「事物」理解為事物的集合，即理解為大自然，在這種意義上，「自然」類似於我們今天所謂的自然「規律」、「法則」。「自然」的這兩種含義都能在《老子》中找到例證，如第七十六章曰「草木之生也柔脆，其死也枯槁」，「柔脆」和「枯槁」是草木在不同事情表現出來的特性，這些不同特性都是由草木的「本性」所決定的。第四十章云「反者道之動，弱者道之用；天下萬物生於有，有生於無」，第四十二章「萬物負陰而抱陽，沖氣以為和」，第七十七章云「天之道，損有餘而補不足」，這些則是講內在於自然界的、具有普遍性的「自然」。

「法則」不同於「本性」，一方面在於「法則」是普遍地內在於一切事物中，另一方面在於「法則」也可用以描述、解釋事物之間的關係。之所以強調這一點，是因為有一種錯誤地理解老子之「自然」的思考方式，就是用內力和外力兩個範疇來理解「自然」。劉笑敢就認為，「自然」一詞意味著動因的內在性，但自然並不是完全排斥外力，「不排斥可以從容接受的外在影響，而只是排斥外在的強力或直接的干涉」。〔註27〕正如劉笑敢自己已經意識到的那樣，區別直接的強力和「可以從容接受的外在影響」是很困難的，因此，「自然」一詞在劉笑敢那裏變成了一個「具有程度性和相對性」的概念。〔註 28〕

〔註 26〕中國古典文獻中的「自然」一詞，到很晚的時候才具有「自然界」的含義。在古希臘語中，「自然」既表示事物的內在原則，也表示自然界。但柯林伍德指出，事物的內在原則這一含義，在早期希臘作者那裏是唯一的含義，並且是貫穿整個希臘文獻史的標準含義，直到希臘晚期，自然界這一含義才出現，並且非常少見。參見〔英〕柯林伍德著，吳國盛譯：《自然的觀念》，北京：北京大學出版社，2006 年，第 53 頁。

〔註27〕劉笑敢著：《老子古今：五種對勘與析評引論》，北京：中國社會科學出版社，2006 年，第 210 頁。

〔註28〕參見劉笑敢著：《老子古今：五種對勘與析評引論》，北京：中國社會科學出版社，2006 年，第 211 頁。

如果這樣來理解「自然」的話，風吹草偃對於草而言，水滴石穿對於石而言，就很難說是「自然」的了。

因此，「內力」與「外力」這對範疇對於理解老子的「自然」來說，並不是一副十分適用的「眼鏡」，反而有可能扭曲該詞的本來面目，因為它將使事物之間的相互影響、相互合作成為「不自然」的。老子的「自然」概念的提出，是對上帝觀念的質疑，也是對人類（主要是指「侯王」）以違背自然的本性和法則的方式干預自然的行為的否定。老子認為，自然界的穩定、和諧取決於事物的內在本性和事物之間的變化運動的法則，而不是上帝意志的結果；人類應該順應自然界的法則，「處無為之事」，事物之「自然」要求人類「順其自然」。因此，「內力」與「外力」這對範疇只適用於這樣一種情況：以居高臨下的姿態──上帝之於世界、「侯王」之於百姓──做出的干涉，是對事物的本性、事物運動發展的法則的破壞，簡言之，是對「自然」的違背。

當涉及到人類事務的時候，「自然」就包含了另外一層意思，即「自由」。老子說「悠兮其貴言，功成事遂，百姓皆謂我自然」（第十七章），「言」是指政令、號令，老子認為一個好的「侯王」能夠遵循無為的原則，讓民眾順性生活，「我無為而民自化，我好靜而民自正，我無事而民自富，我無欲而民自樸」（第五十七章）。「無為」即是要解放社會固有的力量，避免「侯王」干涉、干擾民眾自主性的正常發揮，從而依靠民眾的自主、自由而實現道德的完善、群體的和諧。這樣，「化」、「正」、「富」、「樸」都是民眾因其「自」而「然」。

「自然」要求統治者的「無為」，同時也意味著民眾的「自為」或「自由」。老子是從社會分層的角度來看待人類的行為的，在宏觀層面上，或者說是在政治角度上，要求限制、約束「侯王」的行為，而在微觀層面上，或者說是在社會角度上，鼓勵社會的自發力量，要求給予民眾以自由。社會生活的協調並不依賴於「侯王」的「統治」，而是依賴於社會的「自我治理」。顧名思義，「統治」是統而治之、統率治理，意味著權威體系自上而下地實施「侯王」的個人決策或統治集團的集體決策（亦即「言教」），意味著從整個社會的層面規劃並維持某種秩序、促進集體行動。「從最寬泛的意義上講，統治意指支配或控制他人」〔註29〕，這正是老子所反對的「有為」。而「治理」則是指協調社會生活的各種方法和途徑，可以包括「統治」這種自上而下的治理，也

---

〔註29〕 〔英〕安德魯·海伍德著：《政治學核心概念》，吳勇譯，天津：天津人民出版社，2008 年，第 22 頁。

可以是沒有「統治」的、自下而上的治理。在人類社會的早期，自下而上的治理方法和途徑主要是「習俗」，習俗是經由個體之間的互動而自發形成的秩序，是社會自我治理的一種方式。老子主張「樂其俗」（第八十章），就是要依靠這種自我治理模式來維持社會的穩定與和諧。

從宏觀層面來看，「統治」依賴於「侯王」的「有爲」，「習俗」則需要「侯王」承擔「無爲」的責任。但是，「習俗」依然是一種人爲秩序（「人之道」），與自然界的秩序（「天之道」）存在差異。老子認爲人的本性是可貴的，值得尊重、保護和發展的，﹝註30﹞因此應該順應民眾本性的自由發展，但與自然相比，人性是有缺陷的，人類自發行爲的行爲規範與秩序並非總是合意的，並非總是符合「天道」的。這個時候就需要「聖人」——老子主張「侯王」不要成爲統治者，而要成爲「聖人」——矯正不合乎「道」的習俗，即所謂「化而欲作，吾將鎮之以無名之樸」（第三七章），「鎮」，簡本作「貞」，是「定」、「安」之意，《廣雅・釋詁》曰「鎮，安也」，﹝註31﹞「鎮之以無名之樸」並不是強制的方式，而是以「聖人」自身的示範（「不言之教」）作用來實現。

因此，在社會生活領域，「自然」原則包含著對「自由」的許可，同時又與「習俗」密切相關。一方面，「習俗」源於民眾的「自由」，同時又受到「天道」的制約，另一方面，「自由」即是一種處於集體行爲（亦即「習俗」）約束之下的環境自由，同時又是一種處於「天道」約束之下的道德自由。﹝註32﹞因此，「自然」即是對民眾的「解放」，又是對民眾的「約束」。「解放」在於使民眾免於政治上的干涉與強制，擁有按照習俗生活的自由；「約束」在於按照道之原則矯正習俗的偏失（主要是貪欲和不平等）。

這種「自由」即是「自治」，「不欲以靜，天下將自正」（第三十七章），「我好靜而民自正」，「靜」是「侯王」之「無爲」，以及不干涉、不支配，「正」通「政」，治也，「自正」即「自治」。﹝註33﹞但是，這種「自治」與古希臘的

﹝註30﹞ 見劉笑敢著：《老子古今——五種對勘與析評引論》，北京：中國社會科學出版社，2006 年，第 593 頁。

﹝註31﹞ 參見陳鼓應著：《老子今注今譯》，北京：商務印書館，2006 年，第 213 頁。

﹝註32﹞ 當時的社會還比較簡單，人們往往按照與父輩同樣的生活方式生活，個人選擇的空間並不大，「習俗」還沒有成爲一種專制力量。但是，隨著歷史的發展、社會的日趨複雜，「習俗」與個人自由之間的張力必然凸顯出來。而且「習俗」自身也隨著歷史的發展而變化，因此，「天道」與「習俗」之間的衝突也會加大。

﹝註33﹞ 參見孫以楷著：《老子通論》，合肥：安徽大學出版社，2004 年，第 418 頁。

不同。古希臘的「自治」是指民選政府以及民眾擔任公職的權利，而老子的「自治」不是政治性的，而是習俗的，是民眾在社會生活領域內的自治。這種「自由」與西方政治學的「自由」還有一個重大差異，後者是一種權利，政府承擔著尊重、保護這種權利的義務。老子的思想中沒有「權利」的觀念，他是從「效果」的角度來論證這種自由的，「侯王」只是為了「化」、「富」、「樸」、「均」、「賓」等效果才遵循「無爲」原則，而不是因爲受到了「權利」的約束。也就是說，「無爲」對於「侯王」來說，更主要的是一種策略，而非道德義務，從而無法從權利、道德的角度抵制其他策略對統治者的吸引力。

## 第三節　莊子的「逍遙」

自晉代郭象以來，「逍遙」一般被解釋爲自由自在、無拘無束、閒適自得，近代西學東漸以來，「逍遙」又被比附爲西方的「自由」概念，或解釋爲心靈自由、精神自由。近年來，有學者反對「逍遙」與「自由」之間的簡單比附，[註34] 還有一些學者反對無拘無束、閒適自得這一傳統解釋。持後一種觀點的主要有張松輝、鄧聯合兩位學者。[註35] 以「安閒自得」解釋「逍遙」，張松輝認爲這是中國詞語史上最大的誤解案例之一，鄧聯合認爲這是基於對莊子思想之不同闡釋的「臆解」，而不是對此二字的「直解」。張松輝與鄧聯合的觀點可以歸納概括如下：

A. 「逍遙」的本義是「散步」、「閒逛」、「遊蕩」；

B. 「逍遙」本身不帶感情色彩，但在具體語境中，「逍遙」常與人的某種情感狀態相聯繫，其情感色彩取決於散步者的自我感受；

C. 在《詩經》、《禮記》和《楚辭》中，「逍遙」與陰鬱的情緒相關聯，「逍遙」者多爲無事閒蕩，以此解愁；

D. 與「逍遙」相關的情感狀態在《莊子》中是釋然、輕鬆甚至「心意自得」的；

---

[註34] 參見謝揚舉著：《道家哲學之研究：環境與比較哲學視界中的道家》，西安：陝西人民出版社，2003 年。

[註35] 參見張松輝著：《莊子疑義考辨》，北京：中華書局，2007 年，第 3～14 頁；鄧聯合著：《「逍遙遊」釋論：莊子的哲學精神及其多元流變》，北京：北京大學出版社，2011 年，第 49～53 頁。

　　E.《莊子》中的「逍遙」不是形容自由自在的樣子，不是在講
　精神自由翱翔；

　　F.《莊子》中的「逍遙」是形容無事閒遊的樣子，是在講無爲
　處世的原則。

本節將在借鑒張、鄧二人的觀點的基礎上，進一步探討先秦典籍中「逍遙」
一詞的含義，並針對上述 C、D、F 三點提出一些不同意見。

## 一、「逍遙」的本義

　　「逍遙」，又作「消搖」，漢代也有寫作「消遙」的。「逍遙」雙音詞，都
從「辵」，「辵」的本義是行走。一般認爲雙音詞是由同義詞組合而成的，但
從某種意義上來說，雙音詞的兩個詞素的意義正好相反，如「婚姻」一詞，《說
文》說「婦家爲婚，婿家爲姻」，又如「翱翔」一詞，「翱」是指扇動翅膀盤
旋而飛，「翔」是指翅膀平直不動盤旋而飛，「逍遙」一詞也是如此。

　　《漢字源流字典》認爲「遙」的本義是遠，引申爲時間長，又表示飄蕩
的意思〔註 36〕。「逍」字又從「肖」，《漢字源流字典》認爲「肖」從「肉」、
從「小」，所以其本義爲細小、細微。〔註 37〕鄧聯合據此推測說「『逍遙』原
爲動詞，其意或可解釋爲走近（逍）走遠（遙）、走來走去。」〔註 38〕也就是
說，「逍」的本義應該是往近處走，「遙」的本義應該是往遠處走，所以，從
詞源學上來看，「逍遙」應該是指在一定的空間範圍內走近又走遠、走來又走
去，用以描述人們在散步時的動作，因而「逍遙」的本義應該是散步、漫步，
與徘徊、彷徨等詞意義相近。

　　從詞源學角度來看，「逍遙」的本義是散步、漫步，但在具體的語境中，
「逍遙」又有不同的引申義，要更爲精確地考察該詞的含義，就要細緻地分
析該詞出現的語境。張松輝與鄧聯合都做了這方面的工作，但是，兩人或是
錯誤理解了相關語境，或是沒有分清語境所帶有的感情色彩與「逍遙」一詞
本身的感情色彩（或「逍遙」這一行爲本身的感情色彩），而且還不恰當地把
「逍遙」一詞在所有語境中的含義都還原爲其詞源學意義。

---

〔註 36〕谷衍奎主編：《漢字源流字典》，北京：華夏出版社，2003 年，第 764 頁。
〔註 37〕同上，第 267 頁。
〔註 38〕鄧聯合著：《「逍遙遊」釋論：莊子的哲學精神及其多元流變》，北京：北京大
　　　　學出版社，2011 年，第 51 頁。

## 二、《詩經》、《禮記》與《楚辭》中的「逍遙」

在先秦文獻中，只有《詩經》、《莊子》、《禮記》以及屈原、宋玉的詩歌用到了「逍遙」或「消搖」這個詞，其中「消搖」出現了一次，見於《禮記‧檀弓》，「逍遙」出現了 17 或 18 次，〔註39〕《詩經》3 次，《莊子》6 次，屈原和宋玉的作品中有 8 或 9 次。

我們首先來看《詩經》中的「逍遙」：

> 清人在彭，駟介旁旁，二矛重英，河上乎翱翔。清人在消，駟
> 介麃麃，二矛重喬，河上乎逍遙。清人在軸，駟介陶陶，左旋右抽，
> 中軍作好。（《詩經‧鄭風‧清人》）

這是一首諷刺之詩，一說是諷刺鄭國將軍高克，〔註40〕一說是諷刺鄭文公。〔註41〕鄭文公憎惡大臣高克，以防備敵寇爲名，命高克領軍駐紮黃河邊上，經過很長時間，不調軍隊回來，後軍隊潰敗，高克逃亡到陳國，鄭人因此作此詩。張松輝說：「此時，無論是高克，還是士兵，沒有一個是『悠閒自在』的，他們有國難投，有家難歸，成爲被遺棄的一群人，都非常憂愁苦惱。」〔註42〕其實，無論這首詩是諷刺高克，還是諷刺鄭文公，都不是在說高克或士兵們憂愁苦惱，藉散步以消愁。詩的作者採用了反襯的修辭手法，首先極力渲染鄭國兵強馬壯，武器精靈，然後點出軍中士兵恬然嬉戲、閒散無備，以此形成鮮明的對比。前兩章儷偶，張松輝卻只引了第二章，因而難以看出「逍遙」一詞的含義，但「逍遙」與「翱翔」互文，〔註43〕實在難以想像作者會用飛

---

〔註39〕 鄧聯合把《楚辭》中的所有文章都當作了先秦時期的作品，因而認爲「逍遙」一詞在先秦共出現了 23 次（參見參見鄧聯合著：《「逍遙遊」釋論：莊子的哲學精神及其多元流變》，北京：北京大學出版社，2011 年，第 49 頁）。但是，《楚辭》中的《七諫》是西漢東方朔所作，《九懷》是西漢王褒所作，《九思》是東漢王逸所作，而《遠遊》一篇多有學者懷疑是漢代人模倣《離騷》而作，尚無定論。因此，「逍遙」一詞在先秦文獻中只出現了十餘次。

〔註40〕 參見高亨著：《詩經今注》，北京：清華大學出版社，2010 年，第 71 頁，或程俊英、蔣見元著：《詩經注析》，北京：中華書局，1991 年，第 229 頁。

〔註41〕 參見袁梅著：《詩經譯注》，山東，齊魯書社，1985 年，第 248 頁。

〔註42〕 張松輝著：《莊子疑義考辨》，北京：中華書局，2007 年，第 4 頁。

〔註43〕 許多學者都指出，「逍遙」的本意就是「翱翔」，或與「翱翔」意義相近，如王凱（見《逍遙遊──莊子美學的現代闡釋》，武漢：武漢大學出版社，2003 年，第 18 頁）、趙明（見《〈逍遙遊〉義辨》，載《復旦學報》編輯部編《莊子研究》，上海：復旦大學出版社，1986 年，第 420 頁）。鄧聯合認爲這些解釋都是想當然的誤解（見鄧聯合著：《「逍遙遊」釋論：莊子的哲學精神及其

鳥的盤旋飛翔象徵人的精神苦悶。其實，「翱翔」與「逍遙」的含義分別由盤旋飛翔和彷徨閒逛，引申爲遨遊、遊戲。最後一章「中軍作好」，「作好」高亨釋爲「戲玩」，這更能證明「逍遙」乃遊戲之意。

　　　羔裘逍遙，狐裘以朝，豈不爾思，勞心忉忉。羔裘翱翔，狐裘
　　在堂。豈不爾思，我心憂傷。（《詩經・檜風・羔裘》）

這是一首貴族婦女思念丈夫時所寫的詩。毛傳曰：「羔裘以遊燕，狐裘以適朝」，作者想像著丈夫穿著羔裘在家遊燕，穿著狐裘上朝。「逍遙」與「翱翔」都是指在家閒遊、遊燕，語境與「無事」、沒有公務相關，正好與「以朝」、「在堂」形成對照。張松輝說：「『逍遙』與『以朝』對舉，一爲在家無事隨意活動，一爲上朝面君處理政務。」〔註44〕但他並沒有分析語境的感情色彩，鄧聯合卻認爲，因爲這是一首因思念丈夫而作的詩，因而與「逍遙」相關聯的情緒是陰鬱的。〔註45〕這明顯是混淆了語境的情感色彩與詞語的情感色彩。當我「憂傷地回憶起往昔的快樂時光」時，往昔的「快樂」並不會因爲我現在是在「憂傷地」回憶而變得「憂傷」，同樣，無論這位貴婦人多麼憂傷地思念丈夫，她的丈夫也不會因此而情感「陰鬱」，尤其不會在遊宴的時候情感「陰鬱」。

　　　所謂伊人，於焉逍遙。……所謂伊人，於焉嘉客。
　　（《詩經・小雅・白駒》）

這是一首貴族挽留客人的詩。這兩句尤爲顯明地證明「逍遙」一詞在《詩經》中不是漫步、散步、閒逛的意思，而是遊燕、玩樂遨遊的意思。「於焉」意爲「在這裏」，指作者的家裏，「逍遙」，一般都解釋爲「優遊自得貌」，〔註46〕也有釋爲「逗留」的，〔註47〕聯繫下文「於焉嘉客」，「逗留」義較長，但仍以「遊戲」、「遊玩」等義更爲準確，然而無論如何不能解釋爲散步、漫步。因爲，當我們想挽留客人的時候，我們會說「在這多玩會吧」或「在這多留會吧」，但絕不會說「在這多走一會吧」。

---

　　多元流變》，北京：北京大學出版社，2011年，第51頁）。「逍遙」與「翱翔」
　　在語境中使用的都是遨遊、遊玩的引申義，可以相互訓釋。
〔註44〕張松輝著：《莊子疑義考辨》，北京：中華書局，2007年，第5頁。
〔註45〕參見鄧聯合著：《「逍遙遊」釋論：莊子的哲學精神及其多元流變》，北京：北京大學出版社，2011年，第50頁。
〔註46〕如高亨（見《詩經今注》，北京：清華大學出版社，2010年，第166頁）、程俊英、蔣見元（見《詩經注析》，北京：中華書局，1991年，第534頁）。
〔註47〕參見馬持盈著：《詩經今注今譯》，臺北：臺灣商務印書館，1971年（民國六十年），第280頁。

由上可見，「逍遙」一詞在《詩經》中無一例外是作「遊戲」解。張松輝、鄧聯合二人說「逍遙」作為動詞，本身不含有任何情感成分。這一點誠然不錯，但是，作為遊玩、遊樂，「逍遙」能夠讓讀者自然而然地聯想到「逍遙」者所具有的輕鬆、閒適的情感狀態。

我們現在來看《楚辭》中的「逍遙」一詞：〔註48〕

　　折若木以拂日兮，聊逍遙以相羊。（《楚辭・離騷》）

「逍遙」與「相羊」並用，「相羊」又作「相佯」、「相徉」，王逸注：「逍遙、相羊，皆遊也。」洪興祖補注：「逍遙，猶翱翔也，相羊，猶徘徊也。」張松輝說：「王逸只用一個『遊』字來解釋『逍遙』，『遊』就是遊蕩、閒逛的意思，這與『悠閒自得』、『自由自在』的含義有著感情上的本質不同。」〔註49〕但是，「遊」字很早就有「遊戲」、「遊玩」的意思，〔註50〕如《詩經・唐風・有杕之杜》「彼君子兮，噬肯來遊」、《尚書・無逸》「文王不敢盤於遊田」。《離騷》中的這一句出現在作者描繪「上下求索」的幻想境界的段落，因此情緒應該是積極的。

　　欲遠集而無所止兮，聊浮游以逍遙。（《楚辭・離騷》）

「逍遙」與「浮游」並用，都引申為漫遊、遨遊。王逸注：「言己既求簡狄，復後高辛，欲遠集它方，又無所之，故且遊戲觀望以忘憂，用以自適也。」這一句出現在作者「上下求索」失敗的段落，故而「遊戲觀望以忘憂」。「逍遙」的這一用法符合張松輝所謂的無事遊蕩以解愁，但我們必須區分語境的情感色彩和詞語的情感色彩，遊戲必定是閒適、快樂的，否則無以消愁。誠如張松輝所言，「逍遙於山水之間是否能夠使他達到『娛情』的目的，尚不可知」，〔註51〕但若如張松輝所理解的那樣，「逍遙」在語境中「多少帶有傷感色彩」，那麼，「逍遙」必定不能消愁，也不會有人希望通過「逍遙」來暫時忘記痛苦。

　　時不可兮再得，聊逍遙兮容與。（《楚辭・九歌・湘君》）

　　時不可兮驟得，聊逍遙兮容與。（《楚辭・九歌・湘夫人》）

這兩句「逍遙」與「容與」並用，當代學者一般把「容與」解釋為安逸自得

〔註48〕這裏只考察確定為屈原和宋玉的作品中的「逍遙」一詞，因而東方朔等人的作品，以及《遠遊》一篇不再考慮。
〔註49〕張松輝著：《莊子疑義考辨》，北京：中華書局，2007年，第5頁。
〔註50〕而且王逸有時也徑直把「逍遙」解釋為「遊戲」，見下文。
〔註51〕張松輝著：《莊子疑義考辨》，北京：中華書局，2007年，第7頁。

貌、從容閒適貌，但「容與」的本義是徘徊猶豫、躊躇不前，這裏「逍遙」
與「容與」同義互舉，也應該釋爲遊戲、遨遊，朱熹的解釋就是：「逍遙、容
與，皆遊戲閒暇之意也。」兩句都是哀歎美好的時光已逝（或不易遇到），因
而希望通過遊戲排遣憂悶。

> 去終古之所居兮，今逍遙而來東。（楚辭・九章・哀郢）

《哀郢》的情感基調是悲憤難平、哀思不已。這一句是說離開了先祖居住的
地方，「逍遙」到東方。本篇前文還有「去故鄉而就遠兮，遵江夏以流亡」，
可見這裏的「逍遙」是漂泊、流蕩的意思。

> 寤從容以周流兮，聊逍遙以自恃。（《楚辭・九章・悲回風》）

「逍遙」與「周流」對舉，「周流」也是四處遊蕩的意思。王逸注：「且徐遊
戲，內自娛也」。

> 去鄉離家兮徠遠客，超逍遙兮今焉薄。（《楚辭・九辯》）

這裏的「逍遙」是漂泊流蕩、沒有著落的意思。

> 惟其紛糅而將落兮，恨其失時而無當。攬騑轡而下節兮，聊逍
> 遙以相佯。（《楚辭・九辯》）

這裏是哀歎生不逢時，因而信馬由繮，毫無目的地徘徊遊蕩，以消遣時光。

　　屈原與宋玉除了使用「逍遙」的徘徊、閒逛這一基本含義外，更主要地
使用另外兩種引申含義，一是遨遊、遊戲；一是漂泊、流蕩。張、鄧二先生
太過於拘泥於「逍遙」一詞在文字學、詞源學上的原始含義，忽視了該詞在
具體語境中所具有的語文或修辭學上的不同含義，因而認爲「逍遙」先秦文
獻中都作「行走」、「漫步」解，並且認爲「逍遙」所帶有的感情色彩取決於
散步者的主觀感受。但在筆者看來，「逍遙」一詞的情感色彩取決於它的用法，
亦即取決於作者是在使用「逍遙」的哪一種引申含義。一旦詞語的用法成爲
約定俗成的規則，它就相對獨立於作者的主觀感受。當然，要確定作者是在
何種引申含義上使用「逍遙」一詞，還要考察作者的主觀感受，但這與張、
鄧二人的觀點存在著微妙的區別。試設想詞典收入了「逍遙」的這三種含義：

> ①散步、漫步；②遨遊、遊戲；③漂泊、流蕩

就①而言，「逍遙」並不含有任何感情色彩；就②而言，「逍遙」能夠讓讀者
自然而然地聯想到遨遊者所具有的輕鬆、閒適的感情狀態；就③而言，「逍遙」
也讓讀者自然而然地聯想到漂泊者的憂鬱、傷感。就②和③而言，「逍遙」獨
立於其語境，「先天地」和某種情感狀態相關聯。張、鄧二人之所以於此失察，

是因為他們太拘泥於行走、漫步這一原始含義，把語境中的「逍遙」都做了詞源學上的還原。

從對《詩經》和《楚辭》的分析來看，「逍遙」在先秦時期的主要含義是遨遊、遊戲。《楚辭》多帶有迷茫、憂鬱、傷感和悲痛的感情色彩，但作者正是因此而希望通過遨遊、遊戲來排遣苦悶，希望獲得暫時的安閒、愉悅。因此，「逍遙」一詞在先秦主要是與輕鬆、閒適的情感狀態先關聯。

最後，我們再來看《禮記》中的「消搖」：

> 孔子蚤作，負手曳杖，消搖於門，歌曰：「泰山其頹乎，梁木其
> 壞乎，哲人其萎乎！」……蓋寢疾七日而沒。（《禮記·檀弓》）

《釋文》曰：「消搖，本又作逍遙。」這裏用的是「逍遙」的本義，即走來走去、徘徊。對於「負手曳杖，消搖於門」，鄭玄的解釋是「欲人之怪己」，孔穎達對鄭玄的解釋作了發揮：「杖以扶身，恒在前面用，今乃反手卻後，以曳其杖，示不復杖也。又夫子禮度自守，貌恒矜莊，今乃消搖放蕩，以自寬縱，皆是特異尋常。」按這種解釋，孔子是自知將死，故作姿態要引起門人的注意，引發學生的提問。江永對此已有所駁斥：「杖有柱時，亦有曳時。曳杖消搖，固非有意為之。」〔註52〕現代注者多採用「逍遙」的傳統解釋，如王夢鷗引王夫之之說釋為「和適之貌」〔註53〕，楊天宇釋為「逍遙自在」。〔註54〕

張松輝與鄧聯合據《史記·孔子世家》認為，《禮記》該章文字的情感應該是傷悲的。

> 明歲，子路死。孔子病，子貢請見。孔子方負杖逍遙於門，曰：
> 「賜，汝來何其晚也？」孔子因歎，歌曰：「太山壞乎！梁柱摧乎！
> 哲人萎乎！」因以涕下。謂子貢曰：「天下無道久矣，莫能宗子……」
> 後七日卒。

《史記》是漢代作品，太史公所謂「因以涕下」不知有何根據，但也不能否認這是《檀弓》作者在刻意迴避。因此，尚不能斷定張、鄧二人對「孔子蚤作」章的解釋與傳統解釋孰是孰非，但可以肯定的是，這裏的「消搖」使用的是其本義，即漫步、散步，因而本身不帶有任何感情色彩。而且，與屈原、宋玉作品中的「聊逍遙以相羊」等第一人稱語句不同，「孔子蚤作」僅僅以第

---

〔註52〕〔清〕朱彬著：《禮記訓纂》，北京：中華書局，1995年，第79頁。
〔註53〕參見王夢鷗著：《禮記今注今譯》，北京：新世界出版社，2011年，第55頁。
〔註54〕參見楊天宇著：《禮記譯注》，上海：上海古籍出版社，2004年，第73頁。

三人稱描述孔子的行爲，我們從中絲毫看不出孔子在主觀上有消愁、解憂的意圖。

綜上所述，「逍遙」本義是在一定空間範圍內漫步、閒逛，意近於彷徨、徘徊等詞，引申爲遨遊、遊樂，又引申爲漂泊、流蕩。《檜風·羔裘》與《小雅·白駒》是西周時期的作品，《鄭風·清人》是東周至春秋時期的作品，可以說遨遊、遊樂是「逍遙」一詞最常用的引申義。無論是無事而「逍遙」，還是爲解憂而「逍遙」，「逍遙」都與安閒自得的情緒相關（或是心情本就閒適，或是爲了獲得閒適的心情）。

除此之外，「逍遙」一詞的使用還有兩個特點：第一，作爲遨遊、遊玩，「逍遙」往往是指遊玩者在「無事」、沒有公務的情況下的「逍遙」；〔註55〕第二，「逍遙」往往與表示地點的詞相連，如「清人」在黃河邊「逍遙」、「丈夫」在家「逍遙」、「客人」在主人家「逍遙」。〔註56〕這兩點似乎是顯而易見、無關緊要的，但留意到這兩點，有利於我們對《莊子》中的「逍遙」的分析。

## 三、《莊子》中的「逍遙」

自郭象與成玄英以來，《莊子》中的「逍遙」就解釋爲休閒自得、自由自在，現代學者多釋爲心靈自由或精神自由，如劉笑敢說：「逍遙遊的主體是心靈，所遊之處是幻想中的無何有之鄉。逍遙遊的實質即思想在心靈的無窮寰宇中遨遊飛翔。」〔註57〕張、鄧二人認爲郭、成的解釋是誤解或臆解，並質疑「精神自由」的說法，張松輝說：「『逍遙遊』的意思不是講精神自由翱翔，而是在講無爲以處世的原則」；「莊子的『逍遙』不是在形容自由自在的樣子，而是在形容無事閒遊的樣子。」

其實，郭、成二人並未誤解「逍遙」一詞的含義。「逍遙」誠然是在形容無事閒遊的樣子，但也是在形容自由自在的樣子。

---

〔註55〕高克部下的士兵當然有軍務在身，但《清人》作者乃是在諷刺的意義上使用「翱翔」與「逍遙」的。

〔註56〕在秦以後的文學作品中，這一特點依然十分明顯，如陸機《答張士然》：「逍遙春王圃，躑躅千畝田」，盧諶《贈崔溫》：「逍遙步城隅，暇日聊遊豫」，《後漢書·馮衍傳下》：「陟雍時而消搖兮」，王粲《從軍詩五首》：「逍遙河堤上，左右望我軍」，曹丕《芙蓉池作》：「乘輦夜行遊，逍遙步西園」。

〔註57〕劉笑敢著：《莊子哲學及其演變》（修訂版），北京：中國人民大學出版社，2010年，第152頁。

「逍遙」一詞在《莊子》中共出現了 6 次：

　　彷徨乎無為其側，逍遙乎寢臥其下。(《逍遙遊》)

　　芒然彷徨乎塵垢之外，逍遙乎無為之業。(《大宗師》)

　　以遊逍遙之虛，食於苟簡之田，立於不貸之圃。逍遙，無為也，

苟簡，易養也，不貸，無出也。(《天運》)

　　芒然彷徨乎塵垢之外，逍遙乎無事之業。(《達生》)

　　逍遙於天地之間而心意自得。(《讓王》)

在《莊子》文本中，「逍遙」與「彷徨」對舉。陸德明說：「彷徨，猶翱翔也。崔本作方羊，簡文同。廣雅云：彷徉，徙倚也。」王叔岷說：「『彷徨』猶『彷徉』，亦即『方羊』」。〔註58〕《文選・宋玉〈招魂〉》：「彷徉無所倚，廣大無所極。」張銑注：「彷徉，遊行貌。」《左傳・哀公十七年》：「如魚窺尾，衡流而方羊。裔焉大國，滅之將亡。」鄭眾注云「方羊，遊戲」。「方羊」又作「方洋」，《漢書・吳王劉濞傳》：「吳王內以朝錯為誅，外從大王後車，方洋天下，所向者降，所指者下，莫敢不服。」顏師古注：「方洋，猶翱翔也。」因此，「彷徨」、「彷徉」、「翱翔」等詞含義相近，可以相互訓釋。

　　《莊子》本身就已經對「逍遙」作出了解釋，《天運》篇以「無為」釋「逍遙」，《讓王》以「心意自得」釋「逍遙」，這兩個解釋都是「文意訓釋」，而非「詞義訓釋」，這種訓釋不以「貯存」客觀詞義為目的，而是以溝通而目的，闡釋詞語在文本中所具有的含義。「無為」和「心意自得」都是從「遨遊」、「遊戲」進一步引申而來。

　　上文說過，「逍遙」總是無事、無公務在身時才能「逍遙」。《莊子》則明確地把「逍遙」與「彷徨」與「無為」、「無事」相關聯，甚至乾脆以「無為」解釋「逍遙」。《達生》篇「無事之業」承上文「居鄉不見謂不修，臨難不見謂不勇，然而田原不遇歲，事君不遇世，賓於鄉里，逐於州部」而來，「事」應是泛指職守、政事、事務。《莊子》突出「逍遙」的「無為」維度，表現了作者刻意要與世俗「建功立業」的價值觀保持距離。

　　以「心意自得」釋「逍遙」，這是從動作、行為，引申出行為者的精神狀態。對於「逍遙於天地之間而心意自得」這句話，張松輝說：「如果『逍遙』本身就含有『自由自得』的意思，那麼本句後面的『心意自得就成了同義重

〔註58〕王叔岷著：《莊子校詮》，北京：中華書局，2007 年，第 38 頁。

複』。」〔註59〕如果這算是「同義重複」的話，那麼「聊逍遙以相羊」等句更要算作「同義重複」了。其實這是古人常用的文法，如《詩經·召南·野有死麕》:「舒而脫脫兮」，「舒」是說慢慢地，「脫脫」是形容走路慢、腳步輕的狀態，又如《莊子·大宗師》「連乎其似好閉也，悗乎忘其言也」，又如《莊子·應帝王》「順物自然而無容私焉」，後半句都是從另外一個角度，對前半句的文意進行訓釋。

其次，《逍遙遊》云「彷徨乎無為其側」，是指在大樹下遨遊、遊戲，但「逍遙乎寢臥其下」，「逍遙」與「寢臥」相連，因此「逍遙」不能解釋為遨遊、遊戲，當然也就更不能解釋為行走、漫步。似乎莊子本人已經開始把「逍遙」一詞用於描繪人的心理感受、精神體驗。如果是這樣的話，把《逍遙遊》中的「逍遙」解釋為「自得之稱」（成玄英）、「優遊自在」（陳鼓應）、「休閒自得、無拘無束的樣子」（曹礎基）就不能算是「臆解」。

再來看郭象與成玄英對「逍遙」的解釋。郭象對「逍遙」一詞有「訓」而無「詁」，而且只是在對《逍遙遊》篇作解題時對該詞作了訓釋:

夫小大雖殊，而放於自得之場，則物任其性，事稱其能，各當其分，逍遙一也，豈容勝負於其間哉！

毋庸諱言，郭象以「適性」為由，認為小鳥與大鵬皆「逍遙」，甚至以「物任其性，事稱其能，各當其分」解釋「逍遙」，這的確是對《逍遙遊》的誤讀，但以「自得」釋「逍遙」仍是《讓王》之旨。郭象的「適性逍遙」是對《莊子》「自得逍遙」的進一步闡發。成玄英也是以「自得」釋「逍遙」:

彷徨，縱任之名；逍遙，自得之稱；亦是異言一致，互其文耳。不材之木，枝葉茂盛，婆娑陰映，蔽日來風，故行李經過，徘徊憩息，徙倚顧步，寢臥其下。亦猶莊子之言，無為虛淡，可以逍遙適性，陰庇蒼生也。

張、鄧二人否定以「自得」釋「逍遙」，大概是因為突然發現了自郭象以來漸已「失傳」的「逍遙」真義，因而極力主張「逍遙」的本義是散步、漫步。其實，情況並非如此，與郭象的有「訓」而無「詁」不同，成玄英的這段話既有「訓」也有「詁」。成玄英以「縱任」、「自得」解釋「彷徨」、「逍遙」的文意，以「徘徊」、「徙倚」解釋「彷徨」、「逍遙」的詞義，「徙倚」也是徘徊、漫步的意思。

---

〔註59〕張松輝著:《莊子疑義考辨》，北京:中華書局，2007年，第8頁。

因此，真實的情形並非如張松輝所說的那樣，自郭象以來「逍遙」「原來的含義被湮滅」，〔註60〕而是：自郭象以來，人們不再強調「逍遙」的詞義，而是強調其「文意」。而且，這種做法本就濫觴於《莊子》。

最後，我們再來看「心靈自由」的問題。如前所述，莊子本身已經開始強調「逍遙」的心靈狀態這一維度。《逍遙遊》篇云「逍遙乎寢臥其下」，既然是「寢臥」，則「逍遙」甚至與外在形體的漫步、遨遊都沒有關係，只是心靈的遨遊。前面還說過，「逍遙」一詞在使用時往往與表地點的詞相連，但《詩經》、《禮記》是把「逍遙」與表示具體的、現實中的地點的詞相連，而《莊子》則把「逍遙」與幻想中的地點相連。《逍遙遊》前文已經把大樹「樹之無何有之鄉、廣莫之野」，《大宗師》、《達生》更直接說遨遊於「塵垢之外」、「無為（無事）之業」，因此，「逍遙」一詞在《莊子》文本中主要是指「心」之遊了。

總而言之，在《莊子》文本中，「逍遙」的基本含義是無事而遨遊，但已經側重於心靈的遨遊，所遊之境則是心靈的理想境界。因此，「逍遙」在《莊子》中的完整含義應該是拋棄俗累、自由自在地神遊於太虛。

---

〔註60〕張松輝著：《莊子疑義考辨》，北京：中華書局，2007年，第12頁。

# 第二章　自然

　　形而上學對「物」的思考有兩種最基本的立場，一種是科學主義的立場，一種是人文主義的立場。科學主義的立場試圖理解應用於「物」的最普遍的概念，如共相、殊相、同一、差別、時間、因果等，因此形而上學的核心任務就是勾畫出「物」所從屬的最高的、最普遍的種類，亦即範疇，分辨每一個範疇的特性，確認各範疇之間的聯繫。實在論（realism）認為範疇就是「物」在心靈之外的存在方式，唯名論（nominalism）認為範疇不過是詞語，是我們談論「物」的方式，概念論（conceptualism）則認為範疇是我們思考「物」的方式。雖然有這些分歧，但科學主義的立場都把形而上學與「知識」緊密地聯繫在一起，或者認為通過形而上學能夠直接擴展我們對「物」的知識，或者認為形而上學僅僅為知識奠定範疇基礎，為知識提供一個概念體系或概念框架。人文主義的立場則把對「物」的思考與對人生意義的探求結合在一起，或者說把宇宙萬物的存在過程與人生的歷程連結在一起。

　　康德對「物」（經驗之物）的思考是屬於科學立場的，對「物」的追問否定了自由的可能性，因而康德主張揚棄知識，以便為信仰騰出地盤，在信仰的領域內討論人的自由問題。莊子對「物」的思考則接近於人文主義的立場，把對「物」的理解與對人生意義的理解聯繫在一起，不同之處在於人文主義把人看作是萬物存在的意義與價值的奧秘所在，莊子則認為人只有鑲嵌在萬物的進程之中，才能獲得自身的意義，才能獲得自由。

## 第一節　康德的物論

　　康德哲學中包含有三種形而上學觀，第一種是傳統的形而上學或超驗的

形而上學，它以上帝、自由和靈魂不朽爲研究對象，康德徹底否定了這種形而上學的可能性，認爲這三者超越了人類的認識能力。第二種是批判的形而上學，任務是勾畫出人類思想和知識的最一般特徵，從而爲知識奠定範疇基礎，「它力圖確定人類表象世界時運用的最一般的概念，這些概念之間的關係，以及客觀運用這些概念的基礎」〔註1〕。這是從最普遍的角度研究形而上學，而不是研究某類特殊的存在者，因而屬於「一般形而上學」。第三種是道德形而上學，專門討論人生意義與價值問題，並把上帝、自由和靈魂不朽作爲人類實踐的「公設」。

實在論（Realism）認爲人類的範疇結構反映了獨立於人類心靈的自在世界的結構，〔註2〕康德卻認爲我們不可能接近自在世界本身，範疇僅僅是我們的思想的結構，通過範疇，我們所理解的只是被我們概念化了的對象，亦即顯象之物。我們儘管可以用範疇思維自在之物，但這種思考對知識沒有任何積極的價值，只對人類實踐有價值。因此，康德的「批判的形而上學」是爲關於顯象之物的自然科學奠定範疇基礎。顯象是知識的領域，與自由無涉，甚至威脅到了自由的可能性（如果我們認識不到顯象與物自身的區別，就有可能否定自由）。

## 一、個體

### 1、顯象與先驗時空

當對象以某種方式刺激心靈的時候，心靈通過直觀而與對象直接發生關係，由此獲得表象。康德說：「一個經驗性直觀的未被規定的對象就叫做顯象」（KrV，B34\56）〔註3〕，「在顯象中，我把與感覺相應的東西稱爲顯象的質

---

〔註1〕〔美〕麥克爾·路克思著譯：《當代形而上學導論》，朱新民，上海：復旦大學出版社，2008年，第7～8頁。

〔註2〕首字母大寫的Realism是指這樣一種哲學觀念：(1)存在著獨立於人類心靈的自在世界、(2)我們的信念和陳述是對自在世界的表象、(3)真理是我們的信念、陳述與自在世界的符合關係。與唯名論對立的實在論通常用首字母小寫的「realism」來表示，唯名論有可能與實在論（realism）一樣承認範疇與自在世界之間關係。

〔註3〕KrV是《純粹理性批評》（Kritik der reinen Vernunft）的縮寫，B是指第二版，A是指第一版，所據版本爲李秋零譯：《純粹理性批判》，北京：中國人民大學出版社，2004年，第51頁。下文一律依照如下體例引用：（KrV，B或A，德文版頁碼\李秋零譯本頁碼）。

料，而把使得顯象的雜多能夠在某些關係中得到整理的東西稱為顯象的形式」
（KrV，B34＼56）。先驗感性論就研究這種純形式，亦即純直觀，它們先天地
存在於心靈中。有兩種純直觀：時間與空間。

### 1.1、空間

我們的外感官把對象表象為外在於我們的，處在空間中的，並用形狀、
大小和相互關係規定對象。康德在空間的形而上學闡明（本體論闡明）中提
出了四個命題：1、空間不是從外部經驗抽象得來的經驗性概念，相反，經驗
以空間為前提——空間的先天性；2、空間表象是一切外部直觀的一個必不可
少的基礎——空間的絕對性；3、空間不是一個關於一般事物的概念，而是一
個純直觀，且我們只能表象一個惟一的空間——空間的單一性；4、空間被表
象為一個無限的被給予的大小——空間的無限性（KrV，B38～39＼59～60）。
在對空間的先驗闡明（認識論闡明）中，康德把幾何學（歐幾里得幾何）與
空間的本質聯繫起來，認為幾何學先天地、綜合地規定空間屬性，並且幾何
學的規定是必然的，如空間只有三個維度。康德由上述各點得出的結論是：
空間既不表象物自身的屬性，也不表象物自身之間的關係，而僅僅是外感官
的一切顯象的形式，是純然主觀的東西，康德稱之為「空間的觀念性」，同時
主張空間的「經驗性的實在性」，也就是說空間本身不具有實存性，不是物自
身的屬性，但它是經驗的可能性條件，能夠在經驗中得到展示。康德總結說：

> 一般來說，在空間中被直觀的任何東西都不是物自身，空間也
> 不是事物自身固有的形式，相反，對象自身根本不為我們所知，而
> 我們稱為外部對象的東西，無非是我們感性的純然表象，其形式就
> 是空間，而其真正的相關物亦即物自身，由此卻根本沒有被認識，
> 也不能被認識，但在經驗中也從來不被追問。（KrV，B45＼64）

先驗空間論預設了自然的同質性的觀念，具體說來就是：歐幾里得幾何適用
於空間的任何地方，歐氏幾何是對物理空間的精確描述。然而，在康德的《純
粹理性批判》誕生之前，數學家們就已經認識到歐氏幾何的公理的正確性是
基於經驗而非不證自明的。從18世紀下半葉非歐幾何的萌芽到19世紀20、
30年代非歐幾何的正式創立，再到19世紀50年代以後，數學家們充分認識
到非歐幾何的全部意義，它徹底改變了數學家們、物理學家們對物理空間的
理解。就像莫里斯·克萊因所評價的那樣，非歐幾何的創立「掃蕩了整個真

理王國」。〔註 4〕康德是正確的，人們關於空間的判斷、所得的結論純粹是自己的創造。但康德又是錯誤的，首先，歐氏幾何不是先天的、普遍的、必然的，而是我們根據日常的生活經驗創造出來的；其次，歐氏幾何並非必然就是物理空間的集合，對物理空間的歐氏幾何描述並不是唯一可能的描述。總之，我們不能先天地決定歐氏幾何的真理性，歐式幾何並不能規定空間的本質；作為一種人的創造物，歐氏幾何也不是我們據以描述空間的惟一創造物。
〔註 5〕

### 1.2、時間

心靈借助內感官直觀自身的內部狀態，把它們規定為前後相繼的。時間的形而上闡明提出了關於時間的五個命題：1、時間不是從經驗中抽象出的經驗性概念，而是先天表象——先天性；2、時間是一切直觀的必不可少的基礎——絕對性；3、在前兩者的基礎上建立起了時間關係的不可爭辯的原理，即時間只有一個維度，不同的時間不是同時的而是相繼的——時間的必然性；4、時間不是推理概念，而是感性直觀的一種純形式，且不同的時間只是同一時間的各個部分——時間的單一性；5、時間的一切確定的長短都惟有通過對惟一的一個時間的限制才是可能的，這個惟一的時間是不受限地被給予的源始表象——時間的無限性（KrV，B46～48＼64～65）。

在時間的先驗闡明中，康德表達了這樣兩個觀點：1、變化的概念惟有通過並在時間表象之中才是可能的；因此，2、時間概念解釋了普遍力學所闡述的先天綜合知識的可能性。

先驗感性論關於時間得出的結論是：時間不是自在存在的亦即不是物自身，也不是物自身的屬性；時間是內感官的形式，亦即我們直觀自己內部狀態的形式；時間具有先驗觀念性和經驗實在性。康德認為，時間比空間更為根本，因為空間只是外部顯象的先天形式，而時間則是一切顯象的先天形式，

---

〔註 4〕 〔美〕M·克萊因著、張祖貴譯：《西方文化中的數學》，上海：復旦大學出版社，2004 年，第 428 頁。

〔註 5〕 赫費對康德的先驗空間學說提出修正，並由此捍衛康德的基本立場。赫費認為，空間的先驗場面可以視作對「空間性」或「一般空間」的闡述，幾何學對象是通過空間性的客體化才產生的，因此，幾何學以空間性為前提，而空間性不受任何特定種類的幾何學約束，因此，先驗感性論可以對歐式幾何和非歐幾何保持中立態度；空間可以區分為三個等級：先驗空間性、數學空間、物理空間（參見〔德〕奧特弗里德·赫費著：《康德：生平、著作與影響》，鄭伊倩譯，北京：人民出版社，2007 年，第 69～70 頁）。

因爲外部顯象作爲心靈的狀態，歸根結底仍然也是一種內部狀態，因此隸屬於時間形式之下。空間是外部對象的直接條件，而時間既是內部對象的直接條件，也是外部對象的間接條件。

　　時間與空間使純粹數學成爲可能，但關於一般對象，時間和空間並不能告訴我們它們就自身而言具有什麼性狀，「我們的一切直觀無非是關於顯象的表象」；「我們所認識的無非是我們知覺它們的方式」（KrV，B59＼72）。而直觀告訴我們的無非是關係：位置關係、位置變化的關係、力學關係、時間相繼關係、同時關係等等。康德還初步涉及了靈魂學說，「外感官的表象在內感官中構成了我們用來佔據自己心靈的眞正材料」（KrV，B67＼77），這意味著對自我的意識以對外部對象的意識爲前提，同時還意味著我們不能直觀自我，「心靈直觀自己本身，並不是像它直接自動地表象自己那樣，而是按照它從內部被刺激的方式，從而是像它對自己顯現的那樣，不是像他所是的那樣」（KrV，B69＼78）。

### 2. 先驗範疇與先驗圖型

　　康德把我們常識意義上的自然（世界）一分爲二，一個是感性自然，亦即顯象，一個是超感性的自然（更準確地說，是把自然分爲感性與超感性兩個維度）。康德著作中的「自然」指的就是感性自然。自然並不是自在之物，而是心靈的表象。感官是感覺材料的接收裝置，同時賦予它們時空形式；知性則是解釋感覺材料的精神機制，負責把感覺材料概念化，因此，「物」以及作爲物之整體的自然，實質上是概念化了的感覺材料。

　　概念化是以判斷爲引線進行的，判斷的功能就是要把諸表象帶入統一，範疇就是我們據以組織直觀中的感覺材料的純粹概念，範疇產生於判斷中思維的邏輯功能。因此，只要追蹤判斷的種類，就可以勾畫出所有最基本的純粹概念，並且按照一個理念而彼此聯繫在一起。康德認爲有四大類十二種判斷方式：

　　　　一、關於量的（1）全稱判斷、（2）特稱判斷、（3）單稱判斷；

　　　　二、關於質的（4）肯定判斷、（5）否定判斷、（6）無限判斷；

　　　　三、關於關係的（7）定言判斷、（8）假言判斷、（9）選言判斷；

　　　　四、關於模態的（10）或然判斷、（11）實然判斷、（12）必然判斷。

判斷是把感覺材料概念化，是把感性雜多綜合或結合在一個意識或認識活動

中。康德把功能與形式等同起來，判斷的功能就等於判斷的形式，〔註6〕因此，有十二種判斷的形式，就有十二種綜合統一的功能，每一種綜合統一的功能都把感性雜多「裝進」一個純粹概念即範疇中，於是就有了十二個範疇：

一：量的範疇：單一性、複多性、全體性；

二：質的範疇：實在性、否定性、限定性；

三：關係的範疇：依存性與自存性、因果性與隸屬性、共聯性；

四：模態的範疇：可能性與不可能性，存在與不存在，必然性與偶
　　然性。

通過不同的範疇，心靈以不同的方式把直觀的雜多綜合統　起來，並由此而建構起一個一致的、單一的、有秩序的顯象世界。這個秩序是先天地蘊涵在我們的心靈中，並被置入知覺內容中。這就是康德所謂的人爲自然立法的哥白尼革命。

　　康德在「原理分析論」中還提出了先驗圖型論。圖型是想像力的一種產物，在感性和知性之間起中介作用，判斷力（康德提出的第三種高級認識能力）則根據圖型，把在感性中被給予的特殊的東西歸攝到與之相符的規則（範疇）之下，換句話說，圖型和判斷力保證了我們能夠正確地使用範疇。

　　從某種意義上來說，先驗圖型就是純粹直觀的概念，或純粹概念性直觀。〔註7〕先驗圖型只存在於先驗的時間規定之中，因爲範疇是對雜多的一種純粹綜合的統一，而統一是由內感官完成的，內感官的形式即時間。按照範疇的四個種類，先驗的時間規定也有四種形態：與量相關的時間序列、與質相關的時間內容、與關係相關的時間次序（秩序）、與模態相關的時間總和。量的時間圖型即數字，質的時間圖型即時間中的存在（充實的時間）和不存在（空虛的時間），關係的圖型就是時間中的持續性、相繼性和同時性；模態的時間圖型則是可能的時間、確定的時間和任何時間。

　　在十二範疇中，康德最爲重視的關係範疇，尤其是關係範疇中的實體與屬性、原因與結果。雖然量的範疇是一切數學原理的基礎，因而也是一切自然認識的基礎，即一切科學知識的基礎，但它只是自然認識的一個形式原則，

---

〔註6〕參見李澤厚著：《批判哲學的批判──康德述評》，天津：天津社會科學出版社，2003年，第113頁。

〔註7〕參見〔德〕奧特弗里德・赫費著：《康德：生平、著作與影響》，鄭伊倩譯，北京：人民出版社，2007年，第99頁。

憑藉量的範疇，我們並不能獲得關於自然認識的實質內容。通過質的範疇，我們也只是使主觀感覺獲得了一個客觀有效的知覺判斷。關係範疇則把知覺聯結成眞正意義上的經驗，即「通過知覺規定一個客體的知識」（KrV，B218 ＼188～189）。

### 3. 先驗自然規律

　　在先驗圖型論的前提下，康德的「原理分析論」還闡發了純粹知性在範疇的基礎上產生的最高陳述，這些至關重要的原理存在於基本的、絕對普遍的自然規律之中，後者使關於自然的經驗成爲可能。四組範疇表闡明了知識的四個契機：直觀、知覺、經驗和一般經驗性思維，與此相應，先驗自然規律也有四種形式：直觀的公理、知覺的預測、經驗的類比和一般經驗性思維的公設。

　　直觀的公理和知覺的預測都是數學性的，直觀的公理的原則是：「一切直觀都是廣延的量」（KrV，B202＼178），因此數學是認識自然的第一個形式原則，是一切自然知識的基礎。知覺的預測的原則是：「在一切顯象中，作爲感覺對象的實在的東西都有強度的量，即一種程度」（KrV，B207＼181）。知覺是經驗性意識，是含有感覺的意識，對康德而言，感覺性質（如冷熱、顏色等等）對於認識自然來說是非本質的，只有感覺的強度亦即量才是本質的，「對於一切形式（顯象的實在東西）來說能夠先天地認識的也無非是其強度的量，[註8] 即它們有一個程度；其餘的一切都有待於經驗。」（KrV，B218＼188）這兩個原理凸顯了康德自然觀的數學化性質。

　　經驗建立在知覺的基礎上，是知覺的一種綜合。康德的「類比」一詞仍然來自數學，在數學中，已知「a：b＝c：d」中任意三項，都能得知第四項，但在這裏，類比不是量的關係的相等，而是質的關係的相等，「在它裏面我們從三個被給予的項出發所能認識和先天地給出的只是與一個第四項的關係，而不是這個第四項本身，但我有一個在經驗中尋找這個第四項的規則，而且有一個在經驗中發現它的標誌」（KrV，B222＼191）。康德稱這樣的規則是範導性規則，而不是建構性的。

───────────────

〔註 8〕 李秋零譯爲「強度的性質」，鄧曉芒譯爲「內包的量」（參見康德著：《純粹理性批判》，鄧曉芒譯，楊祖陶校，北京：人民出版社，2004 年，第 165 頁），這裏參照鄧譯本改爲「強度的量」。

### 3.1 第一類比

經驗的類比三有種。第一類比是實體的持久性的原理:「無論顯象如何變易,實體均保持不變,實體的量在自然中既不增多也不減少」(KrV,B224∖192)。第一類比「說明了在一切經驗中都會遇到實體與偶性的關係,但是它卻沒有詢問實體存在於什麼之中。」〔註9〕實體與屬性,是有關變化的客觀陳述的根據。變化只是屬性的變易,而實體則是屬性變易背後的持久的東西、不變的基底。一切變易都以某個不變的東西爲前提。康德說實體在存在中不會發生變化,所以它的量在自然中也既不能增多,也不能減少。因此,康德的「實體」概念就「指向自然界的永恒物質自身」。〔註10〕

### 3.2 第二類比

第二類比是根據因果性規律的時間相繼的原理:「一切變化都按照原因和結果相聯結的規律發生」(KrV,B232∖197)。因果性充當著顯象世界的黏合劑與馬達。〔註11〕作爲一種黏合劑,因果性把彼此分離的、獨立的知覺(即經驗性的意識,或有感覺的意識)結合成經驗(即經驗性的知識);由此,我們才能把各種彼此分離的顯象結合成一個整體、一個世界。作爲馬達,因果性爲世界提供動力,使世界的運動過程成爲可能。

具體說來,因果性就是知覺內容在時間中的、不可逆的相繼性。時間是我們的直覺形式,因而我們只能知覺到顯象的前後相繼,而無法知覺到時間本身或一個空的時間,所以,我們也不能把握任何繼一個空洞的時間而發生的現實。因此,「對一個事件的任何把握都是繼另一個知覺發生的知覺」(KrV,B237∖200),但是,一個知覺繼另一個知覺而發生,這種時間順序有可能是可逆的,也有可能是不可逆的,前者的一個例子如:我可以先知覺一座房子的屋頂,然後是牆,最後是地板,也可以按照相反的順序知覺它,這種順序的變化完全是任意的。後者的例子如一艘船順流而下,我必定是先知覺到它在上游的位置,然後才能知覺到它在下游的位置,只有這樣一種不可逆的時

---

〔註 9〕 〔德〕奧特弗里德·赫費著:《康德:生平、著作與影響》,鄭伊倩譯,北京:人民出版社,2007 年,第 111 頁。

〔註10〕 李澤厚著:《批判哲學的批判——康德述評》,天津:天津社會科學出版社,2003 年,第 133 頁。

〔註11〕 這個比喻來自路克思,參見〔美〕麥克爾·路克思著:《當代形而上學導論》,朱新民譯,上海:復旦大學出版社,2008 年,第 223 頁。

間相繼才是因果性範疇。康德強調，在自然中我們強調的是時間的秩序（order），而不是時間的流逝（lapse），因為即使沒有時間的流逝，因果關係仍然存在，如火爐之於房間的溫暖。

因果性是有關經驗世界的先驗原理，我們把它置入知覺內容中，從而使經驗得以可能。根據因果性範疇，我們可以斷言自然中的任何事件都與先於它而發生的另一事件發生關係，並且是必然地跟隨著後者。赫費評價說：「康德通過因果規則所斷言的不是事件的可預測性，而是事件的可解釋性。他的第二類比不是說每一事件都有一個可確切預見的結果，而是說應該客觀存在的事件既不歸因於超自然的干預，也不歸因於主觀幻覺，而是始終應該被解釋爲諸原因的結果。」〔註12〕

第三類比是根據交互作用或者共聯性規律並存的原理：「一切實體，就其在空間中能被知覺爲同時的而言，都處在無一例外的交互作用之中」。這是以因果性的相互作用爲基礎，展示一切顯象的普遍聯繫。

一般經驗性思維的公設也有三條：1）、凡是與經驗的形式條件（按照直觀和概念）一致的，就是可能的；2）、凡是與經驗的質料條件（感覺）相關聯的，就是現實的；3）、凡是其與現實的東西的關聯被按照經驗的普遍條件規定的，就是必然的（必然實存的）（KrV，B265～266＼217）。

原理分析的最後結論是：「純粹知性的一切原理都無非是經驗的可能性的先天原則，而一切先天綜合命題都僅僅與經驗相關，甚至它們的可能性本身也是完全依據這種關係的」（KrV，B294＼233）。

## 二、世界

康德在其宇宙論的二論背反中提出了他的「世界概念」（Weltbegriffe）：「我把所有涉及顯象之綜合中的絕對總體性的先驗理念都稱爲世界概念。」（KrV，434＼354）楊祖陶、鄧曉芒認爲這個概念具有兩方面的含義：「一是它們的『絕對總體性』的含義，所謂『世界』，又稱爲『世界整體』，是以絕對總體性爲基礎的，而絕對總體性本身只是一個理念；二是『顯象的綜合』或『經驗性的綜合』的含義，所謂『世界』（Welt）本身（在德文中）也有『塵世』、『現

---

〔註12〕〔德〕奧特弗里德・赫費著：《康德：生平、著作與影響》，鄭伊倩譯，北京：人民出版社，2007年，第115頁。

世』的意思，總是指顯象中的一切現實事物而言的。」〔註 13〕這個概念是個理性理念，理性理念是理性把知性概念擴展到經驗性事物的界限之外而產生的概念。「物」是被給予的有條件的東西，理性對於「物」的條件的認識要求絕對的整體性，直到延伸到無條件者。康德認為，有四種絕對的整體性或完備性：

1、一切顯象的被給予的整體之組合的絕對完備性；

2、顯象中一個被給予的整體之分割的絕對完備性；

3、一個一般顯象之產生的絕對完備性；

4、顯象中可變化者之存在的依賴性的絕對完備性。

世界概念同時還預設了「綜合」這種認識活動的完備性，即認知主體已經完備地考察了所有條件，並達到了無條件者。當然，這只是一種預設，它在感性上或現實中是否可能依然是一個問題（KrV，444＼360）。

康德認為，我們有兩種思考無條件者的方式：1、無條件者就在於整個條件序列，序列是無限的；2、無條件者是序列的一個部分，具體而言就是序列的一個最初者，就時間而言它是世界的開端；就空間而言它是世界的界限；就「物」的各個部分而言它是單純的東西；就原因而言，它就是絕對的自我能動性（自由）；就可變事物的存在而言它就是絕對的自然必然性。康德還進一步細化了世界概念，把它區分為「世界」和「自然」這兩個相互滲透的術語。世界是指「物」在數學上的整體和其綜合的總體性，而自然則是指這同一個世界被視為力學上的整體，「物」是被產生的，它的無條件的因果性就是自由；「物」是偶然的，而無條件者是必然的，「物」的無條件的必然性就叫做自然必然性。

但是，「物」是在經驗中被給予的，而無條件者卻並沒有被給予，一切經驗判斷都能通過考察經驗而得到證實或證偽，但關於無條件者的判斷卻無法通過經驗來驗證，因此，關於世界就有了四組相互衝突的命題，即所謂的二論背反。康德認為，之所以會產生二論背反，是因為理性的本性。理性具有追求無條件者的本性，因此，對於理性來說，經驗的範圍太小，無法滿足理性的旨趣，而對於經驗來說，理性的目標又太大，理性承諾了在經驗世界無

---

〔註13〕楊祖陶、鄧曉芒著：《康德〈純粹理性批判〉指要》，北京：人民出版社，2001年，第300頁。

法被給予的東西（KrV，450＼363）。實際上，理性的二論背反就是思維與存在之間的矛盾，或者更嚴格地說是思維與實存（Dasein，這個詞在黑格爾著作中被譯爲「定在」）之間的矛盾。古代的巴門尼德認爲，存在即思維，思維即存在，兩者是絕對同一的。但是康德認爲，一切思維的對象（如果它符合思維的規則）還只是可能存在，而不是現實的實存，只有當經驗證實了它，思維才能肯定其實存。因此，康德說：「可能的經驗性概念是一個準繩，必須根據它來判斷理念，看它是純然的理念和思想物，還是在世界中發現其對象」（KrV，517＼405）。

　　另外一方面，康德又認爲，之所以會產生二論背反，是因爲正反雙方都沒有注意到顯象與物自身的區別。因此，雙方的矛盾其實只是幻相，儘管它是理性必然會產生也很難消除的幻相。一切無條件者都是物自身，一切顯象都是有條件的，我們只能直觀顯象、認識顯象，卻無法直觀物自身、認識物自身，而只能思維物自身。但是，假定物自身的存在雖然對於自然科學沒有什麼幫助，甚至是有害的，但對於人類的實踐活動卻是必不可少的。它們爲我們提供了一個審視人類行爲的不同於經驗論的立場。

## 1. 有限和無限

　　第一個二論背反是關於世界就時間和空間而言在量的範疇上的綜合問題的，即世界在時間上是否有開端，在空間上是否有邊界：

　　　　正論：世界有一個時間中的開端，就空間而言也被封閉在界限之中。

　　　　反論：世界沒有開端，沒有空間中的界限，相反，無論就時間而言還是就空間而言，它都是無限的。（KrV，455＼365）

正論認爲世界在時間上存在著一個開端，在空間上存在著一個界限，但沒有人能夠在經驗中向我們指明開端在何時，邊界在哪裏，而且，如果世界在時間上有開端，那麼在世界產生之前就一個空的時間，但在空的時間中不能產生任何東西，所以世界不存在開端。如果世界在空間上有一個邊界，那麼在世界之外就有一個空的空間，但空的空間對世界的限制是無，所以世界也不存在邊界。反論認爲世界是無限的，但只有經過了無限的「綜合」活動，才能發現世界是無限的，但無限的綜合是不可能的。

　　康德認爲當我們談論世界在時間上和空間上的大小時，我們談論的並不

是世界自身，而是世界在心靈中的表象，亦即感官世界。時間、空間以及時空中的顯象都只是我們表象世界的方式，「說一個純然的表象方式也在我們的表象之外實存，這顯然是自相矛盾的」（Prol，342＼346），〔註14〕因此，「世界的大小，無論以這種或者那種方式被規定，都必須在於其自身，與任何經驗都無關。但是，這與感官世界的概念互相矛盾」（Prol，343＼346）。感官世界的大小只有在經驗中才成立，也就是說，我們只能根據經驗性的綜合活動來談論，但經驗性的綜合活動始終是未完成的，所以我們既不能說它是無限的，也不能說它是有限的，而只能說它是「不定」的。無限和有限都是一種確定，意味著世界整體已經被給予的，而「不定」只意味著你應當永不停止地進行經驗性的綜合。

康浦・斯密對正論的論證和反論的論證都提出了批評（他對四個二論背反的所有論證都提出了批評），但即便康德所有論證都不成立，也不能證明康德的觀點——理性關於世界是否有開端和邊界必然陷入二論背反——是不成立的，總有可能提供比康德更有說服力的論證。然而，現代自然科學對反論似乎構成了嚴重的威脅。首先，時間和空間並不僅僅是我們表象事物的方式，而是有其客觀的存在，時間與空間與物體不可分離，而不是類似於容器的東西。因而，世界的開端同時就是時間的開端，在世界產生之前根本就沒有時間，更沒有空的時間。世界確實有一個開端，這就是所謂的大爆炸理論，世界在過去有限的時間之前——大約距今 133 億年至 139 億年前，從一個密度極大溫度極高的奇點狀態演化、膨脹而來。從星系紅移觀測到的宇宙膨脹、宇宙微波背景輻射、原始物質豐度和星系演變與分佈以及一些其他經驗觀測，已經為大爆炸理論提供了廣泛而精確的證據。有科學家曾經相信，如果宇宙間的物質、暗物質之間的引力作用逐漸減緩了宇宙的膨脹速度，並最終使力量反轉，那麼宇宙就會開始崩潰。宇宙開始於大爆炸，終結於「大坍縮」，那麼，雖然我們的世界有一個開端（也有一個終點），但仍然有可能在我們的世界「之前」還有一個世界，時間和空間隨著那個世界的大坍縮而終結，但隨著又一次的大爆炸而肇始了我們的世界。也就是說，世界本身在不斷的坍縮和膨脹中呈現為許多不同的世界，我們的世界只是其中一個。但是，隨著

---

〔註14〕Prol 是《未來形而上學導論》的縮略語，所據版本爲李秋零編：《康德著作全集・第4卷・未來形而上學導論》，北京：中國人民大學出版社，2005年。下文一律依照如下格式引用：（Prol，德文版頁碼＼李秋零譯本頁碼）。

近年來暗能量的發現，大坍縮的理論被否定了，因為暗能量的排斥力經過近
140億年的時間，已經完全戰勝了引力，並將永遠保持這種優勢，我們的宇宙
不僅還在膨脹，而且是在加速膨脹。加速膨脹的最終結果可能是「大撕裂」（暗
能量隨著空間的增大而增大，星系不斷遠離我們，以至於我們幾乎觀測不到
什麼星系，直到最後的大撕裂；大撕裂之前的30分鐘內地球被撕裂，10～19
秒內原子被撕裂），而不可能是「大坍縮」。如果大爆炸不可能以大坍縮為結
束，也就不可能設想在我們的世界「之前」的另一個世界。何況，大爆炸也
是時間的開始，思考大爆炸的「之前」是沒有意義的。但是，反論仍然可以
問，是什麼導致了大爆炸？大爆炸是如何發生的？對於宇宙起源的探索，我
們始終處於無知狀態，任何解釋都是不完滿的，或者訴諸自因。

　　至於空間的邊界，現在的觀測結果是，宇宙的直徑是1560億光年，但是，
這個邊界是動態的，隨著膨脹的繼續而不斷變大。

## 2. 單純與復合

　　第一個二論背反涉及的是世界的外延的量在經驗上的不定的綜合，第二
個二論背反涉及的是世界的強度上的量（即質）在經驗上的無限分割：

　　　　正論：在世界中每一個復合的實體都是由單純的部分構成的，
　　而且除了單純的東西或者由單純的東西復合而成的東西之外，任何
　　地方都沒有任何東西實存著。

　　　　反論：在世界中沒有任何復合的事物由單純的部分構成，而且
　　在世界中任何地方都沒有單純的東西實存著。（KrV，463＼371）

正論認為物體不能無限分割，因此存在單純的東西，反論認為物體可以無限
分割，因此並不存在單純的東西。同樣，康德認為分割只能達到可能經驗達
到的地步。一個物體的顯象「在一切經驗之先就自身而言已經包含著可能經
驗能夠達到的一切部分，這就等於是說，同時給予一個只能實存於經驗之中
的純然顯象以一種自己的、先行於經驗的實存，或者等於說，純然的表象先
於它們在表象力之中被發現而存在；這是自相矛盾的」（Prol，342＼347）。

　　第二個二論背反涉及的是原子論和萊布尼茨的單子論，原子論所謂的原
子（不是經典物理學所謂的「原子」）被認為是不可毀滅的、緻密的、堅實的、
不可穿透的物質粒子。現代物理學對亞原子粒子還缺乏足夠的理解，因此尚
不能裁定這個二論背反，但有幾點是值得注意的。首先，原子論的原子被看
作是佔據確定的空間的、彼此孤立的，由虛空分開，思維模型是桌球這樣的

東西，而亞原子的粒子具有波粒二象性，不具有確定的位置；宇宙不是原子與虛空構成的，而是一張動態的網、一個能量場，粒子也不是彼此孤立的，而是網的一部分。其次，粒子不再是一個靜態的研究對象、一個實體，而是一種動態的樣式、一個能量包。再次，亞原子粒子既是可毀滅的，又是不可毀滅的；物理學的基本研究方法就是拿一個物體撞擊另一個物體，然後看會發生什麼，但當你用一個粒子撞擊另一個粒子的時候，兩個粒子將成爲碎片，也就是說粒子是可被毀滅的；但另一方面這些碎片並不比原來的粒子小，而仍然是同一類粒子在撞擊過程中產生出來，也就是說粒子是不可毀滅的。就目前的科學觀察來看，粒子世界不能在被分解爲更加基本成分，似乎正論是正確，但粒子是方生方滅的，從能量中產生又復歸於能量，但對於能量，「單純的東西」、「不可分的實體」、「有形的物質」等等概念已經失去了意義。

## 3. 自由與自然

在康德看來，第一二論背反和第二二論背反的正、反雙方都是錯的，但第三二論背反和第四二論背反的正、方雙方都可能是對的，因爲前兩個二論背反涉及的都是量的綜合，康德稱之爲數學類的二論背反，但量的範疇只能在經驗中得到展示，不能運用於物自身，但第三和第四個二論背反涉及的關係，康德稱之爲力學類的二論背反。力學關係不像量的綜合那樣以被聯結者的同類性爲前提，完全允許異類的東西之間的綜合，據此，一個自然事件可以有一個非自然、超自然的原因，世界可以依賴於一個超自然的絕對必然的存在者。

第三個二論背反是這樣的：

> 正論：按照自然規律的因果性，並不是世界的顯象全都能夠由之派生出來的惟一因果性。爲了解釋這些顯象，還有必要假定一種通過自由的因果性。

> 反論：沒有任何自由，相反，世界上的一切都僅僅按照自然規律發生。（KrV，473\378）

正論認爲存在著一個絕對自發的、肇始一個因果序列的自由的因果性，康德稱之爲宇宙論的自由。反論認爲一切事件的原因都仍然以另一個先行的事件爲其原因，因此只存在自然的因果性。本文將在討論康德的自由觀的時候具體分析這個二論背反，因此這裏僅作簡要介紹。康德認爲，就自然科學而言，在經驗領域沒有任何自由的因果性，一切都是自然的。但就人類實踐而言，

理性有必要假定自由的存在。如果區分物自身與顯象的話，自由和自然能夠同時成立的，但卻是不相容的，就物自身而言才有自由，就顯象而言則只有自然的因果性。

### 4. 必然與偶然

「物」都是有條件的，「條件」就是「物」的原因，「物」的存在依賴於條件的存在，因而都是偶然的；但「原因」本身的存在通常也是偶然的，第四個二論背反爭論的是否存在必然的存在者：

> 正論：有某種東西屬於世界，它或者作爲其部分或者作爲其原因，是一個絕對必然的存在者。

> 反論：任何地方，無論是在世界之中，還是在世界之外，都沒有作爲世界的原因的絕對必然的存在者實存。（KrV，480＼383）

康德認爲，只要我們區分了顯象中的原因（本身仍然是有條件的）和顯象的原因（即物自身），這兩個命題也是同時成立的，亦即在感官世界之內沒有任何事物是絕對必然的，但「這個世界仍然被與作爲其原因（別的種類的，並且按照別的規律）的一個必然的存在者結合起來」（Prol，347＼353）。

四個二論背反源於思維與存在、主觀與客觀的不一致，誤把思維的主觀原則當作了存在的客觀原則。康德說宇宙論理念不是關於世界的構成性原理，而是調節性的原理，它們並沒有告訴我們作爲整體的世界是什麼，只是陳述了一種認識規律，指導我們應該如何進行科學研究，即始終把我們的認識活動視爲未完成的，從而投入到永無止境的科學研究之中。

## 第二節　莊子的物論

相比康德而言，莊子關於「物」的討論更多地與人的自由聯繫在一起。康德試圖揭示概念對自然的建構作用，並把心靈在認識論上的獨特地位理解成心靈在價值論上的地位。心靈在認識論上「爲自然立法」的功能不僅表明了心靈的能動性，也決定了心靈優於自然。相反，莊子更強調語言（概念）對世界（「道」）的疏離作用，語言把心靈封閉在「物」的領域，而不能使心靈進入「物之初」。而在「物」的領域，人「與物相刃相靡」（《莊子·齊物論》）而不得自由。莊子試圖通過揭示語言、知識的相對性，使心靈獲得解放。

「早期道家並非將天地萬物作爲一個與人相對立的、可感的實體進行對

象性考察與觀照，他們也從不去辨析這些事物顯象以獲得某種知識。相反，他們都極力抵制和批判這種對天地萬物進行分析辨別式的考察，也就是反對一種主客對立的認知方式。老莊關於宇宙萬物本根的思想是建立在對現時生命存在之本源的關切與思考上，是在為當下的生命存在尋求一個穩妥的『根』，以期重建或回覆人我、物我乃至宇宙之間的那種理想秩序與關係。『道』是一切生命存在的終極源泉，同時『道』又呈現在當下生命的存在之中，圍繞著『道』而探討物我、人我等關係，在老莊那裏也都是與當下生命的存在緊密關聯。」〔註15〕

## 一、物

和康德一樣，莊子認為「物」是有形體的，有性狀的，具體可感的，可以用語言來描述的：

> 夫精粗者，期於有形者也；無形者，數之所不能分也；不可圍者，數之所不能窮也。可以言論者，物之粗也；可以意致者，物之精也；言之所不能論，意之所不能察致者，不期精粗焉。
> (《莊子‧秋水》)

> 凡有貌象聲色者，皆物也，物與物何以相遠！夫奚足以至乎先！是色而已。則物之造乎不形，而止乎無所化。夫得是而窮之者，物焉得而止焉！彼將處乎不淫之度，而藏乎無端之紀，遊乎萬物之所終始。壹其性，養其氣，合其德，以通乎物之所造。夫若是者，其天守全，其神無隙，物奚自入焉！(《莊子‧達生》)

「凡有貌象聲色者，皆物也」，這是莊子對「物」的基本定義，「物」是形而下的，是能夠被人的感官直接感知的感性存在，在這個意義上人自身是萬物之一。「可以言論者，物之粗也；可以意致者，物之精也」，人對「物」的認識有兩個層次，一個是可以用語言來觸及的層次，一個是只能用心靈領悟的層次。康德用「物自身」這個概念來表示認識的界限的，莊子把認識局限在「物」的領域，「言之所盡，知之所至，極物而已」(《莊子‧則陽》)；「有名有實，是物之居；無名無實，在物之虛」(《莊子‧則陽》)，「道」則是認識論上的界限概念，「言之所不能論，意之所不能察致者，不期精粗焉」。

---

〔註15〕蕭無陂著：《自然的觀念──對老莊哲學中一個重要觀念的重新考察》，長沙：湖南人民出版社，2010年，第149頁。

　　與康德一樣，在認識論上為「物」與「道」劃界線，同樣有倫理（人類行為）上的意義。「以道觀之，物無貴賤；以物觀之，自貴而相賤」（《莊子‧秋水》），「道」包容萬物，平等地看待萬物，而「物」作為有限的、分立的個體，以自身為中心，在價值上肯定自己而否定他者，「自貴而相賤」，這當然是對「人」的批判，只有人才對自己與他者作價值上的判斷。但人也是萬物之一「物」，「物與物何以相遠」。人作為「物」，並不能「先」於它物，人惟有拋棄自身的「物性」，拋棄自我中心性，「遊乎萬物之所終始」，才能不受「物」的傷害。

　　「道」非「言」之所能論，非「意」之所能致，因此，合乎「道」的行為也不能用語言來界定，或者說，按照語言的規定性來規範自己的行為，是不合乎「道」的：

　　　　是故大人之行：不出乎害人，不多仁恩；動不為利，不賤門隸；
　　貨財弗爭，不多辭讓；事焉不借人，不多食乎力，不賤貪污；行殊
　　乎俗，不多辟異；為在從眾，不賤佞諂；世之爵祿不足以為勸，戮
　　恥不足以為辱；知是非之不可為分，細大之不可為倪。聞曰：「道人
　　不聞，至德不得，大人无己。」約分之至也。（《莊子‧秋水》）

這段話緊接著「不期精粗焉」之後，大概是說各種用語言來表達的行為規範只能適用於作為萬物之一物的人，而不能規範、限定超乎「物」之上而與「道」同體的「大人」、「真人」、「至人」。莊子說「天而不人」（《莊子‧列禦寇》），亦即「天而不物」，「人貌而天虛」（《莊子‧田子方》）也是同樣的意思，就是強調人應該從超乎「物」（也包括作為萬物之一物的人）的角度和立場來思考問題，拋棄「自貴而相賤」的自我中心性。

　　莊子著眼於人的自由而談論「物」的另一個表現是莊子時常談論一些比較稀奇古怪的「物」，如北冥之鯤、無用之樹、螻蟻、屎溺、魍魎等等。唐君毅說莊子於自然界之物，「恒取其物之大者、遠者、奇怪者，以使人得自超拔於卑近凡俗之自然物與一般器物之外」；「莊子與莊子之徒，蓋最能充人之心知之想像之量，以見人之日常生活之事，無不有妙道之行乎其中；而亦能更及於自然界中遠大奇異之物，以使其神明自拔於卑小常見之物之上之外者也。」〔註16〕

---

〔註16〕唐君毅著：《中國哲學原論：原道篇》，北京：中國社會科學出版社，2006年，第 180，181 頁。

## 二、氣化

從認識論的角度來看，「物」可知、可言，「道」不可知、不可言；從宇宙生成論的角度來看，是「道」生「物」，「道」生物的中介是「氣」。「氣」是萬物之始基。「氣」生成萬物：「至陰肅肅，至陽赫赫。肅肅出乎天，赫赫發乎地。兩者交通成和而物生焉，或爲之紀而莫見其形。」（《莊子‧田子方》）；「氣」最基本的運動方式是「聚」和「散」：「氣之聚也。聚則爲生，散則爲死。若死生爲徒，吾又何患！故萬物一也……故日：『通天下一氣耳』」（《莊子‧知北遊》）。

西學東漸以來，「氣」曾被解釋爲物質，但西方文化中「物質」是一詞是惰性的，而中國文化的「氣」卻是活躍的，具有內在動因，「氣」在中國古代文獻中既涉及「物」，也涉及生理現象（《莊子‧在宥》：「矜其血氣，以規法度」）和精神現象（《莊子‧天地》：「忘汝神氣」），因此當代學者經常用「物質—能量」來解釋「氣」。「氣」的生化、運動使萬物處於生生不息的運動、轉變之中，莊子把這種運動、轉變稱之爲「化」。「天地之大，其化均也」（《莊子‧天地》），「化」是宇宙中最爲普遍、最爲根本的現象，不同形態的事物之間也在相互轉化：「萬物皆種也，以不同形相禪」。「物之生也，若驟若馳。無動而不變，無時而不移。何爲乎，何不爲乎？夫固將自化」（《莊子‧秋水》）；「汝徒處無爲，而物自化……，無問其名，無窺其情，物固自生」（《莊子‧在宥》），「氣」具有內在動因，由「氣」構成的「物」同樣具有內在動因，而不是死的質料，所謂「自化」、「自生」就是指萬物的存在與運動並非外在力量所支配和主宰，而是由其內在動因所致。我們通常所謂的「道」的主宰性，不過是說「道」是萬物自生自化的力量之源，「道」不是凌駕於萬物之上發號施令，而是內在於萬物之中。

按照西方文化的觀點，變化的「主體」（「主詞」）比變化更爲根本，變化總是某物的變化，總是某物在變化，「物」的變化以第一推動者爲前提，但「推動」以「物」的存在爲前提，造物者或上帝先創造了「物」，再給「物」施加作用力使之變化，存在先於變化。但在莊子看來，運動與生成比存在更爲根本，「化」比「物」更爲根本，先有變化後有物，「留動而生物」（《莊子‧天地》），用當代物理學比擬之，「物」是能量的一種樣態，是能量的一種暫時的凝結，是能量的永恒變化在某種時間、空間尺度上的表現。就此而言，「化」幾乎就是「道」的同義詞，如「其應於化而解於物也，其理不竭」（《莊子‧

天下》），又如「不與化爲人，安能化人」（《莊子・天運》）。錢穆說：「若據莊周舊說，則萬物遷化，莫非天地之一氣，而此氣之運化，技所謂道。」〔註17〕李錦全說：「化有時也被理解爲道，是與道同體異名之存在。」〔註18〕「道」的本意就是「路」，作爲隱喻，「道」就是「氣化」的動態整體，猶如構成萬物的「氣」行走於道路之上。這個隱喻所不能表達的是，先有「道」而後有「物」，「物」作爲佔有一定空間、時間的個體，只是「化」的一個橫切面。某一「物」的形成，是在某種時間、空間尺度上，以「分」的視角看待「化」，換句話說，「物」是孤立的、靜止的眼光看待「化」的結果，是把某一時間、空間點從大化之流中暫時分化出來的結果。一「物」之成，即「化」的分化，也即他「物」之毀，而從動態整體的角度來看，「凡物無成與毀，復通爲一」（《莊子・齊物論》），萬物構成一個永恒的、動態的、連續的「一」。

「化」不僅具有永恒性、普遍性，還具有不確定性、不可預測性：「日夜相代乎前，而知不能規乎其始者也」（《莊子・德充符》）；「薰然其成形，知命不能規乎其前」。這又使「化」表現出混沌性，「泰初有無，無有無名。一之所起，有一而未形」（《莊子・天地》），宇宙之初即混沌而無形；「察其始而本無生⋯⋯雜乎芒芴之間，變而有氣，氣變而有形，形變而有生」（《莊子・至樂》），個體之「物」從混沌整體中分化出來，「萬物云云，各復其根，各復其根而不知。渾渾沌沌，終身不離」（《莊子・天地》），個體之「物」最終又要回歸於混沌之中。「混沌」特性貫穿於宇宙的整個歷程，這與西方的宇宙論（cosmism）截然不同。古希臘神話認爲，「混沌」與秩序化的「宇宙」是截然對立的，經由某種外在力量（或者是屬神的力量，或者是理性的力量）的作用，「混沌」演化出嚴格由「秩序」統治的「宇宙」。康德的「人爲自然立法」也有同樣的意思，人的知性爲混沌的感性雜多安排出知性秩序，使混沌成爲可理解的。

「物」總是處在有限的時間、空間之中，莊子主張「外物」，就是要超越「物」在時間和空間上的局限性，不把自己局限於有限之「物」；「外物」既要「外」身外之物，還要進一步「外」作爲萬物之一「物」的自我，即「外生」，「外物」而後「外生」，「外物」與「外生」都是「無古今而後能入於不

---

〔註17〕錢穆著：《莊老通辨》，北京：三聯書店出版社，2002 年，第 138 頁。
〔註18〕李錦全、曹智頻著：《莊子與中國文化》，貴陽：貴州人民出版社，2001 年，第 133 頁。

死不生」(《莊子・大宗師》) 的前提。「莊子之用心方式，要在於其與物勢之變相接，而遊於變化之時，更求其心思直下透過亦超出於此物勢之變之上之外。」〔註 19〕大抵有兩點：一、遣物，外物；二、透過虛無以觀有，遊於無窮。

「化」的特性使它不能用語言來把握，因爲「語言」更適合於把握靜態的、有限的東西。莊子「意在借自然的靈動多變和無限可能，瓦解人內心里根深蒂固的觀念構架。」〔註 20〕永不止息的大化之流中，一切事物本性平等，渾融爲一，但是人類社會卻存在君子、小人之分、宗法等級秩序；宇宙的秩序自發生成，但是人類卻試圖用理性、邏輯的秩序取而代之；生命變動不居、永不暫歇，而人類卻固執於種種僵化的觀念、原則而與大化之流扞格不通。這一切都是把暫時的、權宜之計的觀念、原則看作是永恒的，「推舟於陸」，「未知夫無方之傳，應物而不窮者」(《莊子・天運》)，一切觀念、原則都是「陳迹」而非「所以迹」(《莊子・天運》)。「與化爲人」(《莊子・天運》) 就要不固執己見，不墨守任何僵化的規範和模式，「蘧伯玉行年六十而六十化，未嘗不始於是之，而卒詘之以非也。未知今之所謂是之非五十九非也」(《莊子・則陽》)；「孔子行年六十而六十化。始時所是，卒而非之。未知今之所謂是之非五十九非也」(《莊子・寓言》)。

## 三、自然、命

「化」之動因的內在性可以稱之爲「自然」，「自然」的本意就是「自己如此」、「自己這樣」。同時，「自然」又有認識論上的含義，它就是這樣，只能知其然，不能知其所以然：

吾有待而然者邪？吾所待又有待而然者邪？吾待蛇蚹蜩翼邪？

惡識所以然？惡識所以不然？(《莊子・齊物論》)

已而不知其然謂之道。(《莊子・齊物論》)

今予動吾天機，而不知其所以然。(《莊子・秋水》)

不知吾所以然而然，命也。(《莊子・山木》)

---

〔註 19〕唐君毅著：《中國哲學原論：原道篇》，北京：中國社會科學出版社，2006 年，第 181 頁。

〔註 20〕顏世安著：《莊子評傳》，南京：南京大學出版社，2011 年，第 226 頁。

　　　　聖人達綢繆，周盡一體矣，而不知其然，性也。覆命搖作而以
　　天爲師，人則從而命之也。(《莊子・則陽》)

這裏的「不知其然」、「不知其所以然」與「自然」有內在的一致性，是從認
識論的角度對「自然」的解釋，正因爲其「不知其所以然」故而謂之「自然」。
〔註21〕「自然」一詞表明事物的運動、發展有不爲人類知性所知的緣由。「順
物自然而無容私焉，而天下治」(《莊子・應帝王》)，王叔岷云：「無容私」猶
言「不用私」，《莊子・達生》「從水之道而不爲私焉」的「不爲私」也是「不
用私」的意思，〔註22〕因此，莊子的意思是說，事物之「然」有不爲人知的
「所以然」，人應該順應其「然」，不以私心、私意去干涉、改變它。

　　就「物」之「然」與認識能力的關係而言，「自然」是「不知其所以然」；
就「物」之「然」與「物」自身的關係而言，「自然」是「自己而然」，莊子
曰：「慎守女身，物將自壯」、「汝徒處無爲，而物自化」、「無問其名，無窺其
情，物固自生」(《莊子・在宥》)，「自然」就是對「自壯」、「自化」、「自生」
等的概括，表示其動因的內在性，因此道家所謂「自然」有「自由」的意思，
但「自然」首先是「讓物自由」、「順物自由」。這個「不知其所以然」之「自
然」又可以稱其爲「天然」，簡稱「天」或「性」。「體盡無窮，而遊無朕」，
郭象注曰：「因天下之自爲，故馳萬物而無窮。任物而無迹」，「自然」的首要
意義就是任物自然、順物自然，「不容私」、「不用私」亦即「虛」心，不用心
靈已經掌握的觀念、原則去與「物」相抗衡，「知人知用心若鏡，不將不迎，
應而不藏」(《莊子・應帝王》)，因爲觀念與原則都是「陳迹」，而非「所以迹」，
會使心靈之鏡蒙塵、晦暗。「予動吾天機，而不知其所以然」，「自然」第二位
的意義就是「順『己』自然」，「盡其所受乎天而無見得」(《莊子・應帝王》)，
盡可能地發揮自己稟受於天的天性，解放內在天性，忘其所見、忘其所得，
所見、所得也都是「朕」、「迹」，這也就是莊子所謂的「以其知之所知以養其
知之所不知」(《莊子・大宗師》)。

　　古代漢語中的「物」同時包含有「事」的意思，如《周禮・地官司徒》：
「退而以鄉射之禮五物詢眾庶：一曰和，而曰容，三曰主皮，四曰和容，五
曰興舞」，「五物」即「五事」，又如《莊子・大宗師》云「死生，命也；其有

---

〔註21〕王叔岷所輯莊子佚文第八十九條爲「不知其所以然，故曰自然」，參見王叔岷
　　　　著：《莊學管窺》(附錄二)，北京：中華書局，2007 年，第 239 頁。
〔註22〕參見王叔岷著：《莊子校詮》，北京：中華書局，2007 年，第 281 頁。

夜旦之常，天也。人之有所不得與，皆物之情也」，「物之情」即「事之情」。莊子曰「順物自然而無容私焉」亦即「順『事』自然而無容私焉」，亦即「命物之化而守其宗」（《莊子・德充符》）。〔註23〕「從水之道而不爲私焉」是投身到水流中順其自然，「命物之化」是投身於大化之流中順其自然。

「化」具有無法解釋、不合邏輯、不可認識、不可預知、不可把握、不以人的意志爲轉移的偶然性和不確定性。「化」以及「化」的這種偶然性和不確定性就其與人的認識能力的關係而言，被稱爲「自然」；就其進一步與人的欲求能力相關而言，則被稱爲「命」。「化」不關心人的欲求、意願，是人面臨的無可奈何的客觀限制：

> 吾思夫使我至此極者而弗得也。父母豈欲吾貧哉？天無私覆，地無私載，天地豈私貧我哉？求其爲之者而不得也！然而至此極者，命也夫！（《莊子・大宗師》）

事物之「然」皆其「自」「然」，沒有一個「使之者」、「爲之者」。如果有一個「使之者」、「爲之者」存在，那麼我們就可以追問它爲什麼要使「物」（「物」包含「事」，構成主體面臨的情境）如此這般，爲什麼要使我如此這般的。然而並沒有這樣一個「使之者」、「爲之者」，因此，我們所遭遇的一切「物」與「事」都是沒有目的的、盲目的、偶然的，莊子稱之爲「命」。

> 死生、存亡、窮達、貧富、賢與不肖、毀譽、饑渴、寒暑，是事之變、命之行也。日夜相代乎前，而知不能規乎其始者也。
> （《莊子・德充符》）

> 我諱窮久矣，而不免，命也；求通久矣，而不得，時也。
> （《莊子・秋水》）

人生的一切際遇都是「事之變、命之行」，困厄與顯達也是「命」與「時」，「時」亦「命」，亦即時命、時運、機遇。我們時常說性格決定命運、把握機會、創造機會、機會只留給有準備的人，莊子似乎是忽略了人的能動性。但這多多少少是誤會了莊子。一方面，雖然人們不斷地規避困厄、追求某顯達，但仍有可能「不免」於困厄、「不得」於顯達，人的意願在社會生活中不可能盡情直遂，接受「時」、「命」的無可奈何，就不必過分苛求自己。另一方面，志得意滿之時，接受「時」與「命」的觀念，能夠使人保持謙虛，否則，權力、

---

〔註23〕 錢穆引奚侗注曰：「周語：『命，信也。』信物之化，即順其自然。」參見錢穆著：《莊子纂箋》，北京：三聯書店出版社，2010 年，第 47 頁。

財富、榮譽、健康、福祉等等倒有可能使人膽大妄爲，使人虛驕傲慢。

不僅個人的人生際遇是「命」，社會的興衰治亂也是「命」，並成爲對個人的「命」的限制性條件：「當堯、舜而天下無窮人，非知得也；當桀、紂而天下無通人，非知失也：時勢適然」（《莊子‧秋水》）。

生命與命運不可分離。「命運可以說是對個人生命存在的限定或規定，就好比給生命的內涵下定義。因此可以說一個人的命運所劃定的外延，也就是這個人生命存在本身的內涵。」〔註24〕照這樣說來，「命」不僅是人生在世所面臨的無可奈何、不可逃避的境遇，而且它恰恰也構成了個體的經驗自我、或生命、生活，是個體的經歷，使一個個體區別於其他個體。換句話說，「命」即是「此在」之「此」，「此在」生存於「此」，生存於他的「命」中。

張岱年認爲，莊子所謂「命」帶有假設的意味：「『安之若命』的『若』字最有意義，不過假定爲命而已。」〔註25〕劉笑敢說：「任何事的結果都非人力所決定，所以不得不說有命，但追本溯源，命之有無又實難確定。實際上，命不過是對於不可抗拒又無法解釋的事情姑且言之爲命而已，所以莊子所謂命不同於宗教神學之命。」〔註26〕

## 第三節　兩種自然

莊子與康德對自然的認識和理解存在著顯著的差異，大體說來，康德的自然觀是十九世紀物理學家的自然觀：自然是機械的，由數學、物理定律支配的數學化、形式化的自然。莊子的自然觀則是前科學的自然觀：宇宙是一個大生命，充滿生機與創造性。本文並不試圖全面比較莊子與康德的自然觀，而是僅僅探討自然與人的實踐相關的幾個方面。

人的實踐活動總要與「物」或「人」打交道，甚至「人」也是「物」，因此我們首先要說明「物」的地位及其與自由的關係。其次，「世界」構成了我們與「物」打交道的背景，因此我們還要說明「世界」的特徵及其與人的實

〔註24〕徐克謙著：《莊子哲學新探：道‧言‧自由與美》，北京：中華書局，2005年，第174。

〔註25〕張岱年著：《中國哲學大綱》，北京：中國社會科學出版社，1985年，第402頁。

〔註26〕劉笑敢著：《莊子哲學及其演變》（修訂版），北京：中國人民大學出版社，2010年，第132頁。

踐的關係。最後，「物」或「世界」的運動方式與人的實踐活動至關重要，就「人」也是「物」而言，對「物」的運動方式的理解也影響了人對自身實踐活動的理解，康德認爲「物」以「因果決定論」的方式運動，莊子認爲「物」皆「自化」。

因此，本節主要比較三個方面：（1）、「物」的地位；（2）、世界的特徵；（3）、因果性與「自化」。

## 一、「物」的地位

莊子與康德對「物」的理解有相似之處。二者都認爲，作爲相互分立的個體，「物」與人的認識能力有關，是心靈構造出來的。康德認爲，「物」是心靈在接受「感性物自身」的刺激之後，用自身的先驗感性能力（時間和空間）和先驗知性能力（十二範疇）構造出來的。「感性物自身」不在時間、空間之中，不能用知性範疇來規定；儘管我們可以用知性範疇來思維「感性物自身」，但這種思維是空洞的，沒有客觀性。「感性物自身」是「物之在其自身」，「物」是「物之在我者」，因此「我」有權利把源於先驗自我的知性概念運用於「物」，先驗自我利用概念把心靈表象建構成合規律的顯象。

在一定程度上，莊子的「物」也可以理解爲顯象，但是，如果把「物」理解爲顯象，與「物」相對而言的就是「世界整體」。莊子說：

> 道通爲一。其分也，成也；其成也，毀也。凡物無成與毀，復通爲一。（《莊子·齊物論》）

> 古之人，其知有所至矣。惡乎至？有以爲未始有物者，至矣，盡矣，不可以加矣！其次以爲有物矣，而未始有封也。其次以爲有封焉，而未始有是非也。是非之彰也，道之所以虧也。道之所以虧，愛之所以成。（《莊子·齊物論》）

> 古之人，其知有所至矣。惡乎至？有以爲未始有物者，至矣，盡矣，弗可以加矣！其次以爲有物矣，將以生爲喪也，以死爲反也，是以分已。其次曰始無有，既而有生，生俄而死。（《莊子·庚桑楚》）

從「道」的角度來看，萬物是一個整體；從「一」或「道」（作爲世界整體的「道」）中分化出來才有所謂「物」之「成」，《說文》「成，就也」，意爲完成、成就，一物之「成」卻是「一」或「道」之「毀」，「無成與毀」則是從整體的立場把萬物看作是「一」。最高的智慧是認爲「未始有物」，既無「分」也

無「成」，其次是認爲有「物」但並不嚴格區分「物」與「物」之間的界限（「封」）；再次一等是認爲有「物」有「界限」，但沒有偏愛、偏私，故沒有「是非」（自是而相非）。

「有以爲未始有物者」是從認識論的角度來說，而不是從存在論的角度來說的。萬物是一個混沌的整體，「分析思維的光芒將照亮他周圍的很小的一個角落，而把其餘部分投入黑暗。」〔註27〕那個小角落——「物」——便從黑暗中凸顯出來，整體淪爲「物」的背景。所以一說到「物」，就是從「分」與「成」的角度理解的。「分」有「散」、「別」，如《孫子・謀攻》：「倍則分之，敵則能戰之」，又有「離」意，如《莊子・漁父》：「遠哉，其分於道也」；「成」有「終」意，樂曲一終爲一成，如《尙書・益稷》「簫韶九成，鳳凰來儀」；「成，就也」，就有「終」、「盡」意，如向秀《〈思舊賦〉序》：「嵇博綜伎藝，於絲竹特妙，臨當就命，顧視日影，索琴而彈之。」因此，「物」是從相互孤立、分散、靜止的眼光來看，此物與彼物有嚴格的分界，一「物」之「然」是其最終的、完成了的形態，莊子說：「彼其物無窮，而人皆以爲有終；彼其物無測，而人皆以爲有極。」（《莊子・在宥》）莊子是要人從動態、整體的角度來理解「物」。蕭無陂認爲，「未始有物」即郭象所謂的「忘天地，遺萬物，外不察乎宇宙，內不覺其一身。」總之，「未始有物」並不是從存在論上否定「物」的存在，而是從認識論上把一切事物看成一個整體，並從認識論含義引申出價值論、境界論上的物我不分的含義。

「未始有物」是一種境界，「物」與「吾」沒有形成對待。「有物矣，而未始有封」則是有了「物」與「我」的對立，從而「吾」已經蛻變爲「我」，但對「物」尙無揀擇、執著。安樂哲極富洞見地指出，「對於道家來說，眞實的世界是無客體的」，世界不是由客體化、對象化的「物」堆積而成的，而是由事件和過程構成的萬物之流，「物」只是暫時地、以區分的方式將「化」固定下來，超越性的思維需要以慧眼看穿客體化的「物」背後的連續性、流變性。

從「未始有物」到「有物」、「有封」的過程，可以稱之爲「物象化」（借用日本學者廣松涉的術語，與其原意不同）的過程，即「氣化」之流在一定尺度上凝固爲彼此分立的、靜止的實體，是變化、運動歷程的某個環節、斷

---

〔註27〕〔英〕葛瑞漢著：《論道者：中國古代哲學論辯》，張海晏譯，北京：中國社會科學出版社，2003 年，第 209 頁。

片、橫截面的實體化。「復通爲一」的過程可以稱之爲「物化」過程。「物象化」之「化」意爲使成爲、使變成，相當於英語詞尾「-ize」、「-ify」，接在名詞或形容詞後面，表示轉變成某種狀態或性質。「物化」之「化」是動詞，意爲變化（turn、change），實質含義是參與，即參與到氣化之流、萬化之流。所謂「物化」，實際上是「物在『化』中變化」、「物化於道」的簡稱，「物化於道」也是「物」的「虛無化」，即主觀上認定「物」是虛無的，只有「化」才是終極的。〔註28〕

莊子的觀點與海德格爾有相似之處。海德格爾在《眞理的本質》一文中批評了傳統的命題或陳述的「眞」，傳統認識論把「眞」理解爲命題與某種現成的東西之間的符合，海德格爾認爲，命題的「眞」奠基於存在者（「物」）的「眞」。「物」作爲自身而顯現，意味著它作爲自身被敞開、被打開、被解蔽；「物」之所以能作爲自身而存在，是因爲「讓……存在」這種解蔽活動讓「物」如其自身而顯現。「讓……存在」是把「物」從「物」之整體中顯現出來，人對一切「物」的行爲乃是完全由「物」的整體之可敞開狀態來調諧的，然而我們卻無法計算、把捉這種「物」之整體。「讓存在總是在個別行爲中讓存在者存在，對存在者有所動作，並因之解蔽著存在者；正是因爲這樣，讓存在才遮蔽著存在者整體。」〔註29〕因此，「讓存在」即是一種解蔽，解蔽個別的存在者，同時也是一種遮蔽，遮蔽了存在者整體，這與莊子「其分也，成也；其成也，毀也」意思相近。

「物」的「眞」是「物」之解蔽，「物」之整體的被遮蔽則是最本己的和根本性的非眞理，但「讓存在」在解蔽之際已然保持遮蔽了，海德格爾稱之爲「神秘」。人們往往遺忘了被遮蔽的整體，遺忘了神秘，遺忘了個別的存在者得以被解蔽的前提，人類總是根據其各種需要和意圖來充實他的世界，並從中獲得尺度，固守這一尺度，「他愈是獨一地把自己當作主體，當作一切存在者的尺度，他就愈加弄錯了。」〔註30〕由對神秘的遺忘，又有了作爲「迷誤」的非眞理。人固執地朝向方便可通達的「物」，於此同時背離了神秘，這一過程就是「誤入歧途」。誤入歧途對於人來說是本質性，是人的內在機制，

---

〔註28〕「物化」概念在《莊子》中是多義詞，且往往含義相反。下文探討人與「物」打交道的方式時會具體討論。

〔註29〕〔德〕海德格爾著：《眞理的本質》，見《路標》，孫周興譯，北京：商務印書館，2000年，第222頁。

〔註30〕同上，第225頁。

他在綻出之際已經在迷誤中了，「對被遮蔽的存在者整體的遮蔽支配著當下存在者的解蔽過程，此種解蔽過程作爲遮蔽之遺忘狀態而成爲迷誤。」〔註31〕迷誤乃是錯誤的敞開之所和根據。人類的一切行爲都是一種迷誤的方式，而人平常所認爲的判斷的不正確性、知識的虛假性不過是一種最爲膚淺的迷誤。對「物」的認識總是有限的，是在神秘與迷誤之中運作的，神秘與迷誤是「眞」的原初本質。莊子同樣認爲，「道」是神秘的，對「物」的認識是對「道」的遺忘，對「物」的認識以及對「道」的遺忘導致對「物」的固執、執著，對「是非」的固執己見。

總之，康德認爲，「物」是心靈運用先天直觀形式時間、空間和先天知性範疇整理感性雜多的時候建構出來的客體；莊子認爲，「物」是心靈以暫時的、區分的方式將永恒的流變固定化、靜態化的產物。康德認爲，在「物」的領域內是沒有自由可言的，因爲「物」存在於時間和空間之中，遵循知性的因果必然律。莊子同樣認爲在「物」的領域之內沒有自由，但原因在於人對「物」的態度。人們把「物」看作是孤立的、靜止的「成」、「封」的狀態，在建構客體化的「物」的同時，也建構了客體化的「我」，客體化的「我」對客體化的「物」有了偏好、選擇、固執，試圖佔有、主宰喜愛「物」，逃避、克服厭惡之「物」，「與物相刃相靡」（《莊子·齊物論》），結果卻是「喪己於物」（《莊子·繕性》）、「物於物」（《莊子·山木》）、「囿於物」（《莊子·徐无鬼》）。

## 二、世界

康德批判了經驗論和唯理論的宇宙論，但他並不想做經驗論與唯理論的和事佬。康德「給出了一個一視同仁地毀滅唯理論、經驗論和懷疑論的明確的答案：宇宙論的理念並不具有構成性的意義，而只具有一種調節性的意義。它們並沒有說出作爲整體的世界看起來是什麼樣的，而是陳述了一種應該如何進行自然研究，以便達到一種包羅萬象的認識規律。作爲諸顯象之總體的世界並不自在地存在，而是在經驗性的研究過程中逐漸地顯露出來，當然永遠不是絕對完備的。」〔註32〕因此，宇宙是否有邊界、是否有開端是無法確

---

〔註31〕〔德〕海德格爾著：《眞理的本質》，見《路標》，孫周興譯，北京：商務印書館，2000年，第227頁。

〔註32〕〔德〕奧特弗里德·赫費著：《康德：生平、著作與影響》，鄭伊倩譯，北京：人民出版社，2007年，第132頁。

定的，宇宙在空間上的大小、時間上的長短，都是不確定；在經驗的範圍內，也無法發現第一推動者（自由因）和絕對必然的存在者。

### 1、無限

在量而言，宇宙的先驗理論涉及的是「世界」，在關係和模態方面，這同一個世界又被標識為一個力學整體，亦即「自然」。《莊子》中沒有「世界」一詞，「自然」也不是指對象化的客體（「物」）之整體。莊子把「物」的整體稱之為「萬物」、「天地」，有時也稱之為「宇宙」。「宇宙」一詞凡四見：

> 奚旁日月，挾宇宙，為其吻合，置其滑涽，以隸相尊？
>
> （《莊子·齊物論》）

> 以無內待問窮，若是者，外不觀乎宇宙，內不知乎大初。
>
> （《莊子·知北遊》）

> 余立於宇宙之中，冬日衣皮毛，夏日衣葛絺緒。春耕種，形足以勞動；秋收斂，身足以休食。日出而作，日入而息，逍遙於天地之間，而心意自得。（《莊子·漁父》）

> 小夫之知，不離苞苴竿牘，敝精神乎蹇淺，而欲兼濟道物，太一形虛。若是者，迷惑於宇宙，形累不知太初。（《莊子·列禦寇》）

《莊子·庚桑楚》篇解釋說：「有實而無乎處者，宇也；有長而無本剽者，宙也。」郭象注曰：「宇者，有四方上下，而四方上下未有窮處。宙者，有古今之長，而古今之長無極。」「實」是會意字，字形表示貨物充於屋下，本義為「富有」，《說文》：「實，富也」，《小爾雅》：「實，滿也，塞也」，因此「宇」的本義是屋檐，被用來借指空間，《庚桑楚》認為空間是充實的，而自身沒有處所。「宙」的本義是屋梁，被用來借指時間，《庚桑楚》認為時間有長度卻沒有本末，也就是說，時間是無限的。

《庚桑楚》篇對時間和空間的看法與康德二論背反中的反論的看法是一致的，都認為時間和空間是無限的。但是，《莊子》中的某些段落，與康德的批判哲學有近似的看法，如「在太極之先而不為高，在六極之下而不為深，先天地生而不為久，長於上古而不為老。」（《莊子·大宗師》），這其實是以弔詭的方式說明「高」、「深」、「久」、「老」等概念並不適用於描述「道」。

康德對第一二論背反的批判結論是，感官世界的大小，只能根據經驗性的綜合活動來談論，但經驗性的綜合活動始終是未完成的，「整體」並未被現

實地給予，所以我們只能說它是「不定」，而不能確切地說它是有限的還是無限的。「不定」只意味著你應當永不停止地進行經驗性的綜合。莊子認為，時間與空間是無限的，但並沒有涉及世界在空間上的大小，然而，莊子認為語言只能適用於「物」，而不能適用於作為一種奠基性的萬物整體的「道」。因此，我們可以設想莊子與康德有近似的認識，所不同的是，康德認為我們無法確切地說世界的大小（現代物理學能夠確定世界的大小，但這個「確定的大小」卻無時不在變化）；而莊子則認為根本不適宜談論世界的大小，但這並不妨礙我們在「道」與「物」的對比中，談論「道」的無限、廣闊、宏大。

　　莊子與康德最大的不同，在於康德是從理論認識的角度來談論宇宙的大小，而莊子極言天地之大、之廣、之久，是為了改變人們對待「物」的執著態度，進而建議「外天地，遺萬物」（《莊子‧天道》），「遊心於無窮」（《莊子‧則陽》）、「歸精神乎無始，而甘冥乎無何有之鄉」（《莊子‧列禦寇》）。方東美對此有精彩的論述：莊子「以其詩人之慧眼，發為形而上睿見，巧運神思，將那窒息礙人之數理空間，點化之，成為畫家之藝術空間，作為精神縱橫馳騁、靈性自由翱翔之空靈領域，再將道之妙用，傾注其中，使一己之靈魂，昂首雲天，飄然高舉，致於廖天一處，以契合真宰，一言以蔽之，莊子之形而上學，將『道』投射到無窮之時空範疇，俾其作用發揮淋漓盡致，成為精神生命之極詣。」〔註33〕方東美把莊子稱為「太空人」，從永恒和無限的角度看世事之紛擾，都不必患得患失，「不足以滑和，不可入於靈府」（《莊子‧德充符》），能如此，則「而神未嘗有所困也」（《莊子‧天道》）。

### 2、起源

　　關於宇宙起源，莊子的方法論與康德極為相似，即展示各種相互衝突的觀點，然後再提出自己的觀點；莊子的觀點也與康德有相似之處，認為我們無法獲知時間序列上的源始存在者。莊子說：

> 有始也者，有未始有始也者，有未始有夫未始有始也者：有有
> 也者，有無也者，有未始有無也者，有未始有夫未始有無也者。俄
> 而有無矣，而未知有無之果孰有孰無也。（《莊子‧齊物論》）

按照韓林合的解釋，這段話的意思是說：有人認為世界從時間上有一個開始（「有始」），有人認為世界未曾有一個開始（「未始有始」），還有人認為「有

---

〔註33〕方東美著：《中國哲學精神及其發展》，載《中國現代學術經典‧方東美卷》，石家莊：河北教育出版社，1996年，第129～130頁。

始」和「未始有始」都不適合表述世界；有人認爲在世界開始之時有某種東西存在（「有有」），有人認爲沒有任何東西存在（「有無」），還有人認爲，「有有」和「有無」都不適合表述世界。〔註34〕

　　韓林合認爲，作爲萬物整體的「世界」或「道」，並非簡單地指某種萬事萬物的總和，而是某種事實結構。按照語言分析哲學家的看法，「物」直接存在於空間中，（通過「事件」而）間接地存在於時間中；「事件」（莊子的「化」）直接存在於時間中，（通過「物」而）間接地存在於空間中；但「事實」既不存在於時間中，也不存在於空間中。〔註35〕但是，一般所謂的「事實」是可以用語言來指稱、界定的，因此所謂「道」是超越於一般事實，並將一般事實包含於自身的之內的「某種巨大的事實」。〔註36〕海德格爾在《根據的本質》一文中也提出了「世界」的兩種意義：一種意義上的「世界」（世界Ⅰ）是指所有存在者的總和，是作爲經驗綜合的整體，這個意義上的世界是由由不計其數、千差萬別的個體堆積而成的。另一種意義上的「世界」（世界Ⅱ）是「任何可能的對存在者之分解的基礎」，任何作爲個體的存在者都「普遍地和先行地由世界所支配」。〔註37〕在這個意義上，「世界」是一種預設的整體。前者可以稱之爲經驗世界，後者可以稱之爲超越論的世界，即一種奠基性的事實結構。對於超越論的世界而言，「有窮」、「無窮」、「有」、「無」都是沒有意義的，因爲正是這個世界提供了意義背景使我們能夠理解這些詞彙的意義。莊子的「萬物」對應於海德格爾的世界Ⅰ，是個體之「物」經驗綜合；「天地」和「道」則對應於海德格爾的世界Ⅱ，是先於個體之「物」的奠基性的事實結構。莊子說：「窮則反，終則始，此物之所有。言之所盡，知之所至，極物而已」（《莊子・則陽》），追問「道」的起源，實際上是以「知物」的方式，潛在地把「道」當作了「物」，用語言去把握超越於語言並使語言有意義的東西。「睹道之人，不隨其所廢，不原其所起，此議之所止」（《莊子・則陽》），也就是說，不能以知性的方式追問「道」，「道」「不能在日常經驗中直接呈現

〔註34〕參見韓林合著：《虛己以遊世：〈莊子〉哲學研究》，北京：北京大學出版社，2006年，第18頁。

〔註35〕參見〔美〕澤諾・萬德勒著：《哲學中的語言學》，陳嘉映譯，北京：華夏出版社，2008年。

〔註36〕韓林合著：《虛己以遊世：〈莊子〉哲學研究》，北京：北京大學出版社，2006年，第17頁注釋。

〔註37〕〔德〕海德格爾著：《路標》，孫周興譯，北京：商務印書館，2000年，第165頁。

的，它必須在一種「忘知」、「忘言」的經驗方式（基礎是一種新的生命態度）中才能呈現。」〔註38〕

莊子的本根之「道」也不是宇宙的第一推動者（第三二論背反）、絕對必然的存在者（第四二論背反），第一推動者與絕對必然的存在者也是一「物」。

> 冉求問於仲尼曰：「未有天地可知邪？」仲尼曰：「可。古猶今也。」冉求失問而退。明日復見，曰：「昔者吾問『未有天地可知乎？』夫子曰：『可。古猶今也。』昔日吾昭然，今日吾昧然。敢問何謂也？」仲尼曰：「昔之昭然也，神者先受之；今之昧然也，且又爲不神者求邪！無古無今，無始無終。未有子孫而有孫子可乎？」冉求未對。仲尼曰：「已矣，末應矣！不以生生死，不以死死生。死生有待邪？皆有所一體。有先天地生者物邪？物物者非物，物出不得先物也，猶其有物也。猶其有物也無已！聖人之愛人也終無已者，亦乃取於是者也。」（《莊子‧知北遊》）

「昭然」是一種直覺式的思維方式，具有迅速、直接、綜合、整體把握的特點（「神者先受之」）；「昧然」是知性借助概念、判斷和推理的邏輯思維（「不神者求」），是用把握有形之「物」的方式去把握「道」。「當孔子反問以『未有子孫而有子孫可乎』時，他的意思是說天地萬物都是自爲『子孫』又生『子孫』，生生不息、延綿不斷。其實古今、終始、生死諸觀念都是在經驗層面對『物』進行描述，但在『道』之中，一切經驗描述性詞彙都顯得不適應，因爲『道』既不是經驗之物，又以一切生命生生不息的過程爲承載，故具體事物有生死，但道中之物無死無生、生死一體」。〔註39〕

「有先天地生者物邪？」的「者」意爲「之」，「物物者非物，物出不得先物也」是對問題的直接否定，生成萬物的本源本身不是「物」，若是一「物」我們總還可以繼續追問在它之前是何「物」。下面說：「猶其有物也。猶其有物也無已」，鄭玄《儀禮》注：「猶，有故之辭」，《古書虛字集釋》：「其，猶是也」，這句話的意思是說：「〔宇宙之間〕本來就是有物體存在的，本來就是有物體存在而生生不息的。」〔註40〕

---

〔註38〕顏世安著：《莊子評傳》，南京：南京大學出版社，2011年，第218頁。

〔註39〕蕭無陂著：《自然的觀念——對老莊哲學中一個重要觀念的重新考察》，長沙：湖南人民出版社，2010年，第165頁。

〔註40〕採用楊柳橋的譯文，見楊柳橋著：《莊子譯注》，上海：上海古籍出版社，2006年，第366頁。

　　因此，莊子的宇宙生成論不是一般意義上的知性的宇宙生成論，知性的宇宙生成論的「生成」發生在時間序列的開端，生成者（源始存在者）只與最初的被生成者有直接的關係。莊子關於道物關係的命題，除了上述「物物者非物」，還有「物物者與物無際」，「道」不是在時間序列上的最初的源始存在者，而是內在於無時不存在的、生生不息的「物」之「化」的過程中。

> 東郭子問於莊子曰：「所謂道，惡乎在？」莊子曰：「無所不在。」
> 東郭子曰：「期而後可。」莊子曰：「在螻蟻。」曰：「何其下邪？」
> 曰：「在稊稗。」曰：「何其愈下邪？」曰：「在瓦甓。」曰：「何其
> 愈甚邪？」曰：「在屎溺。」東郭子不應。莊子曰：「夫子之問也，
> 固不及質。正獲之問於監市履狶也，每下愈況。汝唯莫必，無乎逃
> 物。……物物者與物無際。」（《莊子・知北遊》）

東郭子以知性的理解方式，把「道」當作為一個可以對象化、以感官感知的「物」，莊子批評他「固不及質」，「無所不在」與「物物者與物無際」消解了東郭子的問題。莊子所謂「生」、「先」都不能從時間序列的角度來理解，而是體現在一切現時生命的當下呈現、延續、轉化之中。「根」的譬喻也能說明這個問題，萬物之「根」當下即有，而不必沿因果序列上訴至時間的開端處。莊子又用「天門」來形容它：

> 有乎生，有乎死；有乎出，有乎入。入出而無見其形，是謂天
> 門。天門者，無有也。萬物出乎無有。有不能以有為有，必出乎無
> 有，而無有一無有。（《莊子・庚桑楚》）

康德對宇宙起源的討論，是與宇宙論意義上的自由問題聯繫在一起的。康德認為，在世界的因果序列之內的「物」與「事件」都是顯象，遵從因果必然律，但是肇始世界的因果序列的源始存在者是「物自身」，不在時間之內，因而是自由的。因此，在顯象的領域、在世界之內沒有自由可言。如前所述，莊子的宇宙生成論不是時間序列意義上的生成論，莊子化「道」入物，「道」「物」相融（「物物者與物無際」），「道」在一切生命存在的當下呈現，「物」因此而自生自化，「自然」即「自由」。當然，這種「自由」需要人的尊重與守護，即所謂「無問其名，無窺其情」、「徒處無為」等等。

　　莊子的「道」也是一種總體性，但不是知性的綜合的總體性，而與康德的「希望」的對象類似，只存在於值得追求之物的總體性中。「道」非「物」，只有不「析物」、「不逐物」，才能保持人的獨立性，讓生命本源自由地呈現；

「道」在「物」，只有關注當下一切生命的生存境遇，「順物」、「乘物」才能「不物於物」，不「役」於「物」。

## 三、因果與「自化」

康德的自然觀與莊子的自然觀的一個重大差異就是因果性與「化」的差別。在康德那裏，自然的形式的東西中最重要的範疇，或者說我們用以描述自然的最重要的範疇就是「因果性」。在康德的範疇分類中，「因果性」是關係範疇，表達的是「原因」和「結果」之間的關係。休謨曾經區分了事實之間的聯繫與觀念之間的聯繫，因果聯繫僅僅是觀念之間的聯繫，我們不能證明事實與事實之間也有這樣的聯繫。在事實中，我們只能發現兩個事件在時間上的連續性和空間上的接觸性，以及這種關係的規則性；但是，人類傾向於把自己對現象的主觀反應投射到現象本身上去，人類經驗性的習慣思維認為「原因」與「結果」之間的聯繫具有必然性，並把這種必然性投射到顯象本身之中。康德反對休謨對「因果性」範疇的解釋，認為該範疇不是產生自經驗，而是產生自知性，是我們把它們置入經驗之中。「因果性」觀念是先天有效的，因為如果不是這樣的話，我們就無法把我們直觀到的雜多整理成系統的經驗知識。

在康德看來，「因果性」既是一個關係概念，也是一個模態概念：原因必然導致結果。對「因果性」的模態解釋有兩個要點：（1）、被稱為「原因」的事件具有一種特殊的能力、力量或者能量，它能夠強制、引起、改變被稱為「結果」的事件；（2）「原因」與「結果」之間的關係是必然的，當「原因」發生時，「結果」不可能不發生。這種意義上的因果概念——具有強制力、必然性模態的因果概念——是西方文化所獨有的。柯林伍德曾經討論了「原因」一詞的三種意義：

意義I：「原因」所「引起」的是一個有意識、能負責之人的有意的行為，也就是說，「原因」賦予行為者一個動機；

意義II：「原因」是「實踐自然科學的因果性」，是指一個人類所能控制的實踐或事態，它「引起」的是自然中的一個事件，如蚊子是瘧疾的「原因」，人類可以通過消滅蚊子阻止瘧疾的發生。在這種意義上的「原因」是偶然的，可以被用作服務於人類目的的手段，「原因和結果的術語傳達的觀念不僅是一個事物引導了另一個事

物，而是一個事物迫使另一個事物發生或存在：一個力量、強迫或限制的觀念。」〔註41〕意義Ⅱ所包含的強迫、限制的觀念來源於意義Ⅰ，因此帶有濃厚的擬人化色彩，正因為此，尼采、奎因等人想把「原因」概念從哲學和物理學的詞彙中刪除，叔本華、海德格爾等人則只談「根據」而不談「原因」。

「原因」的意義Ⅲ則迥異於前兩種意義，即「理論自然科學的因果性」，就是人們時常說的人類無法控制和操縱的自然必然性，它與人類實踐目的毫無不相干，是從純粹理論的眼光考察自然，「原因」獨立於人類意志。

柯林伍德認為，在牛頓那裏並沒有「原因」的意義Ⅲ，因為牛頓認為根據運動規律發生的運動是沒有原因的運動。實際上，伽利略在探索事物的運動規律的時候，與牛頓的看法是一致的，他自稱是在試圖描述事物是如何運動的，而不是試圖尋求事物運動的原因。

法國漢學家余蓮認為，古代中國人只在日常的具體經驗的情況下才使用因果關係，很少依據「因果」概念，而是用「勢」的概念展開對自然現象甚至歷史進程的理論化思考。「勢」即位置、情勢、趨勢、潛能、傾向。余蓮說：「在任何領域裏，甚至在一般思辨裏，中國人必先對事物的布置趨勢有所瞭解之後，才對現實作出解釋，因為他們總要先觀察出什麼是那作為機能運作體系的組合（能起作用的布置）。他們用趨勢的牽涉作用來對抗因果論的解釋，因為因果論必定以退後、假設方式來指涉一個外在先行條件，而按照趨勢的牽涉作用來看，正在發生的變化則完全出於始發狀態裏的平衡狀態。」〔註42〕在筆者看來，古代中國人在日常生活中也有「原因」的意義Ⅰ和意義Ⅱ，但在思辨和理論領域，卻沒有意義Ⅲ，而是用「勢」來思考。所謂「勢」即「化」的趨向、傾向。老子曰：「道生之，德畜之，物形之，勢成之」（《老子‧第五十一章》），莊子曰：「時勢適然」（《莊子‧秋水》）、「處勢不便，未足以逞其能也」（《莊子‧山木》）。

余蓮還進一步解釋了造成這種差異的原因。「因果」、「化」、「勢」等概念，

---

〔註41〕 〔英〕柯林伍德著：《形而上學論》，宮睿譯，北京：北京大學出版社，2007年，第236頁。

〔註42〕 〔法〕余蓮著：《勢：中國的效力觀》，卓立譯，北京：北京大學出版社，2009年，第194頁。

都是對變化、運動的理解。余蓮認爲，亞里士多德以前的古希臘思想與中國古代人一樣，都是從正反對立出發去思考變化，古希臘人認爲變化意味著生成與破壞、運動和交替，相反的事物是變化的原理，中國古代人認爲陰陽兩極足以說明一切變化。亞里士多德在正反對立的兩個因素之外引入了一個第三項：基體——主體（實體）。亞里士多德認爲，相反的事物無法彼此影響對方，不會轉化爲對方，只能以相互交替的方式出現於主體（實體）之上，主體承載著對立的雙方。但中國古代思想認爲，陰中有陽，陽中有陰，一切事物同時具有陰陽，在陰陽的不停運動之中「不斷地出現物質化」。〔註43〕也就是說，在關於變化的問題上，中西思維方式上最深刻的差異就是「實體」與「過程」的差異。亞里士多德以來的西方文化認爲，實體是永恒的，變化是偶然的，先有實體而後有實體的變化，變化只是偶然地發生在實體之上。而在古代中國人看來，變化才是永恒的，「物」只是陰陽之氣在變化過程中的暫時的凝聚。結合當代自然科學的嘗試，我們甚至可以說，「物」只有在我們在一定的時間與空間的尺度上「看」永恒不息的「化」的過程才會呈現。在一個比較宏大的尺度上，並沒有長江、泰山，只有各種星系、星球；在人類的日常經驗的尺度上，才有桌子、椅子，在一個較小的尺度上，桌子、椅子分解爲永恒變動中的原子；在一個更小的尺度上，原子分解爲永恒運動中的粒子，而粒子已不是日常經驗所理解的微粒，具有波粒二象性，微粒的定域的，而波不是，波具有波長、頻率、振幅，而微粒則沒有；在一個極限小的尺度上，粒子也不過是能量的暫時的形態。運動、變化是永恒的，「物」只是變化在某個尺度呈現出來的「凝聚」現象。

余蓮還指出，亞里士多德引入實體這個第三項的結果是，他不得不再引入一個第四項作爲外來的變化的動因，促成變化的發生。「中國思想則與此相反，它不必思考主體，因此也不必思考需要有一個外來的啓動因素。在勢的內部，效力不來自外面的因素，而是完全內因的。」〔註44〕

西方近代的「原因」概念與亞里士多德的「原因」概念還有一些十分重要的區別。亞里士多德把「原因」分爲四種：形式因、質料因、目的因和動力因；近代以來，亞里士多德的「四因」除了動力因外，或者被完全拋棄，或者被按

---

〔註43〕〔法〕余蓮著：《勢：中國的效力觀》，卓立譯，北京：北京大學出版社，2009
　　　年，第222頁。
〔註44〕同上，第224頁。

照動力因的模式來理解。前面提到的意義II的「原因」來自培根；而理論自然科學的普遍規律，在牛頓那裏被理解爲根據，而不是原因，笛卡爾把根據和原因同一起來，提出了「原因」的意義III。柯林伍德認爲，康德的「原因」概念就是把意義II、意義III、萊布尼茨的充足理由律和休謨的非模態的「原因」概念熔爲一爐，康德想要「打通牛頓在由於原因的作用的事件和由於規律的作用的事件之間的區分」，但他忽略了牛頓的如下洞見：根據規律發生的事件並不需要一個原因。康德對「原因」的模態解釋包含三個命題：

（a）每個事件都有一個原因；

（b）一個事件的原因是一個在先的事件；

（c）我們先天地知道（a）和（b）。

柯林伍德指出，康德是在兩種不同意義上使用「原因」一詞的，（a）是在意義II上使用，（b）是在意義III上使用，兩個命題的結合是「一種幻覺」、「一種不成功的嘗試。」〔註45〕

在康德把意義II與意義III結合在一起的時候，他就把意義II所帶有的擬人化的強制、強迫觀念混入了對自然規律的理解中。就像伽利略和牛頓所認爲的那樣，自然規律只是「描述」了事物是如何運動、變化的，而不是「強制」、「強迫」事物去運動、變化，「強制」只發生在一個人被阻止去實現他的目的的地方，而「免於強制」，就是實踐中被稱爲「自由」的東西。石里克認爲，正是這種混淆導致了「那種延續了數個世紀的胡言亂說，即自由意味著『擺脫因果法則』或『不受自然法則的制約』。」〔註46〕

實際上，康德對「因果性」的先驗解釋並沒有給這種「強制」提供先驗論證。康德所證明的不是力學關係的先驗性，而是時間關係的先驗性。康德認爲，所謂因果關係，是我們在時間中聯結兩個知覺，我們把某一事件的產生或狀態的生成（知覺 A），與另一事件的產生或狀態的生成（知覺 B）在時間中聯結在一起，並且是把知覺 B 把握爲繼知覺 A 而發生。眞正說來，知性的規則是把一種「時間秩序」置入經驗之中，我們在事件中爲知覺 A 和知覺 B 安排一個確定的次序。然而，這樣的一種必然性所表達的只是時間順序的不

---

〔註45〕 〔英〕柯林伍德著：《形而上學論》，宮睿譯，北京：北京大學出版社，2007年，第254頁。

〔註46〕 莫里茨・石里克著：《人何時該負責任》，譚安奎譯，載徐向東編《自由意志與道德責任》，南京：江蘇人民出版社，2006年，第58頁。

可逆性,對「自由」構不成任何威脅。康德聲稱,從「因果性」範疇可以派生出力、行動、承受等同樣純粹的知性概念(可陳述詞),但是康德沒有解釋這種時間關係如何派生出「力」的概念。他把因果性原理稱為「經驗的類比」,我們按照時間與「統覺的統一」的關係來類比、理解兩個知覺的時間關係,但是在前者中,我們仍然無法先天地發現「力」的概念。

赫費說:「康德通過因果原則所斷言的不是事件的可預測性,而是事件的可解釋性。他的第二類比不是說每一事件都有一個可確切預見的結果,而是說一個客觀存在的事件既不歸因於超自然的干預,也不歸因於主觀幻覺,而是始終應該被解釋為諸原因的結果。」「因果原則是指導人們必須如何按其時間相繼一步一步地去解讀顯象,以便能夠把它們解讀為客觀的對象和經驗。誰要想認識自然,就會面臨被要求把一切事件視為結果,並且去探索其基本的原因。」〔註47〕但是,把一個事件視為先前事件的結果,並不意味著「結果」是被「原因」強制、強迫、決定了的。

哲學史家經常告訴我們,休謨對「因果性」的批判瓦解了自然科學,康德拯救了「因果性」概念。但事實上自然科學更同情休謨對「因果性」的解釋,自然規律只是一種「根據」,而不是「原因」(「原因」的意義Ⅲ把根據與原因同一化了),而具體的事件關係中的「原因」(意義Ⅱ)是偶然的,能夠用來服務於人的實踐目的。在新近的形而上學的發展中,只有少數哲學家辯護對「因果性」的模態解釋,更多的哲學家尋求對「因果性」的非模態解釋,比較著名的有劉易斯從可能世界、虛擬條件句的角度對「因果性」提供一種非模態、非規則性的解釋,麥基用「因果場」概念對「因果性」提供一種非模態、規則性解釋。按照康德的解釋,「原因」線性地、必然地決定「結果」,而按照麥基的解釋,一個因果判斷總是相對於一個特殊的因果場而言的,原因只能在因果場中才能起作用。在「因果場」中,我們不是用「必然」來說明「原因」的作用,而是用「不充分的」、「充分的」、「必要的」、「不必要的」來說明「原因」的作用。

從非線性、「場」的角度來看,「化」、「勢」與「因果場」有相似之處,因為按照余蓮的解釋,「勢」是機能運作體系的組合、眾多因素的布置關係構成的,余蓮說:「天無任何原因或理由,天地合氣,互相配置之後而萬物自生,

---

〔註47〕 〔德〕奧特弗里德·赫費著:《康德:生平、著作與影響》,鄭伊倩譯,北京:人民出版社,2007年,第115頁,第116頁。

天不是『創造者』。」〔註48〕所不同的是，「化」、「勢」直接蘊含著「自由」（「自然」）的含義。當然，如前所述，有兩種理解「物」的方式，一種方式是從孤立、靜止、僵化的立場來理解「物」，一種方式是從動態、整體的立場把「物」看作「化」的一個環節，與其他「物」沒有絕對的疆界（「未始有封」），「物」與「化」沒有疆界（「物物者與物無際」）。從前一種立場來看，「化」就成了「物」的異己力量，「物」只能被迫地由「化」來支配；從後一種立場來看，「物」內嵌於「化」，是「化」的一部分，「物」順應著「化」，「物」內嵌於「化」同時就是「化」的勢能內在於「物」。自由就在於投入萬化之流。從「自然」（自己如此）的角度理解「物」之變化，就要拋棄主動＼被動、強制＼被強制、主體＼客體的二元對立思維方式，也就是要拋棄因果關係。余蓮對「地籟」、「天籟」的解釋可以闡明這一點：

> 在描寫「地籟」的階段，自然還是與外物有聯繫：還有樹和風這兩種分別的實體。即使可以混在一起，兩者也是互相外在的。在「地籟」的層次上，風從樹間吹過，從而產生音響，音響不是從樹而「來」的；或者更準確地說──我們的表達還是太受兩分法的影響──，從「地籟」過渡到「天籟」時，我們從人為引發的、人為產生的聲音過渡到了自發的、自生的聲音。聲音本身並沒有什麼不同，但是觀察的目光顛倒了過來：我們站在了內在性一邊，我們從物與物之間的作用關係，過渡到了無的自身作用。聖人「照之於天」的「照」，不是從施動者的角度去「照」的，而是從事情發生的角度（從這個角度上，事情永遠只能是自動發生的）。自然深入了，不再倚賴於因素（風、樹）的自然特性，而是倚賴於之所以如此發生（「成」）的自發性。在「地籟」的層次上，描寫的物理的（有風之屬，有作為施動者的風吹拂萬竅而發出的聲響──這些都是可以描寫的），而到了「天籟」的層次上，就沒有什麼可說的了：聖人不言，而物自明。在聖人看來，世界的一切聲音只是由其自己的活力而生發出來的：聲響變化無窮，時時更新，所有的聲音不再互相排斥，雖然所有的聲音都有個性──那是存在的聲響。〔註49〕

〔註48〕 〔法〕余蓮著：《勢：中國的效力觀》，卓立譯，北京：北京大學出版社，2009年，第197頁。

〔註49〕 〔法〕弗朗索瓦・余連著：《聖人無意：或哲學的他者》，閆素偉譯，北京：商務印書館，2004年，第136頁。

「人籟」是人作爲施動者作用於樂器的結果,「人」是「原因」(意義Ⅰ);「地籟」是作爲施動者的風作用於萬竅的結果,「風」是「原因(意義Ⅱ)」。當我們這樣來理解時,我們是按照原因——結果、主體——客體、施動——被動的二元論模式來理解的。「天籟」則需要「化解因果觀念」,〔註50〕風和樹不再被看作相互分離的兩個實體,而是內嵌於整個「場」之中。「天籟」誕生於風與樹相連接的「樞紐」處,「天籟」是「咸其自取」,「大塊噫氣」是「萬竅」「獨化」的「自得之場」。「自然」、「自化」、「自生」都是從過程的整體性的視域下(「道觀」視域),從事物自身出發看待事物,就像余蓮在提及「罔兩問景」時所說的那樣,「世間萬物,哪怕是影子,一向也只能從其自身出發,從其根源出發,才能夠把握它,世間萬物,只能從根源上去把握。」〔註51〕這裏所謂的「根源」,既要包括作爲本根之道的「道」,也要包括作爲超越性的世界整體的「道」。

總之,對於康德(以及西方文化)來說,「自然」就是「因果」。牟宗三說:「道家講的自然就是自由自在、自己如此,就是無所依靠、精神獨立……西方人所講的自然界中的現象,嚴格講都是他然、待他而然、依靠旁的東西而如此。自然界的現象都在因果關係裏面,你靠我我靠你,這正好是不自然不自在,而是有所依待。」〔註52〕由於康德對「因果性」的模態解釋,尤其是康德的「原因」概念包含了「原因」的意義Ⅲ,自由在整個自然世界都成了問題,甚至在人類實踐領域也成了問題。相應地,「自由」被理解爲與自然、與科學不相容的東西。而莊子的「化」則承諾了自由,相反,只有忘我地投身於「化」,順應於「化」才能自由。雖然莊子的「化」是前科學的,但與「因果場」的概念有相通之處,具體的因果關係只能在「場」中才能獲得解釋。

## 第四節　自然與本體

Ontology(一般譯爲「本體論」)一詞源於希臘文 ont 和 logos'ont 是 on 的變體,相當於英文 being,logos 即理論,ontology 即關於「是」或「存在」

---

〔註50〕 傅佩榮著:《解讀莊子》,上海三聯書店,2007 年,第 16 頁。

〔註51〕 〔法〕弗朗索瓦・余連著:《聖人無意:或哲學的他者》,閆素偉譯,北京:商務印書館,2004 年,第 182 頁。

〔註52〕 牟宗三著:《中國哲學十九講》,上海:上海世紀出版集團,2005 年,第 71 頁。

的學問，因而嚴格來說該詞應該譯爲「是論」或「存在論」。〔註53〕17 世紀德國經院學者郭克蘭紐首次使用該詞（德語爲「ontologia」），德國哲學家沃爾夫賦予了該詞在哲學中的重要地位。沃爾夫認爲形而上學包括四項核心內容，即存在論、宇宙論、理性靈魂學和自然神學，存在論是論述所有一般性「存在」就其作爲「存在」而言的科學。在 ontology 一詞出現以前，關於存在的學說被命名爲 metaphysics（形而上學）。亞里士多德給予形而上學兩種不同的解釋：對第一原因或不動的推動者的一種探求；關於存在作爲存在的最普遍的學科。中世紀的哲學家把形而上學的第一個課題變成關於上帝的本性的科學，17、18 世紀的哲學擴大了形而上學的領域，認爲形而上學不但研究存在和上帝的本性，也研究宇宙學、自由意志、靈魂不朽。當代的形而上學家把「關於存在作爲存在的最普遍的學科」成爲「一般形而上學」，即從最普遍的角度來探討存在，把對上帝、靈魂、宇宙的探究稱爲「特殊形而上學」，即從更加專門化的角度研究存在。〔註54〕一般來說，當代的形而上學研究主要是對「一般形而上學」的研究，而「特殊形而上學」的課題則從屬於哲學的不同分支，如宗教哲學、精神哲學或心靈哲學等等。

在許多人那裏，ontology 被當作 metaphysics 的同義詞，尤指「一般形而上學」，它的根本問題就是「何物存在」的問題，中心任務就是列出存在的範疇，並確定各範疇的本性及其之間的聯繫方式。哲學家關於「何物存在」的觀點莫衷一是，主要的分歧在於物質對象是否存在？性質、關係、事件、事態、事實、命題、可能世界是否存在？本節的標題「本體論」並不對應於英文 ontology（存在論），而是指關於「本體」（noumeon）的學說，亦即關於有別於顯象或物質對象的終極實在的學說，也就是說，本節的內容只與「特殊形而上學」的一個分支有關。

Noumenon（本體）源於希臘文 noein（思維），意爲「被思想的事物」或「理智的事物」〔註55〕，區別於顯象（希臘文 phainomenon），後者是「顯現自身的東西」或「事物看起來之所是」，即可以感覺到的東西和事物所看起來

---

〔註53〕 參見尼古拉斯·布寧、余紀元編著：《西方哲學英漢對照辭典》，北京：人民出版社，2001 年，第 708 頁。下文皆把 ontology 譯爲「存在論」。

〔註54〕 參見〔美〕麥克爾·路克思著，朱新民譯：《當代形而上學導論》，上海：復旦大學出版社，2008 年，第 5 頁。

〔註55〕 參見尼古拉斯·布寧、余紀元編著：《西方哲學英漢對照辭典》，北京：人民出版社，2001 年，第 690 頁。

的樣子〔註 56〕。本體就是超越於顯象的東西。本節所要討論的問題就是康德的「物自身」和莊子的「道」。

## 一、物自身

「本體」在柏拉圖和亞里士多德那裏被稱爲「形式」（Form）。〔註 57〕柏拉圖認爲，形式是獨立於顯象而存在的，是某種超感性的、持久的、不變的、永恒的存在者，是真正的實在，是事物的範式，而顯象世界的個體則是形式的不完美、不完整的摹本；顯象是我們的感官的對象，而形式則是心靈之眼的對象，是知識的對象。亞里士多德則認爲形式就在顯象中。但無論是柏拉圖還是亞里士多德，「本體」（或「實在」）都有兩個特點：（1）「本體」在存在論上優於顯象，是顯象的根據，（2）本體（或實在）是知識的對象，而顯象則只是知覺或信念的對象。

康德的本體學說改變了傳統上顯象與實在（本體）的對比：（1）實在與顯象的區別只是認識論意義上的，而不是存在論意義上的；（2）實在超出認識的範圍，相反，顯象才是知識、科學的對象。

### 1、人的認識能力

康德認爲「人類知識有兩個主幹，它們也許出自一個共同的、但不爲我們所知的根源，這兩個主幹就是感性和知性，對象通過前者被給予我們的，但通過後者被思維。」（KrV，B29＼51）感性是我們直觀對象的能力，而直觀只有當某物刺激我們的感官時才會發生，通過這種刺激，心靈獲得了顏色、聲音、觸覺等表象——康德稱之爲直觀的雜多。因此，感性是一種被動的接受能力，沒有它就沒有思維對象呈現在意識中。知性則是一種自發性的表象能力，能夠自己產生出概念。我們借助於知性概念來思維感性獲得的表象。

〔註 56〕參見尼古拉斯·布寧、余紀元編著：《西方哲學英漢對照辭典》，北京：人民出版社，2001 年，第 746 頁。

〔註 57〕柏拉圖更常用的詞是「Idea」，通常被譯爲「理念」。但由於柏拉圖基本上把「Idea」和「Form」當作同義詞來用，又由於「idea」在近代哲學中被看作是心靈中的存在，所以現代哲學多把柏拉圖的「理念論」（theory of Ideas）稱爲「形式論」（theory of Forms）。亞里士多德的本體（或稱實體）學說是前後不一致的，他有時候說具體的個體是第一本體，有時候說形式是第一本體，而個體是派生性的。要詳細說明亞里士多德的本體論，不僅要考察其理論的前後發展，也要釐清希臘詞「ousia」與英語詞「substance」、「essence」、「entity」、「reality」的關係以及這些英語詞的漢語翻譯，這裏從略。

感性爲它們提供了對象卻不能思維它們，知性思維對象卻不能直觀它們。沒有概念的直觀是盲目的，沒有直觀的概念則是空洞的，兩者相互補充，我們才能獲得知識。

顏色、聲音、觸覺等感覺內容並不是事物固有的性質，而是事物在心靈中留下的印象或表象，是心靈的主觀性狀。就好像一個人帶上一副藍色的眼鏡，他眼中的一切都是藍色的，但「藍」並不是對象自身的屬性。〔註58〕感覺內容是雜亂無章的，我們必須確定它們在時空中的位置、秩序。時空同樣不是獨立自存的東西，也不是對象本身所具有的性質和關係，而是「塑造經驗的模式」，〔註59〕我們以這種方式來安排種種感性雜多，把它們看作是同時並存（空間）或前後相繼（時間）的。因此，凡是存在於時空之中的東西都不是事物自身，僅僅是事物在心靈中留下的表象。

感性爲我們提供了感覺質料，但它們是瑣碎與混亂的，知性借助於純粹知性概念亦即範疇把它們連結成經驗判斷。之所以是純粹的，因爲它們來自於知性自身，而不是來自於經驗。知性根據這些範疇，把知覺到的一切內容納入到一個先天秩序中，由此，我們的知覺內容才是有條理的、可理解的。這個秩序也不是我們從自然中發現的，而是先天地蘊涵在我們的心靈中的。而我們之所以有權利用心靈中固有的先天秩序去整理我們的知覺內容，是因爲後者本質上是心靈的種種表象，而不是物自身。範疇是經驗的可能性的先天條件，而範疇也只能運用於可能經驗的領域。超越了可能經驗的領域，範疇的運用就是無效的，也就是說，它們不能運用於爲我們提供感覺質料但卻不在時空之中的物自身。

## 2、感性物自身

「物自身」就是康德的本體概念，它首先由先驗感性論揭示出來：「物自身」是感性的「眞正的相關物」（KrV，B＼64），但是卻不在我們的心靈中呈現出來。感覺（顏色、聲音、硬度等等）只不過是「物自身」刺激我們的心靈，從而在心靈中引起的某種主觀性狀，而不是「物自身」的屬性。「物自身」

---

〔註58〕「藍色的眼鏡」是一個在介紹康德的先驗感性論時常被提到的比喻論證。原則上講所有類比論證都進行了錯誤的假設，因而其說服力是有限度的，有關這個比喻的討論，可以參考齊良驥的著作（見齊良驥著：《康德的知識學》，北京：商務印書館，2011年，第99～101頁）。

〔註59〕〔英〕安東尼·肯尼著、楊平譯：《牛津西方哲學史·第三卷·近代哲學的興起》，長春：吉林出版集團有限責任公司，2010年，第111頁。

一詞——德文 Ding an sich，英文 Thing-in-itself——也常被譯爲「物之在其自己者」，相應地，感覺就是「物之在我者」。時間和空間是我們用以整理、安排「物之在我者」的主觀的先驗形式，不是「物自身」自身固有的性質或關係，也不是某種獨立自存的東西，通過感性認識（包括感覺與時空），眞正的客觀實在沒有、也不能被認識：

> 在直觀中一個物體的表象根本不包含能夠屬於一個對象自身的
> 東西，而只包含某物的顯象和我們由此被刺激的方式。

純粹知性概念和純粹直觀形式（時間、空間）一樣根植於認識主體，而不是根植於對象之中，﹝註60﹞所以，我們的知性範疇同樣不能認識「物自身」：

> 知性先天地可以做到的，永遠無非是預先推定一般可能經驗的
> 形式，而既然不是顯象的東西就不可能是經驗的對象，所以知性永
> 遠不能逾越感性的界限，只有在感性的界限內部對象才被基於我們。

事物的內在結構或可理解的形式，傳統上被視爲客觀存在、作爲認識對象的東西，在康德這裏都變成了認識的主觀條件：直觀的結構和思維的結構，通過它們，我們並不能如對象之所是那樣來認識它，而只能「如其顯現」那樣來認識它。

　　儘管我們並不能認識「物自身」，但仍然要肯定「物自身」的存在，因爲「顯象」一詞就表明必須有一個顯現者。

　　「物自身」的存在彰顯了人類認識能力的限度：感性無法觸及自在之物，只能被動地接受表象；知性概念只能認識可能經驗的對象，而且它所認識的不過是它自己先天地「放入」經驗之中的東西。但是知性卻可以思維一切東西，也就是說，知性本身並不受感性條件的限制，只要它自己產生的概念並不自相矛盾，就有可能存在與概念相應的對象，儘管我們在認識上永遠也無法證明它的存在。康德因此而區分了「消極意義上的本體」和「積極意義上的本體」，前者即感性的眞實相關物，我們可以稱之爲「感性物自身」，後者則包括了一切「由知性當作對象來思維的可能之物」（KrV，B＼242）。如果我們假定一種特殊的、非感性的直觀方式，即理智的直觀方式，那麼積極意義上的本體就可以理解爲非感性直觀的客體，而消極意義上的本體僅僅意味著「它不是我們的感性直觀的客體」（KrV，B＼242）。理智直觀完全處在我們的

﹝註60﹞參見﹝德﹞奧特弗里德·赫費著、鄭伊倩譯：《康德：生平、著作與影響》，
　　　　北京：人民出版社，2007年，第 76 頁。

認識能力之外，因此，「被我們稱之爲本體的，都必須被理解爲僅僅在消極的意義上的本體」（KrV，B\243）。

感性物自身是認識論上的一個界限概念，它是認識的開始之處，也是認識止步的地方。「顯象和物自身的區別只在於先驗反思對同一對象思考的不同，顯象是指處於主體認識關係之中亦即爲我們所直接經驗認識到的對象，而物自身則是從除卻所有認識關係而被考慮的對象自身」，〔註61〕雖然有時候康德似乎是把顯象與感性物自身當作了不同的東西，〔註62〕但嚴格說來，應該將顯象和感性物自身看作同一個對象，而將它們的區別僅僅看作主觀方面思考關係不同的結果。〔註63〕

## 二、道家之「道」

一般認爲在漢語文獻中第一次使用「本體」一詞的是唐朝禪宗大師慧海，〔註64〕宋代儒學作品中常用到該詞。在慧海之前，所謂本體常被稱爲「本根」、「元」、「本」、「宗」、「獨」、「一」。〔註65〕張岱年認爲，中國古代的「本體」一詞有三義三性，所謂三義即：1、「始義」，意爲「本體」乃萬物之所出、宇宙之所始；2、「究竟所待義」，表示「本體」乃宇宙萬物運轉變化所依憑的東西；3、「統攝義」，表示「本體」乃統會萬有而爲之宗主者。所謂三性即：1、

〔註61〕韓水法著：《康德物自身學說研究》，商務印書館，北京：2009 年，第 77 頁。
〔註62〕康德在《純粹理性批判》第一版中說「顯象」這個概念使人有權利把對象劃分爲顯象和本體，因而也把世界劃分爲一個感性世界和一個理知世界，還說「如果感官把某物純然如其顯現那樣表現給我們，那麼，這個某物就畢竟必須就其自身而言也是一個物」（參見 KrV，B\243～244），似乎顯象和本體在存在論上是完全不同的東西，但是康德這裏所謂的「本體」並不局限於感性物自身，而是指一切「非感性直觀的對象」、「知性的對象」。
〔註63〕對於有的學者來說，（感性的）「物自身」不過是自然界不爲我們所知的本質（參見〔英〕安東尼・肯尼著：《牛津西方哲學史・第三卷・近代哲學的興起》，楊平譯，長春：吉林出版集團有限責任公司，2010 年，第 174 頁），還有的學者，如赫費則更爲明確地說，「物自身」不是一個形而上學的概念，而是一個方法論的概念，並不表述一個隱藏在顯象背後的眞實的世界，僅僅表明感覺的完全不確定的理由（〔德〕奧特弗里德・赫費著：《康德：生平、著作與影響》，鄭伊倩譯，北京：人民出版社，2007 年，第 117～118 頁。）
〔註64〕參見方光華著：《中國古代本體思想史稿》，北京：中國社會科學出版社，2005 年，第 37 頁。
〔註65〕參見張岱年著：《中國元學之基本傾向——「本根」概念之解析》，見《張岱年全集》（第一卷），石家莊：河北人民，1996，第 167 頁。

「不生或無待」，說明「本體」乃獨立固存者；2、「不化或常住」，說明「本體」乃恒常存在者；3「無形或形而上」，說明「本體」乃無形存在者。〔註66〕由此可見，這個「本體」與 noumenon 有別，即是一個存在論概念，又是一個宇宙論概念，〔註67〕因此，稱之為「本根」更為合適，但兩者同樣都是超越於顯象的存在。

　　「本」字的本義為樹根，如《詩‧大雅‧蕩》云「本實先撥」，《國語‧晉語》：「伐木不自其本，必復生」，故「本」、「根」同義。由於草木之生始於其根，故「樹根」義又引伸出了「始」義；還引伸出了「原」、「源」（生命之源）之義；「基」（生命之基）義等等，因此有了「本始」、「本源」、「始基」、「根基」、「根本」等等詞彙，都與生物之「生」或「生生」有關，用作表示事物之由來、生命之淵源、存在之根據的範疇。〔註68〕所以徐復觀說，《莊子》文中的「始」、「初」、「根」、「本」等詞都是指「道」。〔註69〕

### 1、道家的直覺思維方式

　　康德對「物自身」的論證注重於邏輯分析和系統推理。康德的先驗論證是「思想」的自我反思，在這個過程中，一切表象都被歸屬於「我的」，惟有「物自身」是思想被迫承認獨立於「自我」而存在的。可以說「物自身」是反思的剩餘物，思想無法穿透自身抵達「物自身」。中國哲學尤其是道家哲學特別強調直覺的思維方式。直覺被認為不是在「表象」或「再現」事物，而是不依靠邏輯的中介，直接抵達事物的本質，因此是一種超越一般感性和理性的認識方式，例如柏格森就認為直覺是理智的體驗，而不是理智的分析，只有直覺才能把握動態的、活動的實在。道家也認為，訴諸直覺，人能夠直接與世界契合。有學者認為，「道家哲學的典型性格就表現在直覺思維方面」。〔註70〕

---

〔註66〕參見張岱年著：《中國元學之基本傾向——「本根」概念之解析》，見《張岱年全集》（第一卷），石家莊：河北人民，1996，第167～170頁。
〔註67〕宋明儒學中的「本體」含義與此有別，在宋明理學中，一物之「本體」，或謂一物之「理」，或謂一物之「本來狀態」。
〔註68〕參見陳徽：《致命與逍遙——莊子思想研究》，上海：復旦大學出版社，2012年，第18～19頁。
〔註69〕參見徐復觀著：《中國人性論史》，上海：華東師範大學出版社，2005年，第223頁。
〔註70〕喬根鎖：《論老莊哲學的直覺與直觀》，載《西藏民族學院學報》（哲學社會科學版），2003年9月，第25卷第5期，第45頁。

老子與莊子都認為，日常的感性認識活動和理性認識活動都只是對渾然一體的世界的割裂、分解；情緒的躁動、意念的紛馳影響人們對事物的認識。因此，必須通過「滌除玄覽」、「心齋」等方式淨化心靈，排除一切干擾，使心靈平和、寧靜、深沉、虛寂。刁生虎說：「作為一種相對靜態的始發性思維方式，直覺思維的實質是一種潛（下）意識中靜極而生的萌芽，其結果是瞬間凝神觀照的具體結晶，其顯著標誌是靜觀。」〔註71〕

直覺思維具有整體性、模糊性、意會性等特點，道家通過這種思維方式把握世界的整體性、統一性、混沌性，體驗物我之間的和諧與相融。道家把直覺所體驗的東西或境界稱為「道」。

## 2、老子之道

「道」的本義為道路，引申為人或物必須遵循的軌道。在老子之前，道主要有「天道」和「人道」之別，前者即日月星辰所遵循的道，後者是人類生活所遵循的道。老子是中國思想史上第一個賦予道以本體含義的思想家，他把「道」看作萬物所由來與萬物所復歸的終極實在。

> 有物混成，先天地生。寂兮寥兮，獨立而不改，周行而不殆，
> 可以為天地母。吾不知其名，強字之曰道，強為之名曰大。大曰逝，
> 逝曰遠，遠曰反。（第二十五章）

> 視之不見，名曰夷；聽之不聞，名曰希；搏之不得，名曰微。
> 此三者不可致詰，故混而為一。其上不皦，其下不昧。繩繩兮不可
> 名，復歸於無物。是謂無狀之狀，無物之象，是謂惚恍。（第十四章）

> 道常無名。（第三十二章）

道是渾然未分的原始總體（「有物混成」），又是沒有任何特殊屬性，故而「無名」；道若有若無（「惚恍」），若可見，若不可見，「思索而得之狀、意會而知之象，無以名之，名之曰『無狀之狀，無物之象』」；〔註72〕道運動不息，並有其運動之規律（「逝」、「遠」、「反」）；道先於天地萬物而存在，是萬物最初的根源（「強為之名曰大」），〔註73〕是萬物的根源與根據：

---

〔註71〕刁生虎：《老莊直覺思維及其方法論意義》，載《焦作教育學院學報》（綜合版），2001年3月，第17卷第1期，第33頁。

〔註72〕蔣錫昌著：《老子校詁》，上海：商務印書館，1937年，第81頁。

〔註73〕張岱年認為「大」應讀為「太」，並說「太者至極無以加乎其上之稱」（參見《中國哲學大綱》，載《張岱年全集・第二卷》，石家莊：河北人民，1996，

　　道生一，一生二，二生三，三生萬物。（第四十二章）

　　淵兮，似萬物之宗。（第四章）

「宗」有祖宗、取法、歸向、尊崇等多重含義，道是萬物之祖，是萬物所效法者，是萬物所歸往者，是萬物所尊崇者，道是萬物的根源與根據。道生成萬物，卻不主宰、不佔有萬物，「生而不有，爲而不恃，長而不宰。是謂玄德」（第五十一章）。

　　自然萬物因稟受道而得其體，道也決定了自然萬物的運動規律，「天之道，損有餘而補不足」，「天」即自然萬物的總稱，萬物皆遵循「反者道之動」的規律。劉笑敢認爲這種規律並不是今天自然科學意義上的規律，而是富有彈性的柔性規律（第四十章「弱者道之用」），是「一種自然的大趨勢」。〔註74〕聖人效法道的規律而有政治、社會、倫理之道。

　　老子關於道的理論既論述了道的存在論、宇宙論地位，也論述了道的功能、作用；既論述了道的存在特點，也論述了道的運動規律；既論述了形而上的天道觀，也論述了實踐哲學的人道觀。但是，「道」又是一個含義模糊的詞，既可指道之實體，又可指道的屬性與規律。因此，不少學者試圖釐清道的多重含義，具有代表性的如唐君毅的「六義」說，方東美的「四大層面」說，傅偉勳的「兩面六層」說。唐君毅把道分爲（1）「虛理之道」，即宇宙的一般規律或根本原理，（2）「形而上道體」，即指道是一終極實在（3）「道相之道」，即「沖」、「虛」、無形而有象等道的特徵或顯現，（4）「同德之道」，即事物所得於道者以及道自身之「玄德」，（5）「修道之道以及其他生活之道」，（6）「事物及心境人格狀態之道」，即物所具有的類似道的特徵（道相）以及人通過修道而獲得的一種心靈或人格狀態（亦即「道相」在人心靈中的體現）。〔註75〕方東美把道分爲（1）「道體」，即道之實體，（2）「道用」，即道的宇宙創生作用，（3）「道相」，即道在顯象學上的特徵，（4）「道徵」，聖人所體現出來的道的特徵。〔註76〕傅偉勳在唐君毅「六義」說的基礎上提出兩面六層

　　　　第50頁），指萬物最初的根源（參見《中國古典哲學概念範疇要論》，載《張岱年全集‧第四卷》，石家莊：河北人民，1996，第476頁。）

〔註74〕劉笑敢著：《老子古今──五種對勘與析評引論》（上卷），北京：中國社會科學出版社，2006年，第416頁。

〔註75〕參見唐君毅著：《中國哲學原論：導論篇》，北京：中國社會科學出版社，2005年，第225～234頁。

〔註76〕參見方東美著：《中國哲學精神及其發展》，載《中國現代學術經典‧方東美卷》，石家莊：河北教育出版社，1996年。

說，即把道分為「道體」與「道相」兩個方面，而「道相」又被分為（1）「道原」，既指道是宇宙論意義上的根源，又指道是存在論意義上的根據；（2）「道理」，既包括萬物之總原理，又包括萬物之殊理；（3）「道用」，即道理的動態化或功能化，（4）「道德」，即倫理觀與人生觀；（5）「道術」，即政治社會思想與軍事思想。

這幾種分析都有其值得進一步商榷之處。例如，唐君毅所謂的「同德之道」實際上包含了兩種不同意義上的「德」。〔註77〕正如「道」有多重含義一樣，「德」也有多重含義：（1）「德」是一種形而上實體，其存在論地位僅次於道，是「道生物」的一個環節（第五十一章「道生之、德畜之，物形之、器成之」），萬物因從道那裏稟受德而有其存在，就此而言，道與德之間是總體與個體之別；（2）「德」是事物之本性；〔註78〕（3）「德」是道的一種品德，指道以「生而不有、為而不恃」的方式「對待」萬物；（4）「德」是聖人的品德。再如，傅偉勳所謂的「道體」與「道原」稍嫌重複，因為所謂「道體」不僅指明道是一種形而上的終極存在，同時也說明了道的存在論地位與宇宙論地位。

我們可以在三位學者的分析基礎上進一步完善對老子之道的理解。首先，作為存在論上的最高存在者與宇宙論上的最初存在者，「道體」一詞本身就蘊涵了道是萬物的根源與根據（傅偉勳的「道原」）和道具有創生作用（方東美的「道用」）這兩層含義。其次，在承認道是終極存在的基礎上，我們可以進一步刻畫道的顯現出來的特徵（「道相」）和道的運動方式與規律（「道理」）。最後，「生而不有、為而不恃」等則是道所具有的「玄德」，這是道與萬物之間的關係的一個方面。「道相」、「道理」和「玄德」是「道體」或「本根之道」所具有的屬性和品德。

「道理」不僅是道自身運動的方式與規律，也是萬物所遵循的規律，但是萬物也有其自身的特殊規律（殊理），亦即「物理」，如水「處眾人之所惡」

---

〔註77〕 唐君毅後來又對「修道之道及其他生活之道」做了進一步的劃分，他說：「老子所言之修德之道與生活之道，其含義亦似明有高下之不同，宜更加以分別說明。此中不同之大者，即其言之似涵對個人功利意義者，與全不涵此功利意義者之不同。」見唐君毅著：《中國哲學原論・原道篇》，北京：中國社會科學出版社，2006 年，第 146 頁。

〔註78〕 張岱年說：「德是一物所得於道者。德是分，道是全。一物所得於道以成其體者為德。德實即一物之本性」（《中國哲學大綱》，載《張岱年全集・第 2 卷》，石家莊：河北人民出版社，1996 年，第 57 頁）。

（第八章）、「草木之生也柔脆，其死也枯槁」（第七十六章）。「道理」與「物理」都屬於「天道」或「自然之道」層面，是對自然萬物運動方式的描述。〔註79〕

「天道」對於人類社會而言還具有規範意義，「天道」在人類社會事務中的運用就是「道術」，即含有功利色彩的政治、社會、軍事思想。道之「玄德」在人類事物的運用則是不含功利色彩的倫理觀與人生觀，亦即「道德」，如平等待物、以「慈」待物等。聖人通過修道而獲得的心靈與人格狀態則是「道徵」，這是「道相」在聖人心靈中的呈現。「道德」、「道術」、「道徵」都屬於規範意義上的「人道」層面。

綜上所述，《老子》中道的概念體系可以分為以下三個層面〔註80〕：

（1）本根之道：對道的存在論與宇宙論地位的界定、對道的屬性與品德的描述；

（2）天道：描述性意義上的自然之道與人之道；

（3）人道：規範性意義上的自然之道，亦即自然之道在人類事務中的運用。

### 3、莊子的「本根之道」

莊子繼承並發展了老子的思想，也繼承了老子的道論。「道」字在《莊子》一書中共出現了 365 次，隨語境不同而有不同的含義，其中也包含了「道」字的日常用法，如作為「道路」講的「道」：「周昨來，有中道而呼者」（《莊子‧外物》）；作為「言說」講的「道」：「《詩》以道志、《書》以道事」（《天下》）；作為「指導」、「引導」講的「道」：「其諫我也似子，其道我也似父」（《莊子‧田子方》），但絕大多數還是哲學意義上的「道」。

莊子的道論也包含了「本根之道」、「天道」、「人道」這三個層面，但是，其具體內容卻與老子的道論有顯著的不同。

就「本根之道」而言，莊子不同於老子之處在於，他雖然承認道是萬物

---

〔註79〕「天道」即包括了萬物的總原理（道理）也包括了萬物的特殊原理，就此而言，老子在第七十七章所說的「人之道」「損不足以奉有餘」也屬於描述性意義上的「天道」。

〔註80〕這個分類借鑒了劉笑敢的觀點。劉笑敢把道分為「本根之道」、「天之道」、「聖人之道」和「人之道」，參見劉笑敢著：《老子古今——五種對勘與析評引論》（上卷），北京：中國社會科學出版社，2006 年，第 728～730 頁。這裏則把「人之道」歸屬於描述意義上的「天道」。

的根據，但拒不承認道是存在論意義上的存在者；他承認道具有創生作用，是萬物的根源，但拒不承認道是時間序列上的最初存在者。換句話說，莊子認為「道」使存在者成為存在者，但「道」本身卻並不是存在者。我們前面提到過傅偉勳所謂的「道體」、「道原」與方東美所謂的「道用」，我們還說過在老子的思想體系中，「道體」一詞本身就表明它有「道用」，是萬物之「道原」，但是，莊子卻認為有「道用」，有「道原」，卻無「道體」，也就是說，「道」有其用，「道」是萬物的根據與根源，但「道」無「體」。

莊子承認「道」是萬物的根據與根源，如「天不得不高，地不得不廣，日月不得不行，萬物不得不昌，此其道與！」（《天地》），「道者，萬物之所由也」（《漁父》），但這只是因「道」是某種規律、法則，而稱其為使萬物所以如此的根據與根源。莊子不但沒有像老子那樣宣稱「有物混成」（第二十五章）、「道之為物」（第二十一章），反倒特別強調「道」非「物」（存在者）：

　　有先天地生者物邪？物物者非物，物出不得先物也，猶其有物也。（《莊子·知北遊》）

　　道不可有，有不可無。道之為名，所假而行。（《莊子·則陽》）

「有先天地生者物邪」，「者」猶「之」〔註81〕。莊子這句話是對老子「有物混成」的明確否定：使「物」成為「物」的，本身不能再是「物」，在萬物之先者，也不能再是「物」。也即是說，「道」本身不可能是存在者、實體，否則還要有一個使「道」成為實體的「東西」。「有不可無」之「有」讀為「又」，〔註82〕「道不可有，又不可無」，是說「道」不可以是像「物」那樣的實體，但又不可以「沒有」「道」，否則也就沒有了「物」這樣的存在者。「道」這個名稱，只是一個假名，並不指稱任何實在之物，但是，「道」的作用確實在發生著：

　　若有真宰，而特不得其朕。可行己信，而不見其形，有情而無形。（《莊子·齊物論》）

　　萬物有乎生而莫見其根，有乎出而莫見其門。（《莊子·則陽》）

　　惛然若亡而存；油然不形而神。（《莊子·知北遊》）

老子說「道之為物，惟恍惟惚。惚兮恍兮，其中有象；恍兮惚兮，其中有物」

---

〔註81〕參見王叔岷著：《莊子校詮》，北京：中華書局，2007年，第844頁。王叔岷還引王孝魚之說：「唐寫本『者』下無『物』字」。

〔註82〕參見王叔岷著：《莊子校詮》，北京：中華書局，2007年，第1039頁。

（第二十一章），「道」是有跡象可尋的，即前述「道相」，但莊子明確地說「不得其朕」，儘管其作用無時不有、無處不在。

《莊子》中有一段話時常被引用，用以證明莊子之「道」也是實體性的存在者：

> 夫道有情有信，無爲無形；可傳而不可受，可得而不可見；自本自根，未有天地，自古以固存；神鬼神帝，生天生地；在太極之先而不爲高，在六極之下而不爲深，先天地生而不爲久，長於上古而不爲老。（《莊子·大宗師》）

但這段話與「道非物」的觀點明顯相悖，不少人對此提出質疑，嚴復認爲這段話是「莊文無內心處，不必深加研究」，[註83] 傅偉勳認爲是莊子「一時浮泛之辭」，[註84] 有學者指出這是老子派的觀點，甚至是其他道家文獻混入《莊子》中。[註85] 其實，大可不必否定這段材料的價值。實際上，「存在」一詞有不同的含義，說「X 存在」並不一定意味著該命題承諾了「X 是一個實體」：

1、他在跑步。

2、蘋果在桌子上。

這兩句話中的「在」具有完全不同的含義。在英語中，動詞可以名詞化爲動名詞，一般名詞在存在論上屬於實體範疇，而動名詞則屬於事件範疇（完全動名詞）或事實範疇（不完全動名詞），澤諾·萬德樂（Zeno Vendler）認爲，實體存在於空間中，但只是間接地存在於時間中，事件存在於時間，但只是間接地存在於空間中，而事實則既不存在於空間中，也不存在於時間中。[註86]

漢語中的「有」既可用以表示「有某物」，也可以用以表示「有某事」，如《春秋》「日有食之」。或許正是這種歧義給莊子造成了麻煩，《齊物論》說「道行之而成」，這句話既可以理解爲「路是走出來的」，也不可以詮釋爲「形而上之道是一種過程」。然而更有可能的是，莊子之「道」不僅是指宇宙萬物生生不息的過程，更是指這生生不息的過程背後的動力、生命力：

---

[註83] 嚴復著：《莊子評語》，載《嚴復集·第四冊》，王栻編，北京：中華書局，1986年，第 1117 頁。

[註84] 傅偉勳著：《從西方哲學到禪佛教》，三聯書店，1989 年，第 393 頁。

[註85] 參見顏世安著：《莊子評傳》，南京：南京大學出版社，2011 年，第 186～187頁。

[註86] 參見〔美〕澤諾·萬德樂著、陳嘉映譯：《哲學中的語言學》，北京：華夏出版社，2008 年，第 243～245 頁。

> 有乎生，有乎死；有乎出，有乎入。入出而無見其形，是謂天
> 門。天門者，無有也。萬物出乎無有。有不能以有爲有，必出乎無
> 有，而無有一無有。(《莊子・庚桑楚》)

王叔岷認爲這段話中的「萬物出乎無有」與老子「天下萬物生於有，有生於
無」於義略別，但卻沒有指出區別究竟在哪。〔註87〕按照王弼的解釋，老子
這裏所謂的「有」是「有形有名」之意，「無」是「無形無名」之意，「無」
非空無，而是描述實體之「道」的特徵。「天門者，無有也」，則是說「天門」
「非」「有」、「非」「物」。「有不能以有爲有」，錢穆認爲即是「物出不得先物
也」之意，也就是說，「物」必出於「非物」(無有)。

　　在筆者看來，莊子的「本根之道」是內在於萬物的生命力或創造性，是
使「物」得以從「芒芴」亦即混沌未分的原始狀態中湧現出來、綻放出來的
生命力、創造力。這種生命力眞實存在，其生成作用也在眞實地發生著，但
它卻不是「物」，不是實體、存在者。就其「生物」之功能而言，可以稱之爲
「造物者」，就其支配物的功能而言，可以稱之爲「物物者」，就其是生命之
本、生命之根而言，可以稱之爲「本根」。莊子一邊說「道」不可言說，用語
言分析消解實體之「道」，一邊不斷嘗試用各種方法，尤其是富有隱喻意義的
詩性語言來描畫「道」，皆因沒有恰當的詞彙來指稱這種生命力。

　　莊子所謂「道」既包含本根之道、天道、人道幾個層面，也有作爲「世
界整體」的含義，〔註88〕前面「那種自然」那一節所論述的「世界」概念就
是作爲「世界整體」的「道」。

## 三、「道」與感性物自身

　　莊子的「道」與康德的「物自身」之間存在著許多差異。首先，儘管「道」
這個詞在《莊子》文本中有多重含義，但是，作爲萬物的總根據與總根源的
「道」是唯一的、單數的。而康德的「物自身」通常是複數的，有多少經驗
之物，就有多少感性物自身 (雖然嚴格來說「數」的概念不能運用於物自身)。
就唯一性這一點而言，莊子的「道」更接近於柏拉圖所謂的「善」的理念與
亞里士多德的不動的推動者。

〔註87〕王叔岷著：《莊子校詮》，北京：中華書局，2007 年，第 896 頁。
〔註88〕韓林合有詳細的討論，參見《虛己以遊世：〈莊子〉哲學研究》，北京：北京
　　　　大學出版社，2006 年。

其次，莊子的「道」在存在論上優先於經驗之物，「道」是物存在的根據與根源，而「道」本身卻不是物。而康德的感性物自身更主要地是一個認識論上的概念，其次才是存在論的，而且感性物自身本身也是「物」——一般而言的「物」。感性物自身也並非經驗之物的存在根據，毋寧說在存在論上感性物自身就是經驗對象。沒有感性物自身對心靈的刺激，心靈就無法經驗到任何經驗對象，但這種關係屬於認識論，而不屬於存在論。感性物自身只是顯象在認識論上的基礎，而不是存在論上的基礎，因為在存在論上，它們是同一個「物」。

莊子的「道」與康德的「物自身」也有相似之處。首先，兩者都是不可知的。「物自身」類似於事物的「本來面目」，人並不具有認識事物的本來面目的能力，感性物自身揭示了人類認識能力的有限性。人類的知性範疇被限制在經驗世界這個「不可改變的疆界」中，超越了經驗，一切都只是「幻相的駐地」。莊子的「道」也是不可知的（陳述之「知」、命題之「知」），因為它根本就不是「物」，「夫精粗者，期於有形者也；無形者，數之所不能分也；不可圍者，數之所不能窮也。可以言論者，物之粗也；可以意致者，物之精也；言之所不能論，意之所不能察致者，不期精粗焉」（《秋水》），如果我們以知性的方式去『言說『道』，我們最多可以分析到『至精』與『至大』，但是，「即使『至精』精到不能描述其內在紋理，『至大』大到無法去測量其範圍，『精』、『大』仍然是對『物』的描繪，都不曾遇著『道』，因為『道』是『不期精粗』的」。〔註89〕

但是，當我們說「道是不可知的」的時候，「知」指的知性之「知」，可以用命題來表達的「知」。對於莊子來說，「道」是默會、直覺體驗的對象。「感性物自身」是純粹理性的「思維」對象；「道」是絕對意識的體驗對象，它們都不是認識的對象。事實上，關於「物自體」的一切言辭真正來說都是關於「思維」的，而對「道」的一切描述，都是對意識的神秘體驗的描述。

就我們的主題而言，「道」與感性物自體更重要的相似性在於兩者與自由的關係。「道」是生命力、創造性本身，也是自由（天賦的自由）的可能性根據；人在效法「道」、修道的過程中，實現了精神的自由。對於康德而言，感性物自身同樣與自由有重要的關係。經驗中一切都遵循必然的因果法則，每

〔註89〕蕭無陂著：《自然的觀念——對老莊哲學中一個重要觀念的重新考察》，長沙：湖南人民出版社，2010年，第160頁。

一個事件都是由它之前的另一個事件所決定的，但是，因果範疇並不適用於物自身。就人作爲顯象而言——這時我們是從第三者的角度看人類行爲，人的一切行爲也都遵循因果必然性，但作爲物自身（「我自身」）——這時我們是以第一人稱看待自己的，我卻可能是自由的。物自身使自由成爲可能。

# 第三章　自我

　　在上一章中，我們分別介紹了在康德與莊子的觀念中，「自然」是什麼（形而上學的「存在」問題），「自然」如何存在或如何運動（形而上學的「變易」問題）。關於「自然」是什麼這個問題，無論是對於康德來說，還是對於莊子來說，「自然」都可以在兩種意義上來理解。對康德而言，作爲本體，「自然」是感性物自身；作爲顯象，「自然」是「物」之總體，而「物」則是心靈的構造物。對莊子而言，作爲本體或「本然狀態」的「自然」是混沌的整體，是「道」；作爲分化狀態的「自然」是「物」構成的「萬物」。關於「自然」如何存在這個問題，康德認爲「自然」遵循必然性的自然規律──因果性──而運動變化，莊子認爲「自化」有其內在動因，並且始終處於變化之中。儘管細節上存在許多差異，但如果採用肯・威爾伯所謂的「定位概括」的方法〔註1〕簡化康德與莊子的論述，我們可以發現康德與莊子二人的觀點也有一致的地方，那就是：在絕對意識（康德的「先驗自我」與莊子的「眞我」）面前，「自然」是超越之物，心靈與自然具有共性，或者都是不可知的，或者都處於未分化的狀態；在經驗意識或日常意識面前，「自然」是可知的顯象總體或「物」的總體。無論如何，任何對「自然」的描繪與界定，都蘊涵著對人、主體的理解，既包括對人的認識能力的理解（認識論），也包括對人是什麼的理解（自我或心靈哲學）。

---

〔註1〕參見〔美〕肯・威爾伯著：《萬物簡史》，許金聲等譯，北京：中國人民大學出版社，2006年，第3頁。

# 第一節　康德的「先驗自我」

　　「自我」在康德哲學中主要有三層含義，即理論理性、反思判斷力和實踐理性，自我的這三個維度分別是認知活動、審美活動和道德行為的主體、承擔者。由於近代哲學的認識論轉向，認知主體成為了自我觀念的核心內容。或許可以這樣說：作為認識活動的先驗的、必要條件的先驗自我意識是康德對「我是什麼？」這一問題的最根本的回答，自我本質上就是先驗自我意識，而審美主體則是「我（在經驗世界中）如何存在？」的一個重要方面，實踐主體則是對「我應當如何存在」的回答。本節主要探討康德的先驗自我意識。

## 一、康德之前的「自我」理論

　　自我認同的本質或真正的自我是有意識的自我，是那個對自己有意識的、思想著的自我，這一理論的最著名的捍衛者就是笛卡爾，他因提出「我思故我在」這一命題而成為近代哲學史上第一個對自我進行規定的人。但是「思」對於笛卡爾來說是一個含義十分廣泛的概念：

> 　　　　那麼我究竟是什麼呢？是一個在思維的東西。什麼是一個在思
> 維的東西呢？那就是說，一個在懷疑，在領會，在肯定，在否定，
> 在願意，在不願意，也在想像，在感覺的東西。〔註2〕

「思維」基本上成了「心靈」、「靈魂」等傳統詞彙的同義語。「我思故我在」宣告了自我是知識來源的確定性前提，「思維被設定為主體的功能，是主體的本質性的乃至唯一能夠證明主體確定性的功能，思維與存在正是這樣統一於同一自我的內部，而近代哲學的第一個『自我』就這樣確立於思維與存在同一的自身確認性中。」〔註3〕但是，為了保證自我的明證性，笛卡爾抽空了「我思」的具體內容，使得「我」只能思維「我」自身，只能確證「我」自身的存在，而「我」只是純粹的、無內容的形式。觀念只要駐足於觀念自身而不指涉任何對象，就不會是假的。「自我」被囚禁、幽閉於自身之內；對於「自我」之外的東西，「我」只能依賴於「上帝」。因此，「隨著笛卡爾對上帝存在的證明，原先作為本體論上首要確定性的自我，僅僅具有了認識論上暫時的

---

〔註2〕　〔法〕笛卡爾著：《第一哲學沉思集》，龐景仁譯，北京：商務印書館，1986
　　　　年，第27頁。

〔註3〕　林少敏：《現代性根基中的隱患──從笛卡爾到康德的自我論》，北京師範大
　　　　學學報（社會科學版）2010年第4期，第96頁。

邏輯前提地位，僅僅服務於邏輯展開的需要，服務於上帝存在和由此而來的一系列天賦觀念的證明，而我思本身則淪爲那作爲永恒眞理之天賦觀念的容器。自我作爲純粹抽象貧乏的規定，也就此喪失了理性自主性的主體地位，除了懷疑之外，他無法眞正建構自己的眞理。」〔註4〕

笛卡爾認爲「自我」就是心靈、意識或自我意識，英國經驗論者約翰‧洛克則爲「自我是意識」的理論提供了另外一個天才的版本，但是，洛克主張「自我」只是意識的一個特定的部分，即我們的記憶：

　　　　因爲意識既然常常伴著思想，而且只有意識能使人成爲他所謂的「自我」，能使此一個人同別的一切能思想的人區別開來，因此，人格的同一性（或有理性的存在物底同一性）就只在於意識。而且這個意識在回憶過去的行爲或思想時，它追憶到多遠的程度，人格同一性亦就達到多遠的程度。現在的自我就是以前的自我，而且以前反省自我的那個自我，也就是現在反省自我的這個自我。〔註5〕

於是，洛克把笛卡爾的「我思故我在」轉變成了「我記憶故我在」，〔註6〕並明確提出了「人格同一性」或「自我同一性」問題。人的記憶總是會發生變化，因此，洛克提出了一個被後人接受的觀點：人格同一性是相對的。洛克的人格理論解釋了我們是怎樣把現在的「我」與過去的「我」看作是同一個「我」的，但也導致了一些難以理解的結論。洛克區分了「人」（Man）的觀念和「人格」（Person）的觀念，人的同一性是指實體（人的生物學存在）的同一性，人格的同一性是記憶（意識）的同一性，因此，如果「我」記得在我誕生之前的某個人的經驗——例如諾亞對洪水的經驗，那麼「我」與諾亞雖然是不同的「人」，但卻是同一「人格」；同樣，如果「我」忘記了曾經做過的事情，那麼，雖然「我」與那個過去做該事的人是同一「人」，卻不是同一「人格」。

洛克提出的記憶產生人格同一性理論主要有兩種反對意見。一是巴特勒主教的反對意見（康德有類似的批評）：我的人格同一性不可能存在於過去經

〔註 4〕　林少敏：《現代性根基中的隱患——從笛卡爾到康德的自我論》，北京師範大學學報（社會科學版）2010 年第 4 期，第 97 頁。
〔註 5〕　〔英〕洛克著：《人類理解論》，關文運譯，北京：商務印書館，1959 年，第311 頁。
〔註 6〕　參見〔美〕所羅門著：《大問題：簡明哲學導論》，張卜天譯，桂林：廣西師範大學出版社，2004 年，第 205～206 頁。

驗的意識中，因為它是這種意識的先決條件。〔註7〕另一個反對意見來自休謨，他認為不是記憶產生了自我同一性，而是記憶發現了人格同一性，〔註8〕因為「同一性」是想像力的產物，是心靈把各種表象之間的「關係性」──類似關係、接近關係和因果關係──想像為「同一性」。真正說來並沒有什麼「同一性」，這只不過是人類心靈根深蒂固的偏見或傾向，即用「同一性」概念替代「關係性」，而印象之間的任何關係都是可相互分離的、隨時中斷的。

不僅如此，休謨還把「心靈」視為知覺的「舞臺」、思想的「共和國」，把「自我」觀念視為一個形而上學怪物。休謨的認識論主張觀念來自印象，「如果有任何印象產生了自我觀念，那麼那個印象在我們一生全部過程中必然繼續同一不變；因為自我被假設為是以那種方式存在的。」〔註9〕但是我們心靈中沒有任何這樣的印象。在休謨看來，「自我」只是永遠流蕩、永遠運動、變化中的知覺的「集合體」或「一束知覺」：

> 就我而論，當我親切地體會我所謂我自己時，我總是碰到這個或那個特殊的知覺，如冷或熱、明或暗、愛或恨、痛苦或快樂等等的知覺。任何時候，我總不能抓住一個沒有知覺的我自己，而且我也不能觀察到任何事物，只能觀察到一個知覺。

> 心靈是一種舞臺；各種知覺在這個舞臺上接續不斷地相繼出現；這些知覺來回穿過，悠然逝去，混雜於無數種的狀態和情況之中。恰當地說，在同一時間內，心靈是沒有單純性的，而在不同時間內，它也沒有同一性，不論我有喜愛想像那種單純性和同一性的多大的自然傾向。〔註10〕

心靈只認識自身的觀念，而我們沒有「自我」的觀念，無論是內在的感覺還是外在的感覺，都不能幫助我們發現「自我」。在同一時間內，心靈沒有單純性，有的只是駁雜的印象和觀念；在不同的時間內，心靈沒有同一性，有的只是印象和觀念的前後相繼。有人評價說，貝克萊用他的著作毀滅了世

---

〔註7〕 參見 D・J・奧康諾主編：《批評的西方哲學史》，洪漢鼎等譯，北京：東方出版社，2005 年，第 402 頁。

〔註8〕 「發現」（discover）一詞關文運譯本翻譯為「顯現」，參見〔英〕休謨著、關文運譯：《人性論》，北京：商務印書館，1959 年，第 283 頁。

〔註9〕 〔英〕休謨著：《人性論》，關文運譯，北京：商務印書館，1959 年，第 281 頁。

〔註10〕 同上，第 282、283 頁。

界，除了心靈之外無物幸存，而經休謨之手以後，世界已經沒有什麼好毀滅了。〔註11〕

　　休謨的「自我」理論有幾點值得特別注意。首先，和斯賓諾莎、萊布尼茨的自我理論不同，休謨幾乎沒有提及人的身體。斯賓諾莎認爲心靈（自我）與身體是同一實體的不同模態，萊布尼茨認爲物質是沉睡的心靈，心靈是有自我意識（統覺）的物質。斯賓諾莎和萊布尼茨都想解決身——心實體二元論的問題，即我的心靈與我的身體的關係的問題。從某種程度上來說，休謨把自我即心靈（意識）的態度體現得更徹底，在討論自我的時候只涉及心靈。在休謨這裏，自我、心靈、思想等概念是一樣的，因此，當休謨否認自我具有單純性、同一性的時候，實際上也是在否認思想具有單純性和同一性，而思想的同一性對於康德來說卻是十分關鍵的概念。其次，休謨說我們人類歸之於自我或思想的那種同一性只是一種虛構，但是，有學者指出在休謨那個時代，「虛構」的意思就是「假設」或者「發明」〔註12〕，也就是說，休謨認爲自我的同一性是建構出來的。康德同樣是這麼看的，只不過（經驗性）自我的同一性並不是來自於想像力，而是來自於先驗自我意識的同一性。

## 二、康德的先驗自我意識

　　康浦・斯密認爲康德是第一個提出意識的本性是什麼、意識如何可能等問題的哲學家。〔註13〕儘管康德清楚「意識」與「自我意識」的分別，但是，在康德的《純粹理性批判》中，「意識」一詞往往指的是「自我意識」。笛卡爾的「我思」（cogito）是單稱的，而康德所使用的德文詞「denke」卻是全稱的，「cogito ergo sum」在翻譯成「Ich denke, also bin ich」的時候，特指的「我」變成了抽象的、普遍的思維主體。〔註14〕「自我」在洛克、休謨那裏總是單

〔註11〕 參見〔美〕布魯克・諾埃爾・穆爾、肯尼思・布魯德著：《思想的力量：哲學導論》（第6版），李宏昀等譯，上海：上海社會科學出版社，2009年，第148頁。

〔註12〕 參見〔英〕尼古拉斯・布寧、〔中〕燕宏遠等主編：《當代英美哲學概論》，北京：社會科學文獻出版社，2002年，第830頁。

〔註13〕 斯密認爲，雖然笛卡爾第一個提出「我思」問題，並且經常談論意識，但是他的興趣並不在討論意識的本性，而在於意識所顯示的存在物的性格。參見〔英〕康浦・斯密著：《康德〈純粹理性批判〉解義》，韋卓民譯，武漢：華中師範大學出版社，2006年，第22頁。

〔註14〕 參見倪梁康著：《自識與反思》，北京：商務印書館，2002年，第49～50頁。

稱的，自我同一性是單稱的自我區別於其他自我的同一性，用康德的話來說，洛克與休謨所謂的「自我」都是經驗性的，而康德的主要興趣則在於一種普遍的、形式化的「自我」，即先驗自我。因此，康德的自我同一性指的是一切認識活動所必需的形式條件。

意識研究被認為是康德理論哲學的中心，〔註15〕羅傑・斯克魯頓稱它「包孕著康德哲學的大部分思想」，〔註16〕但是也是《純粹理性批判》最難懂的部分。裴頓說自我意識問題是「康德的一切學說的最中心的、最重要的、然而在某些上又是最無從捉摸的學說。他的思想無疑在其本身是十足困難的，但是這困難又由於他在用語上的不小心而大大地增加了。」〔註17〕赫費也說康德的有關論述「缺少使人們能夠一步一步地去展開其基本思想，跟蹤論證的脈絡，辯駁明顯的誤解和反對意見的那種勝券在握的清晰性」。〔註18〕

康德是在「論純粹知性概念的演繹」這一標題下談論自我意識的。如果說範疇表是對意識結構、心靈的思維模式的分析，那麼範疇的先驗演繹就是在探究意識或自我意識與對象、對象意識的關係。這一問題是為了解決認識的客觀性亦即經驗對象的客觀性而提出和論證的，〔註19〕「自我意識」被看作是範疇的（唯一的）源泉。簡而言之，範疇的客觀性有賴於純粹統覺把一切感性材料歸之於「我」，因此「我」的範疇才享有理所當然的權利被運用於「我」的感性材料。

### 1、範疇演繹

康德對範疇的先驗演繹分為「主觀演繹」和「客觀演繹」兩個部分，前者採用心理學的方法，「自下而上」地從知識的發生進程來說明作為知識先天條件的「自我意識」，後者採用哲學的方法，「自上而下」地從作為知識的最高統一性的「統覺的本源的綜合統一」出發，直接探討範疇對經驗對象具有客觀有

〔註15〕 參見韓水法著：《批判的形而上學》，北京：北京大學出版社，2009年，第54頁。

〔註16〕 〔英〕羅傑・斯克魯頓著：《康德》（牛津通識讀本），劉華文譯，南京：譯林出版社，2011年，第43頁。

〔註17〕 〔英〕H・J・裴頓著：《康德的經驗形而上學：〈純粹理性批判〉上半部注釋》，韋卓民譯，武漢：華中大學出版社，2009年，第380頁。

〔註18〕 〔德〕奧特弗里德・赫費著、鄭伊倩譯：《康德：生平、著作與影響》，北京：人民出版社，2007年，第84頁。

〔註19〕 參見李澤厚著：《批判哲學的批判——康德述評》，天津：天津社會科學出版社，2003年，第158頁。

效性的根據是什麼。康德認爲經驗如何可能的問題能夠獨立於經驗如何發生的問題而得到闡明，認識的有效性條件能夠獨立於認識的發生的條件而得到闡明，客觀性的條件能夠獨立於客觀性的起源而得到闡明，因此在《純粹理性批判》的第二版中作了極大改動，去掉了許多心理學的論證而突出「客觀演繹」。

### 1.1 主觀演繹

我們所有的表象——不管是來自外在之物的刺激還是來自心靈內部——都從屬於內感官，最終從屬於內感官的形式條件，即時間。（1）：把一切感性雜多都安排在時間的先後順序中，或者說是運用時間來整理、聯結和組合一切感性雜多（直觀中把握的綜合）。而（1）之所以可能，是因爲（2）：時間之流中感性雜多被保存在記憶中，由想像使之再現出來，使一個知覺與另一知覺銜接起來，形成一個知覺系列（想像中再造的綜合）。最後，（2）之所以可能，是因爲我們有一種概念的同一性的引導，把顯象所喚起的知覺表象看作是同一個對象的表象，從而把它們統一於對象的概念之下（概念中認知的綜合）。康德認爲，「概念」，就其自身的形式而言，就是某種爲聯結活動提供規則的東西，心靈按照這個規則把直觀雜多聯結爲一個對象。因此，「概念」實際上就是「對象意識」，〔註20〕是經驗對象的可能性條件、先驗形式和架構。它不是對具體的此物或彼物的意識，而是關於抽象的「一般對象」或「先驗對象」的意識，是意識超越自身而先驗地指向自身之外的空間中的某物的能力，是使具體的、經驗性的對象意識成爲可能的先決條件。在純粹對象意識的這種超越性的活動中，雜亂無章、方生方滅的知覺表象獲得了統一性。

康德以「物體」的概念爲例，認爲在對我們之外某物的知覺條件下，物體的概念使關於廣延、不可入性、外部形狀等表象成爲必然。康德進而由「概念」這種「規則的統一性」（KrV，A105＼145）追溯到「意識的統一性」：

> 一切必然性在任何時候都以一種先驗的條件爲基礎。因此，在我們一切直觀的雜多的綜合中，從而也在一般客體的概念的綜合中，以及也在經驗的一切對象的綜合中，都必然發現意識的統一性的一個先驗根據，沒有這個根據，就不可能爲我們的直觀設想任何一個對象，因爲這個對象不過就是其概念表示綜合的這樣一種必然性的某種東西。（KrV，A106＼146）

---

〔註20〕 德文 Begriff（概念）從詞源上來說來自於動詞 begreifen，意思是把握、瞭解、理解、領悟。

也就是說，「規則的統一性」並不在對象之中，而是在主體之中，「對象意識」需要由「自我意識」來說明。康德把這個先驗根據稱爲「先驗統覺」。這也就是康德「哥白尼革命」的意義：不是客體決定主體，而是主體決定客體。

### 1.2 客觀演繹

客觀演繹直接論證範疇如何能夠與對象相一致，即從「本源的統覺」或純粹自我意識出發推導出範疇（純粹對象意識），再推導出範疇如何運用於一般感性對象。其基本思路是：從一般聯結的可能性出發，推論到統覺的本源的綜合統一，並論證這種綜合統一是人類知識的最高原理。

感性的雜多──即意識的內容──只能在感性的直觀中被給予，但是「一種雜多一般而言的聯結卻絕不能通過感官進入到我們裏面」（KrV，B129＼116），這種聯結是表象能力的一種自發性活動，是一種知性活動：

> 任何東西，我們自己沒有事先把它結合起來，就不能把它表象
> 爲在客體中結合起來的，而且在所有表象中，聯結是惟一不能通過
> 客體被給予的、而是由主體自身確立的表象，因爲它是主體的自發
> 性的一個行動。（KrV，B130＼117）

這種「自發性的一個行動」被稱爲「綜合」，但是，正如約翰・華特生所強調的那樣，「綜合併非把直觀所給予的因素結合起來的任意動作」，[註21]因爲如果是這樣的話，這種「綜合」就只是經驗性的，不能保證客觀必然性。因此，經驗性的「綜合」必須預先假定了某種普遍必然的客觀秩序和統一性，也就是說，「統一」必須先行於「聯結」，「聯結」只是作爲「統一」的功能結構才能出現。而且，這種「統一性」不是範疇表的「單一性」（德文中「單一性」與「統一性」是一個詞：Einheit），「範疇已經以聯結爲前提條件了」（KrV，B131＼117）。因此，這裏的「統一」必須到一個「更高的地方」（KrV，B131＼117）去尋找，這個「更高的地方」就是認識活動的「最高點」：統覺的源始綜合的統一性。

### 2. 先驗自我意識

感官爲我們提供了各種各樣的表象，但是僅僅具有表象還不足以構成知識，必須要有知性的活動，通過概念賦予雜多表象以統一性。但是，如果我

---

〔註21〕參見〔加拿大〕約翰・華特生著，韋卓民譯：《康德哲學講解》，武漢：華中師範大學出版社，2006年，第124～125頁。

們意識不到這些表象，就沒有知性的綜合活動，表象也就不能轉變成知識。
康德說：

> 「我思」必須能夠伴隨我的一切表象；因爲如若不然，在我裏
> 面就會有某種根本不能被思維的東西被表象，這就等於是說，表象
> 要麼是不可能的，要麼至少對我來說什麼也不是。……所以，直觀
> 的一切雜多在這種雜多被遇到的那個主體中與我思有一種必然的關
> 係。（KrV，B132＼118）

這個「我思」又被稱爲「純粹的統覺」、「源始的統覺」、「先驗自我意識」。稱
之爲「純粹的」，是要有別於經驗性的統覺；稱之爲「源始的」，因爲它是第
一性的，是經驗性的統覺的根源，「沒有它就不能有任何自我意識」，〔註22〕
「就沒有驗前綜合判斷之可能的那個統一性」；〔註23〕而稱其爲「先驗自我意
識」，則是爲了表示它是產生先天知識的可能性。

「我思」是指我意識到同時發生的經驗是我的；「統覺」是由萊布尼茨引
入的一個哲學術語，與「知覺」一詞相對應。「知覺」是單子的內部狀態，而
「統覺」是對這個內部狀態的自我意識或反思認識，換句話說，統覺意味著
自覺的知覺；「先驗」這個詞則意味著「即使這樣一個統一或自我通過我們實
際的經驗得到了暗示，我們也不能直接地經驗到它。」〔註24〕

康德說「我思」在一切意識中都是同一個的（dasseble），也就是說，「我
思」是自我同一的。「只有通過我能夠把被給予的表象的雜多在一個意識中聯
結起來，我才有可能表象這些表象本身中的意識的同一性」（KrV，B133＼
118），表象中的同一性其實是意識的同一性，是因爲「我」把表象納入「我」
的意識中，它才具有了同一性：

> 聯結並不在對象之中，也不能通過知覺從它們獲取，並由此才
> 接收到知性中，相反，它只是知性的一件工作，知性本身無非是先
> 天地進行聯結並把被給予的表象的雜多置於統覺的同一性之下的能
> 力，這一原理乃是全部人類知識中的至上原理。（KrV，B135＼119）

康德在《實用人類學》的一條注釋中又把「純粹的統覺」稱爲「反思的意識」、

〔註22〕〔加拿大〕約翰・華特生著：《康德哲學講解》，韋卓民譯，武漢：華中師範
大學出版社，2006年，第125頁。
〔註23〕同上，第125頁。
〔註24〕〔美〕斯通普夫・菲澤著：《西方哲學史》（第七版），丁三東等譯，北京：中
華書局，2005年，第433頁。

「純然反思的自我」，﹝註25﹞我思＝反思的自我＝純粹的統覺＝源始的統覺＝先驗自我意識＝作爲思維主體的自我。康德實際上是說，這種具有自我同一性的、反思性的自我，是知識的先決條件，沒有先驗自我意識，直觀雜多就僅僅只是一堆雜亂的認識材料而已，儘管它們仍然能夠影響我——作爲內感官的客體的我——的情感和欲望能力，但卻不能夠「轉化」成知識。在這種情況下，我既不知道有對象的存在，也不知道自己的存在。

「先驗統覺」之「我」並非是某個個體的感知經驗，不是某個個體的個人的我，而是指「人類的認識形式」，﹝註26﹞即人類特有的、常駐不變的意識的同一性的形式本身。說到底，「先驗自我意識」所說的就是「我＝我」這種同一性，凡不能結合在自我的統一性之下的東西都不能進入經驗中來，因此也不可能成爲認識的對象。但是，這個純粹形式的「自我」在康德的理論哲學中又是能動的，它是一種活動，是將那些思想與知覺結合到一塊的精神活動。

我們曾經說過，「先驗自我意識」某種意義上就是康德對「我是什麼」的回答。但是，「先驗自我意識是什麼？」這個問題對康德而言卻是無意義的。先驗哲學要找尋認識的先驗根據，「至於這個根據本身是什麼，是否眞實存在都不在先驗知識學探討範圍之內，也許這正是康德走上物自身（包括心智之物如心靈、上帝）不可知之理論的主要原因。」﹝註27﹞

## 第二節　對「意識」的科學研究

我們前面曾經介紹過，康德認爲經驗如何可能的問題能夠獨立於經驗如何發生的問題而得到闡明，認識的有效性條件能夠獨立於認識的發生的條件而得到闡明，這一方面是由康德的哲學立場決定的，另一方面則是由當時自然科學以及技術的發展程度決定的。

﹝註25﹞ 「對自己的意識就可以劃分爲反思的意識和把握的意識。前者是知性的意識，後者則是內感官的意識；前者是純粹的統覺，後者則是經驗性的統覺」、「作爲思維主體的自我（在邏輯學中），意味著純粹的統覺（純然反思的自我）」。見《康德著作全集·第七卷》，李秋零譯，北京：人民大學出版社，2008年，第127頁。
﹝註26﹞ 李澤厚著：《批判哲學的批判——康德述評》，天津：天津社會科學出版社，2003年，第173頁。
﹝註27﹞ 傅永軍：《論康德的「自我意識」》，載《文史哲》，1993年第1期，第13頁。

　　意識的私密性使人們長久以來一直認爲，意識是反思的對象，只能以第一人稱的視角來反思，而不能以第三人稱視角來研究。畢竟，我們無法像研究外在物體那樣去研究意識，於是，內省（自我觀察）、反思便成了意識研究的唯一手段。笛卡爾認爲通過內省，我們能夠對自我獲得清楚明白的觀念，他甚至認爲對意識的認識比對物體的認識還要容易。自從笛卡爾以來，哲學就被深深地打上了「反思」的烙印。但是，正像心理學家尼古拉斯‧漢弗里所說的那樣，用內省和自我反省定義的意識，只是從一個特殊的角度看待意識，其結果是把一大批動物、嬰兒和其他更原始的生物排除在有意識的生物群落之外。〔註 28〕反思的權威性和優先性在當代哲學中也受到了質疑，如海德格爾認爲反思根植於一種更原初的結構之中，「我思」總是意味著「我思某某」，總是暗示了「某某」的存在，因而「某某」也參與了對自我的建構；薩特和其他一些哲學家則指出，反思總是包含了對意識的某種變異和改造、對意識的添加或耗損。〔註 29〕在英美分析哲學界，一些研究心靈哲學的哲學家把普特南的「孿生地球」的思想實驗用於對意識的研究，得出心的內容在世界之外而不在腦中的結論，同樣威脅了內省方法對自我意識的優先獲知權。

　　隨著現代生物醫學、腦神經科學、心理學等學科的出現與發展，尤其是電子計算機 X 射線斷層掃描技術（CT）、腦電圖（EEG）、核磁共振成像技術（MRI）、正電子發射斷層掃描（PET）等技術的湧現，使我們能夠觀察、追蹤腦的活動，揭示日常心理功能的細胞學、神經學原理。在這種知識背景下，以及唯物論哲學的影響，傳統的身心問題被心腦問題取代。自從弗朗西斯‧克里克第一次使意識成爲科學的合法對象以來，意識問題已經吸引了一大批神經科學家的關注，包括許多諾貝爾獎獲得者。本節就介紹幾位科學家對意識的研究，他們的成果對哲學界也頗有影響。

---

〔註 28〕〔美〕約翰‧布羅克曼著：《第三種文化：洞察世界的新途徑——誰更有發言權，人文學者，還是科學陣營裏的思想家？》，呂芳譯，海南：海南出版社，2003 年，第 191 頁。

〔註 29〕參見倪梁康著：《自識與反思》，北京：商務印書館，2002 年，第 387～388 頁。

## 一、克里克

弗朗西斯‧克里克是英國生物學家、物理學家和神經科學家，因於 1953 年與詹姆斯‧沃森共同發現了 DNA 的雙螺旋結構而獲得 1962 年的諾貝爾生理及醫學獎。在科學史上，克里克是第一個明確提出自然科學可以研究意識問題的人。他的《驚人的假說——靈魂的科學探索》一書從研究「看」這一視覺系統為切入點，研究「當我看某個東西時，在我腦中究竟發生了什麼事情」，〔註30〕並提出了關於意識的「驚人假說」：

> 「你」，你的喜悅、悲傷、記憶和抱負，你的本體感覺和自由意志，實際上都只不過是一大群神經細胞及其相關分子的集體行為。〔註31〕

克里克自稱他的研究方法是「還原論」的方法，即通過複雜系統的各個部分的行為及其相互作用來解釋整體，對於意識問題而言，就是通過尋找各種不同形式的意識的神經相關物來解釋意識。但是克里克又承認許多大腦行為是「突現」的，不存在於一個個神經元中，整體不等於部分的簡單疊加。因此，克里克並不是如他自己宣稱的那樣是一個還原論者，約翰‧塞爾認為他混淆了對意識的因果解釋與對意識的還原論取消主義。〔註32〕

關於意識的本質，克里克首先介紹了三個已經流行了一百多年的基本觀點：1）、並非大腦的全部操作都與意識有關；2）、意識涉及某種形式的記憶，即便是極短時間的記憶；3）、意識與注意密切相關。然後，他又說語言對於意識來說是非本質的，自我意識只是意識的一種特殊情況，因此把「看」這一認識活動作為研究的切入點。〔註33〕克里克談及了我們在康德那裏遇到過的統一性問題，大腦似乎是把整體的統一性疊加到視覺系統各部分的神經活動中，這樣，物體的形狀、顏色、運動、位置等屬性就可以組裝在一起，以此區分不同的物體。

---

〔註30〕〔英〕弗朗西斯‧克里克著：《驚人的假說：靈魂的科學探索》，汪雲九、齊翔林等譯，長沙：湖南科學技術出版社，2010 年，第 1 頁。

〔註31〕同上，第 3 頁。

〔註32〕參見〔美〕約翰‧塞爾著：《意識的奧秘》，劉葉濤譯，南京：南京大學出版社，2009 年，第 14 頁。

〔註33〕克里克還說明把視覺作為切入點的其他幾個優勢：人類很大程度上依賴於視覺系統；視覺意識具有特別生動和豐富的信息；視覺系統的信息輸入高度結構化、易於控制；高等靈長類動物與人類視覺極其相似，因而可以在動物身上做實驗。

　　克里克給出對人類視覺系統的三條基本評論：1）你很容易被你的視覺系統所欺騙；〔註34〕2）我們眼睛提供的視覺信息可能是模棱兩可的；3）看是一個建構的過程。這三條評論說明，我們的視覺系統並不是被動的，大腦根據先前的經驗和有限而模糊的視覺信息輸入，積極主動地尋求最為合理的解釋，把它們進行多層次的符號化。因此，「看」這一行為並不像康德所認為的那樣僅僅是「接受性」的，而是自發性，但是這種自發性活動是腦的活動而不是「知性」的活動，它先於意識並且是意識的前提條件。〔註35〕

　　克里克指出，我們的大腦有某種程度上的功能分區，大腦的神經網絡各部分之間進行著非常複雜的非線性的互動。在介紹了大量的科學實驗與研究結果的基礎上，克里克嘗試解決神經生物學家所謂的「捆綁問題」——實際上就是康德所謂的「聯結」問題。大腦的神經元和神經元群專門負責對象的特點特徵：顏色、形狀、運動、深度等等，而我們所體驗到的是一個統一的意識經驗。這種意識體驗是大腦的不同神經元群以每秒40次的頻率同步發放電信號而造成的。〔註36〕

　　克里克還提到了內省方法的局限性。我們的視覺經驗有賴於大量的大腦神經元在無意識層面上的同步工作，而不是序列式的一個接一個地處理信號，而我們的內省活動卻是序列式進行的，因此才會出現錯誤。此外，他還認為語言和「自我」使人類具備了幾乎無限的自我欺騙的能力。

　　克里克總結道，人的大腦是為了生存與蕃衍後代而進化來的，而不是為了發現科學事實；因而人的大腦習慣於從有限的證據出發猜測最合理的解釋，以便把精力集中在與生存和繁衍後代有關的、更緊迫的事情上去，所以，

〔註34〕視覺盲點、變化盲、非注意盲等一系列顯象都向我們證明了我們意識中豐富多彩的視覺世界只是一個幻覺，這就是所謂的「大幻覺理論」（Grand illusion theory）。參見蘇珊·布萊克莫爾著：《意識新探》，薛貴譯，北京：外語教學與研究出版社，2007年，第192～206頁。

〔註35〕視覺系統沒有建立完整而詳細的世界表徵，一些心理學家和哲學家提出了「視覺的感覺運動理論」，該理論表明，視覺系統根本不是為了要表徵世界、認識世界，而是為與外部世界的互動服務的，「看」本身就是行動，與注意、行動是一回事（參見蘇珊·布萊克莫爾著：《意識新探》，薛貴譯，北京：外語教學與研究出版社，2007年，第205頁）。

〔註36〕約翰·塞爾否認這樣就足以解釋意識問題，因為我們還是不清楚同步發放這種神經相關物究竟是如何引起意識感覺的，但他仍然承認，這對意識問題來說是一個重大的進步（參見〔美〕約翰·塞爾著、劉葉濤譯：《意識的奧秘》，南京、南京大學出版社，2009年，第23頁）。

人的大腦中自然而然地充滿了各種錯誤的觀念，用各種各樣看似合理的猜測，滿足我們的好奇心。

## 二、埃克爾斯

　　約翰‧C‧埃克爾斯是澳大利亞神經生理學家，因爲發現了神經元之間抑制突觸活動的離子機制而獲得 1963 年諾貝爾生理及醫學獎。埃克爾斯以進化論爲理論基礎，綜合解剖學、比較解剖學、考古學、腦生理學、語言生理學等各方面的科學證據，研究人的心——腦的演化過程，出版了多部相關著作。目前翻譯到國內的有《腦的進化——自我意識的創生》。本書涉及生物進化、腦的進化、語言的演進、大腦邊緣系統（生殖系統和情緒系統）的進化、視覺——運動神經的進行及藝術創造性（文化）的湧現、記憶和認知能力的進化等諸多內容，這裏僅介紹埃克爾斯關於心——腦問題和自我問題的觀點。

　　埃克爾斯說「內心體驗的第一道曙光」的出現必定和腦中的神經事件有關。低等動物的複雜行爲可以用以遺傳指令爲基礎的本能附加學習概念來解釋，因此，意識的種系發生史要在脊椎動物那裏尋找。他推測，內心意識體驗的萌發與視覺信息神經處理機制的進化是同步的，視覺系統將輸入的信息整合成一副完整的視覺圖像。意識爲生物帶來了某種整體體驗，這對指導動物的行爲十分關鍵。通過對高等靈長動物的「隨意」行爲——即與任何感覺輸入無關的行爲，這被看作是心對腦的作用——的實驗研究，我們可以發現精神意向如何激發特點神經元的活動。埃克爾斯向讀者介紹了「微位假說」，試圖解決笛卡爾的心腦交互作用難題。所謂「微位」，是指一個神經元完成與另一個神經元的信號通訊的位點。該假說認爲，心智是一種場，心腦交互作用與量子力學的概率場類似。精神意向能夠在突觸前蜂窩狀網格中，隨意自由地（by choice）選擇某個突觸小結的某個突觸小泡來釋放神經遞質（傳輸信號的化學物質），心對腦的影響就存在於這種「選擇」中。在相反方向上，來自外界的感覺輸入能夠導致特定的樹突從——埃克爾斯把一個樹突從稱爲一個「精神單元」（mental unit）或「心元」（psychon，也譯爲「心靈粒子或精神粒子」）——的突觸前蜂窩狀網格的興奮，從而提高了「心元」成功選擇突觸小泡釋放遞質的概率。突觸前蜂窩狀網格與突觸小泡釋放遞質的概率特性爲心腦交互作用提供了機會，

「我們的注意力則每時每刻將數百萬個單元精神感知（心元）整個成我們享有的整體體驗」。〔註37〕

關於「自我」，埃克爾斯認爲它與人腦的一個獨一無二的顯著特徵有關，即諸腦葉的不對稱性。和非人靈長類動物相比，人類大腦的左右半球無論是在解剖上還是在功能上，都具有不對稱性，最顯著的不對稱性就是語言腦區。負責語言識別與理解等語義功能的韋尼克腦區和負責語言表達的布羅卡腦區全都位於人腦的左半球，而右半球則主要負責無法用語言表達的方式來處理的任務，如空間構造功能和音樂功能。這不是說右半腦毫無語言能力，大腦的各項功能在兩個半球上都有分佈，但存在著主次、強弱差異。左（主導）半球的優勢是分析處理，右（次要）半球的優勢是整體處理；左半球長於處理概念上的相似性，右半球長於處理視覺上的相似性；左半球分析時間信息，右半球綜合空間信息。

左右大腦的功能不對稱性是一種進化策略，既能使人類大腦演化出更多的功能，又能避免腦容量過大，這保障了人類能進化出自我意識而不至於頂著一個碩大的頭顱。與人類相比，沒有這種功能不對稱性的高等靈長動物，如黑猩猩，只有有限的自我意識的。這一事實同時也使神經科學家們認識到，「自我」是左半球獨有的特性。埃爾克斯說：「右半球是極發達的，只是不能用語言表達自己，因而無法披露任何眾所共識的意識經驗」，「右半球具備某些自我意識，但是相當有限，按上述標準不具有作爲人格的資格。」〔註38〕

埃克爾斯還把自我意識與內省意識（introspective consciousness）等同起來：「當我們的注意力集中到某個感知經驗上的時候，內省意識在高度覺知的狀態下得以啓動而發揮作用。對其他精神狀態也是如此。我們用經過內省知覺到的所有這些正在進行的活動和所處狀態來形成我們自我（一個單一連續實體）的統一基礎。」〔註39〕

## 三、埃德爾曼

傑拉爾德·埃德爾曼是美國生物學家，因關於免疫系統的研究而獲得 1972

〔註37〕〔澳〕約翰·C·埃克爾斯著、潘泓譯：《腦的進化——自我意識的創生》，上海：上海世紀出版集團，2007 年，第 225 頁。

〔註38〕〔澳〕約翰·C·埃克爾斯著：《腦的進化——自我意識的創生》，潘泓譯，上海：上海世紀出版集團，2007 年，第 244、248 頁。

〔註39〕同上，第 270 頁。

年的諾貝爾生物及醫學獎。埃德爾曼試圖把奎因提出的「自然化認識論」（naturalized epistemology）論擴展爲「基於腦的認識論」（brain-based epistemology），從大腦、身體與環境之間的互動來理解意識。約翰·塞爾曾經說：「在我所見過的關於意識的神經生物學理論中，傑拉爾德·埃德爾曼的理論設計之精心令人難忘，同時其所提出的見解也是最爲深刻的。」〔註40〕

埃德爾曼把自己的意識理論稱爲「選擇主義」或「神經元群選擇理論」。他把達爾文的自然選擇理論運用於腦神經科學中，認爲意識的產生不僅是自然選擇的結果，也是體細胞選擇的結果。所謂體細胞選擇是指，大腦的神經結構是也一種選擇機制，通過消除一些備選的神經元群並強化另外一些神經元群，大腦得以進化、發展。埃德爾曼又把「選擇主義」稱爲「神經達爾文主義」。理解這一理論需要掌握幾個關鍵詞。

第一個是「價值系統」。「價值」是選擇出來的表現型特徵。〔註41〕價值系統在特定的情形下釋放特定的神經遞質或神經調節質，通過這種方式，價值系統提供偏好和激勵，強化或弱化某些神經元群特定網絡的突觸，突觸的強化形成記憶，從而決定了生物個體的行爲類型。

第二個是「感知範疇」。感知範疇能力是動物對物體的形狀、顏色、運動等進行辨別和區分的能力。感知範疇形成了「概念」，這個「概念」不是指知識命題中的謂詞，而是指「把與某一場景或對象有關的不同感知範疇聯繫起來的能力，以及構造某種「普遍特性」的能力，這些「普遍特性」反映了對各種知覺的某些共同特徵的一種抽象。」〔註42〕

第三個是「冗餘。」冗餘是指不同的結構能產生相同輸出或結果。「冗餘」保證了當一個神經回路失效的時候，會有另外一個回路正常運轉，而且，「冗餘」導致聯想，聯想是記憶和學習所需的關鍵特性。

第四個是「折返」（reentry，又譯「再進入」或「再入」）概念，指的是信號從一個腦區傳到另一個腦區又通過大量並行的信息通道傳遞回來，從而調

---

〔註40〕〔美〕約翰·塞爾著譯：《意識的奧秘》，劉葉濤，南京：南京大學出版社，2009 年，第 24 頁。

〔註41〕《意識的宇宙》一書的譯者這樣解釋「價值」：「動物與生俱來的，使其行爲帶有某種傾向性的最基本的欲望、本能或目的」（參見〔美〕傑拉爾德·埃德爾曼、朱利歐·托諾尼著：《意識的宇宙——物質如何轉變爲精神》，顧凡及譯，上海：上海科學技術出版社，2004 年，第 102 頁譯者注。）

〔註42〕〔美〕傑拉爾德·埃德爾曼、朱利歐·托諾尼著：《意識的宇宙——物質如何轉變爲精神》，顧凡及譯，上海：上海科學技術出版社，2004 年，第 122 頁。

整自己的工作。埃德爾曼認爲大腦就是通過這種方式與自己「交談」，他把這種工作方式比喻爲即興爵士樂，沒有指揮，沒有樂譜，但每位樂手的即興演奏仍然彙成和諧的曲調。

　　埃德爾曼認爲，不同腦區和神經回路之間的折返活動將感知類別與價值系統記憶進行連接，在腦皮層各區域之間以及腦皮層與丘腦之間形成神經網絡——埃德爾曼稱之爲「動態核心」，借助於這種整合活動模式，動物獲得了整體意識體驗，從而創造出了最初級的知覺意識，「初級意識是產生一副精神場景的能力，這幅場景能把大量分散的信息整合起來，以指導當時或立即要發生的行爲。」埃德爾曼又把這種意識場景稱爲「記憶當下」（remembered present，又譯「記憶中的現在」）場景。

　　神經元群選擇理論可以這樣來概括：1）、發育選擇形成了各種各樣功能各異的神經回路集合；2）、價值系統約束下的經驗選擇使神經突觸之間的聯結強度發生變化，並形成記憶；3）、折返活動使大腦各區域之間不斷對話，從而形成整體性的意識場景。在此基礎上，隨著大腦的不斷進化，一些新的神經回路具備了語意能力（符號能力），感知範疇、價值系統與負責語言的腦區之間形成新的折返式連接。「借助於語言能力，我們能將自己從記憶當下的時間限制中解放出來」〔註43〕，「意識的意識」——最高級的意識、自我意識——最終得以湧現出來。

　　埃德爾曼的意識理論對認識論具有極爲重要的價值。首先，在傳統的認識論中，認識主體與認識客體是相互分離的，主體如何超越自身而通達對象就成了難解之謎（康德的「transzendental」不應譯爲「先驗論」而應該譯爲「超越論」，因爲它研究的正是超越如何可能以及超越的限度）。埃德爾曼的「基於腦的認識論」則指出，腦是嵌入身體中，而身體是嵌入環境中的，「我們是嵌入世界的主體，通過在世界中的行動獲取知識」。〔註44〕腦的進化不是爲了知識而涉及的，而是爲了適應環境，我們在明白爲什麼之前就已經採用了正確的策略。行動總是先於認識。

　　其次，價值系統對於意識的形成至關重要，「基於腦的認識論」能夠把情感體驗與知識聯繫起來，「對適應性行爲的進化很重要的價值系統的約束使得

〔註43〕〔美〕傑拉爾德・埃德爾曼著：《第二自然——意識之謎》，唐璐譯，長沙：湖南科學技術出版社，2010 年，第 8 頁。

〔註44〕〔美〕傑拉爾德・埃德爾曼著：《第二自然——意識之謎》，唐璐譯，長沙：湖南科學技術出版社，2010 年，第 27 頁。

情感成爲知識獲取的必要輔助，甚至在後來邏輯和形式分析佔據主導後也是這樣。」〔註45〕

第三，範疇先於語言。儘管語言的加入使思維發生飛躍，但是，思維超越了語言，思維可以在沒有語言的情況下運作，數學家羅傑‧彭羅斯也曾說：「哲學家之所以認爲語言是意識思維的本質，這只是因爲哲學更適合於用語言表達」。〔註46〕埃德爾曼批評傳統認識論把思維、知識與命題等同起來，把知識視爲證明爲眞的信念，陷入了語言遊戲之中。根據埃德爾曼的理論，我們還應該看到範疇也是進化的產物，是經驗的積纍，也就是說，個體發生史上先驗性的東西在種系發生史上完全是經驗性。

第四，折返冗餘系統的聯想特性決定了思維的根本方式是隱喻而不是邏輯，符號能力、語言能力也根植於這種隱喻思維。自然選擇的進化機制先於邏輯，進化造就了大腦，大腦學會了邏輯。但是，即使是在獲得邏輯思維、數學思維、命題分析等精確手段後，隱喻依然是想像力和創造力的主要來源。與這種思維模型相比，邏輯和數學產生的定律或規則完全是後天，無法令人滿意地解釋意識的複雜性和個人體驗。

儘管埃德爾曼的理論還只是一種假說，但是他的研究團隊根據該理論設計出的機器人（埃德爾曼稱之爲「基於腦的裝置」，因爲它是根據神經生理結構和神經動力學模型來構造的，而沒有確定的電腦程序）已經取得了許多非凡的成就，達爾文3號已經能夠通過一些機制獲得感知範疇並對其進行分類，達爾文7號具備了低級的選擇能力，達爾文8號能夠區分顏色與形狀極易混淆的物體，達爾文10號能夠建立適當的記憶系統。這使得埃德爾曼的理論很有說服力。

## 第三節　再論康德「先驗自我意識」

對意識的科學研究才剛剛開始，許多人仍然懷疑第三人稱的科學描述能

〔註45〕〔美〕傑拉爾德‧埃德爾曼著：《第二自然——意識之謎》，唐璐譯，長沙：湖南科學技術出版社，2010年，第39頁。

〔註46〕〔英〕羅傑‧彭羅斯著：《皇帝新腦——有關電腦、人腦及物理定律》，許賢明、吳忠超譯，長沙：湖南科學技術出版社，1995年，第486頁。愛因斯坦聲稱他的許多思考工作並不需要語言，只有在思考完成後，才絞盡腦汁尋求合適的表達方式。

否最終解釋意識，尤其是能否解釋像疼痛、顏色、味道之類的純主觀的、第一人稱的感受性質（或曰現象學特徵）。一些哲學家認爲，意識與科學之間存在著一條物理學無法跨越的「解釋溝」，意識對於人類心智來說是認知封閉的。大衛・查爾默斯區分了意識研究的簡易問題和困難問題，認知、分類、分辨、語言等功能化的意識顯象是物理學能夠解決的簡易問題，而主觀的意識體驗是困難問題。帕特里夏・丘奇蘭德則認爲我們無法預先決定哪些問題是無法解決的。不管怎麼說，即便科學最終不能解決這些問題，也能夠揭示出究竟是哪些腦神經活動爲意識體驗提供了條件。

對於形而上學和認識論來說，自然科學對意識的第三人稱觀察和描述也有十分重要的價值，它能夠發現一些不能爲內省、反思方法發現的關於意識的奧秘，能夠糾正內省方法的一些看似無可爭議的假設。內省的方法在很多時候都具有誤導性，如，在內省的時候我們通常需要借助於語言、總能遇到那個不可捉摸的「我」，這使我們錯誤地給予語言和「我」格外重要的地位。此外，我們的語言具有模糊性和歧義性，名詞、概念本身也會含有錯誤的假設，語言也會使我們誤入歧途，如現代認識論中的「表象」概念，又如康德對感性與知性、接受性與自發性的劃分。本節我們將結合當代知識背景再次考察康德的自我意識理論。

## 一、綜合

首先，我們來看康德的「綜合」和「聯結」概念。康德這樣定義「綜合」：「把各種不同的表象相互加在一起並在一個認識中把握它們的雜多性的行動」（KrV，B103＼100）。康德把這種「綜合」視爲知性的一種功能，知性的綜合功能爲對象提供概念，而概念則賦予對象的雜多表象以統一性。康德之所以把「綜合」歸於知性，原因之一是他認爲人類的感性僅僅是接受外界的刺激，僅僅是被動，但是「綜合」活動卻是主動的：

> 一種雜多一般而言的聯結卻絕不能通過感官進入到我們裏面，因而也不能同時一起包含在感性直觀的純形式中：因爲它是表象力的自發性的一種行動，而既然人們爲了與感性相區別就必須把這種自發性稱爲知性，所以一切聯結，無論我們是否意識到它，無論它是直觀雜多的聯結還是各種各樣的概念的聯結，就前者而言是感性直觀的聯結還是非感性直觀的聯結，都是一種知性的行動，我們把

> 綜合這個普遍的稱謂賦予這種行動，以便由此同時表明，任何東西，
> 我們自己沒有事先把它結合起來，就不能把它表象為在客體中結合
> 起來的，而且在所有表象中，聯結是惟一不能通過客體被給予的、
> 而是由主體自身確立的表象，因為它是主體的自發性的一個行動。
>
> （KrV，B129～130＼116）

我們在反思的時候能夠發現知性在**概念**之間進行的聯結活動，但無論如何我們無法發現直觀雜多的聯結，但是康德在這裏說，「無論我們是否意識到它」，它都是知性的一個行動，而不是直觀的一個行動，因為直觀已經被定義為僅僅是接受外界的刺激。

當我知覺到一個房子的時候，是因為先驗統覺按照量的範疇把直觀獲得的雜多綜合在到了一起，這樣房子才能以統一的形象被知覺到。但是我們的日常經驗並不是這樣的，我們看到的是渾然一體的房子，而不是感性雜多，因此，康德不得不承認綜合與直觀同時發生，但仍然堅稱是意識在進行綜合：

> 在我們外面或者裏面的雜多的綜合的統一、從而還有凡是應當
> 被表象為在空間或者時間中被規定的東西都必須符合的聯結，就都
> 是先天地作為一切把握的綜合的條件已經與這些直觀同時（不是在
> 它們裏面）被給予。但是，這種綜合的統一性不可能是別的統一性，
> 只能是在一個源始的意識中按照範疇來聯結一個被給予的一般直觀
> 的雜多的統一性，只不過是被運用於我們的感性直觀罷了。
>
> （KrV，B161＼134）

康德寧願承認直觀中已經有知性在行動，也不願意承認直觀中已經某種自發性的活動。

康德所謂的「綜合」活動就是克里克的「捆綁」活動和埃德爾曼的「折返」活動。克里克對視覺系統的研究表明「看」是一個建構活動，而不是簡單地接受性的。「看」涉及一系列複雜的過程，我們的眼睛把來自外界的物理信號（波）轉化為化學信號，再在視網膜上成像。不僅如此，克里克指出，視網膜上的「圖像」是 2 維或 2.5 維的，沒有深度，是腦的神經過程把 2.5 維圖轉化為 3 維圖。腦的神經活動把直觀到的各要素（顏色、聲音、形狀等）「捆綁」或通過「折返」而整合在一起，這種活動完全是非意識的，它們是意識的前提，而不是意識的行為。當我知覺（意識）到一個客體時，直觀的各要

素的聯結已經完成了，用約翰・塞爾的話說，「這種聯結是*毋需勞神的*」，〔註47〕不需要意識來做什麼。意識作爲進化產物本身就具有統一性，是神經動力學全局狀態的湧現，而不是意識創造了統一性，更不是自我意識創造了統一性。因此，塞爾說：「不是有兩個問題——大腦如何引起意識？意識是如何統一的？而是只有一個問題。回答了大腦如何引起意識這個問題就已經回答了大腦如何產生統一的意識這個問題了」。康德看到了「聯結」問題，卻誤把它當作意識的任務。

## 二、先驗自我意識與我思

　　將直觀雜多聯結成關於對象的一個統一的概念或形象，甚至將更多的直觀雜多聯結成一個統一的意識場景，這是腦的工作，只有在腦完成這項工作之後，意識和思維才是可能的。塞爾說「統覺的先驗統一」是「一個沒有多大吸引力的名稱」，〔註48〕但是看起來它不僅是沒有吸引力的名稱，而且是錯誤的名稱，因爲「統覺」這個詞意味著自覺的意識，意味著對意識自身的意識。即便我們忽略「統覺」這個詞本身的含義，權且用它指稱腦的非意識的行動，它也不能與「我思」等同起來，因爲它是意識、思維的前提。實際上，康德自己也曾露出馬腳：

　　　　我把它稱爲純粹的統覺，以便把它與經驗性的統覺區別開來，或者也稱爲源始的統覺，因爲它就是那個通過產生出必然能夠伴隨所有其他表象並在一切意識中都是同一個東西的「我思」表象而不能再被別表象伴隨的自我意識。（KrV，B13\118）

康德在這裏說「它是那個通過產生……『我思』表象而不能再被別表象伴隨的自我意識」，也就是說，是康德用「統覺」這個詞指稱的那種聯結活動產生了「我思」，但是康德在除此之外的其他地方，都把「統覺」等同於「我思」。

　　不同於知覺中的聯結，判斷中的聯結——即通過係詞「是」把不同的概念聯結起來——確實是意識或知性的工作。但是，把「先驗統覺」、「先驗自我意識」與「先驗我思」等同起來依然是不恰當的，康德沒有注意到「思維」與「反思」的區別。要說清楚這個問題首先要談一談「自我意識」一詞的翻

---

〔註47〕〔美〕約翰・塞爾著：《心靈、語言和社會——實在世界中的哲學》，李步樓譯，上海：上海譯文出版社，2001年，第78頁。

〔註48〕同上，第78頁。

譯問題。德文中的「slebstewußtsein」和英文中「self-consciousness」都應該翻譯成「自身意識」而不應該翻譯成「自我意識」。「自身」可以與第一人稱、第二人稱、第三人稱搭配而組成「我自身」、「你自身」、「他自身」，這些都不能翻譯成「我自我」、「你自我」、「他自我」，例如，康德的「物自身」就絕不能翻譯成「物自我」。

康德認爲在一切「思維」中都能找到「我思」，即便「思維」事實上沒有伴隨「我思」，也一定能夠伴隨「我思」，這個「能夠」只能理解爲「思維」發生之後對「思維」的事後反思總能發現「我思」。然而，一方面，反思性的「我思」已經不同於單純思維的「自身意識」，反思的「我」也不同於正在「思維」的「自身」；另一方面，某些時候即便反思也不能發現「我思」，只能發現「思」或「它思」。

### 1、自身意識與我思

首先，「自身意識」不同於「我思」，「自身」不同於「我」。在命題「S 是P」中，思維指向的是對象 S，是一種對象意識，而在「我思 S 是 P」中，思維指向的是「我」對「S 是 P」這一命題的思維，這是兩個不同層次的思維。胡塞爾曾經明確地指出了這裏的分別，「自身意識」是對正在進行中的思維（行爲）的一種非對象性的意識到，而反思則是把這種行爲當作一個明確的對象，因此，胡塞爾又把「自身意識」稱爲「原意識」。「自身」也不同於「我」，詹姆斯最先把「自身」（self）區分爲「主我」（I）和「客我」（me），用「I」表示「自身」（self）中積極地知覺、思考的部分，用「me」表示「自身」（self）中被知覺、被思考的客體。喬納森・布朗說：「主我似乎與所有基本心理過程（如知覺、感覺、思維）都有關。事實並非如此。實際上，是我們對它們的主觀意識（而不是這些過程）構成了主我。主我是指我們對於我們正在思考或我們正在知覺的意識，而不是身體或心理過程」。〔註49〕

對於判斷「P」來說，「我思」必須能夠伴隨「P」意味著判斷「P」必須以「我思 p」爲前提，赫費對此解釋說：「與此一「能夠」相一致，伴隨者隱在幕後：進行判斷的主體在判斷 p 中並沒有眞的意識到它的『伴隨著的』統一功能，但是它能夠使統一功能得到意識。」〔註50〕也就是說：(1)「我思」

---

〔註49〕 〔美〕喬納森・布朗著：《自我》，陳浩鶯等譯，北京：人民郵電出版社，2004年，第 2 頁。

〔註50〕 〔德〕奧特弗里德・赫費著：《現代哲學的基石：康德的〈純粹理性批判〉》，郭大爲譯，北京：人民出版社，2008 年，第 139 頁。

隱藏在「對象意識」（即對「P」的意識）背後並行使著統一功能；（2）「我思」在「對象意識」中並不一定意識到它的存在、它的這種「伴隨」；但是，（3）在「反思意識」（我思「P」）中「我思」必然能夠伴隨我的一切表象，換句話說在「反思意識」中一定能夠發現「我」——思維著的我。但是，這個「我」已經不是那個正在思維的「自身」，而只是從「自身」中分化出來的一部分。我們甚至可以說這個「我」不是在反思中分化出來的，而是在反思中添加上去的。

### 2、「無我之思」或「它思」

　　如果我們不局限於命題這種判斷形式，而是就一切判斷形式來談論「綜合」——比如說羊把某種叫聲與狼的形象「綜合」在一起，那麼我們可以看到不僅（在命題判斷中的）「自身意識」不同於（反思中的）「我思」，而且作為一切經驗（康德似乎把「經驗」等同於「經驗知識」了）之條件的「綜合」能力應該歸於「意識自身」（consciousness in itself）而不是「自身意識」（self-consciousness），而「意識自身」根本不需要「我」（I）。

　　一切動物都能區別自身（self）與異物（nonself），它不會吃掉自己（self），它會躲避危險的異物（nonself），但是只有極少數的動物擁有對自身的意識，只有人類能夠用「我」（I）稱呼它的這個「自身」。在絕大多數動物那裏，「意識」都僅僅是一種對象意識，沒有「自身意識」（slebstewußtsein）也沒有對「我」的意識（Ichstewußtsein）。作為進化產物，人也是先有「意識」後有「自身意識」與「我」的意識的。如果康德能夠做到前後一致，他只能宣稱那種綜合的過程是「意識自身」的活動，猶如「物自身」一樣，這個「意識自身」是不為「我」所知，正如康浦·斯密所說：「綜合的過程只是為著有了這些組成的因素才予以假定來說明這些因素。那就是說，這些過程只能通過它們所制約的東西才為人所知道，而按康德的教義，我們甚至完全無法企圖來理解它們的可能性。必須認為它們是發生著的，但是不可知的，那就是說，它們的性質是不能確定地說出的。」〔註51〕康德說「我作為理智和能思維的主體，認識到我自己是被思維的客體」（KrV，B155\131），但是這個「我作為理智和能思維的主體」之「我」是純粹空洞的、無內容的，既無直觀也無記憶，嚴格來說這個「我」對於經驗性的「我」而言是純粹的「它」，是「意識自身」。

〔註51〕〔英〕康浦·斯密著：《康德〈純粹理性批判〉解義》，韋卓民譯，武漢：華中師範大學出版社，2006年，第26頁。

是這個「意識自身」建構了關於對象的意識，「我」只有通過對象意識才能意識自身的存在，因此「先驗我思」實際上應該是「它思」或「無我之思」。

這樣評價康德似乎有些不公，因為康德畢竟是要探討命題性知識的條件。但是，康德把知識的可能性與經驗的可能性等同起來，就使得「經驗」的概念過於狹窄，只能容納人類經驗。就「知識」而言，「知道某某」似乎就要求「我知道某某」，但這只是一種類型的知識。「知識」可以分為三種類型：熟悉的知識（Knowledge by Acquaintance）、有能力的知識（Competence Knowledge）和命題知識（Propositional Knowledge）。〔註52〕熟悉的知識又被稱為對象知識、知覺知識，是對外在世界的認識，如大象知道哪裏有水，小孩知道誰能給他安全；有能力的知識又被稱為技巧知識，是知道如何，如知道如何使用電腦、知道如何騎自行車；命題知識又被稱為描述知識，其形式是一個陳述或命題：S 是 P，康德關心的正是這種知識。前兩種知識都不需要反思意識或自我意識，但是，唯有具有反思能力的生物才具有命題知識。儘管對於是否所有命題知識都建立在熟悉知識的基礎之上依然存有爭議，但毫無疑問的是，我們的大多數知識，尤其是對外在世界的知識都離不開熟悉的知識，而熟悉的知識是先於命題知識的，並且是命題知識的基礎。因此，認識的可能性與有效性不可能像康德所設想那樣能夠獨立於認識的發生問題，充分而完善的認識論不僅要包括知識論，即知識的本性、條件、範圍以及信念的證成問題，還要包括對認知心理學、認知過程的研究，甚至還要包括對意識的種系發生史的研究。

總之，康德用「先驗自我（身）意識」這個詞指稱的過程，一部分是腦的神經活動（直觀雜多綜合為對象），一部分是「意識自身」的活動，這種意識活動並不一定需要有「我」才是可能的，恰恰相反，這個意識活動是「我」的前提。只有在人類等極少數高等動物那裏，這個「意識自身」才發展出「自身意識」，即非對象性地、不明確地意識到自身的意識，而只有在反思意識中，「我思」之「我」才明確地、對象性地意識到自身。換句話說，康德的「先驗自我意識」可以分為意識在種系發生史上的幾個不同階段：非意識、意識、自身意識和「我思」之「我」（I）。

在人類實踐中，或用存在主義的術語來說，在人類存在（existence）中，

---

〔註52〕參見〔美〕路易斯・P・波伊曼著：《知識論導論——我們能知道什麼？》，洪漢鼎譯，北京：中國人民大學出版社，2008 年，第 3～4 頁。

「自身意識」也會以「我」指代自身，但是，這個「我」是在世存在的（Being-in-the-world），是先於反思性（既包括對認知活動的反思，也包括對實踐行為的反思）的「我」的。存在主義之所以嚴屬拒斥「我思」，就是因為支撐這種「先驗自我」的現代認識論承諾了這樣一個前提：認知和理解最終屬於一個無身體、無情緒、無性格的旁觀者。我們在埃德爾曼那裏看到，意識（以及自身意識）是嵌入在環境之中，並在行動中進行認知活動的；我們在黑格爾的精神顯象學中可以看到，自身意識的最初階段不是觀察或反思的理論階段，而是主人與奴隸你死我活的鬥爭階段，是欲望或生存活動的實踐階段；我們在海德格爾那裏可以看到，領會先於專題化、理論化的認識。

即使是在擁有了自身意識之後，意識或意識自身依然在人類生活實踐甚至是理論實踐中發揮著重要作用，這種作用通常被稱為「無意識」的作用。「無意識」這個詞是令人困惑的、自相矛盾的，塞爾區分了「無意識」的四種含義：1）、前意識，即通常說的「無意識的信念」，如我知道北京是中國的首都，即使是在我沒有想到這一點的時候我也「無意識地」相信這一點；2）、動態的無意識，即弗洛伊德所謂的被壓抑的動機、欲望；3）、深層無意識，如一個孩子是通過「無意識地」運用語法規則而學會語言的；4、非意識，即各種神經生理學顯象〔註53〕。在筆者看來，動態無意識——可能也包括深層無意識——的準確稱謂應該是「無自身意識的意識」或「無自身的意識」，即沒有被自身意識到的意識內容、意識行為和意識過程，但是「無自身的意識」不僅包括被壓抑或沒有被自身意識到的欲望、動機，還包括沒有被自身意識到的「思」。

埃克爾斯把自身意識比喻為探照燈，〔註54〕它在搜索各種意識內容和意識行為，但是人類的許多意識內容和意識行為處在這個探照燈無法照亮的黑暗中。人們對音樂、藝術作品的審美感無以言表，是因為右腦對作品的非語言、非邏輯的「思」和領會的過程是不為擁有語言和自身意識的左腦所知的。在一個經典的實驗中，實驗者在一個裂腦病人的左側視野呈現一副雪景，在其右側視野呈現一隻雞爪，病人被要求從面前的一堆圖片中挑選與看到的東

〔註53〕參見〔美〕約翰·塞爾著：《心靈導論》，徐英瑾譯，上海：上海人民出版社，2008年，第209～213頁。
〔註54〕埃克爾斯錯誤地認為自身意識是在搜索神經事件，但在筆者看來，自身意識是在搜索各種心理事件（參見〔澳〕約翰·C·埃克爾斯著：《腦的進化——自我意識的創生》，潘泓譯，上海：上海世紀出版集團，2007年，第241頁）。

西相符的兩幅圖，病人左手選擇了鏟子，右手選擇了一隻雞，當病人被要求做出解釋的時候，他說鏟子是用來清理雞棚的。〔註55〕這個實驗充分證明，控制左眼和左手的右腦的意識推理過程（用鏟子清理積雪）沒有被左腦所知。當然，裂腦患者是左右腦之間的聯繫斷裂了，擁有自身意識的左腦自然無法知道右腦的意識過程。但是，在正常人那裏，右腦也只是把意識或思維的結果告訴自身意識，至於思維的過程，依然處在黑暗之中，最有說服力的事例就是所謂「靈感」的迸發：人們在嘗試解決一個難題，卻百思不得其解，但當他放棄思考而選擇放鬆心情的時候，負責整體思維的右腦依然在思維，並在某個時刻把思維的結果「告訴」「自身意識」。

總之，意識或意識自身不同於自身意識，更不同於作爲邏輯同一性「我＝我」的、非人格的先驗自我。意識與自身意識都是嵌入在身體、環境之中，而先驗自我（我思）則被假設爲一個超然的旁觀者。

## 三、先驗自我與經驗自我

洛克曾經指出，「內感官」是一個有歧義的概念，它一方面是個感官，與外感官性質相同，另一方面又是自我意識的反思，兩者混淆起來了。康德同樣有這種混淆，在《實用人類學》的一個注釋中，康德說我們對自己的意識可以分爲兩種：反思的意識和把握的意識。所謂反思的意識就是知性的意識，亦即純粹的統覺，所謂把握的意識即內感官的意識，以及經驗性的統覺。康德也是把內感官當作經驗性自我。這樣，「自我」對我們來說就是雙重的：

> 1、作爲思維主體的自我（在邏輯學中），意味著純粹的統覺（純然反思的自我），關於它根本不能再說什麼，它只是一個極簡單的表象；2、作爲知覺的、因爲內感官的客體的自我，它包含著使一種內部經驗稱爲可能的那些規定的雜多性。（Anthropology，135＼127）

〔註56〕

作爲思維主體的自我，亦即作爲先驗自我，只是一個思想，一個純思想，它本身有其定在，但關於她我們沒有進一步的認識。因爲，要想認識「我」，僅

〔註55〕 參見蘇珊・布萊克莫爾著：《意識新探》，薛貴譯，北京：外語教學與研究出版社，2007年，第213頁。
〔註56〕 Anthropology 是《實用人類學》的縮略語，所據版本爲李秋零譯：《康德著作全集・第7卷・實用人類學》，北京：中國人民大學出版社，2008，第127頁。下文一律依照如下格式引用：（anthropology，德文版頁碼＼李秋零譯本頁碼）。

靠反思是不夠的，還需要有對「我」自己的直觀，即內直觀。但是，我們內直觀的內容來自何處呢？

康德說，「外感官的表象在內感官中構成了我們用來佔據自己心靈的真正材料」（KrV，B677＼7），甚至是全部材料，〔註57〕康浦·斯密解釋說：「心靈在把外部感官的一些表象『安置』在空間的過程中影響著自己，因之就不得不把所有的表象也安排在時間之中。外部感官的內容之外並無新的內容因之而產生出來，但是從前只存在於空間作為外部感官的對象的東西現在也服從時間的各種條件了」〔註58〕。也就是說，當我直觀我自身的時候，我們獲得的一切直觀內容歸根結底來自我之外，而不是來自我自身。

另外一方面，我們的內感官也接受知性的刺激。內感官作為直觀僅僅具有時間規定性，其他的一切規定性，例如經驗意識的統一性，來自知性及其源始能力，即把直觀的雜多綜合起來的能力，這種綜合是一種「行動的統一性」，康德接著說：知性「以一種想像力的先驗綜合的名義對被動的主體實施這種行動，而知性也就是這主體的能力，對此我們有理由說，內感官由此而被刺激」（KrV，B153～154＼130）、「知性並不是在內感官中已經發現雜多的諸如此類的聯結，而是通過刺激內感官而產生它」（KrV，B155＼131）。康德似乎想說，通過這種刺激我們並沒有獲得「『我』自身」的任何表象，而僅僅是使心靈的種種狀態獲得了統一性，並意識到了知性的活動。《實用人類學》說內部感官「是在他被他自己的思想活動所刺激的時候對他所承受之事的一種意識」（Anthropology，161＼153）。

總之，經驗性的自我「只是像我們向自己顯現的那樣，而不是像我們自身所是的那樣，把我們自己展現為意識」（KrV，B152＼129），就我們對自身的直觀而言，「把我們自己的主體僅僅當作顯象、而不是按照它自身所是的東西來認識」（KrV，B156＼132）。對於「先驗自我」或「『我』自身」，我們僅僅知道它在、它具有活動的自發性，除此之外我們對它一無所知；而經驗自我或內感官則完全是被動的，且不是真正是自我，而是自我的顯現。

---

〔註57〕康德在《純粹理性批判》的第二版前言的一條注釋中說，我們從在我們之外的物自身那裏為我們的內感官獲得了認識的全部材料（Bxxxix）。
〔註58〕〔英〕康浦·斯密著、韋卓民譯：《康德純粹理性批判解義》，武漢：華中師範大學出版社，2006年，第323頁。

## 第四節　理性心理學批判

理性是一種原則的能力，理性知識單純從原則出發，試圖通過概念在普遍中認識特殊（KrV，B357＼275）。關於靈魂，理性心理學「從不包含任何雜多東西的主體的先驗概念出發，推論到我以這種方式對他根本沒有任何概念的這個主體本身的絕對統一」（KrV，B397＼298），自以為主體即實體，並從中推導出它的本性（Prol，334＼338）。

理性心理學追隨笛卡爾的「我思」概念或命題，從出推導出四個命題：1）、靈魂是實體，並由此得出靈魂的非物質性；2）、靈魂是單純的實體，並由此得出靈魂的不死性；3）、靈魂跨時間的同一性或單一性，並由此得出靈魂的人格性；前三項一起提供了靈魂的精神性；4）、靈魂處於同空間中的可能的對象的關係中，由此而有了交感性這個概念。

康德認為「我」這個詞甚至根本不是一個概念，「只不過是一個伴隨著一切概念的意識」，所表象的「無非是思想的一個先驗主體＝X」，對它的任何判斷都已經使用了它的表象（KrV，B404＼302）。我能夠意識到我自己在思維，但是在思維中，自我意識的一切樣式都只是一些邏輯功能，並不能提供對我自己的認識。康德由此具體評判了理性心理學的四個基本命題：1）能思維的我在思維中永遠必須被視為主體（同一命題），但這並不意味著我作為客體是一個對我自己來說持存著的存在物亦即實體，實體或持久性「惟有為了經驗才能得到證明」（Prol，335＼339）；2）在每次思維中我只能被視為單數（分析命題），但這並不意味著我是單純的實體（綜合命題），「我們一切可能經驗的主觀條件是生命，所以只能推論到活著時靈魂的持久性，因為人的死亡是一切經驗的終結……因此，只能闡明人活著時靈魂的持久性（我們大可不必證明這種持久性），但卻不能闡明死後靈魂的持久性（這才是我們真正關心的）」（Prol，335＼339）；3）歷時的同一性也同樣是一個蘊涵在概念之中的命題，因而也是分析命題，這種邏輯的同一性不同於現實的同一性，要證明人格的同一性還需要求助經驗；4）思維的我區別於被思維的對象，這同樣是分析命題，由此並不能表明沒有了在我之外的那些物我還能夠意識到自身、還能作為能思維的存在物而存在。因此，對自我意識的分析只是對一般思維的邏輯探討，而不能獲得關於我自身（作為客體）的知識。

康德還對理性心理學的基礎性的直言推理方式做了批判。這個推理是這樣的：

（大前提）只能被思維爲主體的東西也只僅僅作爲主體實存，因而也就是實體。

（小前提）如今，一個能思維的存在者僅僅作爲這樣的存在者來看，只能被思維爲主體。

（結論）因此，它也僅僅作爲這樣的存在者，亦即作爲實體而實存。（KrV，B410～411＼306）

大前提提到的「存在者」能夠在直觀中得到展示，但小前提中的「主體」卻「不同時在與它作爲思維的客體被給予所憑藉的直觀的關係中把自己視爲主體」，因此與大前提中「存在者」的內涵並不相同，因此這個推理是謬誤推理。要想使小前提中的「存在者」具有客觀性，必須有一個持久的直觀來作爲基礎，但「我只不過是我的思維的意識罷了」（KrV，B412＼307）。

理性心理學並不能擴展我們關於靈魂和自我的知識，而只是一種訓練，防止我們陷入唯物論和精神論，同時暗示我們應該把我們的自我認識從思辨轉用到實踐上去，「這種應用雖然也只是始終指向經驗的對象，但卻自更高的地方取得其原則，並如此規定行爲，就好像我們的規定無限遠地超越經驗，從而超越此生似的」（KrV，B421＼312）。

# 第五節　莊子的「自我」

研究莊子的「自我」觀念有其特殊的困難，這個困難與莊子認識「自我」的方式有關。西方傳統哲學的主流是通過反省（自我觀察法）和反思的方式認識自我，對於自我的認識又是服務於認識論的，因此，無論是經驗性的反省還是先驗哲學的反思，涉及到的都是認知行爲這種每個人都能親身經歷的意識狀態或意識行爲。但是，莊子主要是通過冥想（meditation）的方式來認識自我，然後用語言來描述或闡釋這種認識。按照心理學家理查德·格里格和菲利普·津巴多的定義，冥想是一種改變意識的形式，通過降低或減少自我覺知（self-awareness）獲得深度的寧靜狀態，從而增加自我知識（self-knowledge）和良好狀態。〔註59〕在心理學上，冥想與清醒的夢境（清楚地知道自己是在夢中）、催眠、宗教狂熱、吸毒體驗、瀕死體驗一起被歸入

---

〔註59〕參見〔美〕理查德·格里格、菲利普·津巴多著：《心理學與生活》，王壘、王甦譯，北京：人民郵電出版社，2003 年，第 152 頁、第 551 頁。

意識的異常狀態，因此，莊子的有關思想對於從未獲得過這種體驗的人來說就存在著理解上的困難，正如陳鼓應所言：「體道的境界，純粹是一種直覺性的內在經驗，既無法復述，也無法與人交通。因而作為一個解釋者或讀者，如何去體會並展現莊子所提示的境界，確是相當困難的。」〔註60〕

問題不僅在於理解，還在於：在冥想這種異常意識狀態中獲得的領悟是真實的嗎？冥想者是否真如他或她自己宣稱的那樣認識了宇宙的真實的一面？它與幻覺是一回事嗎？我們能否研究這種意識狀態下的腦活動並進而瞭解真相？對意識的科學研究已經提出了這些問題，但是，正如蘇珊・布萊克莫爾指出的那樣，意識科學還遠沒有發展到能回答這些問題的程度。〔註61〕

更困難的問題在於：冥想與日常意識狀態、日常認知機制誰更有資格聲稱自己能夠認識宇宙的終極實在？畢竟，大腦的進化是為了使我們應對世界、保障我們的生存與安全，而不是為了保持深度寧靜，看起來日常意識狀態似乎更值得信賴。但是另一方面，大腦的進化同樣不是為了認識世界。心理學家 Tooby 和 Cosmides 指出，在整個進化歷史中，人類的生存環境擁有特定的生態結構（即一系列的統計規律），人類進化出來的認知機制所擁有的設計特徵能夠利用這些生態結構解決進化過程中遇到的適應性問題，「認知機制的形式和人類在遠古的進化環境中反覆碰到的統計規律是相一致的」。〔註62〕因此，人類的認識總是在錯誤中艱難前進，當代自然科學的進展即使對於受過專門訓練的科學家來說都是難於理解的，但是人類卻非常善於解決自然任務（如躲避危險）；與之相反，人工智慧系統、形式邏輯系統能用來解決複雜的科學難題，在解決適應性問題時卻異常笨拙。冥想者完全可以聲稱冥想可以使人從進化得來的知覺和思維模式中解放出來。

當然，這些問題不是這裏所能解決的。但是，一方面世界上絕大多數的神秘主義者對他們的體驗的描述基本相似，另一方面一些自然科學家也開始重視神秘主義者的思想，如薛定諤認為西方科學精神與東方同一學說（所有

---

〔註60〕 陳鼓應：《莊子論「道」──兼評莊老「道」論之異同》，載《老莊論集》，濟南：齊魯書社，1987年，第107頁。

〔註61〕 參見蘇珊・布萊克莫爾著：《意識新探》，薛貴譯，北京：外語教學與研究出版社，2007年，第252～253頁。

〔註62〕 〔美〕D・M・巴斯著：《進化心理學》，熊哲宏等譯，上海：華東師範大學出版社，2007年，第426頁。

意識只是一個意識）的融合能夠有助於將來解決意識之謎，〔註63〕卡普拉認為當代物理學借助高度精確和複雜的實驗，已經接近東方神秘主義者的宇宙觀。〔註64〕這些都提醒我們認眞對待通過冥想獲得的領悟。

## 一、心齋、坐忘

　　長期從事冥想訓練的人自稱認識到了世界眞實的一面，同時也認識到「我」並不存在。這與我們每個人都擁有的自我感形成直接的對立，而且，那個說出「『我』並不存在」的是誰呢？因此說「『我』並不存在」多少有些悖謬，一種合理的解釋是：「我」是虛幻的，也就是說，「我」確實存在，但事情與表象不一致。每個人都有自我感，但是這種感覺與實在並不相符，或者說在「我」的表象背後並沒有支撐這種表象的實在。

　　莊子不但提供了一些冥想的方法，而且對人們日常所謂的這個「我」的存在提出了質疑。這些冥想的方法即是所謂的「心齋」、「坐忘」：

　　　　回曰：「敢問心齋。」仲尼曰：「若一（汝）志，無聽之以耳而
　　　聽之以心；無聽之以心而聽之以氣。聽止於耳（耳止於聽），心止於
　　　符。氣也者，虛而待物者也。唯道集虛。虛者，心齋也。」顏回曰：
　　　「回之未始得使，實自回也；得使之也，未始有回也，可謂虛乎？」
　　　（《莊子·人間世》）

冥想的基本方法首先是集中注意力，保持精神專一。「聽之以耳」即用感官去聽；「聽之以心」是用分析理性分別、辨析所「聽」到的；「氣」並非物質性的氣，而是指一種精神狀態，《文子》曰：「上學以神聽，中學以心聽，下學以而聽」，「以神聽」即莊子所謂「聽之以氣」，大概是指直覺、整體性的洞察。「耳止於聽，心止於符。氣也者，虛而待物者也」，聞一多說：「符讀爲怤，《說文》：『怤，思也』」，〔註65〕這大概是說精神（「氣」）不要試圖控制感覺和思慮，也不要執著於感覺和思慮，而要保持空虛，任感覺和思慮自然發生。「虛者，心齋也」是莊子慣用的行文方式，等同於「心齋者，虛也」，下文對「虛」作了解釋：「回之未使得使，實自回也；得使之也，未使有回也」，「使」猶「事」，

---

〔註63〕 參見〔奧〕埃爾溫·薛定諤著：《生命是什麼》，羅來鷗、羅遼復譯，上沙：
　　　　湖南科學技術出版社，2003年，第134頁。
〔註64〕 參見〔美〕F·卡普拉著：《物理學之「道」——近代物理學與東方神秘主義》，
　　　　朱潤生譯，北京：北京出版社，1999年，第5頁。
〔註65〕 《聞一多全集·9·莊子義疏》，武漢：湖北人民出版社，1993年，第407頁。

即「從事」之意,「自」與「有」互文,也是「有」的意思,〔註66〕這句話是說:從事「心齋」之前「有我」,從事「心齋」之後「忘我」。

> 顏回曰:「回益矣。」仲尼曰:「何謂也?」曰:「回忘仁義矣。」
> 曰:「可矣,猶未也。」他日復見,曰:「回益矣。」曰:「何謂也?」
> 曰:「回忘禮樂矣!」曰:「可矣,猶未也。」他日復見,曰:「回益
> 矣!」曰:「何謂也?」曰:「回坐忘矣。」仲尼蹴然曰:「何謂坐忘?」
> 顏回曰:「墮肢體,黜聰明,離形去知,同於大通,此謂坐忘。」仲
> 尼曰:「同則無好也,化則無常也。而果其賢乎!丘也請從而後也。」
> (《莊子・大宗師》)

集體行為規範(禮樂)和集體價值判斷(仁義)是人類共同體為了適應生存進化而創造出來的「文化適應器」,顏回通過循序漸進的過程,把個體從文化共同體中習得的東西都忘掉,但這些東西本質上是屬於「我們的」,而不是「我的」,因而孔子說「猶未也」。「坐忘」則是進一步把「我」也忘掉,從忘其身到忘其知最後到「同於大通」亦即「同於道」,不再分別物我、彼此,故無偏私,不再執著於獨立的自我,故「無常」。「坐忘」之「坐」有兩種解釋:一種解釋認為「坐」即《齊物論》「南郭子綦隱几而坐」之「坐」,一種解釋認為「無故而自如彼者,俱謂之坐」,〔註67〕即自然而然的意思。〔註68〕王叔岷說:「坐忘乃最高之修養,豈無故而忘邪?」〔註69〕但是,「坐」並非修飾「墮」、「黜」、「離」、「去」等動作,而是修飾「忘」,而「忘」在這裏並非動詞,而是「忘己」的簡省,指忘記自己、「同於大通」的意識狀態,所謂「坐忘」即通過一系列冥想過程最後自然而然地「忘記」自己。可以把「坐忘」與休謨的內省相比較,內省法是通過觀察自身的意識活動和意識狀態,努力地去尋找自我,最後發現根本找不到自我,而莊子的「坐忘」則相反,不去觀察自我的意識活動和意識狀態,也不去尋找「自我」,通過這樣減少自我覺知、減少對自我的關注,最後「自然而然」地意識不到「我在」。

> 孔子問於老聃曰:「今日晏閒,敢問至道。」老聃曰:「汝齊(齋)
> 戒,疏瀹而心,澡雪而精神,掊擊而知。」(《莊子・知北遊》)

---

〔註66〕參見王叔岷著:《莊子校詮》,北京:中華書局,2007年,第132~133頁。
〔註67〕王利器著:《文子疏義》,北京:中華書局,2000年,第70~71頁。
〔註68〕彭裕商著:《文子校注》,成都:巴蜀書社,2006年,第32頁。
〔註69〕王叔岷著:《莊子校詮》,北京:中華書局,2007年,第267頁。

呂惠卿曰：「齋戒疏瀹而心，則勿求之以思也」，〔註70〕陸樹芝曰：「疏瀹心源，
澡雪精神，非以求知，正以掊擊其知，使一切不知也」，〔註71〕總之，冥想使
人從日常的知覺和思維模式中解放出來，打破傳統觀念，以新的方式看待世
界、看待自我。

## 二、吾喪我

### 1、人籟與經驗自我

　　這種看待自我的新方式似乎難以用語言來表達，因為這是一種與日常經
驗截然不同的意識狀態，而人類語言作為一種交流系統主要是為了解決發生
在日常經驗領域內的各種各樣的社會適應性問題而發展出來的。〔註72〕語言
機制的形式、結構與人類在漫長的進化史中反覆遇到的生態統計規律、社會
統計規律相一致，能夠滿足人類認知機制的表達需求，但並不一定適合描述
異常的意識狀態，正如它不適合描述亞原子微觀世界中的種種現象與統計規
律。因此，一旦嘗試用語言描述冥想這種異常的意識狀態（以及微觀世界的
現象），就總會產生各種各樣的悖論。更進一步來說，「我」是一個自我指稱
詞，該詞與諸如「本句有六個字」、「本句是假的」這類在數學、邏輯與語義
學上引起諸多問題的套圈現象具有相同的本質，侯世達認為「表示自我的符
號可能是大腦的所有符號中最複雜的一個」。〔註73〕人們對自指現象還缺乏足
夠的瞭解。

　　莊子直面這種悖論，採取了「我」與「無我」兩行的策略來表述通過冥
想獲得的洞識，即把對自我的建構與解構看作連續的過程。〔註74〕莊子對自
我的核心表述即「吾喪我」：

　　　　南郭子綦隱機而坐，仰天而噓，苔焉似喪其耦。顏成子游立侍

---

〔註70〕〔宋〕呂惠卿撰、湯君集校：《莊子義集校》，北京：中華書局，2009 年，第
　　　　402 頁。
〔註71〕〔清〕陸樹芝著：《莊子雪》，上海：華東師範大學出版社，2011 年，第 255
　　　　頁。
〔註72〕參見〔英〕羅賓·鄧巴等著、萬美婷譯：《進化心理學：從猿到人的心靈演化
　　　　之路》，北京：中國輕工業出版社，2011 年，第 125 頁。
〔註73〕〔美〕侯世達著：《哥德爾、艾舍爾、巴赫——集異璧之大成》，北京：商務
　　　　印書館，1997 年，第 508 頁。
〔註74〕參見謝揚舉著：《道家哲學之研究——比較與環境哲學視界中的道家》，西安：
　　　　陝西人民出版社，2003 年，第 221～222 頁。

乎前,曰:「何居乎?形固可使如槁木,而心固可使如死灰乎?今之隱機者,非昔之隱機者也?」子綦曰:「偃,不亦善乎而問之也!今者吾喪我,汝知之乎?女聞人籟而未聞地籟,女聞地籟而不聞天籟夫!」

子游曰:「敢問其方。」子綦曰:「夫大塊噫氣,其名爲風。是唯無作,作則萬竅怒呺。而獨不聞之翏翏乎?山林之畏佳,大木百圍之竅穴,似鼻,似口,似耳,似枅,似圈,似臼,似窪者,似污者。激者、謞者、叱者、吸者、叫者、譹者、宎者,咬者,前者唱于而隨者唱喁,泠風則小和,飄風則大和,厲風濟則眾竅爲虛。而獨不見之調調之刁刁乎?」

子游曰:「地籟則眾竅是已,人籟則比竹是已,敢問天籟。」子綦曰:「夫吹萬不同,而使其自己也。咸其自取,怒者其誰邪?」

大知閒閒,小知間間。大言炎炎,小言詹詹。其寐也魂交,其覺也形開。與接爲構,日以心鬪。縵者、窖者、密者。小恐惴惴,大恐縵縵。其發若機栝,其司是非之謂也;其留如詛盟,其守勝之謂也;其殺如秋冬,以言其日消也;其溺之所爲之,不可使復之也;其厭也如緘,以言其老洫也;近死之心,莫使復陽也。喜怒哀樂,慮歎變慹,姚佚啓態──樂出虛,蒸成菌。日夜相代乎前而莫知其所萌。已乎,已乎!旦暮得此,其所由以生乎!

非彼無我,非我無所取。是亦近矣,而不知其所爲使。若有眞宰,而特不得其朕。可行己信,而不見其形,有情而無形。百骸、九竅、六藏、賅而存焉,吾誰與爲親?汝皆說之乎?其有私焉?如是皆有爲臣妾乎?其臣妾不足以相治乎?其遞相爲君臣乎?其有眞君存焉!如求得其情與不得,無益損乎其眞。一受其成形,不亡以待盡。與物相刃相靡,其行盡如馳而莫之能止,不亦悲乎!終身役役而不見其成功,苶然疲役而不知其所歸,可不哀邪!人謂之不死,奚益!其形化,其心與之然,可不謂大哀乎?人之生也,固若是芒乎?其我獨芒,而人亦有不芒者乎?(《莊子・齊物論》)

在古代漢語中,「吾」與「我」既有語法上的區別,也有語義上的區別。王力先生說:「『吾』字用於主格和領格,『我』字用於主格和賓格。當『我』用於

賓格時，『吾』往往用於主格；當『吾』用於領格時，『我』往往用於主格。在任何情況下，『吾』都不用於動詞後的賓格」，[註75]「吾喪我」中，「吾」是主格，「我」是賓格。從語義方面來看，元代趙德《四書箋義》說：「就己而言則曰吾，因人而言則曰我也……有我則必有及人」，[註76] 段玉裁對「我」的解釋是：「用己廁身於眾中，而自稱則爲我」，[註77] 因此有研究者稱「吾」字彰顯自身，且不與他者相對待，「我」字則是與「你」、「他」對待時的自稱，是不獨立的。[註78]「我」字在甲骨文和金文中的形象是「以手執戈」，這表明「我」字的原始含義具有對他人、他族宣戰的性質，[註79] 因此「我」字意味著自身與他人不同，只有通過否定他人才能確立「我」。陳靜認爲，「我」是對象性關係中對存在（或者是與「物」相對的「物性」的「我」，或者是與「他人」相對的「角色」之「我」），而「吾」既不糾纏於「物」的關係之中，也糾纏與社會關係之中。[註80] 綜合語法和語義上的區別，可以說「吾」字表徵自身與自身關係中主動的一面，「我」字則表徵被動的一面，並且「我」字總是相對於他人而言的。

研究者一般認爲，「吾喪我」之「吾」與「我」不僅僅具有主詞與賓詞之分，同時也表達了主我與賓我之分。在心理學上，主我是指自我中積極地體驗世界的那一面，賓我則是指自我中被體驗到的那一面，是自我的經驗內容。主我積極地體驗世界，獲得、形成各種各樣的經驗內容，如知覺、判斷、信念、情緒、情感、態度、意向等等。主我還能自反性地體驗、思考這些經驗內容，把它們稱爲「我的」，從而建構賓我。我們暫且接受這一區分，並用於分析「吾喪我」。賓我即經驗自我，包含三個方面：物質自我（我的軀體和我佔有的物質性客體）、社會自我（我的社會角色、我獲得的社會評價、我從文化共同體中習得的行爲規範與準則）、精神自我（一切可以用「我的」來指稱

〔註75〕 王力著：《漢語史稿》，北京：中華書局，1980 年，第 262 頁。

〔註76〕 轉引自朱桂曜著：《莊子內篇證補》，上海：商務印書館，1935 年，第 37 頁。

〔註77〕 〔漢〕許慎撰、〔清〕段玉裁注：《說文解字注》，上海：上海古籍出版社，1981 年，第 632 頁。

〔註78〕 參見王亞波：《從語言和體系兩個層面理解莊子的「吾喪我」》，載《江蘇廣播電視大學學報》，2012.4，第 78 頁。

〔註79〕 參見汪鳳炎、鄭紅著：《中國文化心理學》，廣州：暨南大學出版社，2005 年，第 70 頁。

〔註80〕 參見陳靜：《「吾喪我」——莊子〈齊物論〉解讀》，載《哲學研究》，2001 年第 5 期，第 49、53 頁。

的精神內容，如我的信念、我的情感、我的態度等）。「吾喪我」之「我」僅涉及軀體自我（「似喪其耦」）和精神自我，且焦點在於精神自我，尤其是「我的」信念，嚴格來說是用語言表達出來的信念，即「物論」，並由此而涉及情感與態度。莊子用「人籟」比喻人的信念，用「地籟」與「天籟」的關係比喻「人籟」與「天籟」的關係，採取了兩種視角審視自我，並建議我們以一種新的態度對待自我。

「籟」是古代的一種三管樂器，由長短不一的竹管製成，莊子實際上是用「籟」指稱來發出的聲音，再用「籟」比喻人的信念，「籟本人籟之名，地籟、天籟皆從人籟而推說之」。〔註81〕「人籟」是人用氣息吹奏樂器發出的聲音，「地籟」是大地用風吹動大木的「竅穴」發出的聲音。在具體描述「地籟」的時候，莊子實際上轉而用「竅穴」比喻人的認知功能、人的主我；用「竅穴」發出的聲音比喻人的信念、言論。「竅穴」之所以能發出聲音，依賴於風的發作，並非「竅穴」所能自主；「竅穴」本身是空的，沒有內容，因此聲音並非「竅穴」所有，「厲風濟則眾竅為虛」。「竅穴」不會把聲音歸屬於「我」，但是人卻不同，「蓋比竹之為物，人皆聞之而知其空虛無有也。然不知我之所以為我者，猶是而已」，〔註82〕人自然而然地把信念與言論歸屬於「我」。人天然地熱愛他的那個「我」，也熱愛一切「我的」，為了他的那些「我的」而與他人爭勝負，為此消耗精神仍沉溺於此，直至衰老頹敗而近於心死。莊子認為，人的信念也不過是「吹萬不同」而已，有賴於世界對主我——竅穴的刺激，人們相互爭勝過程中激發的種種情感、態度也正如「樂出虛、蒸成菌」，這一切究竟是從哪裏開始的呢？

莊子認為，沒有信念、情感、態度、行為，就沒有人的賓我亦即經驗自我（「非彼無我」），但是，經驗自我的一切內容都是在與世界的互動中生成的，處於不斷的變化中，正如呂惠卿所言，「蓋昔之隱几者，我之應物之時也，應物則我存。今之隱几者，我之遺物之時也，遺物則我喪。」〔註83〕而主我則是空洞無內容的「竅穴」而已。

### 2、天籟與先驗自我

大木「竅穴」之所以能發出聲音，依賴於大地吐出的風，因此，這些聲

---

〔註81〕 鍾泰著：《莊子發微》，上海：上海古籍出版社，2002年，地28～29頁。
〔註82〕 呂惠卿撰、湯君集校：《莊子義集校》，北京：中華書局，2009年，第18頁。
〔註83〕 呂惠卿撰、湯君集校：《莊子義集校》，北京：中華書局，2009年，第18頁。

音只能被標識為「地籟」，而不是「木籟」或「竅籟」、「穴籟」。但是，當顏成子游向南郭子綦詢問何為「天籟」的時候，南郭子綦又轉而肯定了「竅穴」的作用：

夫吹萬不同，而使其自己也。咸其自取，怒者其誰邪？

（《莊子‧齊物論》）

風吹到各種不同的「竅穴」，使它們發出各種各樣的聲音。「使其自己」之「己」即「成」，〔註84〕成就、形成之意，「使其自成」即是說各種各樣的聲音之所以是如其自身所是的那種聲音，是由「竅穴」自身決定的；聲音之各各不同是因為「竅穴」之各各不同。在「竅穴」之外並沒有一個主使其發出如此這般聲音的「天」存在，「天」無形無象，並非萬物中之一物。「人籟」亦復如是：

夫隨其成心而師之，誰獨且無師乎？奚必知代而心自取者有之？愚者與有焉！（《莊子‧齊物論》）

「成心」猶如「竅穴」之「成形」，「知」與「智」通，既與「成心」相對而言，又與「愚者」相對而言，「代」字高亨、聞一多以為當作「成」，「成」與「盛」通，「知成」即下文「三子之知幾乎，皆其盛者也」，〔註85〕「自取」猶「自用」。「成心」是個體獨具的認知模式或風格。心理學研究人如何加工信息，人格心理學在此基礎上研究信息加工的個體差異，莊子也認識到了信息加工的個體差異，並用「此」與「彼」的空間位置差異來象徵不同的知覺和思維風格。每個人都有其「成心」，因此每個人都以其特有的模式和風格認知世界，從而形成各自不同的是非判斷。「地籟」因「竅穴」而成，「人籟」因「成心」而成。就此而言，一切是非判斷都如「竅穴」之聲一樣「咸其自取」。

但是「竅穴」不會評價自身發出的聲音，不會對自身發出的聲音產生某種情感，人卻「隨其成心而師之」，「師之」即以之為師、尊之為師，隱含的意識是把「成心」視為意見、知識的權威，不容置疑。每個人都「隨其成心而師之」就導致種種是非之辯。然而，莊子認為，如果要以「成心」為師，那麼愚者也有，不必是那些知識豐富、智慧高深的人才有。

---

〔註84〕 參見楊柳橋著：《莊子譯注》，上海：上海古籍出版社，2006年，第36頁。
〔註85〕 參見《高亨著作集林‧6‧莊子新箋》，北京：清華大學出版社，2004年，第
　　　　 331～332 頁；《聞一多全集‧9‧莊子校補》，武漢：湖北人民出版社，1993
　　　　 年，第328頁。

「成心」一詞歷來有兩種完全對立的解釋，一種解釋認為「成心」是成見之心，成玄英說「夫域情滯著，執一家之偏見者，謂之成心。夫隨順封執之心，世皆如此，故誰獨無師乎」；〔註86〕林雲銘說：「成心，謂人心之所至，便有成見在胸中，牢不可破，無知愚皆然。」〔註87〕另一種解釋則認為「成心」是天然之心，如林希逸「天理渾然而無不備者」，〔註88〕呂惠卿「吾所受於天而無所虧者也」，〔註89〕釋德清「現成本有之真心」，〔註90〕聞一多「天然完整之心」。〔註91〕在筆者看來，這兩種解釋是相通的。在《莊子》一書中，「成」字的用法相近，都有「天生」、「天然」之意，如「一受其成形」（《莊子‧齊物論》）、「萬物有成理而不說」（《莊子‧知北遊》）、「天下馬有成材」（《莊子‧徐无鬼》），因此成心確是指先驗的認識能力。〔註92〕張恒壽說：「『成心』二字，應和《德充符》篇、《大宗師》篇、《則陽》等篇中「成」字的意義相同，是指人本有的知覺而言，……隨這個『成心』的自然趨向，每個人都有自己的是非直感，只是整個真理環上的一小點，都不能和『再相氏得其環中以隨成』的全面看法相比。」「成心」具有個體差異，因此也的確是成見的根源。莊子並不是批判「成見」本身，而是批判對待成見的態度。「籟」是指音樂，而音樂是由不同的聲音構成的和諧整體。之所以有儒墨之相非，惠子之據梧並非因為「有成見」，而是因為「我有成見」，也就是說是因為「有我」，「我」主觀上對自身極為關注、珍視、熱愛，為一切「我的」而與人相爭。這裏所涉及的是心理學上的自我評價（self-esteem）概念，即為了維護較高的自我評價而拒絕對自我概念作出改變，為了維持自我概念而否定他人。「成心」之見本是「天籟」，但對待意見、是非的態度使「天籟」變成混亂、嘈雜的爭吵聲。

---

〔註86〕〔清〕郭慶藩撰、王孝魚點校：《莊子集釋》，北京：中華書局，1961年，第61頁。

〔註87〕〔清〕林雲銘撰：《莊子因》。上海：華東師範大學出版社，2011年，第15頁。

〔註88〕〔宋〕林希逸撰、周啓成校注：《莊子鬳齋口義校注》，北京：中華書局，1997年，第21頁。

〔註89〕〔宋〕呂惠卿撰、湯君集校：《莊子義集校》，北京：中華書局，2009年，第26頁。

〔註90〕轉引自陳鼓應著：《莊子今注今譯》，北京：商務印書館，2007年，第63頁。

〔註91〕《聞一多全集‧9‧莊子章句》，武漢：湖北人民出版社，1993年，第80頁。

〔註92〕參見謝揚舉著：《道家哲學之研究──比較與環境哲學視界中的道家》，西安：陝西人民出版社，2003年，第200頁。

　　「成見」即是「天籟」，「天籟」即是「成見」，並不是在各種意見、是非之外別有一個「天籟」，有研究者稱「天籟只是一個『境界』，這種境界需要超越人籟和地籟才能領悟。需要超越的東西是什麼？簡單地說，就是人籟的成與虧和地籟的分與別」，〔註93〕但是超越成與虧、分與別不是徹底否定成與虧、分與別，而是認識到一切成與虧、分與別都是相對的，進而改變「師心自用」的態度。認識到一切是非之見的相對性，就採取因順的態度，「因是因非，因非因是。是以聖人不由而照之於天，亦因是也」（《莊子・齊物論》），「不由」即「不用」，不「師心自用」，也就是不執著於個體的那個「是」（此），「照之於天」即是把一切基於「是」（此）與「彼」的差異基礎上的「是」與「非」的差異都視為「天籟」，承認「物論」之不「齊」（即不同），才是所謂的「齊」「物論」，亦即平等對待各種物論（把它們都視為相對的）。「聖人懷之，眾人辯之以相示」（《莊子・齊物論》），眾人爭辯是非以表現給別人看，聖人則內藏於心懷。「懷」亦即《胠篋》篇所謂的「含」：

　　　　彼人含其明，則天下不鑠矣；人含其聰，則天下不累矣；人含
　　其知，則天下不惑矣；人含其德，則天下不僻矣。彼曾、史、楊、
　　墨、師曠、工倕、離朱者，皆外立其德而爚亂天下者也，法之所無
　　用也。（《莊子・胠篋》）

「含」包含兩義，一是含有，一是含藏。「人含其知」一方面是指人人都有自己的獨立見解與認識，另一方面就是指不把自己的認識當作真理四處兜售，誇耀於眾。

　　《齊物論》的主旨是「齊」「物論」，而「成心」是「物論」的根源，因此要做到「齊」「物論」既要「齊」「物」，更要「齊」「成心」。信念、意見、觀點作為經驗自我（雜多的經驗意識）是在主我積極地體驗世界的過程中生成的，因此既依賴於世界又依賴於主我，但經驗自我的一切個體性品格則完全依賴於「成心」的個體性品格，「成心」才意味著真正的個體性品格。但是，「成心」之「成」如同身體之「一受其成形」（《齊物論》），都是個體稟受於「天」，套用莊子的話來說是「天之所為」（《大宗師》），個體沒有什麼好誇耀的。「齊」「成心」與「齊」「物論」一樣不是徹底否認差別，而是「照之於天」（《齊物論》），從超越性的立場看待「成心」。

---

〔註93〕陳靜：《吾喪我——莊子〈齊物論〉解讀》，載《哲學研究》，2001 年第 5 期，
　　　　第 51 頁。

## 三、超越之我

研究者一般都聲稱「吾喪我」之「吾」是開放性的、本眞的自我，[註94] 但是，莊子的本眞自我是有不同層次的。《齊物論》篇的主旨是肯定一切「物論」的獨特價值，肯定一切「成心」都是體驗世界的獨特視角；同時指明「成心」和「物論」的相對性，要求打破「師心自用」的自我中心主義。因此，《齊物論》篇所要解決的信念、知識領域內的、主體間的交往倫理原則（即所謂「莫若以明」、「照之於天」），也就是說，《齊物論》篇最終是要（在信念與知識問題上）「齊人我」，但還沒有到「齊物我」的地步。《齊物論》肯定了「成心」的（儘管也是相對的）獨特價值，但是，相比「心齋」的「虛而待物」、「虛室生白」，《齊物論》篇還沒有進一步把自我從一般的知覺模式、思維模式中解放出來；《齊物論》篇拋棄了過高的自我評價和自我中心，但與「坐忘」的「同於大通」相比，還沒有進一步與道、與整個世界獲得認同。比《齊物論》篇更高一個層次的自我是認同於「道」、認同於整個自然的自我。這有認同於「道」的自我，才是「眞宰」、「眞君」（《莊子·齊物論》）。

自我認同（自我同一性）是一個人描述其自我的方式。通常意義上或心理學意義上的自我認同是指個體把人格的各個方面整合起來，形成一個穩定而統一的人格；而在哲學上，自我認同通常是指個體描述其本質自我——即不隨背景的改變而改變的「眞正的自我」——的方式。哲學的本質自我是一個有待發現的既成事實，心理學的自我認同則是個體看待自我與世界的方式和態度，是個體行動和思想的產物，是一種人格成就。

按照超人本主義心理學家肯·威爾伯的理解，自我認同取決於個體在內心為他的全部經驗劃出一條疆界線，在界線之外的是「非我」（not-self），在界線之內是「自我」。[註95] 一旦劃定了疆界，個體就會以不同的態度對待「自我」與「非我」。自我的發展具有不同的階段或層次，每個階段或層次會面臨不同的心理社會衝突，如果不能解決衝突，就會在下一個階段或層次產生心理問題。因此，自我的建構是人格獨立性的體現，是心靈成長的一個成就，但是疆界也會導致自我與非我的鬥爭、衝突，造成焦慮、痛苦、失望能負面情緒，因此需要打破疆界，擴大自我認同，這意味著既保留自我建構的獨立

---

〔註94〕陳鼓應著：《老莊新論》（修訂版），北京：商務印書館，2008 年，第 210 頁。
〔註95〕參見〔美〕肯·威爾伯著：《沒有疆界》，許金聲譯，北京：中國人民大學出版社，2012 年，第 4 頁。

性的一面，又避免自我與非我的衝突、鬥爭及由此而來的負面情緒。肯·威爾伯認爲存在著終極認同，即吠陀哲學、佛教哲學、道家哲學的最高宗旨：消除有機生命與外界環境的分裂，與整個宇宙認同。他把這種與宇宙認同的意識稱爲一體意識（unity consciousness）。

## 1、遊於形骸之外

自我認同最基本、最常見的分界線就是軀體，「在皮膚和皮膚之內的就是『我』，在皮膚之外的就是『非我』。皮膚之外的東西可以是『我的』，但並不是『我』。」〔註96〕莊子的終極認同就是要打破軀體和外界環境之間的疆界，認同於整個自然，把軀體視爲整個自然中的一部分：

> 魯有兀者王駘，從之遊者與仲尼相若。常季問於仲尼曰：「王駘，兀者也，從之遊者與夫子中分魯。立不教，坐不議。虛而往，實而歸。固有不言之教，無形而心成者邪？是何人也？」仲尼曰：「夫子，聖人也，丘也直後而未往耳！丘將以爲師，而況不若丘者乎！奚假魯國，丘將引天下而與從之。」
>
> 常季曰：「彼兀者也，而王先生，其與庸亦遠矣。若然者，其用心也，獨若之何？」仲尼曰：「死生亦大矣，而不得與之變；雖天地覆墜，亦將不與之遺；審乎無假而不與物遷，命物之化而守其宗也。」
>
> 常季曰：「何謂也？」仲尼曰：「自其異者視之，肝膽楚越也；自其同者視之，萬物皆一也。夫若然者，且不知耳目之所宜，而遊心乎德之和。物視其所一而不見其所喪，視喪其足猶遺土也。」
>
> （《莊子·德充符》）

莊子虛構了身體殘缺的「王駘」，「駘」字作爲名詞是指劣馬、庸才，作爲形容詞是指疲鈍，「駘」字足以刻畫道家的理想人格的形態，並形成對世俗價值觀的批判。王駘無論任何時候，都不發表任何言論以教育弟子，但弟子卻能學到很多東西。常季驚異於王駘之不言之教、形殘而心全，向孔子詢問其「用心若何」。

孔子說王駘不隨生死而有所變化，不因天地塌陷而失去什麼，《天道》篇亦云「審乎無假而不與利遷，極物之眞，能守其本」，「宗」與「本」都是指

---

〔註96〕〔美〕肯·威爾伯著：《沒有疆界》，許金聲譯，北京：中國人民大學出版社，2012年，第5頁。

下文「德之和」。「自其異者視之，肝膽楚越也；自其同者視之，萬物皆一也」，這裏「物」與「一」相對而言，從「差異」的角度看物與物之間才有明確的界限，是彼此孤立的、分離的，從「同一」的角度看並不存在孤立的、分離的「物」，只有唯一的一個永恒流變的變化過程。呂惠卿云：「彼審乎無假而守其宗者，自其同者視之故也」，〔註97〕「同者」即同於道，〔註98〕從「道通為一」的角度認識到萬物的整體性的人，「不知耳目之所宜，而遊心乎德之和」，此即對常季「其用心也，獨若之何」的回答。成疏云：「耳目之宜，宜於聲色者也」，《莊子‧達生篇》：「凡有貌象聲色者，皆物也」，也就是說，王駘這樣的人不用心於「物」，而用心於「德之和」。對於一個個體事物，可以得到、擁有、失去，但對於一個過程（化）而言，只有開始、經過、結束，沒有得到、擁有、失去，即所謂「物視其所一而不見其所喪，視喪其足猶遺土也」。

　　況官天地、府萬物、直寓六骸、象耳目。（《莊子‧德充符》）

　　申徒嘉曰：「……吾與夫子游十九年，而未嘗知吾兀者也。今子與我遊於形骸之內，而子索我於形骸之外，不亦過乎！」（《莊子‧德充符》）

　　今大冶鑄金，金踊躍曰：「我且必為鏌鋣！」大冶必以為不祥之金。今一犯人之形而曰：「人耳！人耳！」夫造化者必以為不祥之人。今一以天地為大爐，以造化為大冶，惡乎往而不可哉！《莊子‧大宗師》）

　　孰能以無為首，以生為脊，以死為尻；孰知死生存亡之一體者，吾與之友矣！（《莊子‧大宗師》）

　　彼方且與造物者為人，而遊乎天地之一氣。彼以生為附贅縣疣，以死為決潰癰。夫若然者，又惡知死生先後之所在！假於異物，託於同體；忘其肝膽，遺其耳目；反覆終始，不知端倪；芒然彷徨乎塵垢之外，逍遙乎無為之業。（《莊子‧大宗師》）

　　夫大塊載我以形，勞我以生，佚我以老，息我以死。故善吾生

〔註97〕〔宋〕呂惠卿撰、湯君集校：《莊子義集校》，北京：中華書局，2009年，第91頁。

〔註98〕參見王樹人、李明珠著：《感悟莊子：「象」思維下的〈莊子〉》，南京：江蘇人民出版社，2006年，第69頁。

者，乃所以善吾死也。夫藏舟於壑，藏山於澤，謂之固矣！然而夜
半有力者負之而走，昧者不知也。藏小大有宜，猶有所遯。若夫藏
天下於天下而不得所遯，是恒物之大情也。特犯人之形而猶喜之。
若人之形者，萬化而未始有極也，其為樂可勝計邪？故聖人將遊於
物之所不得遯而皆存。善妖善老，善始善終，人猶傚之，而況萬物
之所繫而一化之所待乎！（《莊子・大宗師》）

「官天地，府萬物」之「官」通「館」，像這樣的人，把天地、萬物視為精神
的館舍、府庫，而把六骸、耳目視為土偶、木像，實際上把是天地、萬物視
為眞正的身體，而把肉體的形骸視為暫時的寄寓。「今子與我遊於形骸之內，
而子索我於形骸之外」當作「今子與我遊於形骸之外，而子索我於形骸之內」，
[註99]「索我於形骸之內」即把形骸視為「我」與外界的界線，「遊於形骸之
外」則把自我認同從形骸擴大到整個自然。像這樣的人，把出生、勞作、衰
老、死亡為一個過程，甚至個體生命的開始、結束，也只是一個更大的生命
歷程的一個環節，即所謂「萬化而未始有極」。

### 2、遊心乎德之和

這種自我認同關注的不是眞實性或事實性（即不是尋求發現意識經驗中
不變的、眞實的東西），而是超越性（即意識對事實性的解釋和態度），換句
話說，它關注的不是「什麼是眞實的、有價值的」，而是「什麼是對我而言是
眞實、有價值的」，因此，這種自我不是認識論意義上的本質的自我，而是生
存論意義上的本眞的自我。超越性的或本眞性的自我認同意味著自我並不是
由那些發生在我們身上的、關於我們的既定事實決定的，即使自我不能改變
發生在我們身上的既定事實，自我依然可以超越它，什麼是對於我來說是重
要的，不可或缺的，並不取決於偶然的既定事實，而是取決於我的態度。

哀公曰：「何謂才全？」仲尼曰：「死生、存亡、窮達、貧富、
賢與不肖、毀譽、饑渴、寒暑，是事之變、命之行也。日夜相代乎
前，而知不能規乎其始者也。故不足以滑和，不可入於靈府。使之
和豫，通而不失於兑。使日夜無隙，而與物為春，是接而生時於心
者也。是之謂才全。」（《莊子・德充符》）

生死、存亡、貧富、毀譽、寒暑等自然現象和社會現象等構成了我的生存境

〔註99〕參見《聞一多全集・9・莊子章句》，武漢：湖北人民出版社，1993年，第113
　　　頁。

遇，但對於我的生存境遇來說，重要的不是我遭遇了什麼，而是我對境遇的接受方式，是把富貴榮華美譽視爲令人志得意滿的個人成就，還是視爲無關本眞自我的身外之物？是把窮苦卑賤看做命運對我的不公，還是看做偶然的現象？莊子用「動態整體直觀的思維」〔註100〕審視人的生存境遇，把它們視爲「事之變、命之行」，「事」與「命」的變化晝夜不息（「日夜相代乎前」），無始無終（「知不能規乎其始」）。莊子認爲對於個人來說眞正重要的是「德之和」，即心靈的平和、愉悅，不值得爲了事之變、命之行擾亂心靈的「和豫」。

> 且夫得者，時也；失者，順也。安時而處順，哀樂不能入也，
> 此古之所謂縣解也，而不能自解者，物有結之。（《莊子·大宗師》）

「哀樂不能入」不是說沒有喜怒哀樂的情感，「吾所謂無情者，言人之不以好惡內傷其身，常因自然而不益生也」（《莊子·德充符》），進一步來說，「哀樂不能入」是因爲「德之和」足夠充沛，樂無以益之，哀無以損之：

> 樂全之謂得志……謂其無以益其樂而已矣……故不爲軒冕肆
> 志，不爲窮約趨俗，其樂彼與此同，故無憂而已矣！（《莊子·繕性》）

莊子認爲「德之和」才是本眞性的（「本眞性」是對德語 Eigentlich 的翻譯，從詞源上講該詞可以翻譯爲「自己的」或「本己的」），個體在應對事物之變、天命之行時，要保持「德之和」不受擾亂，「使日夜無隙，而與物爲春，是接而生時於心者也。」王夫之云：「與物方接之時，即以當前之境，生其合時之宜，不豫設成心以待之」，〔註101〕方以智《藥地炮莊》：「劉云：接者未嘗辭之，乃因之而有得，如物過其手。其視境緣，欣然不存於心，而心之所存，自有生意。」〔註102〕

莊子的「德」是表徵宇宙人生的根源性與整體性的概念：〔註103〕

> 泰初有無無，有無名。一之所起，有一而未形。物得以生謂之
> 德；未形者有分，且然無間謂之命；留動而生物，物成生理謂之形；
> 形體保神，各有儀則謂之性；性修反德，德至同於初。同乃虛，虛
> 乃大。（《莊子·天地》）

---

〔註100〕 王樹人、李明珠著：《感悟莊子：「象」思維下的〈莊子〉》，南京：江蘇人民出版社，2006年，第76頁。

〔註101〕 〔清〕王夫之著：《老子衍·莊子通·莊子解》，北京：中華書局，2009年，第126頁。

〔註102〕 〔明〕方以智著、張永義、邢益海校點：《藥地炮莊》，北京：華夏出版社，2011年，第189頁。

〔註103〕 參見陳鼓應著：《莊子今注今譯》，北京：商務印書館，2007年，第169頁。

「一」是指混沌的動態整體，「德」稟受、并內嵌於「一」，聞一多謂「且然無間」當作「然且無間」，且猶尚，未形有分，雖有分但仍無間隔，這種動態的連續性即「命」，有物有形仍保有其神則爲「性」，「性脩反德，德至同於初」，「初」即「泰初」未始有物的混沌整體，未始有物則能「虛而待物」（《莊子‧人間世》），「虛則無所不容，無所不納」，〔註104〕亦即能夠容納、接受任何事之變、命之行。因此，「遊心乎德之和」即「遊心於物之初」：

> 老聃曰：吾遊心於物之初……夫得是至美至樂也。得至美而遊乎至樂，謂之至人……草食之獸，不疾易藪；水生之蟲，不疾易水。行小變而不失其大常也，喜怒哀樂不入於胸次。夫天下也者，萬物之所一也。得其所一而同焉，則四支百體將爲塵垢，而死生終始將爲晝夜，而莫之能滑，而況得喪禍福之所介乎！棄隸者若棄泥塗，知身貴於隸也。貴在於我而不失於變。且萬化而未始有極也，夫孰足以患心！已爲道者解乎此。（《莊子‧田子方》）

「遊心於物之初」即「自其同者視之，萬物皆一也」，亦即把萬物視作一個動態整體。個體的生存境遇作爲一個「小生境」（ecological niche）總是內嵌於整個自然，小生境的任何變故都只是「行小變而不失其大常」。只有這樣，才能不爲物累、不爲物役，不殉於物，才能得「至美至樂」，即「德之和」。

## 第六節　意識、自我與世界

意識是一個開放的系統，「意識」，或者說「源始的意識」、「最低限度的意識」，並不像康德所說的那樣是「自我意識」，而是「對象意識」，指向對象、面向世界，不斷與世界進行信息交流，從而幫助有機體更好地適應這個世界。只有當「源始意識」（爲了提供適應能力）把這種指向對象的能力指向自身的時候，才會有「自我意識」或「意識的意識」。有了「意識的意識」之後，「對象意識」建構對象（世界）的能力與建構自我的能力處在循環互動、協同發展之中。宇宙是一個自觀察系統，宇宙是什麼，有賴於宇宙內部的觀察者的認識能力，而觀察者的生存又有賴於它建構出的實在，觀察者的認識能力也是在生存實踐中塑造出來的。「意識」不是獨立於世界，站在世界之外的「上

---

〔註104〕〔明〕陸西星撰、蔣門馬點校：《南華眞經副墨》，北京：中華書局，2010年，第176頁。

帝之眼」，而是內嵌於世界，並與被觀察的對象（倒不如說是與「上手事物」）糾纏在一起的，正是這種互相糾纏使人成爲人。

不僅從種系的角度看是如此，從個體的角度看同樣如此。個體對世界的認識與對自我的認識，都是隨著生活經驗的積纍而日趨完善的。「成心」就是在這個經驗性的過程中逐漸形成的立場、觀念、思想、態度，而這些立場、觀念等又會隨著生活經驗的變化而變化，如《莊子・語言》所言「孔子行年六十而六十化。始時所是，卒而非之，未知今之所謂是之非五十九非也。」就此而言，「成心」是每個人觀察、理解這個世界所不可避免的立場與視角。《莊子・齊物論》所言「凡物無成與毀，復通爲一」，雖然是在講「物」之成與毀，但也可以幫助我們理解「心」之「成」。「成心」本身只是世界進程中的暫時化的「成」，而不是最終的、絕對性的「成」；是內在於世界的，而不是外在於世界的；是這個世界之內的一個特殊的觀察視角，而不是世界之外的「上帝之眼」。一切「成心」都以自身的獨特視角反應世界，聖人開放地包容各種意見（《莊子・齊物論》：「是以聖人不由而照之於天，亦因是也」）。在這種情況下，心靈是開放的、與宇宙爲一的「吾」，所有的言說都是「天籟」，即作爲世界之內的一個特殊視角（「竅」）反應這個世界。一切知識、判斷（「是」）既是「吾」的主觀眞理，也是世界的眞理；「吾」是世界眞理的呈現者。

但「師其成心」的態度把心靈置於麻煩與危險之中。「師其成心」意味著人開始把自己當作一個在認識論和價值觀上絕對化的、不容否定的「中心」：「我」是觀念、思想的創造者，是眞理的發現者，是價值的設定者。於是，人們對自己的言說自以爲是、自我陶醉，相互非難、辯駁，「是其所非而非其所是」（《莊子・齊物論》），「天籟」被激烈刺耳的論辯遮蔽了（「言隱於榮華」）。

另外一方面，「成心」只是已有的生活經驗的積纍，本身應該對未來的生活經驗保持開放，但「師其成心」的態度意味著人開始把心靈看作一個封閉的系統，擁有現成的、先驗的、靜態的、格式化的心靈結構，認爲「成心」以完全外在的、客觀的、超然的立場理解世界。於是，原本動態的、靈活的、開放的、與宇宙一體的心靈逐漸自我孤立、自我封閉，變得狹隘與僵化。一旦經驗性的「成心」被視爲先驗的、具有客觀性的時候，封閉、孤立、僵化的「我」就形成了。我們無法禁錮「物」的永恒流動與變化，卻常常在意識之內，用名相概念禁錮經驗之流，認定生活之流的某一斷面爲實體化、客體化的「我」，與外界相互摩擦、牴牾。人的行爲往往受「成心」支配，而不是

順應「化」（經驗之流）。徐復觀說：「把自己的知、情、意，常於不知不覺之中，定著在某一生活斷片之上，只以某一生活斷片，作為我的實體，而加以執持；於是在此斷片以外的時代之流，生活之流，也都成為自己的精神的荊棘。」〔註105〕「人所以不能順萬物之性，主要是來自物我之對立；在物我對立中，人情總是以自己作為衡量萬物的標準，因而發生是非好惡之情，給萬物以有形無形的干擾。自己也會同時感到處處受到外物的牽掛、滯礙。」〔註106〕執持於某一「斷片」，就把開放性的自我封閉起來，「建立一種只屬於自身的自我」，〔註107〕從而與大化之流分離，成為了現成的存在者、「物」，「我」之成是對「道」的傷害。史華茲說：「人心通過把注意力凝聚於變幻無窮的周邊世界中的某些方面，試圖把它們作為我們固定的目標或思想的對象加以凝固，從而去肯定人心的自我存在本身，這就使得它們絕對化了。人們的喜歡和厭惡，既通過沉迷性的、佔有性的激情，也通過涉及到『對』與『錯』的固執意見，而變得固定起來，即使與此同時他本人如同一切有限而短暫的被造物一樣正在無情地朝死亡邁進，也執迷不悟。」〔註108〕

　　莊子認為，不僅「物」是相對的，「心」也是相對的，惟一絕對的是永恒的變化過程。無論是「物」之「成」還是「心」之「成」，都是「成」與「毀」相通為一的動態過程，「物」處於永不暫歇的綿延之流中，構成了人類綿延不斷而又日新月新的經驗之流，人的認知、態度、立場也會隨著經驗的不斷豐富而發生變化。因此，莊子主張心靈之「化」、自我之「化」：

　　　　吾一受其成形，而不化以待盡。效物而動，日夜無隙，而不知
　　其所終。薰然其成形，知命不能規乎其前。丘以是日徂。吾終身與
　　汝交一臂而失之，可不哀與？女殆著乎吾所以著也。彼已盡矣，而
　　女求之以為有，是求馬於唐肆也。吾服，女也甚忘；女服，吾也甚
　　忘。雖然，女奚患焉！雖忘乎故吾，吾有不忘者存。

　　《莊子・田子方》）

經驗自我順應著生活經驗的不斷變化（「效物而動」），而不斷形成新的自我

〔註105〕徐復觀著：《中國人性論史》，上海：華東師範大學出版社，2005年，第241頁。
〔註106〕同上，第240頁。
〔註107〕〔美〕本傑明・史華茲著、程鋼譯：《古代中國的思想世界》，南京：江蘇人民出版社，2004年，第237頁。
〔註108〕同上，第237頁。

（「丘以是日徂」）。如前所述，「吾喪我」之「我」是處於某種物我關係、人我關係等對象性關係中的存在，但「吾」也絕非某種不在世界之內的「純思」，正如「天籟」不是在「人籟」、「地籟」之外「別有一物」（郭象語）。毋寧說「吾」是「我」的另外一種或多種可能性，「吾」總是對無限的可能性保持開放。雖然說「我」總是處於某種確定的、現成的物我關係、人我關係之中，但「我」總能夠超越既定的對象性關係，總還可以與物、與他人建立另外一種關係。

笛卡爾的「我思」與康德的「先驗自我」就是一種本身「無世界」的「自我」，因而陷入自我與世界、主體與客體的二元對立之中。馬塞爾將這種「純粹主觀性」看作「任何一種形而上學曾犯過的罪嚴重的錯誤之一」。〔註109〕當然，無論是從康德哲學出發批判莊子的自我，還是從莊子哲學出發批判康德的自由，都是不恰當的，因為莊子與康德關心的問題域不同。康德是站在知識論的角度，試圖克服懷疑論，為知識確立最終的、惟一的基礎，而莊子則是站在生存論的角度，採取「因是因非」的態度化解「我」與「物」、「我」與「他人」的對立，讓「我」自在也讓「他（它）」自在，從而獲得自由。

康德的問題在於他對「我思」所採取的先驗論證方法。康德的先驗論證尋求知識的最終的、惟一的基礎，因此這個基礎必須不依賴於自身之外的任何事物而獨自證明自身。因此，趙汀陽把先驗論證稱為「自相關論證」，對「我思」的先驗論證只是在思想範圍內克服懷疑論，只是「思想」的自我辯白：我只能如此這般地思，否則就沒有知識可言。〔註110〕「純思」只能在「思想」之內審查自身，因此「純思」並不能很好地解釋「思想」與對象的關係。康德的先驗論證能夠說明「思想」為什麼「只能如此這般地思」（事實上「思想」也並非只能如此這般地思），卻不能說明「思想」為什麼「能夠如此這般地思」，也就是說，康德的先驗論證能夠說明「知識」如何可能，卻不能說明「認識」如何發生。

康德的自我理論僅僅看到意識在認識活動上的能動性，卻沒有看到意識的存在依賴於世界以及生物有機體的生存實踐；僅僅看到意識為自然立法的一面，沒有看到自然塑造人的認知器官的一面。自然是混沌的，但在混沌之

〔註109〕馬塞爾：《存在與佔有》，轉引自大衛・科珀：《存在主義》，孫小玲、鄭劍文譯，上海，復旦大學出版社，2012年，第24頁。

〔註110〕參見趙汀陽：《先驗論證》，載《世界哲學》，2005年第3期。

中還有一定程度上穩定的規律性，否則生物有機體不僅不可能進化出任何認知器官系統，自身也不可能存在。洛倫茲認為康德走得太遠了，「從進化的角度看，認識主體與被認識的客體之間，並無根本性的對立。實際上更應該說，在世界和在世界中發展的生物之間，存在著密切的關係。而且規則的存在，也並不僅僅是因為我們有智力的能動性。實際上更應是相反：在進化的過程中，認識能力適應了世界的穩定結構。生物與外界是協調一致的：是外界參與塑造了生物——包括其認知器官系統在內。」〔註111〕「思想」「能夠如此這般地思」是自然選擇的結果。

個體發生史上的先驗性，其實是種系發生史上後天性，個人天賦的範疇框架，是人類種屬的經驗積纍的產物，而且也只有在人類的認知器官所能接觸的那一小部分客觀世界（認知小生境）內才是有效的，在比這個小生境更大和更小的範圍內都可能會失效。這當然不是說世界是這個小生境的範圍、尺度之外就成了康德所謂的不可知的「世界自身」，而是說我們必須修正範疇框架在我們的認知小生境內被賦予的具體含義。我們的認知系統是不完善的，是我們在適應小生境的自然選擇過程中形成的，但卻是我們無法徹底拋棄的。

總之，「自我」不是獨立於世界之外，與世界形成主客對立的超然存在，而是「意識」的產物，而「意識」是腦的功能，腦則內嵌於世界之中。從超越於人的角度來看，世界才是真正的主體，就像莊子所說的那樣：

　　舜問乎丞：「道可得而有乎？」曰：「汝身非汝有也，汝何得有夫道！」舜曰：「吾身非吾有也，孰有之哉？」曰：「是天地之委形也；生非汝有，是天地之委和也；性命非汝有，是天地之委順也；子孫非汝有，是天地之委蛻也。」（《莊子・知北遊》）

〔註111〕克里斯・布斯克斯著：《進化思維：達爾文對我們世界觀的影響》，徐紀貴譯，成都：四川人民出版社，2010年，第207頁。

# 第四章　人性

　　康德的先驗哲學是關於「人」的哲學，三部批判分別從眞、善、美三個不同領域研究了人的本質屬性。康德認爲，人的本質屬性就是自由。我們無法認識作爲本體的「我自身」或「人自身」（亦即先驗統覺），但我們可以設想「人」是自由的，先驗統覺的綜合作用體現了人性在認識活動中的能動性。1785 年的《道德形而上學的奠基》（以下簡稱《奠基》）與 1788 年的《實踐理性批判》（一下簡稱《實踐》）所界定的「自律」、意志自由，是人性能達的境界（儘管依賴於靈魂不滅的懸設），1790 年的《判斷力批判》（以下簡稱《判斷力》）研究了作爲「此在」的人所擁有的自由。但這並沒有解決人是什麼這個最根本的哲學問題。康德晚年圍繞著宗教、法律、國家、歷史等問題展開哲學人類學的探究，深化了對人性的認識，尤其是 1793 年發表的《純然理性界限內的宗教》（以下簡稱《宗教》），明確地把「人性」的善與惡作爲研究的一個主題。

　　按照康德哲學自身的發展歷程，我們應該來討論了《奠基》與《實踐》中的自由理論之後，再來討論《宗教》。但是，《奠基》與《實踐》中的自由是一種理想化的道德自由，應該被理解爲每一個具有自由意志的人應該追求的目標，[註1] 而康德錯誤地把道德自由等同於自由意志，從而使自由意志等同於善。《宗教》一書糾正了這種錯誤，把自由意志看作比善與惡更根本的東西，這種自由才是現實的自由，也正是這種自由，才使我們有必要也有能力追求道德自由。因此，我們這裏先來討論《宗教》一書中的人性論。

---

〔註 1〕 保羅・蓋耶也持同樣觀點，並認爲「宗教」直接否定了《奠基》中的觀點。
　　　　 參見 Paul Guyer, Kant's System of Nature and Freedom, Oxford university press, 2005, p119, p124.

　　人性，顧名思義，是指人類生而具有的一切屬性，是從根本上決定並解釋人類行為的本質屬性，一切人類行為，包括認知、實踐、審美、純粹的遊戲、消遣甚至無意識行為，都有相應的人性因素作為根據。這裏所要探討的是與倫理行為──具有或善或惡的屬性的行為──有關的人類本性。「惡」的存在，最突出地彰顯了現實世界與理想世界之間的斷裂，同時「惡」的存在也賦予了我們追求「善」的動機。人們譴責現實中的「惡」，追求理想中的「善」，但是，惟有當「惡」產生自人類自身的本性的時候，譴責才是有意義的；同樣，惟有當「善」是依靠人自身的力量所能夠達到的，理想才有可能成為現實。

　　莊子及其後學生活在與康德截然不同的時代與文化環境之中，但莊子與康德都充分吸收了各自所能利用的一切智識資源，並對他們各自所能獲得的歷史經驗做了充分的反思，從而都以他們所能達到的思維高度對人性以及「惡」進行了反思。

# 第一節　康德論人性

## 一、natur 與性

　　李秋零教授根據兩部德文詞典總結出德文「本性」（natur）的根本含義是指「未經人的參與或者加工的原生態，是自然而然地生成的東西」〔註2〕。但是，康德在《宗教》中對這個術語做了新的界定：

　　　　如果本性這一術語（像通常那樣）意味著出自自由的行動的根據的對立面，那麼，它就與道德上的善或者惡這兩個謂詞是截然對立的。為了使人們不致對這一術語有反感，就必須說明，這裏〔註3〕把人的本性僅僅理解為（遵從客觀的道德法則）一般地運用人的自由的、先行於一切被察覺到的行為的主觀根據，而不論這個主觀的根據存在於什麼地方。但是，這個主觀的根據自身總又必須是一個

---

〔註2〕　李秋零：《「本性」還是「本質」？──答鄒曉東先生》，載《哲學門》（總第十六輯）第八卷第二冊，北京大學出版社，2008 年 1 月，第 280 頁。

〔註3〕　「這裏」一詞似乎在強調討論的語境，也就是說，這裏提供的是對「本性」一詞的特殊理解，而不是一般而言的「本性」，具體來說就是相關於那些可以歸因於人的善或惡來討論人的本性。

　　自由行爲（因爲若不然，人的人性在道德法則方面的運用或者濫用，
就不能歸因於人，人心中的善或者惡也就不能叫做道德上的）。
　　（Rel，20～21＼18～19）〔註4〕

據此，本性首先是指人的本能、自然衝動等的對立面；其次，本性是一般地
運用人的自由的主觀根據，是先行於一切被察覺到的行爲的主觀根據；最後，
這一主觀根據本身又是一個自由行爲。既然本性「先行於一切被察覺到的行
爲」，又同時是「一個自由行爲」，所以，後一「行爲」就只能被理解爲理知
的行爲，而不是經驗性行爲。也就是說，「本性」在康德這裏既是自然而然生
成的，又同時是人的一個自由行爲，甚至可以說它是人的（邏輯上的）第一
個自由行爲，〔註5〕本性的最本己的特性是自由。

　　中文「性」字從心從生，在中國古代，以生言性具有悠久的傳統，如《孟
子》引告子之言「生之爲性」，《爾雅》曰「性，質也」，荀子曰「生之所以然
者謂之性」（《荀子・正名》）、「不可學、不可事，而在人者謂之性」（《荀子・
性惡》），《呂氏春秋・孟秋季・蕩兵》曰「性者，所受於天也，非人之能爲也」。
《莊子》同樣持此看法：

　　　　道者，德之欽也；生者，德之光也；性者，生之質也。
　　（《莊子・庚桑楚》）

道是德之所興〔註6〕，生命是道德的光輝，性是道、德的派生物，是生命之
「質」，是包括人在內的生物的天生的資質、生而具有的稟賦。徐復觀先生認
爲，《莊子》中德與性基本同義，尤其《莊子》內篇無「性」字，而內篇的「德」
字便是「性」字；「若勉強說性與德的分別，則在人與物的身上內在化的道，
稍微靠近抽象地道的方面來說時，便是德；貼近具體地形的方面來說時，便
是性。」〔註7〕

---

〔註4〕Rel 是《純然理性界限内的宗教》的縮略語，所據版本爲李秋零主編：《康德
　　　　著作全集第 6 卷・純然理性界限内的宗教》，北京：中國人民大學出版社，2007
　　　　年版，第 19 頁。下文一律依照如下格式引用：（Rel，德文版頁碼＼李秋零譯
　　　　本頁碼）。

〔註5〕李秋零：《「本性」還是「本質」？——答鄒曉東先生》，載《哲學門》（總第
　　　　十六輯）第八卷第二冊，北京大學出版社，2008 年，第 286 頁。

〔註6〕「欽」釋義字從王叔岷，見《莊子校詮》，北京：中華書局，2007 年版，第
　　　　907 頁。

〔註7〕徐復觀：《中國人性論史》，上海：華東師範大學出版社，2005 年版，第 227
　　　　頁。

> 泰初有無，無有無名。一之所起，有一而未形。物得以生謂之
> 德；未形者有分，且然無間謂之命；留動而生物，物成生理謂之形；
> 形體保神，各有儀則謂之性；性脩反德，德至同於初。

（《莊子‧天地》）

「形體保神，各有儀則謂之性」，王叔岷謂「儀則猶法則也」，〔註8〕形體保有
精神，「各自皆有活動變化的儀態法則，這就叫做本性」。〔註9〕總之，「性」
是決定、解釋生物、人的行為的先天法則、規律，故而《庚桑楚》篇又說「性
之動謂之為」。

「性」來源於天、道，它是天地的完美造化，而不是來源於人的自由，
人只有自覺按照本性的要求去生活，才可能獲得心靈的自由。根據《莊子》
的描述，「性」最主要的特性是和順、虛靜、恬淡、素樸、純粹，這些特性與
其說是道德上，不如說主要是審美上的。《莊子》認為，只要人能遵從本性，
保有本性的這些特性，那麼，人就能夠獲得一種好的生活，而且能夠與他人、
與萬物處在一種良性關係之中，實現社會與生態的和諧。

## 二、向善稟賦

康德認為人的本性中具有向善的原初稟賦。這些稟賦可以分為三類：

1、作為一種有生命的存在者，人具有動物性的稟賦；

2、作為一種有生命同時又有理性的存在者，人具有人性的稟賦；
〔註10〕

3、作為一種有理性同時又能能負責任的存在者，人具有人格性的
稟賦。

人的動物性稟賦被歸在自然的（physical）、純然機械性的自愛的名目之下，包
括自我保存、族類的繁衍和保存以及社會本能三個方面；人性的稟賦歸在自
然的、但卻是比較而言的自愛的名目之下，「只有在與其他人相比較，才能斷
的自己是幸福的還是不幸的」（Rel，27＼25～26）；人格性的稟賦就是人的道

---

〔註8〕 王叔岷：《莊子校詮》，北京：中華書局，2007 年版，第 434 頁。

〔註9〕 陸永品：《莊子通釋》，北京：中國社會科學出版社，2006 年版，第 173 頁。

〔註10〕 這裏的「人性」在德文中是 Menschheit，在英譯本中是 humanity 一詞。humanity
雖然也意指決定了人類之所以為人類的本質，但一般而言使用該詞時側重於
這個詞所表達的價值論的、道德的和美學的特點。這一詞也常被譯為「人道」。

德情感。康德認為，第一種稟賦不以理性為根據，按照羅爾斯的解釋，「它不需要理性的訓練，在一般意義上受本能、習得的傾向和習慣的指導」。〔註11〕第二種稟賦以隸屬於自愛動機的理性為根據，第三種稟賦以無條件地立法的理性為根據。在第一種稟賦之上，可以嫁接粗野、貪婪、放蕩、野蠻等惡習；第二種稟賦會產生爭強好勝的偏好，可以嫁接對他人的敵意、忘恩負義、幸災樂禍等文化的惡習；第三種稟賦不能嫁接任何惡的東西。

　　我們可以發現，康德所謂的三個方面的稟賦，分別對應於人的生理或生命層面的自然屬性、人的心理層面的自然屬性和人的心靈層面的屬性。人的生理屬性追求自我保存與感官快樂；人的心理屬性追求相對他人而言的（相對）價值，即追求自尊；〔註12〕人的心靈屬性追求絕對的、永恒的價值。按照康德的理解，人的生理屬性（動物性）和心理屬性（人性、humanity）都同屬於自然——前者是人與動物都具有的，後者是人類與動物的本質區別；而人格性，則把人類提升到超越自然的層面上來。

　　康德的「人性」（humanity）概念稍微複雜一些，無論是在《宗教》之前的《奠基》中，還是在其後的《道德形而上學》中，「人性」都是指根植於我們身上的道德人格力量，而在《宗教》中，康德把「人性」與「人格性」區別開來，這使得他的道德心理學更加完善。然而不變的一點是，「人性」依然以實踐理性為基礎，只不過在《宗教》中，「人性」以不純粹的實踐理性為基礎，也就是說它也依賴於其他的經驗性的刺激。

　　前面說過，康德對「本性」一詞做了新的界定，即本性根源於自由，但是，原初稟賦的存在卻違背了這一新的「本性」概念。首先，康德沒有說明動物性稟賦如何區別於人的本能。其次，據李秋零介紹，「稟賦」的德文詞「Anlage」包含著「在」的意思，「是一種實體性的存在」，〔註13〕它只能被理解為「被造就的」、未經人的參與和加工的，而不能被理解為通過人的自由行為而獲得的或贏得的。因此稟賦並不來源於人的自由，倒是嫁接在稟賦之上的惡習才是來源於人的自由的。康德說「人身上的所有這些稟賦都不僅僅（消

---

〔註11〕〔美〕約翰·羅爾斯著：《道德哲學史講義》，張國清譯，上海：上海三聯書店，2003年，第393頁。

〔註12〕這裏的「自尊」是心理學意義上的，對應於英語單詞self-seteem，也譯為「自我評價」，不是道德意義上的 self-respect。

〔註13〕李秋零：《「本性」還是「本質」？——答鄒曉東先生》，載《哲學門》（總第十六輯）第八卷第二冊，北京大學出版社，2008年1月，第285頁。

極地）是善的（即它們與道德法則之間沒有衝突），而且都還是向善的稟賦（即它們都促使人們遵從道德法則）」。而按照康德道德法則就是自由法則的觀念來看，這裏所謂的消極的善也只能理解爲自然的善，而不能理解爲道德上的善，也就是說，這種善應歸功於上帝或自然，而不能歸功於人自身。〔註14〕

## 三、趨惡傾向

人性中不僅具有向善的稟賦，也具有趨惡的傾向。「傾向」指的是「一種偏好（經常性的欲望）的可能性的主觀根據」（Rel，28＼27）；「任性的一種主觀規定根據」（Rel，31＼30）。因爲要討論的是道德上的惡，所以這「惡」就只有到人的思維方式中去尋找，「這種惡必須存在於準則背離道德法則的可能性的主觀根據中」（Rel，29＼28）。也就是說，「惡」「必定全都不是產生於我們的肉體欲望和社會學欲望，而是惟一地產生於我們對我們的自由選擇能力的實施」。〔註15〕

趨惡的傾向分爲三個層次：人的本性的脆弱、不純正和人的本性或人心的惡劣（depravity）。脆弱，是指道德動機在主觀上比非道德的動機軟弱；不純正，是指道德法則不足以規定任性，還需要其他非道德的動機；人心的惡劣，是指把道德動機置於非道德動機之後，故而又被稱作人心的顛倒，即顛倒了各種動機的道德次序。

康德認爲，與稟賦不同，傾向「雖然也可能是與生俱有的，但卻不可以被設想爲與生俱有的，而是也能夠被設想爲贏得的（如果它是善的），或者由人自己招致的（如果它是惡的）。」（Rel，29＼28）據此，趨惡的傾向雖然可能是與生俱有的，但卻不能設想爲與生俱有的，而是也能被設想爲是人自己招致的。然而康德並沒有提供充分的理由說服我們接受這一觀點，爲什麼可能是與生俱有的卻不能設想爲是與生俱有的？康德說如果趨惡的傾向可以設想爲普遍地屬於人的，那麼，它就是一種自然（natural）傾向。既然如此，爲何要讓人爲這種自然的傾向負責？至少前兩個層次的傾向都可以歸因於（因

〔註14〕　許多學者對此持同樣觀點，如李秋零（見《康德論人性根本惡及人的改惡向善》，載《哲學研究》1997 年第 1 期，第 299 頁）、白文君（見《論康德的人性思想》，載《學術論壇》2007 年第 11 期總第 202 期；又見《康德論述根本惡的三重維度及其矛盾》，載《倫理學研究》2007 年 5 月第 3 期，總第 29 期）

〔註15〕　〔美〕約翰・羅爾斯著、張國清譯：《道德哲學史講義》，上海：上海三聯書店，2003 年，第 397 頁。

果性歸因而不是指道德歸因）自然或造物主，脆弱可以歸因於自然的不完善，不純正可以歸因於人的人類學特徵：人既是依賴於感性對象的存在者，又是具有理性的存在者。並且，康德還聲稱前兩個層次可以被斷定爲無意的罪，只有第三個層次才可以被判定爲蓄意的罪。因此，把脆弱和不純正歸屬於人的自然屬性，而不是歸屬於人的道德屬性，在直覺上更爲合理。

對於這個問題的解決策略之一是訴諸於理論視角與實踐視角的區分。具體來說就是，從理論的視角來看，脆弱和不純正是人的自然屬性或人類學屬性，然而從實踐的視角來看，它們是人應當克服的屬性。但即使這樣，它們仍然不能歸因於人，能夠歸因於人的是人沒有努力克服這種屬性。

第二個策略是訴諸於「人心的惡劣」。人心的惡劣是人的思維方式的敗壞，是人的意念的惡，是意識到了道德法則而又把對這一法則的背離納入自己的準則，康德又把它稱爲根本惡、蓄意的罪，康德說：

它以人心的某種奸詐爲特徵，即由於自己特有的或善或惡的意念而欺騙自己，並且只要行動的後果不是按照其準則本來很可能造成的惡，就不會因爲自己的意念而感到不安，反而認爲自己在法則面前是清白的。由此出發，許多（自認爲有良知的）人只要在沒有訴諸法則，至少法則沒有起主要作用的行動中僥倖地避免了惡的結果，就會感到心安理得，甚至會居功自傲，覺得自己不必爲任何眼看其他人所犯的那些違背法則的行爲負咎；卻不深究這是否僅僅是僥倖的功績，以及按照他們本來完全能夠從自己的內心深處揭示出的思維方式，倘若不是無能、氣質、教育、誘人一試的時間和地點條件（純粹是些不能歸因於我們的東西）使自己未能那樣做的話，那麼，只要自己願意，是否自己就不會犯下同樣的惡行呢？這種自我欺騙的，以及阻礙在我們心中建立眞正的道德意念的不誠實，還向外擴張成爲虛僞和欺騙他人；後者即使不應該稱之爲惡意，至少也應該叫做猥瑣，它包含在人的本性的根本惡之中。這種惡（由於它在應當把一個人看做什麼方面敗壞了道德的判斷力，使責任對內對外都變得不確定）構成了我們這個族類的污點，只要我們不清除掉這個污點，它就妨礙著善的幼芽，像其本來完全可能的那樣發展起來。（Rel，38＼38）

根本惡具有自欺的特徵，即：只要沒有造成惡的後果就自認清白，甚至自認爲是有德性的。自欺敗壞著人的道德判斷力。如此一來，儘管脆弱和不純正可以設想爲人的與生俱有的自然屬性和人類學屬性，但是，人畢竟是自

由的，人應該也能夠克服這些屬性，因此，我們不能容忍以此爲藉口爲自己辯護，因爲這同樣是一種自欺，是道德判斷力敗壞的表現。正如阿利森所說的那樣「脆弱性首先反映出對道德法則缺乏充分的認同……自欺一開始就進入這幅圖景，它把實際上是對自身行爲的自由評價描述成他無須對此負責的『弱點』。」〔註16〕

　　根據這種觀點，我們可以對康德的「趨惡的傾向」做出一些修正和完善：脆弱和不純正本身是人的自然屬性或人類學屬性，應該被理解爲「我們道德上有缺陷的能力」（Rel，191\196），因此僅僅是潛在的惡；人心的惡劣是人的道德屬性，它不再僅僅是惡的可能性，而已經是現實的惡，儘管只是理知性質的惡。只有在自欺已經滲入到前兩個層次的情況下，脆弱和不純正才真正成爲人的道德屬性，並因此是可以歸咎於人自身的。由此可見，在三種趨惡傾向中，康德只是在人心的惡劣或根本惡這一點上貫徹了本性根源於自由的觀點，因此，人的本性之惡只能就人的心靈、意念或思維方式而言。〔註17〕

## 四、惡的根本性及其起源

　　康德不僅認爲人性中有惡的主觀根據，而且還宣稱人事實上就是「惡」的：「人是惡的」、「人天生是惡的」。爲了理解這一思想，首先要瞭解康德在「一個具有善良品行的人」（a human being of good morals）和「道德上的善人」（a morally good human being）之間做出的區分。康德認爲就行動與法則一致而言，兩者是沒有區別的，區別在於：

> 在前一種人那裏，行動恰恰並不總是或者從來不曾以法則爲惟一的和最高的動機，而在後一種人那裏，行動在任何時候都以法則爲惟一的和最高的動機。關於前一種人可以說，他是憑著字句遵循法則的（即，就法則所要求的行動而言）；關於第二種人則可以說，他是憑著精意而遵循法則的（道德法則的精意就在於，惟有它才足以成爲動機）。（Rel，30\29～30）

〔註16〕　亨利·E·阿利森著、陳虎平譯：《康德的自由理論》，遼寧：遼寧教育出版社，2001年版，第236頁。
〔註17〕　Pablo Muchnik 認爲，當與個體相關聯時，「根本惡」的「根本」一詞，就是在空間隱喻的意義上指明「惡」在人身上的處所是「意念」。參見「*An Alternative Proof of the universal Propensity to Evil*」，Sharon Anderson-Gold、Pablo Muchnik: *Kant's Anatomy of Evil*, Cambridge University Press, 2010, pp125。

也就是說，「一個具有善良品行的人」是一個經驗意義上的好人，我們可以通過觀察他的行為來判斷。但是，只有當一個人以道德法則作為行為的惟一的和最高的動機的時候，他才配稱得上是「一個道德上的善人」。

因此，康德所謂「人天生是惡的」這一命題，並沒有否認存在著具有善良品行的人，而是否認人已經達到了為義務而義務的道德高度，「在人這裏，即使是在（就行動而言）最好的人這裏，都提出了趨惡的傾向」（Rel，30＼29）；「人也雖然有純粹善的行動，卻依然是惡的」（Rel，31＼30）；甚至「一個一般意義上的惡人，就已經是好人了」（Rel，33＼33）。康德說「人是惡的」這一命題無非是說人意識到了道德法則，但又把偶而對這一原則的背離納入自己的準則；「人天生是惡的」無非是說，上述特徵普遍地適用於任何人。背離道德法則的傾向被康德稱為人性中的一種根本的、生而具有的惡。

然而，康德並沒有能夠提供對這種普遍必然性的證明。康德說：「這樣一種敗壞了的傾向必然根植在人身上，我們由於有經驗就人們的行為所昭示的大量顯而易見的例證，也就可以省去迂腐的證明了。」（Rel，32＼32）在自然狀態之下，人身上存在著野蠻的惡習，在文明狀態之下，人身上存在著種種文化和文明的惡習，而在各文明化了的民族之間，則依然處在野蠻的自然狀態。然而，這種經驗的證明卻時常受人詬病，因為按照康德的認識論，經驗不能提供任何普遍性和必然性，經驗最多只能證明惡是廣泛存在的。

康德還具體討論了惡的概念。道德法則借助於人的道德稟賦，不可抗拒地強加給人，人同時又因其無辜的自然稟賦，也依賴於感性的動機，因而，人自然而然地把道德動機和感性動機都納入自己的準則，而善的準則與惡的準則之間的區別，就不在於準則的動機（準則的質料），而在於準則中兩種動機的形式關係，亦即道德動機與感性動機之間的主從關係：

> 人（即使是最好的人）之所以是惡的，乃是由於他……在把各
> 種動機納入自己的準則時，卻顛倒了它們的道德次序；……把自愛
> 的動機及其偏好當做遵循道德法則的條件。（Rel，36＼36）

所以，人天生是惡的，就意味著人生來必然會把感性動機凌駕於道德動機之上。但是，根據康德的自由理論，確立一種準則——對於康德而言這同時意味著確立一種意念、一種性格——是人的一種自由行為，那麼，這種必然性似乎就無法與人類自由相協調。正如有學者所爭論到那樣：如果說我們自由地選擇了某種東西，那麼我們必定也能夠自由地不選擇它，康德似乎是說我

們必然地、自由地確立一種準則，然而必然和自由是相互排斥的。〔註18〕

爲什麼人類會選擇給予感性動機以高於道德動機的價值？爲什麼人類會選擇給予感性動機以優先性？爲什麼這種選擇會是普遍必然的？要回答這些問題，就需要進一步追溯人性中惡的起源。但是，康德主張我們不能追問惡在時間上的起源，因爲這是對人類自由的否定，「無論他處於什麼樣的時間條件和聯繫中，他本來都應該放棄這種惡的行動，因爲世界上的任何原因都不能使他不再是應該自由的存在者」（Rel，41＼41），無論面臨什麼樣的環境，我們都有能力且有義務選擇正確的行爲準則，「我們大可不必爲一種應該由我們負責的道德屬性尋找時間上的起源」（Rel，43＼43）。因此，我們只能去尋找惡在理性上的起源，也就是說，必須假定我們是通過自己的自由行動，直接從天眞無邪的狀態陷入惡之中的。然而，惡在「理性上的起源依然是我們所無法探究的」，「不存在可理解的根據來說明我們道德上的惡最初可能是從哪裏來的」（Rel，43＼43），我們只能把它歸咎於我們自己。

實際上，康德認爲「惡」的起源在根本上來說是無法解釋的，我們所能夠做的並不是解釋人「爲什麼」是惡，而只能夠說明人「如何」是惡的。Robert B Louden 宣稱：康德關於惡的理論，首要的是關於什麼是惡以及我們應當如何應對惡的理論，而不是關於我們爲什麼是惡的理論〔註19〕。有臺灣學者也認爲「康德的目標不在於『解釋』和『說明』惡，而在於人如何承擔責任、自我改造」。〔註20〕

# 第二節　莊子論「性」與「心」

## 一、「性」的內涵

除了上文介紹的對「性」的基本界定以外，《馬蹄》篇對「性」有進一步的規定：

---

〔註18〕 參見 Seiriol Morgan:「*The Missing Formal Proof of Humanity's Radical Evil in Kant's 『Religion』*」, *The Philosophical Review*, Vol. 114, No. 1（Jan., 2005）, pp. 63～114。

〔註19〕 參見 Robert B. Louden:「*Evil Everywhere: The Ordinariness of Kantian Radical Evil*」, Sharon Anderson-Gold 和 Pablo Muchnik, *Kant's Anatomy of Evil*, Cambridge University Press, 2010, pp.103。

〔註20〕 陳瑤華：《康德論「根本惡」》，載《東吳政治學報》2006 年第 23 期，第 66 頁。

「彼民有常性，織而衣，耕而食，是謂同德」；

「夫至德之世，同與禽獸居，族與萬物並。惡乎知君子小人哉！

同乎無知，其德不離；同乎無欲，是謂素樸。素樸而民性得矣。」

「同德」，即人們共有的本性，由人的本性所決定的行為不過是致力於滿足人的基本生存需要的行為，這相當於康德所謂的動物性稟賦的生存本能的方面。「至德之世」即人們普遍地保有本然之性的時代，人們與禽獸、萬物渾然雜處，這十分接近康德所謂的動物性稟賦的社會本能方面，只不過「社會」在這裏超越了狹隘的人類界限，是一個生態社會。

「惡乎知君子小人哉」是對康德所謂的人性稟賦，亦即人的心理層面的自然屬性的否定。心理層面的自然屬性追求「在他人的看法中獲得一種價值」，最初人們只是希望獲得一種平等的價值，但最終卻發展為嫉賢妒能、爭強好勝，亦即「為自己謀求對其他人的優勢」（Rel，27、26）。莊子卻認為人的本性，甚至萬物的本性都是平等的，因而追求一種優勢，甚至擁有優勢與劣勢的分別心，都是對本性的敗壞。《庚桑楚》篇把高貴、富有、顯赫、尊嚴、聲名、利祿視為使人心志悖亂的六種因素（「貴富顯嚴名利六者，勃志也」），對這六者的追求都應被理解為心理層面的需求，也就是說，不單單是對身份、財富等本身的追求，也同時是追求相對於他人的優勢地位。道家之所以為道家，核心特徵即在於超越人道而回歸天道。

可見，莊子的「性」的概念是指人的先天稟賦，尤其是指人的動物性稟賦，並把通過與他人相比較而獲得優越感這樣的心理層面的自然屬性排除在人性結構之外，視之為敗壞本性的因素。但是，因為莊子主張「無欲」，許多學者認為，本能不是莊子「人性」觀念的構成要素，如孫以楷說「（莊子）認為人性不但不是仁義等道德理念、味聲色等生理機能，相反，仁義和本能欲望違逆人性，正是人性喪失、扭曲之最後根源。」〔註21〕人們可以為這種觀點找到很多文本依據，如：

屬其性於五味，雖通如俞兒，非吾所謂臧也；屬其性乎五聲，雖通如師曠，非吾所謂聰也；屬其性乎五色，雖通如離朱，非吾所謂明也。吾所謂臧者，……臧於其德而已矣……任其性命之情而已矣。（《莊子·駢拇》）

---

〔註21〕孫以楷主編：《道家與中國哲學》（先秦卷），北京：人民出版社，2004年，第334頁。

　　　　且夫失性有五：一曰五色亂目，使目不明；二曰五聲亂耳，使
　　　耳不聰；三曰五臭薰鼻，困惾中顙；四曰五味濁口，使口厲爽；五
　　　曰趣舍滑心，使性飛揚。此五者，皆生之害也。(《莊子・天地》)

然而，如此一來莊子「性」就是一個內涵相當空洞的概念，沒有任何具體的實質內容。

　　實際上，莊子的真正意思是說人的本能欲望是簡單、素樸的，只是由於「心」的參與，人對本能欲望的追求才會超越必要的限度，而真正危害人的本性是過度與貪婪，而不是本能欲望本身。《盜跖》篇在「不足」和「知和」這兩個虛構的、帶有寓意的人物之間展開了論辯。「不足」說「且夫聲色滋味權勢之於人，心不待學而樂之，體不待象而安之。夫欲惡避就，固不待師，此人之性也。」「知和」並沒有否定「不足」對人性的理解，而是說：「知者之為，故動以百姓，不違其度，是以足而不爭，無以為故不求」，還說：「平為福，有餘為害者，物莫不然，而財其甚者也。」真正有害的並不是這些稟賦本身，而是在這些稟賦之上嫁接的不知足、貪婪等惡習。就像康德所說的那樣，人的動物性稟賦之上都可以嫁接各種各樣的惡習，「但這些惡習卻不是以這種稟賦為根源，自動地從中滋長出來的」(Rel，27＼25)。

　　莊子的人性觀念是否具有道德屬性同樣是一個有爭議的話題，但大多數人對此持否定態度。《駢拇》篇把仁義比作駢拇枝指、附贅縣疣，而不是人的本性的實情（「仁義其非人情乎」），認為追求仁義就會迷惑人性（「使天下惑也」），使人們改變人生追求的方向，甚至改變人的純真本性（「夫小惑易方，大惑易性」）。以仁義改變人的本性，被《駢拇》視為「以物易其性」的方式、表現之一，與追求名利具有同樣的性質和結果，即「殘生損性」。《駢拇》篇甚至把「仁義之操」與「淫僻之行」等同視之，都不是「道德」之正。《在宥》篇把仁義比喻為禁錮人性的「桎梏鑿枘」；《天道》篇老聃批評孔子標舉仁義（「揭仁義」）是「亂人之性」；《徐无鬼》篇甚至說「夫仁義之行，唯且無誠」。

　　表面上來看，莊子的確反對人的本性具有道德屬性的觀點。然而，這種看法首先是錯誤地把儒家的仁義概念等同於道德，其次是沒有注意莊子所理解的仁義，主要是指一種外在於人的行為規範，類似於康德所謂的他律道德。實際上，莊子並不否認人的本性具有內在的道德稟賦，即能夠決定並據以解釋人的合法則行為的先天素質：

　　　至德之世，不尚賢，不使能，上如標枝，民如野鹿。端正而不

　　知以爲義，相愛而不知以爲仁，實而不知以爲忠，當而不知以爲信，

　　蠢動而相使不以爲賜。是故行而無迹，事而無傳。（《莊子·天地》）

至德之世是人們普遍遵從本性而生活的時代，而遵從本性的生活也包括了人的倫理生活。行爲端正、相互親愛、誠實忠厚、辦事得當、相互友助是發乎法則的行爲，它們必然在人性中有其根據。而「義」、「仁」、「忠」、「信」、「賜」（惠）只是名號，是外在的規範。

## 二、「心」的地位

　　爲了進一步理解莊子對當時流行的道德觀念的批評，有必要探討「心」這一概念。這是一個在莊子的人性學說中十分特殊的概念，徐復觀曾經說過：「心，在《莊子》一書中是一個麻煩的問題。」〔註22〕之所以如此，是因爲「心」游離於「性」和「人爲」（「僞」）之間。《繕性》篇說：

　　及唐、虞始爲天下，……然後去性而從於心。心與心識，知而

　　不足以定天下，然後附之以文，益之以博。文滅質，博溺心，然後

　　民始惑亂，無以反其性情而復其初。

這段話不僅表明了「心」是獨立於「性」的概念，還認爲「心」對於本性的敗壞尚在世俗之禮文、學識之先。「心」既然是人的官能之一，它所具有的屬性自然也就是人性的構成部分。《莊子》卻把「心」排除在人性結構之外。原因大概在於「性」是較爲穩定的先天稟賦、先天法則，而「心」則極易受到蠱惑與搖蕩，如《在宥》篇說人極易「喜怒失位，居處無常」，並云人心「僨驕而不可係」。《列禦寇》篇又說人心難以測度（凡人心險於山川，難於知天。《列禦寇》）。

　　「心」的重要性在於：如果「性」離開的「心」的自覺，那麼莊子之道就無法區別於愼到的「死人之理」（《天下》）。〔註23〕然而，心又具有違背人的本性的傾向，心知的活動足以敗壞人的本性。徐復觀認爲，心的可怕之處在於它「由外物所引而離開了心原來的位置，逐外物去奔馳，惹是招非，反而淹沒了它的本性」〔註24〕，具體到倫理生活，可以說心的可怕之處在於它不再傾聽本性的呼喚，而是去追逐道德之名：

---

〔註22〕徐復觀著：《中國人性論史》，上海：華東師範大學出版社，2005年版，第231頁。

〔註23〕徐復觀說「（莊子）所追求的必是一種精神生活，而不是塊然的生理生活。……他所追求的精神生活……依然要落在人的心上才有可能」（同上第233頁）。

〔註24〕同上，第233頁。

　　　　賊莫大乎德有心而心有睫。(《莊子·列禦寇》)

　　　　德蕩乎名。(《莊子·人間世》)

　　　　德溢乎名,名溢乎暴。(《莊子·外物》)

歷來的注釋者都把「德有心」理解爲有心爲德,然而這不能理解爲倫理生活的自覺性,而應該理解爲「有心於德之名」。「名」敗壞德性,不在於不足,恰在於過分,「德業由於聲名而超越實際,聲名由於表彰而超越實際」,〔註25〕因而使人殘生損性,「使天下簧鼓以奉不及之法」(《莊子·駢拇》)。然而這種危害還不是道德上的惡,「名」造成的道德上的惡是它導致了虛榮心,導致人自誇自大,從而有意無意地貶低了他人的價值:

　　　　枝於仁者,擢德塞性以收名聲。(《莊子·駢拇》)

　　　　強以仁義繩墨之言術暴人之前者,是以人惡有其美也,命之曰
　　災人。(《莊子·人間世》)

　　　　臨人以德。(《莊子·人間世》)

　　　　飾知以驚愚,修身以明污,昭昭乎如揭日月而行。
　　(《莊子·山木》)

　　　　博學以擬聖,於於以蓋眾,獨弦哀歌以賣名聲於天下。
　　(《莊子·天地》)

倫理行爲不過是人的本性,「名」卻使人產生自以爲是、自恃傲人的態度。因而,莊子主張「無仁義而修」(《莊子·刻意》),主張「無名」、「去名」,「孰能去功與名而還與眾人!道流而不明居,得行而不名處;純純常常,乃比於狂;削迹捐勢,不爲功名」《莊子·山木》)。

## 三、「惡」的起源

　　有學者指出:「莊子並非完全不思索人類相殘和世道黑暗的原因。有兩個原因是莊子屢次提到的,一是統治者的罪惡,二是人的爭利之心。這兩個原因又有一定的關聯,人的貪利之心,很大程度上是由統治者扇惑起來的。」〔註26〕莊子認爲人的本性(先天稟賦)是善的,人的「心」之中卻有趨惡的傾向,因爲人心極易受到搖蕩,從而追逐外在於人的本性的名與利。無論是追逐名,

---

〔註25〕楊柳橋著:《莊子譯注》,上海:上海古籍出版社,2006 年版,第 463 頁。
〔註26〕顏世安著:《莊子評傳》,南京:南京大學出版社,2011 年,第 64 頁。

還是追逐利，對於莊子來說，首先且最重要的是，這是一種不明智，它所帶來的後果是對自身生命的摧殘，亦即「苦」；其次，這是一種惡，它所造成的是惡行與虛僞。

　　與康德不同的是，莊子，尤其是外篇追溯了惡在時間上的起源。莊子及其後學認爲，人心的本然狀態是虛靜、恬淡、寂漠、無爲的，「古之人，在混芒之中，與一世而得淡漠」（《莊子·繕性》），只是在某一個歷史時期，人心受到了擾動，不再安於本分：

　　　　黃帝之治天下，使民心一……堯之治天下，使民心親……舜之
　　　　治天下，使民心競。……禹之治天下，使民心變，人有心而兵有順，
　　　　殺盜非殺人。自爲種而『天下』耳。是以天下大駭，儒墨皆起。
　　　（《莊子·天運》）

道德不斷衰敗的過程，就是人心不斷被擾亂的過程。《馬蹄》篇說聖人提倡仁義「而天下始疑矣」，並導致百姓「爭歸於利」；《胠篋》篇說統治者尚賢、尚智，使得百姓「內棄其親而外去其主之事」；《在宥》篇說三王、儒墨使得百姓「喜怒相疑，愚知相欺，善否相非，誕信相譏」；而賞罰手段使人「喜怒失位，居處無常，思慮不自得，中道不成章。於是乎天下始喬詰卓鷙，而後有盜跖、曾、史之行。」

　　然而，這絕不意味著《莊子》外篇認爲人心在最初是純粹至善的，只是被政治或文化所污染、敗壞；這些作者僅僅是認爲人在上古時代思慮簡單、本性淳樸。他們中的一些作者似乎認爲，人性在最初既有樸素、簡單的善，也有樸素、簡單的惡，一旦爲「民」裝備上「智」與「能」的工具，就會有大奸大僞（《莊子·馬蹄》），而另一些作者則認爲，大惡是伴隨著大善而產生的，「善人不得聖人之道不立，跖不得聖人之道不行。天下之善人少而不善人多，則聖人之利天下也少而害天下也多。」（《莊子·胠篋》）而他們共同的立場則是清靜無爲、不擾民，治理天下不在於提倡大善，而在於防止大奸大惡：「大聖之治天下也……舉滅其賊心而皆進其獨志」（《莊子·天地》）；《徐无鬼》篇亦言「夫爲天下者，亦奚以異乎牧馬者哉！亦去其害馬者而已矣！」

　　顏世安說：「表明看來，莊子從未用過「性惡」這個詞，……但實質上莊子才是眞正的性惡論者。莊子讚美自然之性的純樸，一方面固然是遠古烏托邦的幻想，另一方面則有一種反面的意思，就是認爲人性只有在純樸的自然狀態下才是好的，你卻不能把它從自然的純樸狀態喚醒，又如不能撩撥一條

沉睡中的蛇。一旦人心被激活，就無力再制住它了。」〔註 27〕他進而認爲，莊子認爲「人性」是自然的，而「人心」是惡的，但是，「自然之性事實上並不存在，只是理想境界的設定。莊子把自然之性設定爲本質，只是爲了論證現實人生的虛假，這種設定並不表明莊子對現實的人類狀態（尤其他們的內心狀態）有任何樂觀的估計。相反，莊子所親歷的人類生活全是陰謀和醜惡。這使他得出一個結論，人心（這個概念代表人的精神活動）趨於惡是無法扭轉的去向，似乎邪惡是人類精神生活中某種本原性的東西。」〔註 28〕

　　總之，《莊子》外篇的許多章節都表達了對人心的警戒與不信任，這些作者們對人在道德上自我完善的能力持懷疑態度。儘管如此，這之間也表達出了具有積極價值的觀點：過高的道德標準，苛刻的輿論環境、嚴密的賞罰體系只會使「民」更深地隱藏其動機，從而導致更加嚴重的虛僞。

## 第三節　康德與莊子人性論比較

　　以上，我們分別考察了康德與莊子及其後學的人性論，並對康德的某些觀點做了一些修正，也參照康德的理論對莊子文本所蘊含的思想做了闡發與引申。

　　康德的人性論沒有簡單地重複傳統上人性是善還是惡的爭論，而是縝密地分析了人性的多重結構，從「向善稟賦」和「趨惡傾向」兩個角度討論人或善或惡的可能性，強調了人的自由任性的道德能力。康德考察人性的視野較爲開闊，無論是自然狀態的野蠻人，還是文明狀態下的文明人，都具有共通的人性。相比較而言，莊子及其後學乃至整個中國傳統文化，都傾向於把上古時代的人或者幼兒作爲人的自然本性的典範。這種探討人性的思路，不僅在普遍性上有所欠缺，還造成了人性概念內涵的狹窄，這一點尤其體現在對「惡」的探究上，即必須在「性」之外再設定一個「惡」的根據。莊子認爲惡產生的主要原因是人類生存環境，尤其是政治、社會環境的變遷（「聖人」應該爲此負責）。但是，莊子也提出了惡的主觀根據，即人「心」。就此而言，莊子對「性」和「心」的探討，恰好對應於康德與「向善稟賦」和「趨惡傾向」的探討。

---

〔註 27〕顏世安著：《莊子評傳》，南京：南京大學出版社，2011 年，第 81 頁。
〔註 28〕同上，第 82〜83 頁。

就人的先天稟賦而言，康德認爲它還不是現實的善，只是就其不違背道德法則而言，才可以稱之爲消極的善，就其促使人遵從道德法則，才可以稱之爲「向善」、善的主觀可能性的根據。而莊子則把先天稟賦看做是現實的善，它不僅是天地造化的完善（perfect），同時也充分規定著人類行爲的善（good）。因此，康德強調人的道德修養，強調對自然、對人的本性的超越，而莊子則主張回歸人的本性，否定人的道德修養，認爲對人的本性的任何人爲附益都會適得其反。

其次，康德的向善稟賦即包括了動物性稟賦，也包括了追求相對價值的人性稟賦與追求絕對價值的人格性稟賦。而對於莊子來說，對相對價值的追逐恰恰在敗壞人類本性。「心」敗壞了我們的動物性稟賦，使我們的欲望過度、不知足，並追求對他人的優勢地位；「心」敗壞了我們的道德稟賦，使我們追逐道德之「名」而非道德之「實」，並追求「君子」、「聖人」之名，而貶低「小人」。然而莊子並沒有完全否定「心」的作用。前面提到過，遵從本性的生活需要「心」的參與。當「心」安定、虛靜從而遵從人的先天稟賦時，它就被稱作「靈府」（《莊子・人間世》）、「常心」（《莊子・德充符》）、「靈臺」（《莊子・達生》）。更爲重要的是，莊子雖然否定「心」在心理層面對相對價值的追求，但卻完全肯定「心」在心靈層面對絕對價值、永恒價值的追求。這就涉及到本文到目前爲止一直避而未談的一個問題：《莊子》人性思想中的人格性稟賦。我們知道，康德把人類理性的實踐運用分爲純粹的運用與不純粹的運用。不純粹的運用是理性對相對的、主觀的價值的追求，而純粹運用則是理性對絕對的、客觀的價值的追求；人類的人性稟賦以理性的不純粹運用爲根源，而人格性稟賦以理性的純粹運用爲根源。莊子否定了「心」對相對價值的追求，而「用心於」對絕對價值的追求，即對「道」的體認，對「道」的回歸，亦即《天地》篇所謂「性修反德，德至同於初。」可以說，莊子關於「性」、「心」、「道」的區分十分近似於康德對動物性稟賦、人性稟賦和人格稟賦的區分。莊子與康德關於人格性稟賦的分歧在於，心靈對絕對價值的追求成就的是審美人格，而非道德人格。它超越了善惡，故而也超越了本章的主題。

就惡的主觀可能性的根據而言，莊子對「心」的論述有許多內容與康德的「趨惡傾向」有相近之處。人性趨惡傾向的第一個層次是脆弱，指的是人在遵循道德法則時的軟弱無力。在《莊子》文本中，所能找到的與康德的脆

弱概念相對應的是「心」的不穩定性。對我們的動物性稟賦而言，「心」容易偏離我們的本性，使我們趨向貪婪、不知足。第二個層次是不純正，即在履行道德義務的時候，除了道德動機之外還需要其他非道德的動機。在《莊子》文本中能夠與之對應的是對道德之「名」的追逐，它不僅拔高了道德的標準，而且造成普遍的虛僞。第三個層次的趨惡傾向是人心的惡劣，它有多重含義。首先，它是指接受惡的準則的傾向，莊子往往把惡的準則視爲過高標準的善（仁義）的伴生物；其次，就其顛倒了非道德動機與道德動機而言，它又叫做「人心的顛倒」，莊子也時常談到「喪己」於物、「喪己」於俗，談到「倒置之民」；最後，就其只要僥倖沒有造成惡的結果就自以爲有德性而言，它又被稱作自欺，而莊子則把自矜其德、自伐有德視爲對德的敗壞〔註29〕。

即使我們把對「心」的論述納入《莊子》的人性論，使「性」與「向善稟賦」、「心」與「趨惡傾向」獲得一種表明上的相似性，但仍不能忽視其精神實質上的差異。康德所要強調的是人爲善、爲惡的「能力」，依賴於人類自身的力量，我們能夠在塵世建立至善的目的王國。甚至就「惡」而言，也體現了人類優於其他自然物，因爲人類始祖的墮落誠然是一種惡，但墮落之前的清白無辜畢竟只是上帝的榮耀，而人類的墮落卻是人類自由的開始，人類由此開始創造自己的歷史。康德認爲，即使一個確立了惡的準則的人，也優於一個行事毫無準則的人，因爲只有前者才體現了人類自由。而對於莊子來說，「性」與其說是人類各種能力的根據，不如說是人類被造之初的本然狀態，道家乃至整個中國傳統思想的倫理理想就是回歸這種本然狀態。

在「惡」的起源這一問題上，莊子與康德的分歧反映了兩者討論問題的立場不同。啓蒙時代是人的覺醒的時代，康德是站在公民的立場上，討論每個人在「惡」的面前不可逃避、不可推卸的責任，而莊子則是站在智識精英的立場，譴責歷史英雄人物與統治者對「民」的道德本性的敗壞。因此，康德的討論從屬於倫理學，而莊子的討論則從屬於政治、文化批判。

---

〔註29〕康德認爲，無論一個人如何有道德，他所能做的一切善行，都不過是義務，而履行義務沒有什麼值得驚贊的，人類靈魂中惟一值得驚贊的是我們的道德稟賦，而對於我們的道德行爲的驚贊「是我們的道德情感的一種質變，好像順從義務是某種非同尋常的、有功勞的事情似的」（見（Rel，48╲49）。同樣，在《莊子》思想中，道德行爲不過是順從我們的本性，而本性根本來說甚至並不屬於我們（「性命非汝有，是天地之委順也」《知北遊》），因此道德行爲並不歸功於我們，只有在人努力保有其天性的意義上，才可以歸功於人。因此，自以爲有「德」就是自誇自大，甚至是貪天之功以爲己有。

　　康德對人性（人道）的態度是比較積極的，認爲人性是人類追求文化進步的動力（參見（Rel，27\26），同時也是人類向善的主觀根據之一，儘管在它之上可以嫁接許多文化的惡習，但它本身是（消極地）善的。並且，「惟一能夠使世界成爲上帝意旨的對象和創造的目的的東西，就是處於道德上的徹底完善狀態的人性（humanity）。」（Rel，60\59）而莊子則認爲人道是對天道的背離，是人類惡的體現。這也正解釋莊子及其後學們對文化的態度。莊子學派希望用天道校正人道之惡，但是，莊子又似乎認爲天道的整體視角來看，人類個體的惡是無關緊要的，人類個體生存的審美意義大於其道德意義。

# 第五章　自由

## 第一節　康德的「自由」

　　康德在寫給友人的信中提到，正是自由與決定論的二律背反「把我從獨斷論的迷夢中喚醒，使我轉到對理性本身的批判上來，以便消除理性似乎與它自身矛盾之種種怪事。」〔註1〕他明確主張，自由的概念是純粹理性的理論大廈的「拱頂石」，在批判哲學的建構中具有非常重要的作用。這一點得到了學者的普遍認同。前蘇聯的阿爾森·古留加稱自由問題是「批判哲學的頂峰之一」，而且也是批判哲學的本源，「自由如何可能」是隱藏在「先天綜合判斷如何可能」這一基本問題背後的更重要的問題。〔註2〕美國學者亨利·E·阿利森認為，自由概念與時空的觀念學說構成了貫穿三大批判的「一條紅線」，康德的批判哲學就是一種自由的哲學。〔註3〕因此，自由的證成事關康德的整個哲學體系。

　　胡友峰認為，康德自由觀的建構有兩個邏輯前提，即理性的危機和自由的困境。理性的危機是指唯理論哲學與經驗論哲學對理性的濫用及其失敗，雙方在運用理性的時候都沒有對理性進行批判性的考察，從而不可避免地陷入了種種悖論之中。自由的困境是指理性與自由的內在矛盾，一方面，科技

---

〔註1〕《康德書信百封》，李秋零譯，上海：上海人民出版社，1992年，第244頁。

〔註2〕〔蘇聯〕阿爾森·古留加著：《康德傳》，貫澤林、侯鴻勳、王炳文譯，北京：商務印書館，1981年，第125～126頁。

〔註3〕〔美〕亨利·E·阿利森著：《康德的自由理論》（導言），陳平虎譯，瀋陽，遼寧教育出版社，2001年，第1頁。

理性運用自然的因果性解釋人類的價值的問題，威脅到了自由概念；另一方面，盧梭揭示了自然與文明之間的矛盾，理性的進步、文明的發展敗壞了人類的道德良知，剝奪了人的自由平等，可以說盧梭從根本上動搖了人們對理性和科學的信賴。康德正是在這一背景下，試圖通過對理性的批判性考察而重新論證理性與自由的統一。〔註4〕

## 一、先驗自由

先驗自由的提出是為了解決理性關於自然與自由的二論背反。二論背反是指理性的諸規律之間的衝突，在這種衝突中，任何一方都沒有「在要求贊同方面佔有優勢」（KrV，B448＼362）。

理性是因其自身的本性「自動地並且不可避免地」（KrV，B434＼354）陷入這種衝突之中。依據康德的認識論，感性與知性的合作奠定了知識的可能性，感性接受來自物自身的刺激，為知性的先天範疇提供經驗材料，知性運用十二範疇以及先驗原理對經驗材料進行整合。沒有經驗材料，知性概念就是空洞的，因此知性的活動不能脫離經驗領域而運用於物自身。但是，理性不滿足於知性的局限性──嚴格來說是理性不能滿足於經驗條件的限制，它追求絕對性、無條件性、整體性。但理性自身不產生任何概念，因此對於這種追求沒有內在的法則，只能借用知性的法則去追求無條件者，「使它擴展到經驗性事物的界限之外」（KrV，B436＼355）。理性的這種要求依據的是如下原理：「如果有條件者被給予，則種種條件的整個總和，從而絕對無條件者也被給予，惟有通過後者，前者才是可能的」（KrV，B436＼355）。但是，知性一旦越過經驗的邊界就沒有合法性，因此，理性不可避免地陷入「二律背反」之中。這證明了沒有直觀，思維就是盲目的，表明了思維與存在之間的不統一。

### 1、第三個二論背反

理性有四個二論背反，自然與自由之間的二論背反產生自這一理念：「一個一般顯象之產生的絕對完備性」（KrV，B442＼359）。「顯象之產生」指的是事件的條件，亦即原因，「絕對完備性」的、無條件的因果性就是「自由」，

---

〔註 4〕 參見胡友峰著：《康德美學中的自然與自由觀念》，杭州：浙江大學出版社，2009 年，第 38～41 頁。

很顯然，這裏所謂的「自由」的內涵是「自因」。與此相反，有條件的因果性在狹義上就叫做自然原因。在自然和自由的二論背反中，雙方的觀點是這樣的：

正論：按照自然規律的因果性，並不是世界的顯象全都能夠由之派生出來的惟一因果性。為了解釋這些顯象，還有必要假定一種通過自由的因果性。

反論：沒有任何自由，相反，世界上的一切都僅僅按照自然規律發生。

無論是正論還是反論，都是從這樣一個經驗事實出發的，即：世界上存在著「事件」，發生在某物身上的諸如產生、消失、運動、變化等等都是事件，康德稱之為「發生的事情」（KrV，B472\378）。正反雙方都通過論證對方是錯誤的而證明自身。下面我們將重構康德的論證。

1.1、正論的證明：

前提①一切事物（存在）都是時間中的持久性；

前提②一切（發生在存在上的）事件都是時間中的變易（過程）；

前提③事件的原因或者是一個存在，或者是一個在先的其他事件；

前提④如果沒有充分的原因，就不會有任何事件發生（充足理由律）。

推論Ⅰ：如果事件的原因是存在，那麼根據①可知事件也是時間中的持久性；這和②相矛盾，所以事件的原因不可能是存在。又根據③可知：一個事件的原因只能是一個在先的其他事件。

推論Ⅱ：由於這個在先的其他事件本身也還是一個事件，根據推論Ⅰ可知：一個事件的原因只能無限後退，永遠不能達到最初的開端，因此對原因的回溯式綜合永遠無法達到完備性，也就是說，一切事件都沒有充足的原因。

推論Ⅲ：推論Ⅱ的結論與前提④相矛盾，而事件的存在是一個經驗事實，因此推論Ⅱ的結論是假的，由此可知推論Ⅰ的結論也是假的。

因此，一個事件的原因除了一個在先的其他事件外，一定還有其他原因，與那個在先的事件一起構成該事件的完備的原因。而且，這個其他原因要滿足下列條件：它不再是一個事件，因而不再依賴另一個在先的事件，也就是說，這個其他原因是「原因的一種自發性，即自行開始一個按照自然規律進行的顯象序列，因而是先驗的自由」（KrV，B474\379）。

前提①和②可以引證康德的第一個經驗類比而得到證明，對於前提③，表明上似乎是被否定的。但實際上這正是正論的主張，如：「儘管我們無論如何也不能把握任何通過某一存在來設定另一事物的存在的可能性」（KrV，B477＼381），嚴格來說「另一事物的存在」應該是「另一事物的出現或發生」亦即「事件」，又如：「賦予這些序列的實體以從自由出發的行動的能力」（KrV，B479＼381～382）。而康德的批判哲學實際上是主張：事件的原因或者是一個不在時間中的超感性存在，或者是一個在先的其他事件。

在對正論進行說明的時候，康德的論證存在許多邏輯上的跳躍，使我們很難跟蹤他的論證。康德說：「自由的先驗理念遠遠沒有構成這一名詞的心理學概念的全部內容……它僅僅……來作爲行動的自負其責的眞正根據……在關於意志自由的問題中……」（KrV，B476＼380～381），「心理學」、「責任」、「意志」甚至包括「行爲」，這幾個概念的出現的理由並不是那麼清楚明白的。康德又說：「儘管我們本來只是就世界的一個起源的可理解性所要求的而言，來闡明一個顯象序列出自自由的一個最初開端的必要性……但由於這樣一來，畢竟就證明了（雖然並沒有看出）完全自行地開始一個時間中的序列的能力，所以我們現在也被容許在世界的進程中間讓種種不同的序列在因果性上自行開始」（KrV，B478＼381），承認世界的起源在時間上的第一推動者具有「完全自行地開始一個時間中的序列的能力」，是如何容許「世界的進程」中也存在這樣的能力，這一點也絲毫不是不證自明的；即使在「世界的進程」中存在這樣的能力，它是否與「世界的起源」的那個能力是同一回事，這也是不清楚的。回憶一下原因序列的完備性，即充足理由律（這是一個不僅在哲學上可疑，而且已被經驗科學證僞的定理）。肇始世界因而也肇始了所有因果序列的「第一推動者」有資格稱得上是一個「充足」的原因，因爲它獨自就能肇始整個世界。與之相反，自然的原因陷入了無限後退，因而不是充足的，但是，「不是充足的」僅僅意味著它「不是充足的」，它仍然是一個原因。我們還可以問：在「世界的進程」中肇始了某個因果序列的原因，是「充足」的原因嗎？如果它是「充足」的，那麼，自然的原因就不僅「不是充足的」原因，而且根本就「不是」原因，如此一來，世界就變得不可理解。康德宣稱，在「自由」出現的地方，「決定性的自然原因在這一事件之上就其發生而言完全終止，其發生雖然繼那些自然原因而起，但卻不是從中產生的，因此雖然不是在時間上，但卻就因果性而言必須被稱爲一個顯象序列的絕對最初

開端」（KrV，B479＼382～383）。但是，「繼……而起」不正是康德的先驗「因果」概念嗎？康德顯然沒有前後一致地堅持其先驗因果概念，而是時常把「力」的概念偷渡到「因果」概念中，而康德從來沒有能夠證明「因果」觀念包含「力」的觀念。

因此，只要有「自由」存在，「自然」就被衝擊得支離破碎，「自然」有了康德所否定的「飛躍」。即便康德後來試圖用「本體」和「顯象」兩種視角來審視一個事件，一個自由的行動也變得從「顯象」的角度來看是不可理解的。一種可能的解決策略是引入斯多亞學派的「共同因」（sunaitia）概念，〔註5〕也就是說，因果關係不是線性的、鎖鏈式的，而是網絡式的，自然的原因與自由的原因共同構成了一個事件的「充足理由」。康德會激烈地反對這種策略，因為在他看來這敗壞了道德的純粹性。但事實上是康德既誤解了「原因」，也誤解了人類行為，甚至也誤解了道德的純粹性。我們以後再回到這個問題上來。

### 1.2、反論的證明

反論的證明主要有三個理由。第一，先驗自由與因果規律是相對立的，按照先驗的自由，經驗的任何的統一性都是不可能的，所以自由就只是一個「空洞的思想物」（KrV，B475＼379）。第二，自由擺脫了「一切規則的導線」（KrV，B475＼379），但如果先驗的自由能夠進入世界進程，那麼，就必須按照規律來規定自由，而如果自由是按照規律規定的，那麼自由就不是自由，自由本身無非就是自然。第三，雖然按照自然原因來解釋世界將被迫陷入無限後退，但畢竟許諾了經驗的「無一例外的和合規律的統一性」（KrV，B475＼380）。

第三個二論背反的雙方都從事件的經驗事實出發，尋找一種初始的原因或存在，它肇始了世界的存在。它雖然沒有明確涉及總體性，但隱含了對總體性的要求，以總體性為其背景，因為「對於某一最終原因或絕對必然存在的肯定，也意味著他已經考察了世界的整體而無疏漏，因而意識對包羅一切的總體的認識為前提的。」〔註6〕

正論為了保持「充足理由律」這個概念的一貫性和不矛盾性，而跳出經

---

〔註5〕參見〔英〕安東尼‧肯尼著：《牛津西方哲學史‧第一卷‧古代哲學》，王柯平譯，長春：吉林出版集團有限責任公司，2010年，第227頁。

〔註6〕韓水法著：《康德物自身學說研究》，商務印書館，北京：2009年，第130頁。

驗的時間條件，推論出自然原因是不充分的，自然原因與自由概念的不可分性，甚至以自由概念爲先驗前提（先驗起源），從而論證了自由因在時間序列的開端上的必要性。康德違背了他的批判精神，認爲這同時也論證了從自由因在「世界的進程」中的因果上的可能性。反論則認爲如果承認自由因的存在，自然科學對自然的解釋系統分崩離析，我們也將陷入盲目的無法無天的混亂之中，爲了堅持經驗的可能性，自然科學必須容忍和接受自然原因是不充分的或我們還沒有找到任何事件的充足理由這一事實，拒絕自由因的存在。

由此可見，「保持概念的一貫性與堅持經驗的可能性是正題與反題的根本區別，在邏輯原則上，前者佔據『先驗』一方，後者持守『綜合』之位。」〔註7〕毫無疑問，在自然科學這一領域內，康德絕對是站在反論亦即經驗論這一邊的，自由因在自然科學的領域內是不合法的，沒有用武之地；自然科學必須堅持「綜合」的立場，不斷推進對自然的因果性的追溯，而不能通過想像一個自由因來獲得一個「休息地」。但康德同時主張，自然科學不需要自由因，但自然科學也無權否定自由因的存在，人們仍然可以在自然科學的領域外思考自由因。反論與正論在下面這一點上觀點一致，即如果存在自由因的話，它只能存在於時間序列之外。正題論證了自由的可能性和必要性，反題論證限制了自由的範圍、界限及其條件，即在顯象的範圍和界限之內沒有自由。

## 2、第三個二論背反的解決

康德認爲追求無條件者，直達崇高的理念，這是哲學的尊嚴（KrV，B491＼390），但現在理性陷入了自相矛盾之中，雙方的爭執既非兒戲，也不可能和平共處。康德建議我們暫時不問「眞理在邏輯上的試金石」而考慮這一問題：如果我們要被迫表態，我們更願意站在哪一邊呢？這就要看雙方所持的準則能否滿足理性的旨趣。反論堅持經驗論原則的單純性，正論既要求經驗論，又要顧及理智，因而是不單純的。理性有實踐的旨趣、思辨性的旨趣。現在看一看雙方與理性的利害關係。正論承諾了自由，爲道德和宗教提供了基石，因而滿足了理性的實踐旨趣。正論還滿足了理性的思辨旨趣，但也誘導理性犯下冒失和膽大妄爲的錯誤，在沒有洞識和知識的地方炫耀洞識和知識；相反經驗論則是節制和謙虛的，並鼓勵人們進行物理學的探討。但是，經驗論對自由同樣一無所知，卻斷然否定自由的存在，因此也變得獨斷了，

〔註7〕 孫波：《論康德道德宗教中的自由理念》，載《世界宗教研究》，1999 年第 2 期，第 69 頁。

而且經驗論剝奪了道德和宗教的支柱，對理性的實踐旨趣造成了無法彌補的
損害。也就是說，如果要被迫表態的話，理性願意站在正論這一邊。〔註8〕

　　康德認為，自由因概念不同於靈魂概念，後者是物自身，而自由因這個
理念的產生是因為理性在經驗性回溯的過程中預設了絕對總體性，但這種絕
對總體性雖然不再是經驗性的東西，但是畢竟「我們所談論的僅僅是作為一
個可能經驗的對象的東西，而不是作為一個事物自身的東西」（KrV，B507╲
399）。關於物自身我們一無所知，但對於宇宙論理念，我們卻不能藉口「不
可避免的無知」（KrV，B504╲398）、「無法參透的晦暗」（KrV，B505╲398）
而逃避澄清問題的責任。我們有責任澄清問題，而且先驗唯心論能夠澄清宇
宙論問題。先驗唯心論主張，時間和空間中的一切經驗對象都只是顯象，而
不是物自身。二論背反的雙方正是因為把顯象當作了物自身，才陷入幻相之
中。二論背反的根據是這樣一個辯證的三段推理：

　　　　大前提：如果有條件的東西被給予，那麼，它的一切條件的整
　　個序列就也被給予：

　　　　小前提：現在感官對象作為有條件的東西被給予我們了：

　　　　結論：所以……

康德細緻分析了這個論證。首先，如果有條件的東西被給予了，那麼，回溯
它的一切條件的序列就是我們「應負有的任務」（KrV，B526╲410），這是一
個分析命題，思維的邏輯公設。其次，如果有條件者和條件都是物自身，那
麼，當有條件者被給予的時候，回溯到條件就不僅是任務，而且已經就現實
的被給予了。現在，大前提是「在一個純粹範疇的先驗意義上對待有條件者
的」，而小前提是「在一個運用於純然顯象的知性概念的經驗性意義上對待有
條件者的」（KrV，B527╲411），而在經驗意義上，條件的序列「只有在回溯
的綜合本身中才能被發現」（KrV，B533╲415），只能說我們負有責任去回溯
種種條件。因此，小前提是把顯象當成了物自身，把條件序列當成了在回溯
之先現實地被給予的了。

　　康德認為，只要我們嚴格區分顯象與物自身，那麼先驗自由就是可設想
的，自由與自然雖然是不相容的，但並不構成真正的矛盾，因為一個是就物

---

〔註8〕康德認為通常的知性也會站在正論這一邊，因為所有人都對理念一無所知，
　　　給了通常的知性誇誇其談的機會，滿足了人們的虛榮心。

自身而言的，一個是就顯象而言的。但是，康德的論證仍存在許多問題。首先，康德認為因果關係是「異類的東西」（KrV，B558\429）之間的綜合，因此，「感性條件的力學序列卻還允許一個異類的條件，它不是序列的一個部分，而是作為純然理知的而處於序列之外」（KrV，B558～559\430）。但是，「異類的東西」是什麼意思呢？考慮這個例子：事件 A「被踢飛的足球撞擊玻璃」，導致了事件 B「玻璃變碎」，在這個因果關係中，事件 A 相對於事件 B 來說是「異類」的，但這裏「異類的東西的綜合」無非是指作為原因的事件與作為結果的事件不是同一事件，但就其同屬於「事件」這類範疇，它們就仍然是「同類」的，然而康德所說的「純然理知的」一個「異類的條件」則是指「非事件」的條件。食草動物會吃掉它的「異類」：植物，但植物與食草動物仍然都是生物，這一事實並不能證明食草動物會吃掉另一類「異類」比如一臺電腦，同理，事件 A 相對於事件 B 是「異類」的，如何能夠證明存在著「非事件」的「異類」條件？如何能夠證明設想「非事件」的「異類」條件不是純然的思維遊戲？這正是一個亟待證明的問題，康德在這裏卻把它當作理所當然的前提而接受下來。因果關係應該被規定為「不同事件的綜合」，康德卻試圖通過把因果關係規定為「異類的東西的綜合」而蒙混過關。

其次，康德把宇宙論意義上的自由規定為「一種自行開始一個狀態的能力」（KrV，B561\431），他顯然是想把這種宇宙論意義上的自由不僅運用於世界的肇始，也運用於「世界的進程」中的某個因果序列的的肇始。窗玻璃碎了，是「玻璃自身」自行開始碎的狀態嗎？顯然不是，康德是想證明不是所有「物自身」，而是只有某一類「物自身」亦即能思維的「我自身」才有這種能力，但是，我們後面會看到康德的證明並不充分。

### 3、先驗自由的可能性

顯象「被視為按照經驗性規律相互聯繫的純然表象」，但它們本身必然還有「不是顯象的根據」（KrV，B565\433），「根據」即是「物自身」，這個根據「其結果顯現出來，並且能夠被另外的顯象所規定」（KrV，B565\433），康德的意思是說，「根據」與「顯象」之間的關係是一種因果關係，那麼，作為「根據」的「玻璃自身」，是與作為「顯象」的「玻璃」（一個事物〔object〕）之間有因果關係呢？還是與作為「顯象」的「玻璃變碎」（一個事件〔event〕）

之間有因果關係呢？〔註9〕「結果」這個詞絕不能運用於一個事物，而只能運用於事件，亦即只能運用於事物的諸狀態的改變（出現、消失、變化、位移等等發生在時間中的過程）。因此，情況只能是後者，但是，「玻璃自身」與「玻璃變碎」之間如何有「因果關係」呢？「玻璃自身」自行開始作為顯象的「玻璃」的狀態之改變（變碎）嗎？再者，這裏的「因果關係」一詞是什麼意思？我們憑什麼把「原因」這種只能運用於顯象的概念運用於「物自身」呢？如果說我們只是「借用」範疇去思維「物自身」，那麼，這種「借用」絲毫不能說明「物自身」確實擁有這種被借來的東西，而且，這種「借用」的東西何時、以及如何償還呢？

一個事物可以歸因於另一個事物，例如一個嬰兒歸因於一個母親；但一個事物不可能導致一個事件，只有一個事物的活動亦即一個事件才能導致作為結果的另一個事件，例如母親（事物〔object〕）不能導致嬰兒誕生（事件〔event〕），母親的分娩活動（事件〔event〕）才能導致嬰兒誕生；足球不能導致玻璃變碎，足球的撞擊才能。因此，既然我們不得不「借用」範疇去思維物自身，那麼，我們也不得不「借用」「行動」概念去思維物自身，同樣，這也絲毫不能說明「物自身」擁有「行動」。難倒我們能夠有意義地說「玻璃自身」的「行動」自行開始了一個顯象的結果序列嗎？但是康德無論是對原因範疇，還是對於「行動」概念，都是借而不還，從而創造了自相矛盾的概念。就像澤諾・萬德勒所說的那樣，一些關鍵的哲學術語過著「雙重生活」，一重是日常生活，一重是哲學生活，哲學家把日常用語拿來作為哲學術語重新學習，實際上是創造了新的觀念，然後著手對這個進行分析，最後得出結論，但是他的結論實際上是他開始時放進去的那些東西〔註10〕。

康德把「行動」稱為「因果性」（KrV，B570＼436）。「被踢飛的足球撞擊玻璃」這個原因（事件）包含一個「行動」或「因果性」，即「撞擊」，這一點很好理解。問題在於非事件的「物自身」。「物自身」是顯象的非顯象根據，「它連同自己的因果性處在序列之外」（KrV，B565＼433），這裏是「序列」是指在時間中的因果序列，那麼，我們如何設想一種不在時間中的行動？康德說：

---

〔註 9〕 這裏的「物自身」只能理解為「玻璃自身」，因為「玻璃變碎」這一狀態「能夠被另外的顯象所規定」，這「另外的顯象」顯然是指足球的撞擊，因而「物自身」不是指「足球自身」。

〔註10〕 〔美〕澤諾・萬德勒著：《哲學中的語言學》，陳嘉映譯，北京：華夏出版社，2008 年，第 251～255 頁。

　　　　我把一個感官對象中本身不是顯象的東西稱爲理知的。據此，
如果感官世界中必須被視爲顯象的東西就自身而言也有一種能力，
這種能力不是感性直觀的對象，但通過它，該東西畢竟能夠是種種
顯象的原因，那麼，人們就可以從兩個方面來考察這個存在物的因
果性：就其作爲一個物自身的行動而言是理知的，而就其作爲一個
感官世界中的顯象的結果而言是可感的。據此，關於這樣一個主體
的能力，我們要形成其因果性的一個經驗性的概念，此外也要形成
一個理智的概念，這兩個概念就同一個結果而言都是成立的。

　　（KrV，B566＼434）

首先，雖然不是最重要的，但絕非無關緊要的是，第二句話是個假言命題，
而這個命題的前件「如果感官世界中……」，康德從未給予證明。〔註11〕但更
嚴重的是，康德隨後又這樣說道，就物自身而言，「在這個主體裏面，不會有
任何行動產生或者消逝」（KrV，B568＼435）；「既然在它裏面，就它是本體而
言，沒有任何東西發生……所以這個行動著的存在物在其行動中……」（KrV，
B569＼435）；「人們可以完全正確地說，它自行開始它在感官世界裏的結果，
但並沒有行動在它自身裏面開始」（KrV，B569＼436）。非時間性的「行動」
已經很令人費解，現在，「物自身」既「行動」又「不行動」，形式邏輯的不
矛盾律受到了挑戰。一種辯護策略可以是這樣的：「物自身」的「行動」是在
「物自身」之外的，而不是在「物自身」「裏面」的，但是，「之外」和「裏
面」是什麼意思？況且，既然「物自身」及其「行動」都在時間序列之外，
那麼，是否意味著不僅要有「物自身」，還要有「物自身」之外的「行動自身」？
另一辯護策略可以是這樣的：避免使用「之外」、「裏面」這樣的空間方位詞，
僅僅說「『物自身』行動，但『物自身』本身不行動（變化）」，那麼，不僅要
有「物自身」，還要有「『物自身』自身」，但這種疊床架屋的策略絲毫不能使
問題更清楚。康德說理知的性質「必須根據經驗性的性質來思維」（KrV，B568
＼435），但是根據經驗性的性質來思維理知的性質產生了悖論，而且這個悖
論比康德所謂的「二論背反」更加嚴重、更加無解，因爲，按照康德的解釋，

---

〔註11〕雖然這一大段話所在的那一節的標題是「與自然必然性的普遍規律相一致的
　　　　由於自由的因果性之可能性」，但因爲這個未予證明的前件，康德並不能證明
　　　　這種可能性，只能證明「如果……」成立的話，自由就是可能的。康德自己
　　　　也承認這一點。

「二論背反」是兩種立場之間的辯證邏輯的矛盾，所謂「辯證的矛盾」根據康德的解釋是說虛幻的矛盾，不眞實的矛盾，是因誤解而產生的，但「先驗自由」這個概念的矛盾是形式邏輯的矛盾。

研究者一般認為，思辨理性爲「自由」留下了一個空位，雖然無法證明其現實性，但畢竟證明了它的可能性。但是，康德先是試圖用「因果性」亦即「行動」概念來充實這個空位，隨後又試圖否定「物自身」有「行動」。本來，非時間性的「行動」就如同「方的圓」一樣是一個不可能的概念，先驗自由就是一個不可能存在的「空位」，因此，康德在論證這個「空位」的可能性的時候，根本就無法避免「行動」與「沒有行動」之間的矛盾。但康德實際上是想證明「物自身」有「行動」，「源始的行動」（KrV，B572\437），那麼，或者必須預設「行動自身」，或者必須預設「『物自身』自身」。康德並沒有像研究者一般認爲的那樣，認爲思辨理性證明了自由的可能性，康德明確說「就連證明自由的可能性，我們也根本沒有去想」（KrV，B586\445），但康德認爲他證明了自由與自然「並不衝突」（KrV，B586\445），卻沒有發覺「先驗自由」與形式邏輯相衝突。此外，康德證明了先驗自由與自然並不衝突了嗎？康德的確證明了這一點，但是，是建立在概念的混淆、歧義和無效的論證之上的。

### 4、自由與自然的衝突

「被踢飛的足球撞擊玻璃」這一事件是「玻璃變碎」這一事件的原因，但「被踢飛的足球撞擊玻璃」這一事件又是「某人踢足球」這一事件的結果，後一事件同樣有一個作爲事件的原因先行，以此類推，因果序列可以無限回溯，不允許有任何絕對的總體性。在「玻璃變碎」這一事件中，我們不能發現玻璃有任何理知的力量和能力使玻璃自行變碎，同樣，我們也不能發現「足球」有任何理知的力量和能力使足球自行撞擊玻璃。康德現在試圖尋找這種理知的能力，「如果人們假定，在自然原因中間也有一種只是理知的能力，因爲這種能力爲了行動而有的規定性絕不是依據經驗性的條件，而是依據純然知性的根據」（KrV，B573\438）。康德把理知的能力規定爲是依據「純然知性的根據」的，從而爲理性佔據先驗自由這個「空位」打開了方便之門，但是，爲什麼這種理知的能力依據的是「純然知性的根據」？爲什麼它不是「無根據」的？量子物理學告訴我們，自然中存在著無根據的現象，例如一個粒子的衰變。康德認爲，一個現象如果沒有經驗性的條件，就必然就知性的根

據，因為不存在無根據的現象（充足理由律），這是由當時的自然科學的發展狀況造成的，是可以原諒的。

康德重申了先驗分析論的一些結論，感官只是接受性，但知性尤其是理性，不依據經驗性的條件，是一種自發性，因此知性和理性就是這種理知的能力。但是，如果在當代自然科學的背景下更為細緻地分析感性與理性，就可以看到無論是感性還是理性，都既有接受性，又有自發性。感性接受物理信息，把它轉化為電化學信息，最終輸出精神性的信息；理性接受感性提供的信息，整合、解釋這些信息。感性和理性都是認知機制，所謂機制就是指「接收─加工─輸出」的過程。但這種反對意見對於我們分析康德的論證來說仍然不是關鍵的，我們主要關注康德對概念的混淆以及一些具有歧義性的概念。

康德認為，我們至少可以想像理性具有因果性，「這一點從我們在所有實踐事務中作為規則加給實施的力量的那些命令就可以清楚地知道。應當表示一種必然性和與種種根據的聯結」（KrV，B575\439）。康德顯然是在說，「規則」、「命令」、「應當」這些詞表明了理性有因果性。考慮下面的例子：

> 語法規則規定了我們應當怎樣說話。
>
> 因為「翠綠的牙疼」不合語法規則，所以我們不應當這樣說話。
>
> 因為「翠綠的青草」是合乎語法規則的，所以我們可以這樣說話。

這裏的「應當」絲毫不能表明一種因果性，「因為……所以……」也絲毫不構成力學上的因果關係。就像康德自己所承認的那樣，「應當」只表示「一種可能的行動」（KrV，B575\439），「我應當還錢給我的朋友」這一命令沒有任何因果力促使我還錢，為了使我行動，還必須要有一種「實施的力量」、「種種自然條件」，例如我對名譽的珍惜之情、對朋友的感激之情、害怕失去朋友的情感，或者如康德後來所說的那樣，我有一種對道德法則的敬重之情，這些情感為我提供了「實施的力量」。

康德說感性的誘惑推動我達到「意欲」，但不能造成「應當」，「理性所宣佈的應當則以尺度和目的，甚至禁止和尊重來與意欲相對立」（KrV，B576\440），但「與意欲相對立」還不能推論出人會有所行動。康德在某處說理性在與行動的關係中「能夠有因果性」，但隨後立刻說「理性確實有因果性」（KrV，B576\440），康德這樣論證：

雖然它是理性，它也必然自身展示出一種經驗性的性質，因為
任何原因都預設一條規則，某些顯象按照這條規則作為結果繼起；
而每一條規則都要求結果的齊一性，這種齊一性論證了原因（作為
一種能力）的概念。（KrV，B576～577＼440）

「原因」這個詞是有歧義的，並不是所有原因都具有因果性，例如，玻璃的
分子結構或性質是玻璃容易變碎的原因，這就是亞里士多德所說的「形式
因」，「形式因」能夠解釋事實（fact），在這個例子中就是「玻璃容易變碎」
這一事實；「形式因」或許也能解釋事件（event），例如「被踢飛的足球撞擊
玻璃，導致玻璃變碎」，玻璃變碎了，〔註12〕而不是融化了、消失了、變成綠
色的了、完好無損地跌落在地上了，這是由玻璃的形式因決定的，但是，「形
式因」依然不具有因果性。理性作為一種能力（性質），顯然是一種原因，但
只有能力的行動（活動）——能力的行動構成一個事件——才具有因果性，
就像母親的分娩能力只有現實地活動，才能在力學的因果關係上導致嬰兒的
誕生。但康德這裏的「原因」所指的是力學上的「原因」。

　　康德下面引入了對人類任性（Willkür）的分析。「任性」這個詞有兩種含
義：一是意志的選擇，一是意志的決定、決斷，因而又可以譯為「決意」。〔註
13〕康德在這裏說了一段很著名的話，表明了康德的心理決定論的立場：「如果
我們能夠窮根究底地研他的任性的一切顯象，那麼，就不會有任何一種人
的行動我們不能可靠地預言並且從其先行的條件出發認識為必然。因此，就
這種經驗性的性質而言，不存在有自由。」但是，根據康德的某些哲學理念，
這個論證是不成立的。它省略了一個小前提，我們現在補充上這個前提：

　　大前提：如果我們能夠知道一個人的任性的一切顯象，那麼，
就不存在自由。

　　小前提：我們能夠知道一個人的任性的一切顯象。

　　結論：不存在自由。

正是這個小前提按照康德的經驗論來說是不成立，一切顯象的綜合是不可能
完成的，〔註14〕因此，按照否定前件的邏輯規則，我們可以說：因為我們不

〔註12〕「玻璃變碎了」也可以理解為「事實」，而不是「事件」。
〔註13〕趙廣明著：《康德的信仰：康德的自由、自然和上帝理念批判》，南京：江蘇
　　　　人民出版社，2008年，第61頁。
〔註14〕即便「知道任性的一切顯象」是可能的（比如上帝），這是否構成了對自由的
　　　　否定也絕非無可置疑的。

能夠知道一個人的任性的一切顯象，所以自由存在。實際上，「自由」正是人類在無知面前的遁詞，所以「自由」才對人來說永遠都是一個無法解開的奧秘。

康德說自由如果是可能的，理性必須能夠是行為的原因。為了與康德的力學上的原因（cause）區別開來，我們引入理由（reason）這個概念，理由也是一種「因為」（because），但不是原因（cause）。理性所宣佈的命令能夠是行為的理由，甚至是無條件的理由，這一點毋庸置疑。但只有理性的活動才有可能是原因（cause），而且，理性的活動只是「宣佈命令」這一心理事件的原因（cause），而不直接就是行為（物理事件）的原因（cause）。命令雖然構成行為的理由（reason），但還不足以就是行為的原因（cause）。康德混淆了能力、性質和能力、性質的活動，而把能力視為因果性。可是，只有事件才有因果性，因此，能力的活動才是因果性。

康德說：「純粹理性作為一種純然理知能力，不從屬於時間形式，因而也不從屬於時間繼起的條件」（KrV，B579＼442），「理性本身不是顯象，不服從感性的條件，在它裏面就其因果性而言也就不存在時間繼起」（KrV，B581＼442），但我們要問：理性這種能力的現實活動──思維、實踐推理──難倒不是顯象？康德在前面曾說過，靈魂是物自身，但思維是靈魂的在我們裏面的顯象（KrV，B506＼399）。那麼，思維這種顯象不從屬於時間形式嗎？實踐推理的結論能夠在實踐推理開始之前就被獲知嗎？而且，如果不存在時間繼起，實踐推理會發生嗎？如果我不是首先想起我還欠著朋友的錢──「想起」是一種記憶，因而是內直觀──那麼，我也不會思考我是否要還錢。

康德在前面論述自由的可能性的時候，訴諸「物自身」的非時間性的行動（非時間性的事件），他現在再次隱秘地求助於這個隱含著的概念：

> 經驗性的性質只不過是理知性質的圖型罷了，就理知的性質而言，沒有在前和在後；任何行動，無論它與其他顯象處於什麼樣的事件關係之中，都是純粹理性的理知性質的直接結果；因此，理性是自由地行動，並不以力學的方式通過外在的或者內部的、但卻先行的根據而在自然原因的鏈條中被規定；人們不可以把它的這種自由僅僅視為對經驗性條件的獨立性（因為這樣以來，理性的能力就不再是顯象的原因了），而是要也積極地通過一種自行開始事件序列的能力來描述它，以至於在它裏面沒有任何東西開始，而是它作為

　　　　任何任性行爲的無條件的條件，在自身之上不允許任何在時間上先

　　　　行的條件（KrV，B581～582＼443）。

如果我們前面的分析是正確的，那麼，「非時間性的行動」這個概念就是不成立的。理性的能力不是顯象的原因（cause），理性的能力的現實活動才可能是某個作爲顯象的心理事件（例如宣佈命令）的原因（cause），而這個心理事件可能是一個作爲顯象的物理事件（行爲）的理由原因（reason），這個理由還不足以成爲一個原因（cause）。但是，理性這種能力裏面有某種東西開始，即理性現實活動亦即思維，而且，思維顯然從屬於時間序列，在它之前有條件發生，如「想起還沒有還錢」。如果照康德所說的那樣，「理性是人在其中顯現的所有任性行動持久性條件」（KrV，B581＼443），而且這種「條件」是一種原因（cause）的話，將不可避免地導致某種荒謬的結論，因爲他曾經說過如果一種原因（cause）「在任何時候都存在，它的後果就也不會剛剛產生，而會是一直存在的」（KrV，B472＼378），那麼，「我命令自己還錢」這一心理事件，甚至包括「我還錢」這一物理事件就會是一直存在的：我一直都在命令自己還錢，我一直都在還錢。

　　康德沒打算要證明先驗自由的可能性，只是謙遜地想證明先驗自由與自然不衝突，但是，根據以上分析，先驗自由根本就是不可能的。康德似乎認爲，如果沒有先驗自由，就沒有任何自由，但一種與自然相容的自由是可能的。康德認爲，如果沒有先驗自由，那麼，某個物理或心理事件就會完全決定我的行爲，例如飢餓（物理事件）或飢餓感（心理事件）就將決定我要吃東西（行爲）。但是，這是因爲康德的「因果」概念過於簡化，康德的「原因」過於狹隘。康德的「因果」概念只包含「原因」（cause）、結果（effect）兩要素，斯多亞學派的因果觀念則包含原因、質料和結果三要素，質料是指原因作用於其上的東西。〔註 15〕按照這種因果模式來思考人類行爲，那麼，飢餓感作用於我的心靈（質料），它只能決定我思考是否要吃東西（心理事件），而不能決定我去吃東西（行爲）。康德的「原因」概念過於狹隘，只包括因果概念，即亞里士多德的動力因。亞里士多德提出了對顯象的四種解釋（explanations）原則：形式、動力、目的和質料。由於近代自然科學的發展，動力因佔據哲學的重心，形式因與質料因被拋

---

〔註15〕參見〔英〕安東尼·肯尼著：《牛津西方哲學史·第一卷·古代哲學》，王柯平譯，長春：吉林出版集團有限責任公司，2010年，第227頁。

棄，目的因也被按照動力因的模式來思考，亞里士多德的「aitia」被錯誤地翻譯成「cause」。實際上，亞里士多德提出的是四種「解釋」，也就是說，是「四因為」（four becauses）而不是「四因」（four causes）。〔註16〕按照這種更充分的解釋原則，飢餓感作用於我的心靈，激活了我的心靈中的某種形式、性質或能力，即理性的選擇能力和意志的決斷能力，也即康德所謂的「任性」，心靈的這種能力為我提供了目的因（為了什麼而行動，理由是什麼）。人類行為並不是在力學的因果上被決定的，但也沒有必要訴諸某種與自然不相容的自由來解釋人類行為。

## 二、實踐自由

### 1、第一批判中的實踐自由概念

純粹理性不是我們擴展知識、揭示真理的工具（KrV，B823＼586），純粹理性為我們提供的理念，對於自然科學的進步來說完全是多餘的，而且對理念的思辨探究還是極為沉重的勞動，但是，既然我們擁有趨向超驗概念的自然稟賦（Prol，362＼367），既然純粹理性把這些理念「迫切地推薦給我們」（KrV，B827＼588），必定是因為它們符合純粹理性的某些旨趣，只不過是由於我們誤解了理性的真正目的，才使這些理念成為擴展知識的誘因。康德認為，既然在純然思辨的道路上，我們無法接近這些對象，那麼在實踐應用的道路上，或許有更好的運氣（KrV，B824＼586），這些理念「必定僅僅關涉到實踐的東西」（KrV，B827＼589）。在實踐領域，意志自由問題就有更為深遠的意圖，即，如果意志是自由，那麼應當做什麼（KrV，B829＼589）。

康德把實踐意義上的自由規定為「任性對感性衝動的強迫的獨立性」（KrV，B562＼431），也就是說，雖然任性不能獨立於感性，但是能夠不受感性的強迫。康德區分了動物性的任性和人的任性：「任性就它以生理變異的方式（由於感性的動因）受到刺激而言，是感性的；如果它能夠以生理變異的方式被必然化，它就叫做動物性的。人的任性雖然是一種感性的任性，但卻不是動物性的，而是自由的，因為感性並不使行為成為必然的」（KrV，B562＼431～432）。康德後來又說：「那種不依賴於感性衝動，因而能夠由僅僅為理性所表現的動因來規定的任性，就叫做自由的任性」（KrV，B830＼590），

---

〔註16〕參見〔英〕安東尼・肯尼著：《牛津西方哲學史・第一卷・古代哲學》，王柯平譯，長春：吉林出版集團有限責任公司，2010年，第223頁。

因此，自由的任性是這樣的：它被感性的動因所刺激，被理性的動因所規定。康德說這種實踐的自由能夠通過經驗來證明：

> 因爲不僅刺激的東西，亦即直接刺激感官的東西，規定著人的任性，而且我們還有一種能力，能通過本身以更爲遠離的方式有用或者有害的東西的表象，來克服在我們的感性欲求能力上造成的印象：但是，對那種就我們的整體狀況而言值得欲求的能力，亦即好的和有用的東西的考慮，依據的是理性。因此，理性也給予一些法則，它們是命令，也就是説，客觀的自由法則，它們説明什麼應當發生，儘管它也許永遠不發生，而且在這一點上它們有別於僅僅探討發生的事情的自然法則，因而也被稱爲實踐的法則。
>
> （KrV，B830＼590）

直接刺激感官的東西規定我們的任性，但是理性能夠克服這些東西給我們造成的印象。理性給予我們的命令依據兩個判斷：一是對我們的整體狀況的判斷，二是根據我們的整體狀況判斷什麼對我們是有用的，什麼對我們是有害的。因此，這裏所謂的實踐法則是實用性的，是經驗性地有條件的，換句話説，經驗證明了我們有一種經驗性的自由，一種有條件的自由。

顯而易見的是，這種實踐自由是自然原因的一種，無論是我們的整體狀況，還是對我們有利或有害的東西，都有其自然依據。只不過在實踐活動中，我們不是面向過去進行因果回溯，而是面向未來設定我們的行爲目的。理性爲我們設定目的的行爲，「在更高的和更遙遠的作用因方面是否又會是自然，這在實踐的活動中與我們毫無相干，在實踐的東西中我們只是首先向理性徵詢行爲的規範」，「只要我們的意圖所針對的是所爲或者所棄，我們就可以把它擱置一旁」（KrV，B831＼590～591）。

但是，康德想要證明的是，理性在實踐活動中有其純粹的運用，純粹理性不考慮我們的整體狀況，不考慮什麼對我們有利或有害，純粹先天地、絕對地、無條件地發佈命令，康德稱這樣的法則是道德法則。也就是説，康德想要證明我們不僅有經驗性的、有條件的、實用性的實踐自由，還有純粹的實踐自由。康德曾經説過，實踐自由的概念建立在先驗自由的理念之上（KrV，B561＼431），但經驗性的實踐自由顯然並不需要先驗自由的理念，經驗性的實踐自由不去理會自然因果性，也不去考慮這種自由是否只是一種幻覺。那麼，建立在先驗自由理念之上就只能是純粹的實踐自由了。康德在第一批判

中還只是假定了純粹理性能夠是實踐的，但康德認為對道德判斷的分析將會證明這一點（KrV，B835＼593）。

## 2、道德現象

康德對道德現象的分析始於「善的意志」這個概念。「在世界之內，一般而言甚至在世界之外，除了一個善的意志之外，不可能設想任何東西能夠被無限制地視為善的」（GMS，393＼400）。〔註17〕傑出的才能、優秀的品質以及幸福，都是好的、值得希求的，但如果意志不是善的，它們反而是惡的，只有善的意志是無條件的、就自身而言就是善的。康德認為，理性的真正使命就是產生善的意志。〔註18〕

為了分析善的意志這個概念，康德引入了「義務」概念。首先，康德認為，行為合乎義務還不能說明意志就是善的，只有當行為是出自義務時，意志才是善的。例如一個對他人行善的行為，如果是出自對榮譽的偏好，甚至是出自對他人的同情等善良氣質，那麼行為就不具有「真正的道德價值」，雖值得稱讚和鼓勵，但不值得尊崇（GMS，398＼405）。唯有純粹出自幫助他人的義務而幫助他人，意志才是善的意志。其次，出自義務的行為所擁有的道德價值既不在於「我們在行動時可能有的意圖」（GMS，400＼406），也不在於行為的現實結果，而僅僅在於行為被決定時所遵循的意欲的原則。第三，「義務就是出自對法則的敬重的一個行為的必然性」（GMS，400＼407）。「一個出自義務的行為應當完全排除偏好的影響，連帶地排除意志的任何對象；因此，在客觀上除了法則，在主觀上除了對這種實踐法則的純粹敬重，從而就是即便損害我的一切偏好也遵從這樣一種法則的準則之外，對於意志來說就不剩下任何東西能夠決定它了」（GMS，400～401＼407）。也就是說，意志的規定根據只能是純形式的，不能包含任何客體（質料），「凡是把欲求能力的一個客體（質料）預設為意志的規定根據的實踐法則，全都是經驗性的，不能充當任何實踐法則」（KpV，21＼21～22）。〔註19〕一切質料性的實踐原則都被隸屬於幸福原則之下。

---

〔註17〕 GMS 是《道德形而上學的奠基》的大寫字母縮寫，所據譯本為：李秋零主編：《康德著作全集‧4‧道德形而上學的奠基》，北京：中國人民大學出版社，2005年。下文一律依照如下體例引用：（GMS，德文本頁碼＼李秋零譯本頁碼）。

〔註18〕 這裏不再分析康德的目的論論證，因為但凡瞭解進化論──尤其是進化論在最近幾十年的發展──的人，都不會再相信這種陳詞濫調。

〔註19〕 KpV 是《實踐理性批判》的大寫字母縮寫，所據譯本為：李秋零主編：《康德著作全集‧5‧實踐理性批判》，北京：中國人民大學出版社，2007年。下文一律依照如下體例引用：（KpV，德文本頁碼＼李秋零譯本頁碼）。

現在的問題是，什麼樣的法則能夠如此？康德並沒有提供具體的法則，但卻為我們提供了判斷一個行為準則是否合乎法則的原則，即行為的「普遍合法則性」（general conformity to law as such），也可譯為「對法則自身的普遍一致性」，法則總是無例外地、普遍地有效的，因此，具有普遍合法則性的行為就是可普遍化的、不允許有例外的行為，「唯有這種合法則性充任意志的原則，也就是說，我決不應當以別的方式行事，除非我也能夠希望我的準則應當成為一個普遍的法則」（GMS，402＼409）。

無例外的絕對普遍性對於康德而言，不僅意味著對一切人有效，而且意味著對一切理性存在者有效，因而道德原則就不能在人類的特殊本性中尋找，而必須在理性中去尋找。理性為行為提供客觀法則，意志按照法則的表象來行動，對於善的意志（屬神的意志、神聖意志）來說，它的意欲自然而然地就「是」與法則一致（GMS，414＼421）。但對於不完全善的意志來說，理性的法則對於意志而言就具有一種強制性，意志的意欲「應當」與法則一致。應當這個詞表明理性的法則對不完全善的意志而言是一種誡命，誡命的公式就叫做命令式（GMS，413＼420）。如果命令式是這樣的：「如果你要實現意圖 S，那麼你就應當做 P」，那麼這種命令式就是假言命令式，它只對那些具有意圖 S 的人有效，表達的只是一種規則或建議，不是無例外地有效的。如果命令式是這樣的：「（不管你具有什麼意圖）你應當做 P」，那麼這種命令式就是定言命令式，它要求絕對無例外地被遵守，因而是真正的誡命。

康德認為，定言命令式表達的就是道德法則，但是，何以普遍化的準則就是道德法則呢？畢竟，「普遍性」並不分析地蘊涵「道德」。這就需要進一步考察康德的定言命令式。

### 3、定言命令式

定言命令式不包含任何條件，只包含準則符合法則的必然性，即一般而言的法則的普遍性。它的認識標記和尺度就是嚴格的普遍性。康德對定言命令式的核心表述是：

> 要只按照你同時能夠願意它成為一個普遍法則的那個準則去行動。（GMS，421＼428）

康德把這它稱為關於義務的定言命令式，並且是一切定言命令式的原則，從它可以推導出所有命令式。除此之外，這一命令式還有另外三種表象形式：第一種表象形式關涉準則的形式：

> 要這樣行動，就好像你的行為的準則應當通過你的意志成為普
> 遍的自然法則似得。（GMS，421＼429）

我們在生活中時常會違背道德義務，康德建議我們去設想如果 1）、每個人都採納違背義務的準則；2）每個人都知道其他人會採納違背義務的準則；那麼，3）世界會變成什麼樣。康德認為，或者這樣的世界將是不可能的，或者我們根本不願意這樣的世界成為現實。前一種情況是因為準則的普遍化導致了觀念的矛盾，比如說，如果每個人都不遵守諾言，那麼一個存在諾言的世界就將不復存在，「這樣一條原則作為法則將會取消自己本身」（KpV，27＼29）；後一種情況是因為準則的普遍化導致了意志矛盾，比如說，如果每個人都對他人冷漠，就將產生一個我們不願參與其中的冷漠的世界。因此，一切違背義務的準則是這樣的準則：我可以或我想要這樣做，但我不希望別人也這樣做，換句話說，一切違背義務的準則都把自己視為是享有特權的。「康德想要我們抵制讓自己豁免於我們強加於他人的要求這一企圖」。[註20]康德堅持認為，如果我們始終從理性的觀點出發去衡量一切，就會在一切違背義務的意志根據中發現一種矛盾，如果我們捫心自問的話，就會發現我們實際上並不願意那種違背義務的準則成為一個普遍的法則。

上述命令式刻畫了義務的一般形式，但由此並沒有先天地證明確實存在著這樣的命令。我們不能從「人類本性的特殊屬性」中推導出道德法則的實在性，因為由此出發的法則不能普遍適用於「一切理性存在者」。因此，如果確實存在著這樣的命令，「它就必須（完全先天地）已經與一個一般而言理性存在者的概念結合在一起」（GMS，426＼434）。結合的方式就是把「理性存在者」作為「目的自身」，「目的自身」意味著不能把它僅僅當作為了其他目的而使用的手段。作為「目的自身」，「理性存在者」被稱為「人格」，因此就有了涉及準則質料的命令式：

> 你要如此行動，即無論是你的人格中的人性，還是其他任何一
> 個人的人格中的人性，你在任何時候都同時當作目的，絕不僅僅當
> 作手段來使用。（GMS，429＼437）

康德的意思不是說我們應該在現實的、具體的行動中，在主觀上把人性當作我們的目的。康德把「目的自身」稱為「客觀目的」，而把人們在實際行動實際具有的目的稱作「主觀目的」。一切「主觀目的」都是指向幸福的，在這種情

---

[註20] 〔美〕史蒂文・盧坡爾著：《倫理學導論》，陳燕譯，北京：中國人民大學出版社，2008 年，第 175 頁。

況下，每個人的目的都是他自己的福利，「所有人的意志並不具有同一個客體」（KpV，28＼30）；「客觀目的」則構成了對「主觀目的」的約束，因此，該命令式實際上是說：無論你在行動的時候具有什麼樣的目的，人性都應該構成主觀目的的「最高限制條件」（GMS，431＼439），也就是說，不管你具有什麼目的，你都不能爲了自己的目的而不顧他人的自主性，不能爲了自身的目的而操縱、利用他人的理性，比如說，我急需向朋友借一筆錢而又無償還能力，康德認爲出於對朋友「人格中的人性」的尊重，我應該明白告知朋友自己沒有償還能力，然後他可以運用自己的理性，自由的做出是否幫助我的選擇。把理性存在者視爲「目的自身」，就是承認理性存在者能夠運用自己的理性爲自己的意志立法，由此引出了意志與普遍的實踐理性相一致的最高條件：「每一個理性存在者的意志都是一個普遍立法的意志」（GMS，431＼439）的理念。這個理念還導向了「目的王國」的概念，即「不同的理性存在者通過共同的法則形成的系統結合」（GMS，433＼441）。這個概念形成了對命令式的第三種表象方式：

> 理性存在者必須在任何時候把自己視爲一個通過意志的自由而
>
> 可能的目的王國的立法者，不管是作爲成員，還是作爲元首。
>
> （GMS，433～434＼442）

這一表述既滿足了普遍化的形式要求，又滿足了客觀目的的條件限制，因此是「對一切準則的一種完備的規定」（GMS，436＼445）。康德的這一觀念暗示了在道德的世界裏，所有人的所有目的是普遍和諧的，沒有衝突。康德認爲，道德主體不能在自身中把自己作爲整個世界來研究，而要把自己作爲一個世界公民來對待和觀察自身，因此，道德主體就是既有自我意識又有普遍原則的公民。〔註21〕

　　現在我們可以回答何以普遍化的意志規定就是道德法則，何以按照普遍化的法則形式是道德的。意志的普遍性法則之所以就是道德法則，並非因爲它是可普遍化的，而是因爲它蘊涵尊重人性的要求，理性本身要求我們尊重理性，〔註22〕並且理性本身要求我們以對待和尊重自己的方式去對待和尊重

---

〔註21〕　參見姚君喜：《康德先驗哲學中的自由問題》，載《蘭州商學院學報》，2000年 8 月第 3 期。

〔註22〕　英國學者約翰‧斯科魯普斯基對此提出了批評，認爲試圖從「理性本身要求理性被尊重」這一陳述推出理性與自律之間的聯繫是一種變戲法，參見尼古拉斯‧布寧、燕宏遠等主編：《當代英美哲學概論》，社會科學文獻出版社，2002 年，第 315 頁。

別人。「那些作爲道德上有價值而出現的準則證明是那些不把人簡單地當作手段而是當作目的的準則，而當康德說普遍化的表達就是道德的形式，人與目的的表達就是道德的狀態，這就是康德的意思。」〔註23〕「善」之爲「善」，「道德」之爲「道德」就在於平等地尊重所有理性存在者的理性或人性，而一切違背義務的準則都是不平等的：我可以，別人不可以。

### 4、自由即自律

從善良意志和義務的概念出發，經由對定言命令式的刻畫，康德達到了道德的最高且惟一的原則：意志自律。任性的一切他律不僅不能建立責任，而且是與責任、道德性相悖的（KpV，33\36）。在目的王國中，一個理性存在者無論服從的是什麼樣的法則，都必須同時把自己視爲普遍的立法者，自律就是指意志的自我立法、自我制約，「道德原則必須是一個定言命令式，但這個命令式所要求的，卻不多不少，恰恰是這種自律」（GMS，440\449）；「每一個善的意志的準則使自己成爲普遍法則的那種適宜性，本身就是每一個理性存在者的意志責成給自己的惟一法則，它不以任何一種動機和興趣做這一準則的根據」（GMS，4444\453）。

意志的自律說的是意志對於它自身就是一種法則，而與意志的客體無關。相反，如果是意志的某個客體通過其與意志的關係而爲意志立法，就是意志的他律（GMS，441\449）。意志的他律只能使假言命令成爲可能，「我之所以應當做某事，那是因爲我想要某種別的東西」（GMS，441\449）。

康德還提到了自由的消極概念和自由的積極概念。自由的消極概念是指意志的因果性的一種屬性，即「不依賴於外來的規定它的原因而其作用」（GMS，4446\454）。自由的積極概念即是自律。康德論證說，因果性的概念帶有法則的概念，因而自由也是有法則的，但不是自然法則，而是意志對自身而言是一種法則，亦即自律。因此，「一個自由意志和一個服從道德法則的意志是一回事」（GMS，447\454～455）。但是，康德至此仍不認爲已經證明了自由的現實性：

> 我們只是看到：如果要把一個存在者設想稱爲理性的、而且就
> 其行動而言賦有有因果性的意識的、亦即賦有意志的，我們就必須
> 預設自由；而且這樣以來我們就發現：出自同一理由，我們必須把

---

〔註23〕約翰・M・瑞斯特著：《眞正的倫理學——重審道德之基礎》，向玉喬等譯，北京：中國人民大學出版社，2012 年，第 180 頁。

「按照行動自由的理念規定自己」這種屬性歸於每一個賦有理性和
意志的存在者。(GMS，448～449＼456～457)

然而，道德的確定性被回溯到了自由的理念，但在另一方面，自由的理念也
只是預設了道德法則，這看起來是一種「無法擺脫的循環」(GMS，450＼458)。
康德認爲，只有當我們區分了顯象和物自身、感性世界和知性世界、感官世
界和理智世界，才能解決這一循環。理性使人區別於其他一切事物，甚至區
別於經驗性的自我，而且理性把區別感官世界與知性世界看作自己「最重要
的工作」(GMS，452＼460)，因此，一個理性存在者必須把自己視爲理智、
視爲屬於知性世界的。人必須以雙重的方式表現和設想自己，我們把自己看
作自由的，是因爲我們把自己置入知性世界；我們把自己看作是負有義務的，
是因爲我們把自己視爲屬於感官世界的。

　　關於康德自由即自律的觀點，有許多批評意見。西季威克認爲康德的自
由概念經常在兩種歧義之間來回搖擺。西季威克區分了自由意志的三種含
義，一種是任性的自由，即無需某種動機或相對於相互衝突的動機的合力，
而在不同的行爲選項中做出選擇的能力；第二種是善的或理性的自由，在這
個意義上，行爲越是合乎理性，就越是自由的；第三種是中性的或道德的自
由，即在善與惡之間進行選擇的能力。〔註24〕康德沒能區分自由的第二種和
第三種含義，當他強調自由與行爲歸責的聯繫的時候，他使用的是中性的自
由這一含義；而當他想要證明理性的獨立性、自由即自律的時候，他使用的
是善的自由這一含義。西季威克進而指出，如果要把自由等同於自律，那麼
我們就無法對惡的行爲進行道德責難，而一旦我們要拋棄自由與理性的嚴格
的一致性，就將拋棄康德道德哲學的許多吸引人的觀點。康德認爲，當一個
人自覺地遵從道德法則的時候，他實現著他眞實的自我，當他受感性支配的
時候，他屈從於一個野蠻的外部世界的法則。西季威克認爲，這種觀點雖然
吸引人，但卻是空洞的誇誇其談，聖者在某一特定的瞬間與惡棍一樣受自然
法則的支配，惡棍在他所選擇的惡的生活中也有其眞正的自我。〔註25〕

　　阿多諾也批評了康德的自由意志。首先，阿多諾認爲，康德的自由意志

〔註24〕參見〔英〕亨利・西季威克著：《倫理學史綱》，熊敏譯、陳虎平校，江蘇人
　　　　民出版社，2008年，第216頁；〔英〕亨利・西季威克著：《倫理學方法》，廖
　　　　申白譯，中國社會科學出版社，1993年，第517～518頁。
〔註25〕參見〔英〕亨利・西季威克著：《倫理學方法》，廖申白譯，中國社會科學出
　　　　版社，1993年，第524頁。

是自由的自我欺騙，因爲自由應該是一切衝動的合法統一體，而康德的自由意志卻是對合法衝動的壓制，自由一旦被收縮進理性之中成爲凌駕一切的邏各斯，必然自上而下肅清一切特殊性，這就導致了意志的不自由。〔註26〕其次，阿多諾認爲康德的自由主體：「物自身」也隱藏著矛盾，一方面先驗主體是超驗的純我，它沒有衝動，它不可能做出自由的決定，另一方面，先驗主體是超時間的，是時間的純形式或絕對時間，然而，自由是時間行動的一種屬性，而且只能在時間中被現實化，康德的自由意志卻需要一種非時間性的行動，而且，這種非時間的東西如何在時空的世界中產生作用同時又不改變時間本身？因此，阿多諾認爲康德的先驗主體無異於宗教創世說。〔註27〕阿多諾還不同意康德把意志與理性、意志等同起來的觀點，認爲意志不是意識，而是意識產生的前提和動力之源，而康德把意志等同於意識，甚至是意識的形式亦即邏輯，意志由此而成爲了「一種抽象的自我封閉的、統治的規則體系，是一種粗野的自然對立面」。〔註28〕

　　康德重申了古代哲學關於理論知識和實踐知識的區別。在理性的理論應用中，我們是要做出描述或判斷，一個判斷或者是「眞的」，或者是「假的」；在理性的實踐應用中，我們是要做出一個決定，決定無所謂「眞」與「假」，只關乎「好」與「不好」，也就是說，在實踐運用中，理性的任務不是去發現「眞的」東西，而是要創造出「好的」東西。在理論知識的領域內，我們既不可能直觀到自由的因果性，也不能借助於自由的因果性來解釋我們直觀到的現象，但是，在理性的實踐應用中，自由的因果性不再與認識相關，而是與決定或行爲相關。我們不是想要通過自由的因果性來解釋或描述行爲究竟如何發生——這只能通過自然的因果性才能獲得理解，而是要通過預設自由的因果性來判斷決定或行爲的意義，追問決定或行爲的理由。因爲，當我們說「決定 s 不是一個好的決定，我們應當採取其他的決定」，或者當我們說「行爲 s 不是一個好的行爲，我們本來應當做出其他行爲」，這種「應當」或「本來應當」只有在蘊涵著「能夠」的前提下才是有意義的——對康德來說，「能夠」的意思是指自由意志的能力，並不是指在顯象世界裏會產生任何結果（參

〔註26〕參見吳友軍：《康德「自由意志」的不自由實質——阿多諾對康德自由觀的批判》，載《求是學刊》，2004 年 5 月第 3 期，第 44 頁。
〔註27〕同上，第 45 頁。
〔註28〕同上，第 46 頁。

見 KpV，15＼16）。也就是說，「應當」預設了自由的因果性。我們必須設想自己是自由的，否則就會喪失自己作爲行動主體的感覺。

裁定一個判斷是眞還是假的標準是純然認識能力的對象，判斷符合對象就是「眞的」，否則就是「假的」；但是，一個決定是好的還是不好的，其標準是欲求能力的對象，決定——康德稱之爲「意志的規定根據」——如果以該對象爲目標，它就是「好的」，「否則」就是「不好的」。這個「對象」亞里士多德認爲是「幸福」，康德認爲是「義務」。這裏我們需要探討理性在人類實踐中的地位和作用。經驗主義哲學認爲人的本性就是追求個人的快樂、幸福而逃避痛苦，因此，理性的作用就是權衡利弊得失，幫助我們以正確的方法和手段滿足我們對自身幸福的追求，理性是滿足我們感性需要的工具。康德並不否認理性有這種功用，甚至不否認人們在這樣做的時候也還是自由的。但是，幸福的獲得總還要依賴於偶然的命運。如果理性的用途僅僅在於滿足我們的感性需要，那麼理性的應用就永遠只是在經驗性上有條件的，人類行爲的動機也因此永遠都是被經驗性條件所決定的，理性的運用就是不純粹的，自由就只是一種假象。康德嚴格區分了審愼與道德，因此「好」就有了兩種含義，一種是審愼意義上的「好」，一種是道德意義上的「好」亦即「善」。追求幸福的理性是審愼理性，亦即康德所謂的不純粹的實踐理性，惟有追求道德意義上的「善」的理性才是純粹的實踐理性，而道德上無條件的「善」就是善良意志，因此，理性的實踐運用區別於理論運用的地方就在於產生一個絕對的善良意志。

康德在《實踐理性批判》的導論中提出這樣一個問題：「是純粹理性獨自就足以對意志做出規定，還是它惟有作爲經驗性上有條件的理性才能是意志的規定根據。」（KpV，15＼16）〔註29〕如果我們能夠找到根據去證明，自由這種屬性事實上應歸於人的意志，那麼，我們就能夠說明純粹理性能夠是實踐的。也就是說，自由意志與純粹理性的實踐能力是相互依賴的，只有證明了自由意志的存在，才能證明純粹理性獨自就能夠是實踐的；只有證明了純粹理性獨自就能夠是實踐的，才能夠證明自由意志是存在的。

康德以能否普遍化爲標準，把人類的實踐原則分爲不能夠普遍化的準則和能夠普遍化的法則，又以質料與形式的區別，把人類實踐原則分爲質料性

---

〔註29〕〔德〕康德著：《實踐理性批判》，李秋零譯，北京：中國人民大學出版社，
　　　　2007 年，第 16 頁。

原則與純然形式的原則。這裏的質料意指行爲主體所欲求的現實對象。兩類劃分是一致的，不能普遍化的準則是質料性的原則，所有這樣的原則都有一個共同的特徵，即它們追求是個人的幸福，也就是說，它們是幸福原則。每個人對幸福的理解都不一樣，每個人對幸福的理解本身就是不斷變化的，並且幸福的獲得依賴於變幻莫測的經驗事實，幸福始終籠罩在不確定性的迷霧中。因此，這些原則只能夠在特定的情境下對特定的個體有效，而不是在任何時候都能夠普遍地適用於任何人。形式的原則則要求對每個人的意志都是有效的，因爲它排除了一切具體內容，僅僅保留純粹的立法形式。如果要服從這樣的實踐法則，那麼，我們就不能援引任何偏好作爲我們的行爲動機。康德認爲被這種準則的純然立法形式所規定的意志就是自由意志。

> 如果沒有意志的任何別的規定根據，而只有那個普遍的立法形式能夠對於意志來說充當法則，那麼，這樣一個意志就必須被設想爲完全獨立於顯象的自然法則，以及獨立於因果性法則，進一步說獨立於前後相繼法則。但這樣一種獨立性在最嚴格，以及先驗的意義上就叫做自由。因此，惟有準則的純然立法形式才能夠充當其法則的意志，就是一個自由意志。（KpV，28～29＼31）

同樣，如果一個意志是自由的，那麼，惟一適宜於必然規定意志的法則就是純然的立法形式。康德認爲「普遍的立法形式」就是道德法則。道德法則與自由意志是相互回溯的，一方面，自由意志是道德法則的存在根據，沒有自由意志就不可能存在道德法則，另一方面，道德法則是意志自由的認識根據，正是道德法則揭示了我們的自由，「正是我們（一旦爲自己擬定意志的準則就）直接意識到的道德法則，才最先呈現給我們，並且由於理性把它表現爲一個不能被任何感性條件勝過的，甚至完全不依賴於這些條件的規定根據，而恰好導向自由概念。」（KpV，29～30＼32）

康德舉例說，假設一個好色之徒在他享受淫欲之後立刻把他弔死在絞刑架上，那麼，他在這種情況下就會選擇剋制自己淫欲的偏好。但如果君王以死刑相威脅，要求作僞證，以莫須有的罪名詆毀一個清白的人，那麼，無論他對生命有多麼熱愛，也無論他事實上會如何選擇，但是他必定毫不猶豫地承認，捨生取義是他能夠做到的。「因此他作出判斷，他能夠做某事乃是因爲他意識到他應當做某事，並且在自身中認識到通常沒有道德法則就會依然不爲他所知的自由。」（KpV，30＼33）康德認爲道德法則以及我們內在的良心

意識，是我們認識到自由，自由也因此而具有了實在性。當然，這只是實踐上的實在性，而不是理論上的實在性，因為它並沒有直觀的經驗性內容來支持，而只是我們行動上某種現實的可能性而已。

道德法則向我們揭示了自由概念，它需要擺脫一切感性材料，包括個人的偏好、興趣、本能，簡言之，淨化我們的動機，使意志以純粹的立法形式為規定根據。在理性的思辨運用中，理性不能純粹，不能脫離經驗性質料，否則不可避免地陷入幻相。而在實踐運用中，理性必須純粹，以保證道德性不受任何經驗性條件的污染。雖然人既是感性存在者，又是理性存在者，但是良心克服了這種二重性，良心命令我們必須服從道德法則。即使我們暫時昧良心做事，也不可能逃脫良心的自責。康德說「一個自由意志和一個服從道德法則的意志是一回事」（GMS，447＼454～455），但是，道德法則是理性為自己定下的法則，因此，與自然必然性不同，自由是自律的而不是他律的因果性。但是，自由同時意味著一種強制，「意志對法則的一種自由的服從是與一種不可避免的、但僅僅由自己的理性施之於一切偏好的強制結合在一起的，這種意識就是對法則的敬重。」（KpV，80＼86）

聯繫到前面介紹過的艾德勒關於「先天自由」與「後天自由」的區分，以及康德對惡的討論，我們有必要把康德的「自律」視為一種後天獲致的自由，一種理想化的、圓滿的自由，並把自律與作為責任前提的自由意志區別開來。自由意志是先天的自由，是人能夠在善與惡之間做出選擇的前提條件，自律以自由意志為前提，是主體自我修養、自我陶冶的成就，是主體後天獲得的正確使用自由意志的能力。

# 第二節　莊子的「逍遙」

現代漢語中的「自由」一詞指的是理性自決的能力，或意志獨立於感性衝動的屬性，而「逍遙」則是指一種狀態：無所事事的存在狀態與無牽無掛的心理狀態，類似於康德的審美自由感。道家的「自然」一詞和「遊」比「逍遙」蘊涵有更多的行動自由意味，因此，本節要進一步探討「自然」的含義。

行動自由主要體現在人與物打交道、與他人打交道的方式方法中。說到道家與物、與他人打交道的方式方法，人們很自然就會想到「無為」，與該詞的字面含義相反，「無為」正是道家對「自由」的另一種表述──這種表面上的弔詭也是為了激勵人們進一步地深思。

　　自由的另一個方面就是人與其自身的關係。「吾喪我」是莊子處理人與自我的關係的基本原則、方式。「吾喪我」是在對「我」的正確認識的前提下，對「我」的肯定（「因是」）與超越（「心齋」、「坐忘」）。「師其成心」是在錯誤的自我認識的基礎上形成的對待自我的態度，它肯定一種孤立的、實體化、客體化的自我，是自我中心主義與人類中心主義的源頭。自我中心主義和人類中心主義體現了對人與自我的關係、自我與自然的關係、自我與他人的關係的錯誤理解。世人「與物相刃相靡」（《莊子‧齊物論》），「喪己於物，失性於俗」（《莊子‧繕性》），以好惡內傷其身、以一己之見經營天下，都是「成心」的體現，使得人們對於生命的意義感到迷茫。莊子的自由最終體現在「逍遙遊」上，即使精神從各種枷鎖中解放出來而能自由遨遊，因此是一種審美自由、精神自由

## 一、自然與和諧

　　老子、莊子的「自然」就是「自由」，「自由」就是「自然」，這已經是老生常談、廣為接受的觀點了。「然」是事物呈現出的狀態、樣子，知識是「知其所以然」，「自然」一方面是對知識的迴避，一方面是肯定事物的自發性。有學者認為，《莊子》中雖然沒有「自發」這個詞，但「自然」、「自生」、「自化」等此都含有自發的含義。〔註30〕

　　　　吾所謂無情者，言人之不以好惡內傷其身，常因自然而不益生也。（《莊子‧德充符》）

　　　　汝遊心於淡，合氣於漠，順物自然而無容私焉，而天下治矣。
（《莊子‧應帝王》）

「益生」即老子所謂「厚生」，是試圖把源於心靈主觀偏見的尺度（人的尺度）強加於身體（自然）之上；「常因自然」就是尊重自發、自然而然的心理感受、情感狀態，從而使人（「心」）的尺度與自然的尺度協調一致。「順物自然」是要尊重事物的自然天性。「『自』在《莊子》中最重要的用法是表達事物的本源性、根源性觀念。」〔註31〕「自」表達了與「固」、「常」相同的意蘊，「物」

〔註30〕包兆會：《莊子的自發性思想及其在美學生成中的作用》，載《江西社會科學》，
　　　　2011年第2期，第45頁。
〔註31〕參見蕭無陂著：《自然的觀念──對老莊哲學中一個重要觀念的重新考察》，
　　　　長沙：湖南人民出版社，2010年，第195頁。

之「自然」就是「物」之「固然」（本來的樣子、狀態），也是「物」之「常
然」（恒常的樣子、狀態），因此，「自然」也就是「天然」。「自然」、「固然」、
「常然」、「天然」這幾個詞，以及自發性、本源性、根源性、恒常性這幾個
觀念，有著內在的一致性，都源於「道」的特徵，「道不僅是宇宙整體、總體
性存在的自因，也是萬事萬物之所以如此的內因」。〔註32〕

> 眞在內者，神動於外，是所以貴眞也……眞者，所以受於天也，
> 自然不可易也。（《莊子・漁父》）

這裏是進一步指出自發的情感與行爲是眞實的，源自人的天性。

美國學者格拉姆・帕克斯認爲，莊子哲學的目的是要人的行爲中具有更多
的自然的自發成份。〔註33〕莊子曰：「能脩然乎！能侗然乎！能兒子乎！兒子
終日嗥而嗌不嗄，和之至也；終日握而手不掜，共其德也；終日視而目不瞬，
偏不在外也。」（《莊子・庚桑楚》）成玄英釋「侗」爲「順物無心也」，郭象云：
「任聲之自出，不由於喜怒也；任手之自握，非獨得也；任目之自見，非繫於
聲色也。」「偏不在外也」，王先謙《莊子集解》引宣穎曰：「無所偏向於外，
視猶不視。」〔註34〕總之，諸家注釋都是把自發性的行爲與「心」的作用對立
起來，似乎都把「心」視爲一種擾亂自然自發性的力量。我們前面說過，「心」
游離於「性」（天）與「僞」（人爲）之間，容易受到蠱惑與搖蕩，離開自己原
來的位置，追逐外物、虛名、權勢等等。但在這裏，「心」對自然自發性的擾
亂主要是「心」對於自發的情感、需求、態度和行爲傾向的主宰欲、控制欲與
強化作用，使其成爲生命的「駢拇枝指」、「附贅縣疣」（《莊子・駢拇》），反過
來「內傷其身」，失其「性命之情」、生之「常然」。王叔岷釋「不益生」爲「不
務生之所無以爲」，惠施好「辯」，「遍爲萬物說。說而不休，多而無已，猶以
爲寡，益之以怪，以反人爲實，而欲以勝人爲名」（《莊子・天下》），到了「外
乎子之神，勞乎子之精」（《莊子・德充符》）的程度，大概就是因爲對善辯的
才能「自以爲最賢」（《莊子・天下》），以「心」的力量強化了「好惡」——或
者說是「好惡」借助於「心」的力量而自我強化，反而「內傷其身」。「心」之
所以具有強化「好惡」的能力，大概就在於「心」的認識、評價功能，尤其是

---

〔註32〕安繼民著：《秩序與自由：儒道互補初論》，北京：社會科學文獻出版社，2010
　　　　年，第223頁。
〔註33〕參見〔美〕格拉姆・帕克斯：《人與自然——尼采哲學與道家學說之比較研究》，
　　　　載《道家文化研究》（第二輯），上海：上海古籍出版社，1992年，第403頁。
〔註34〕同上，第200頁。

「心」的自我意識、自我認識與自我評價，使「心」產生固執、執著、黏滯，不能「忘」則不能「喜怒通四時」（《莊子·大宗師》）。「四時」並非簡單地指「四季」，而是喻指生命的經驗之流、生活之流、時代之流（「化」）。「心」的記憶與自我意識使其自身實體化，與「化」形成對立；「心」對所好之事、物的執著，使其自身被客體化的「物」所束縛，「不能自解者，物有結之」（《莊子·大宗師》），不能從各種擾亂心神的負面情緒、態度中解放出來。

「心」對情感、態度和行為傾向的強化，不僅有「好惡」借助於心靈能力的自我強化，還有「心」對社會習俗的盲從。

> 向吾入而弔焉，有老者哭之，如哭其子；少者哭之，如哭其母。彼其所以會之，必有不蘄言而言，不蘄哭而哭者。是遁天倍情，忘其所受，古者謂之遁天之刑。（《莊子·養生主》）

> 真者，精誠之至也。不精不誠，不能動人。故強哭者，雖悲不哀，強怒者，雖嚴不威，強親者，雖笑不和。真悲無聲而哀，真怒未發而威，真親未笑而和。真在內者，神動於外，是所以貴真也。其用於人理也，事親則慈孝，事君則忠貞，飲酒則歡樂，處喪則悲哀。忠貞以功為主，飲酒以樂為主，處喪以哀為主，事親以適為主。功成之美，無一其迹矣；事親以適，不論所以矣；飲酒以樂，不選其具矣；處喪以哀，無問其禮矣。禮者，世俗之所為也；真者，所以受於天也，自然不可易也。故聖人法天貴真，不拘於俗。愚者反此。不能法天而恤於人，不知貴真，祿祿而受變於俗，故不足。（《莊子·漁父》）

「受變於俗」、「失性於俗」（《莊子·繕性》）也是對自然自發性的損害。「以好惡內傷其身」尚能體驗到一種虛假的「真」，「受變於俗」則有可能體驗到一種被迫感、異化感。閒言碎語和嘲笑奚落，是維護習俗的重要機制，個體為了維護良好的自我評價和社會評價，會在並不認同習俗的情況下被迫順從習俗。個體既有對獨立性的心理需要，也有對歸屬感的心理需要，過份順從於習俗與過份反叛習俗（如《莊子·刻意》所云「刻意尚行，離世異俗」），都不利於獨立感與歸屬感、私密性與公共性之間的平衡。前者追求一種虛假的普遍性與社會認同，後者追求一種虛假的獨特性與自我肯定，都是違背生命之「真」，莊子主張「法天貴真、不拘於俗」、「體性抱神，以遊世俗之間者」（《莊子·天地》）。

　　無論是「以好惡內傷其身」還是「受變於俗」，都與自我意識、自我評價相關。但「心」的自我關注、自我維護、自我中心也是「心」的自發性，如此看來，「自發性」在理論上並非自足的，「自然」在理論上也並非自足的，因為「心」之「自然」會擾亂「生」（「性」）之「自然」。格拉姆・帕克斯說：「人類固有的（美其名曰「自然」的）反自然的意念使人與自然、與其本能形成異化，並使其人生經歷變得虛假不實。」〔註35〕在筆者看來，「心」之「自然」不僅會與人的本能之「自然」形成異化，也會強化本能使之與「生」（本能的整體性）形成異化。如果說道家的「自然」即「自由」，那麼「自由」也並非自足的，還必須有某種原則來約束或矯正「自由」之害，這個原則就是「生」，更具體地說，就是諸生命能力的「和」（和諧、和合）。

　　包兆會說：「莊子對自然中所包含的自發性的論述是從境界層面，而不是從人的本能反應層面進行的。」「莊子的自發性思想主要是基於境界形態的一種自發性思想，強調在關係當中所作出的合乎處境和內心真實的一種直接反應，是在遵行道的規律運行基礎上的一種對外界所作出的恰當反應，其中所呈現的是一種整合性、自由、自在、無邪的心靈層次，與人的人為、刻意、偏執、成見、欲念的心理與行為相對照。」〔註36〕誠然，莊子的自發性不是從人的本能反應層次進行的，但也並不排斥人的本能反應，毋寧說莊子的自發性是從境界層次使人的本能反應更加真實、自然，這個境界層次就是「和」：

　　　不知耳目之所宜，而遊心乎德之和。（《莊子・德充符》）

　　　事之變，命之行……不足以滑和，不可入於靈府。使之和豫，通而不失於兌……德者，成和之修也。（《莊子・德充符》）

　　　天地有官，陰陽有藏。慎守女身，物將自壯。我守其一以處其和。（《莊子・在宥》）

　　　知與恬交相養，而和理出其性……夫德，和也。（《繕性》）

　　　若正汝形，一汝視，天和將至。（《莊子・知北遊》）

　　　能兒子乎？……和之至也……共其德也。（《莊子・庚桑楚》）

〔註35〕〔美〕格拉姆・帕克斯：《人與自然——尼采哲學與道家學說之比較研究》，載《道家文化研究》（第二輯），上海：上海古籍出版社，1992 年，第 404 頁。
〔註36〕包兆會：《莊子的自發性思想及其在美學生成中的作用》，載《江西社會科學》，2011 年第 2 期，第 46 頁、第 47～48 頁。

> 敬之而不喜，侮之而不怒者，唯同乎天和者爲然。
>
> （《莊子·庚桑楚》）
>
> 理好惡之情，和喜怒之節。（《莊子·漁父》）

莊子特重「和」字，有天地之和，「陰陽之和」（《莊子·天運》），「陰陽和靜」（《繕性》）、「陰陽調和」（《莊子·天運》）、「兩者（至陰、至陽）交通成和而物生焉」（《莊子·田子方》）。自然界中的「和」是宇宙間相反相成的兩種基本力量的融洽、調和，精神層面的「和」是各種心靈力量的融洽、調和。「德」可以理解爲複數（複多性），也可以理解爲單數（全體性），「德之和」之「德」是複數，指各種心靈力量的和睦、和諧，「德者，成和之修」之「德」是單數，指各種心靈力量整合爲一體，「共其德」當作「壹其德」，「壹其性，養其氣，合其德」（《莊子·達生》），使不同的「德」整合爲一。「天和」即指整體性的「德」，《在宥》云：「我守其一以處其和」，鍾泰曰：「言和，即以見其一。」[註37]「和」的獲得以整合、融洽的全體性（「一」）爲前提，否則心靈將陷入「不和」的內戰之中，莊子謂之「內熱」。各種不同的心理力量可以歸爲兩類：「知」與「恬」，「恬」從「心」，指心理、情感、情緒的安靜、平和，「知與恬交相養」即腦與心的相互涵養、調和、融洽，理智與情感的相互涵養、調和、融洽。

按照莊子的「自化」、「自生」、「自然」學說，宇宙間的一切事件都是因其自身、「咸其自取」（《莊子·齊物論》），一切精神事件、心理事件也是「自化」、「自生」、「自然」。某一心理力量、精神力量的過於強盛，都是整體的損傷、敗壞，「陰陽並毗，四時不至，寒暑之和不成，其反傷人之形乎！使人喜怒失位，居處無常，思慮不自得，中道不成章。」（《莊子·在宥》）自發性是「自由」的根基，但某一精神力量的自發性也會成爲心靈整體的異化力量，成爲「自由」的障礙，換句話說，客觀上的自發性（「自由」）並一定帶來主觀上的自由感，反而成爲精神之「困」的原因。《莊子·天道》說：「與人和者，謂之人樂；與天和者，謂之天樂」，同樣，心理、精神之「和」也是「樂」。「和」與「樂」是客觀上的自發性（「自由」）相互調和、融洽帶來的主觀上的自由感，是對「自由」的異化的克服。

謝陽舉認爲，隨著文明的發展，尤其是私有制的產生和自我意識的凸顯，人際關係從最初的「和諧」與「自由」的源始統一，變成「自由」與「和諧」

---

［註37］鍾泰著：《莊子發微》，上海：上海古籍出版社，2002 年，第 530 頁。

的分離，一個人的「自由」成人另外一個人的自由的敵人，莊子有鑒於此，試圖恢復「自由」與「和諧」的再統一，這是《莊子》全書的綱領。〔註38〕精神的發展同樣如此，嬰兒的「和之至」、「壹其德」，是「自由」與「和諧」的天然的統一；「心」與「知」的成長，亦即理性、理性自由的成熟，會以理智與情感之間的「和諧」為代價，成為「生」、「性」的異己力量，是一種異化了的「自由」；「成和之修」是要重建「和諧」與「自由」的統一。當然，「成和之修」是心靈的自覺回歸、辯證飛躍，是由「心」主導的，但「心」不是以主宰、統治情感為目的，而是以和諧為目的。主宰、統治模式的「自由」在莊子看來，是「異化的自由」，向「和諧的自由」的復歸就是對這種異化的克服。

## 二、身之遊：無為

克服「自由」與「和諧」之間的異化，以自然化的、和諧的「自由」超越對抗模式、主宰模式的「自由」，這是莊子思想的綱領。在精神層面，自然化的「自由」要恢復個體與其自我、理智與情感的和諧；在生活實踐方面，自然化的「自由」要恢復個體與他者的和諧。按照海德格爾的說法，生存在世既要與「物」打交道，又要與「人」打交道，前者使人「煩忙」，後者使人「煩神」。莊子正是要以「無為」來化解這各種「煩」，使心靈重獲「自由」──和諧的、審美化的「自由」。

### 1、與物遊

#### 1.1、有用與無用

人總要與「物」打交道，這即便不是人的生存在世最重要的一面，也是最基礎的一面，人與人打交道也往往要通過與「物」的關係來作為中介。人的衣食住行都要取之於「物」，海德格爾稱之為「物」的「上手性」，廣松涉翻譯為「物」的「用在性」。「用在性」一詞突出地表明了「物」對於人的有用性，但是莊子認為，「物」的有用性不是「物」的本質屬性，而是人強加於「物」的，反應的是人的功利傾向和人類中心主義。儘管人的生存在世需要利用「物」，但我們不能僅僅把「物」視為工具、手段：

---

〔註38〕 參見謝陽舉：《自由與和諧──莊子的《逍遙遊》與《齊物論》聯解》，載《西北大學學報》(哲學社會科學版)，1995 年第 2 期，第 98 頁。

惠子謂莊子曰:「魏王貽我大瓠之種,我樹之成而實五石。以盛水漿,其堅不能自舉也。剖之以爲瓢,則瓠落無所容。非不呺然大也,吾爲其無用而掊之。」莊子曰:「夫子固拙於用大矣⋯⋯今子有五石之瓠,何不慮以爲大樽而浮乎江湖,而憂其瓠落無所容?則夫子猶有蓬之心也夫!」(《莊子·逍遙遊》)

惠子謂莊子曰:「吾有大樹,人謂之樗。其大本擁腫而不中繩墨,其小枝捲曲而不中規矩。立之塗,匠者不顧。今子之言,大而無用,眾所同去也。」莊子曰:「⋯⋯今子有大樹,患其無用,何不樹之於無何有之鄉,廣莫之野,彷徨乎無爲其側,逍遙乎寢臥其下。不夭斤斧,物無害者,無所可用,安所困苦哉!」(《莊子·逍遙遊》)

在這段話中,惠施成爲了人類中心主義的功利價值觀的代言人,認爲自然僅僅具有工具價值,它們服務於人類的目的,且其價值大小完全視其對人類的有用性的大小,無用之物被漠視、拋棄,有用之物被剝削、消耗。莊子卻強調「物」還有審美價值,主張人與「物」的和諧共處(「無爲其側」、「寢臥其下」)。莊子認爲,一旦人們僅僅關注「物」的有用性,過分強調「物」的有用性,不管遇到什麼「物」,都要首先思考、計算它的有用性,原本「虛靜」的無限妙用之「心」就會形成以功利性爲思維取向的格式化的思維方式,思有定向、思有定所就是心靈有了黏滯,「心思黏著在一特點的方向上,則心境生命即爲此一方向所塞滿所佔有,就不虛了,不虛則不靈。」〔註 39〕不虛、不靈的「有蓬之心」就是不自由的心靈,缺乏發現「物」之美的能力,也不能發現「無用」與「有用」的辯證關係。〔註 40〕

「有蓬心」的不自由不僅體現在認知、發現上,還體現在情感與實踐活動上。心靈黏著於「物」的有用性上,喜愛、追求有用之物而討厭、無視無用之物,心靈中「裝滿」了「物」(鍾泰曰:「心中有物,則失其虛靈之用,

---

〔註39〕 牟宗三著:《中國哲學十九講》,上海:上海世紀出版集團,2005 年,第 75 頁。

〔註40〕 《莊子·外物》:「知無用而始可與言用矣。」莊子講「無用之用」,是以「天」、「道」的視域替代「人」以自身爲尺度對「用」的主觀、偏狹的設定,自然內在的尺度比人的尺度更廣闊、更豐富,表面上對人無用的事物對生態整體是有用的,因而最終對人也是有用的。禁錮於人的視角與尺度,就會破壞價值的多樣性、可選擇性(參見謝揚舉著:《道家哲學之研究──比較與環境哲學視界中的道家》,西安:陝西人民出版社,2003 年,第 391 頁)。

如蓬茅生之，故曰蓬心」〔註41〕），為「物」而操勞、為「物」而奔波：

> 與物相刃相靡，其行盡如馳而莫之能止，不亦悲乎！終身役役
> 而不見其成功，苶然疲役而不知其所歸，可不哀邪！人謂之不死，
> 奚益！（《莊子・齊物論》）

> 方且本身而異形，方且尊知而火馳，方且為緒使，方且為物絃，
> 方且四顧而物應，方且應眾宜，方且與物化而未始有恒。

> （《莊子・天地》）

這裏的「與物相刃相靡」、「與物化」是為「物」而「煩忙」的意思，終身奔波、操勞而疲勞困頓。出發點是為了自身的物質享受，其結果卻是傷身殘性（「本身而異形」），被「事」役使（「為緒使」）、被「物」牽制（「為物絃」），失其虛靜恬淡之心（「未始有恒」）。「煩忙」於「物」的自由以及主觀上的自由感，是以「心」、「恒心」的死亡、喪失為代價的，貪者得錢財而喜，誇者得權勢而樂（《莊子・徐无鬼》：「錢財不積則貪者憂，權勢不尤則誇者悲」），其實都是「馳其形性，潛之萬物」（《莊子・徐无鬼》），為了「物」而犧牲了生命的意義（《莊子・駢拇》：「以身為殉」、《莊子・盜跖》：「危身棄生以殉物」）。

更可怕的是，一旦形成以功利性為思維取向的「有蓬之心」，人們自然而然地就會把有用性的目光從「物」轉移到人類同胞身上：

> 匠石歸，櫟社見夢曰：「女將惡乎比予哉？若將比予於文木邪？
> 夫柤梨橘柚果蓏之屬，實熟則剝，剝則辱。大枝折，小枝泄。此以
> 其能苦其生者也。故不終其天年而中道夭，自掊擊於世俗者也。物
> 莫不若是。且予求無所可用久矣！幾死，乃今得之，為予大用。使
> 予也而有用，且得有此大也邪？且也若與予也皆物也，奈何哉其相
> 物也？而幾死之散人，又惡知散木！」（《莊子・人間世》）

> 山木，自寇也；膏火，自煎也。桂可食，故伐之；漆可用，故
> 割之。人皆知有用之用，而莫知無用之用也。（《莊子・人間世》）

這兩段引文出自《人間世》，該篇的主旨是如何在一個混亂、不義的污濁塵世全身避害，因此，莊子表面上是講人對物的戕害，實際上是講人對人類同胞的戕害。人生在世，「巧者勞而知者憂，無能者無所求」（《莊子・列禦寇》），莊子倡導「無用」倒不是要逃避社會責任，而是對人與人相互算計、相互利

---

〔註41〕 鍾泰著：《莊子發微》，上海：上海古籍出版社，2002 年，第 24 頁。

用這種現象的譴責與抨擊。在這種相互算計、利用中，個人的才能為其帶來殺身之禍，一個人的自由成為其他人的自由的敵人。人際間的自由在彼此的算計與利用中相互否定、相互衝突。

　　莊子強調「無用之用」，目的在於讓人尊重「物」的內在價值，而不要僅僅關注它對人具有什麼價值。人的尺度不等於自然的內在尺度，約束人自身試圖為自然設定尺度的衝動，尊重自然，這樣或許最終能使人獲益。尊重「物」的內在價值的一個表現是「不傷物」：

　　　　伯樂，曰：「我善治馬。」燒之，剔之，刻之，雒之。連之以羈
　　　　縶，編之以皂棧，馬之死者十二三矣！饑之渴之，馳之驟之，整之
　　　　齊之，前有橛飾之患，而後有鞭筴之威，而馬之死者已過半矣！陶
　　　　者曰：「我善治埴。」圓者中規，方者中矩。匠人曰：「我善治木。」
　　　　曲者中鉤，直者應繩。夫埴木之性，豈欲中規矩鉤繩哉！
　　　　（《莊子·馬蹄》）

　　　　是故鳧脛雖短，續之則憂；鶴脛雖長，斷之則悲。故性長非所
　　　　斷，性短非所續，無所去憂也。（《莊子·駢拇》）

　　　　是故禽獸可係羈而遊，鳥鵲之巢可攀援而窺。夫至德之世，同
　　　　與禽獸居，族與萬物並。（《莊子·馬蹄》）

　　　　聖人處物不傷物。不傷物者，物亦不能傷也。唯無所傷者，為
　　　　能與人相將迎。（《莊子·知北遊》）

「處物而不傷物」是對「物」的尊重與保護，「至德之世」體現出當代環境倫理學所謂的對自然的忠誠原則，即不欺騙、不背叛、不傷害野生動物，不辜負野生動物對人類的「信任」。

　　尊重「物」的內在價值的另一個表現是與「物」共「遊」。將無用之樹「樹之於無何有之鄉，廣莫之野」，《則陽》篇又說：「其於物也，與之為娛矣。」與「物」共「遊」，則不僅「物」無所困苦，人亦能從「物」的束縛中解放出來而彷徨、逍遙，〔註42〕從而恢復人的自由與自然之間的和諧。與心靈的逍遙相伴隨的是「物」從人的戕害中解放出來。雖然莊子從來沒有講過「物」的逍遙，只講「物」「安所困苦」，但就「逍遙」要求人類尊重自然的內在價

---

〔註42〕《莊子·庚桑楚》：「寇莫大於陰陽，無所逃於天地之間。非陰陽賊之，心則
　　　　使之也。」「物」對「心」的束縛，是「心」作繭自縛。

值、維持自然的自在狀態而言，它不能僅僅隸屬於人生觀，而要以人與物的和諧、共同繁榮爲目標：

> 「逍遙，無爲也。」（《莊子・天運》）「君子苟能無解其五藏，無擢其聰明，尸居而龍見，淵默而雷聲，神動而天隨，從容無爲而萬物炊累。」（《莊子・在宥》）「古之畜天下者，無欲而天下足，無爲而萬物化，淵靜而百姓定。」（《莊子・天地》）

「逍遙」、「無爲」的目的不僅是人的心靈自由，也以萬物的昌盛、繁榮爲目的，因此可以說，心靈的「逍遙」同時也是「物」的逍遙，是自由與自然的和諧。

### 1.2、與物化

尊重「物」的內在價值（「無用之用」），與「物」共「遊」於「無何有之鄉，廣莫之野」，這只是與「物」打交道的一種方式。「物」無時無刻不處在變化之中，「物」呈現出的狀態、樣子，亦即「物」之「然」，不是一種最終完成了的結果或狀態，而是一種暫時的狀態，因此，與「物」打交道的另一個方面就是要正確對待「物」之「化」。

「化」或「物化」在《莊子》中大概有三種類型：（1）「物」之「化」；（2）人之「化」，包括人的形體之「化」和「心」之「化」；（3）人與「物」的關係之「化」。「物之化」又可以分爲三個階段：第一個階段是「物」之「生」、「成」，即變化之流的一個環節、斷片的「物象化」，如《大宗師》所言「若化爲物」；第二個階段是「物」的形體的轉化、變化，如《寓言》所言「萬物皆種也，以不同形相禪」；第三個階段是「物」化歸於「道」，即「物」的「虛無化」〔註43〕，如《在宥》云「萬物云云，各復其根」，又如《知北遊》所謂「大歸」：「不形之形，形之不形」。人的形體之「化」也屬此類。

對「物」的轉化、變化以及「虛無化」，莊子主張順化、「觀化」和「與物化」。順化即順其自然，不干涉、不主宰、不控制。「觀化」是「對萬物的變化，保持關照而不牽惹自己的感情判斷的態度。」〔註44〕也就是保持心靈的獨立與自由。上文所講的「與物化」是指爲「物」而「煩忙」，這是莊子所批判的，莊子主張另一種類型的「與物化」：

---

〔註43〕「物」的「虛無化」既有存在形態的虛無化，也有主觀境界上的「虛無化」，亦即一種看待「物」的方式、眼光。

〔註44〕徐復觀著：《中國人性論史》，上海：華東師範大學出版社，2005 年，第 239 頁。

　　　　與物為春（《莊子‧德充符》）

　　　　淒然似秋，暖然似春，喜怒通四時，與物有宜而莫知其極。
（《莊子‧大宗師》）

　　　　古之人外化而內不化，今之人內化而外不化。與物化者，一不
化者也。安化安不化？（《莊子‧知北遊》）

　　　　行不知所之，居不知所為，與物委蛇而同其波。
（《莊子‧知北遊》）

　　　　冉相氏得其環中以隨成，與物無終無始，無幾無時。日與物化
者，一不化者也……大聖人未始有天，未始有人，未始有始，未始
有物，與世偕行而不替，所行之備而不洫，其合之也，若之何！
（《莊子‧則陽》）

「與物化」即「與物為春」、「與物有宜」，以當前之境，生其合時之宜，不豫
設成心以待之；《應帝王》云「吾與之虛而委蛇」，郭象注曰：「無心而隨物化」，
「委蛇」即隨順之意，「與物委蛇而同其波」即隨順「物」的變化、轉變，與
其共處於變化之流中。鍾泰曰：「『隨成』者，隨順於物，因而成之也」，〔註
45〕「與世偕行而不替」即與世界共同變化、前進而不偏廢。「與物化」還指與
「物」的共同復歸於「道」，以及在精神上以「虛無化」的方式看待「物」：

　　　　心養！汝徒處無為，而物自化。墮爾形體，吐爾聰明，倫與物
忘，大同乎涬溟。解心釋神，莫然無魂。萬物云云，各復其根，各
復其不知。渾渾沌沌，終身不離。若彼知之，乃是離之。
（《莊子‧在宥》）

「墮爾形體，吐爾聰明」是「忘我」，是「我」、「心」的虛無（虛靜）化，不
以實體性、客體性的眼光看待自我。王叔岷謂「倫」借為「淪」，訓為「入」，
〔註 46〕「物忘」即「忘物」，指「物」的「虛無化」，不用實體性、客體性的
眼光看待「物」，「倫與物忘」即淪沒於、投入於無物之境，物我兩忘則使「物」
與「我」皆混同於元氣（「大同乎涬溟」），從為「物」而「煩忙」的日常狀態
中解放出來，使心靈、精神得到解放。

　　「與物化」要求「觀化」的態度，和無為而順物、無心而順化的「處物」
方式，因此，人與「物」的關係之「化」必然牽涉到人（「心」）之「化」。人

〔註45〕鍾泰著：《莊子發微》，上海：上海古籍出版社，2002 年，第 603 頁。
〔註46〕王叔岷著：《莊子校詮》，北京：中華書局，2007 年，第 401 頁。

之「化」也有兩類，一種是心靈的僵化、「化」爲「物」，即「喪己於物」(《莊子‧繕性》)、「以物易其性」(《莊子‧駢拇》)；一種是「成心」、「有蓬之心」、「近死之心」變得更加靈活、胸懷更加寬廣，能夠順應事物的變化。有學者稱：「『物化』在結構上包含『內不化』與『外化』兩部分。『內不化』是說主體要有超然物外的『虛靜』之心；『外化』是說『虛靜』之心要與外物泯然相合。『內不化』是『外化』的根基，『外化』是『內不化』的表現」。『內不化』奠定審美過程中人格體驗的深度，『外化』表徵審美過程中物我合一的自由性。『物化』的心路歷程，一方面是『虛靜』之心的形成，另一方面是『虛靜』之心的外射。前者決定後者的深度，後者又反向決定前者的生成性。前者強推主體『靜』的根柢，後者強調主體創造的特徵。前者說明『無爲』，後者說明『無不爲』。深沉的靜觀伴隨著自由的審美。」

### 2、與人遊

與人打交道是人生在世的另一個重要方面。莊子既批判世俗之人在與人打交道時的方式方法，也批判了儒家在與人打交道時的方式方法。

### 2.1、以天屬

世俗的與人打交道的方式，最突出的表現恐怕就是「與接爲構，日以心鬥」(《莊子‧齊物論》)，人們爲了利益、權勢、名望而圍繞著「是非」展開爭鬥，人的自由處於相互否定、相互抗爭的對立之中。「知出乎爭……知也者，爭之器也」(《莊子‧人間世》)，這句話揭示了知識與智謀在人際互動中的負面作用。知識誘使人們相互爭競，相互爭競進一步激發了智謀，形成一個惡性循環。《齊物論》篇的首要目的就是要淡化是非之爭，爲人際和諧創造條件。〔註47〕其次，還要淡化人與人的利益紛爭，莊子說：

> 孰能去功與名而還與眾人！道流而不明居，得行而不名處；純純常常，乃比於狂；削迹捐勢，不爲功名。是故無責於人，人亦無責焉。(《莊子‧山木》)

> 夫至人者，相與交食乎地而交樂乎天，不以人物利害相攖，不相與爲怪，不相與爲謀，不相與爲事，儵然而往，侗然而來。(《莊子‧庚桑楚》)

---

〔註47〕 參見謝陽舉：《自由與和諧——莊子的《逍遙遊》與《齊物論》聯解》，載《西北大學學報》(哲學社會科學版)，1995年第2期，第99頁。

> 吾所與吾子游者，遊於天地，吾與之邀樂於天，吾與之邀食於
> 地。吾不與之為事，不與之為謀，不與之為怪。吾與之乘天地之誠
> 而不以物與之相攖，吾與之一委蛇而不與之為事所宜。
>
> （《莊子·徐无鬼》）

莊子主張「不譴是非以與世俗處」（《莊子·天下》）、「人相造乎道」（《莊子·大宗師》）、「獨與天地精神往來」（《莊子·天下》）、「其於人也，樂物之通而保己焉」（《莊子·則陽》），以此淡化人際爭端，跳出人際是非相爭的場域。莊子認為，人與人相互聯繫的紐帶不應該是「利」，而應該是「真」，即真情真性，這就是「以利合」與「以天屬」的差別：

> 孔子問子桑雽曰：「吾再逐於魯，伐樹於宋，削迹於衛，窮於商
> 周，圍於陳蔡之間。吾犯此數患，親交益疏，徒友益散，何與？」
> 子桑雽曰：「子獨不聞假人之亡與？林回棄千金之璧，負赤子而趨。
> 或曰：『為其布與？赤子之布寡矣；為其累與？赤子之累多矣。棄千
> 金之璧，負赤子而趨，何也？』林回曰：『彼以利合，此以天屬也。』
> 夫以利合者，迫窮禍患害相棄也；以天屬者，迫窮禍患害相收也。
> 夫相收之與相棄亦遠矣，且君子之交淡若水，小人之交甘若醴。君
> 子淡以親，小人甘以絕，彼無故以合者，則無故以離。」
>
> （《莊子·山木》）

《庚桑楚》篇和《徐无鬼》篇所謂的「不相與為謀」、「不相與為事」、「不以物與之相攖」、「不與之為事所宜」，就是內篇《大宗師》篇所說的「相與於無相與，相為於無相為」，就是以「無為」、「無事」作為人際處事的原則之一。但「無事」與「無為」並非真的無所事事、不勞而獲：

> 遊逍遙之虛，食於苟簡之田，立於不貸之圃。逍遙，無為也。
>
> （《莊子·天運》）

> 芒然彷徨乎塵垢之外，逍遙乎無事之業。（《莊子·達生》）

農田、菜田裏的勞作並非「無事」之「事」。「事」的本義是官職，《說文》：「事，職也」；甲骨文中「事」與「吏」同字。設立官職、制度，是治世之需要，因此「事」主要是指政務。莊子把「政務」視為「塵垢」，是因為在莊子看來，政務不僅僅是庸人自擾，而且破壞百姓的自發性的生活秩序。承認政務職責的存在，首先就意味著完美的人際和諧、社會和諧已經被破壞，且恰恰是治理社會的動機導致這種非意願的結果。「無為」和「無事」不是冷漠的、旁觀

的、缺乏倫理責任的逃避，而是反對干預，在政治上的含義接近於自然的無政府主義和不治而治，「道家不但反對他人干預，自己也不干預，為的正是達到自然、自化、自正，這乃是永久的宇宙式的責任意識。」〔註 48〕，因此，許多漢學家把道家的「無為」稱作「負責任的無為」，它承擔的是維護人際和諧、社會和諧的責任與義務。

## 2.2、遊於世

與人打交道還意味著與集體、群體打交道。莊子說：「有人之形，無人之情。有人之形，故群於人；無人之情，故是非不得於身。」（《莊子‧德充符》）個體有「群於人」的心理需求，即獲得群體的認同，被群體所接納，但個體又不願意在與群體的交往中惹禍上身。莊子主張「無情」以淡化世俗關於「是非」的紛爭，從「道」的角度審視世俗的社會規範、價值觀和生活方式，與世俗保持若即若離的關係。

群體為了維護自身的團結與整體性，往往要求群體的成員分享相互一致的規範、價值觀、傳統和生活方式。群體正是靠著這樣的一組價值觀、規範和符號，亦即一組文化模式的集合，來構成一個人際關係網絡。這個文化網絡中不僅定義了我們彼此之間的關係、地位差別，還構建了我們與他人發生關係時被賦予的行為期望，社會學家把這種行為期望稱之為「角色」。在人際互動中，一旦人們明確了彼此的關係、地位差別，在心理上就會對對方有某種行為期望，希望對方扮演某種確定的角色。我們前面說過，群體通過閒言碎語、奚落嘲笑，甚至是暴力懲罰來維護共享的文化模式。但是，文化與傳統給予個體的壓力過於強大則削弱人的自由，最終扼殺整個群體的創造力。〔註 49〕因此，莊子強調對世俗意見、社會評價的超越：

> 若夫人者，非其志不之，非其心不為。雖以天下譽之，得其所謂，謷然不顧；以天下非之，失其所謂，儻然不受。天下之非譽無益損焉，是謂全德之人哉！（《莊子‧天地》）

> 士成綺見老子而問曰：「……今吾觀子非聖人也，鼠壤有餘蔬而棄妹，不仁也！生熟不盡於前，而積斂無崖。」老子漠然不應。士成綺明日復見，曰：「昔者吾有刺於子，今吾心正卻矣，何故也？」

〔註 48〕謝揚舉著：《道家哲學之研究：比較與環境哲學視界中的道家》，西安：陝西人民出版社，2003 年，第 274 頁。
〔註 49〕密爾在《論自由》中就是以中國作為反面教材，強調個人自由的重要性。

> 老子曰：「夫巧知神聖之人，吾自以爲脫焉。昔者子呼我牛也而謂之
> 牛；呼我馬也而謂之馬。苟有其實，人與之名而弗受，再受其殃。
> 吾服也恒服，吾非以服有服。」（《莊子‧天道》）

莊子思想中含有隱士思想的成分，《莊子》一書也描寫了一大批隱士。隱逸傳統揭示了世俗規範和價值觀的相對性，「差其時，逆其俗者，謂之篡夫；當其時，順其俗者，謂之義之徒」（《莊子‧秋水》），同樣的行爲方式在不同的時代會獲得截然相反的社會評價，這表明「俗」並沒有什麼普遍必然性，只是社會在一時一地的較優選擇。因此，個體要能夠與「俗」保持一定的距離，能夠遊於「世俗」、「塵垢」之外。

另外一方面，群體、傳統、文化對個體的壓力，也會使個體眞誠地、內在地接納由群體界定的社會地位以及與社會地位相關的行爲期望，並喪失了反思的意願和能力。海德格爾在《存在與時間》裏把人的非本眞存在方式稱爲沉迷於世界的「日常狀態」，並追問「此在」在日常狀態中所是者爲誰。海氏認爲，此在在日常狀態中是「They」（漢譯「常人」），即泛指的「人人」、「一般人」。也就是說，此在在日常狀態中並不是他／她自己。這種毫無反思地認同社會共享的文化意義的「常人」，被《莊子》稱爲「世俗之人」、「風波之民」或「眾人」。不同的是，海德格爾一再強調他所謂的「常人」不含有倫理批判的含義，而《莊子》的「眾人」一詞則含有強烈的價值判斷的意味，它意指那種喪失了個性而又毫無反省的存在方式。「眾人」的行爲特徵表現出他們缺乏反思的能力，甚至在他們自以爲與眾不同的時候，仍然潛在地遵循了社會對個人的一般行爲期望：

> 世俗之人，皆喜人之同乎己而惡人之異於己也。同於己而欲之，
> 異於己而不欲者，以出乎眾爲心也。夫以出乎眾爲心者，曷常出乎
> 眾哉？《莊子‧在宥》

> 孝子不諛其親，忠臣不諂其君，臣、子之盛也。親之所言而然，
> 所行而善，則世俗謂之不肖子；君之所言而然，所行而善，則世俗
> 謂之不肖臣。而未知此其必然邪？世俗之所謂然而然之，所謂善而
> 善之，則不謂之道諛之人也！然則俗故嚴於親而尊於君邪？謂己道
> 人，則勃然作色；謂己諛人，則怫然作色。而終身道人也，終身諛
> 人也，合譬飾辭聚眾也，是終始本末不相坐。垂衣裳，設彩色，動

容貌，以媚一世，而不自謂道諛；與夫人之爲徒，通是非，而不自
謂眾人也，愚之至也。（《莊子・天地》）

「世俗之人」「以出乎眾爲心」，想要使自己高出一般人、與眾不同，但實際
上迎合了世俗對傑出、不凡、出眾的價值偏好。「道」與「諂」一聲之轉，「道
諛」即「諂諛」，世俗之人厭惡「諂媚阿諛」的社會評價，但終身都在向社
會諂媚阿諛。「合譬飾辭聚眾也」，巧設譬喻使人容易明白，修飾辭令使人動
聽，都是爲了招攬眾人，「是終始本末不相坐」，意思是說這種行爲是前後矛
盾的，選擇做了「眾人」（與夫人之爲徒），卻自以爲不是「眾人」，眞是愚
蠢之極。

與「眾人」、「世俗之人」、「風波之民」不同的是「大人」、「全德之人」：

是故大人之行：不出乎害人，不多仁恩；動不爲利，不賤門隸；
貨財弗爭，不多辭讓；事焉不借人，不多食乎力，不賤貪污；行殊
乎俗，不多辟異；爲在從眾，不賤佞諂；世之爵祿不足以爲勸，戮
恥不足以爲辱；知是非之不可爲分，細大之不可爲倪。

（《莊子・秋水》）

莊子強調在社會生活中應該「自適其適」、「自得其得」，而不是「役人之役，
適人之適」（《莊子・大宗師》）、「得人之得」（《莊子・駢拇》）。「大人」、「全
德之人」不在乎由文化界定的社會地位（「不賤門隸」），不推崇世俗設定的價
值觀（「不多仁恩」、「不多辭讓」），行爲異乎世俗，不是爲了標新立異，行爲
合乎世俗，也不怕被譏諷爲諂媚世俗。《外物》篇說「至人不留行」、「唯至人
乃能遊於世而不僻，順人而不失己。」就是說，至人不滯守於僵化的、單一
的行爲規範，只有至人能平衡自己的獨立性需要和依戀需要、私密性和公共
性、個體性和社會統一性。

### 2.3、剽剝儒學

### 2.3.1 儀禮文明

儒家思想的創始人孔子，一生致力於恢復禮儀文明。禮儀是無所不包、
無所不在的社會習俗，既是個人生活的基本信仰，又是治理國家的根本綱領。
從社會學的立場來看，禮儀文化爲生活於其中的個人和集體提供了對社會現
實的情境定義，這些情境定義不僅使社會現實不再模糊不清，而且清楚地爲
人們的生活標識了一整套路標，給人們提供了解決社會重大問題的標準化模
式。禮儀文化賦予了個體在社會現實中確定位置以及人們之間的位置排列，

使群體生活表現出組織化、集中化的特點，也使個人感到生活的組織性和穩定性。

這些情境定義作為一整套意義網絡、意義共識，還提供了穩定性的人際互動和關係網絡，使個體知道自己可以對他人提出哪些行為期望（個體的地位），以及他人會對自己提出哪些行為期望（個體的角色），引導個體行為與其地位——角色模式相適應。因此，禮儀文化還提供了界定行為是否得體的社會準則，指導個體如何與他人保持一致、如何與他們互動。

總之，禮儀文化以一套集體行動的運行規則控制了個體行為，使社會生活對個體而言變得熟悉、穩定、安全和秩序化，使個體在面對社會現實的時候不至於手足無措，也保障了個體在熟悉的社會生活之外有餘力發揮個人的自主性和創造性。因此，習俗也使人獲得自由。但是，一旦社會情境的力量過於強大、習俗對個人生活領域的控制過寬，它反而會束縛個人自主性和創新的發揮。

任何一種文化系統在帶來收益的同時，也必然會造成一些代價，歷史選擇會青睞於收益大於代價的文化系統，但選擇並非總是最佳的。文化系統中的觀念層面（社會意識）的演化速度總要比社會存在（政治、經濟）的演化速度要慢，當前的文化形態是先前社會環境的適應性產物，這種時間間隔也決定了文化系統並非總是最佳的。社會存在的變化使得人類社會必須經常引入新的習俗，作為舊習俗的變化物，甚至是替代物。但是，人們往往會遺忘一項具體的文化規範當初的適應性問題，而把具體的文化或習俗當作是天經地義、不容改變的，因而在特殊的適應性問題已經不復存在，甚至在傳統無法適應當前新的適應性問題的時候，仍然盲目而固執地堅持傳統，尤其是舊文化、舊規範的既得利益者更是如此。這使得舊文化、舊習俗完全成為個人自由的對立面。

舉一個簡單的例子，孔子曰：「八佾舞於庭，是可忍，孰不可忍！」孔子對季氏僭用天子之樂的行為極為憤慨，這種情緒和態度背後隱藏的是這樣一種傳統觀念：富貴合一，或者說貴者必富。按照這種觀念，物質享受不是由經濟能力決定的，而是由社會地位決定的，一整套的禮儀已經按照等級森嚴的政治秩序，為物的種類和數量提供了清晰、嚴格的情境定義，不容僭越，即便是社會生產力獲得了空前的解放和發展，也應該按照等級地位來分配物質享受。這種思想觀念被大一統皇權時代繼承下來，上至達官貴人，下至販

夫走卒，對衣食住行的各種器物都有嚴格的規定。而且，這種觀念還成爲抑制商人階層的原因之一，中國古代的商人再也沒能重獲戰國時期獲得過的社會力量，整個帝制時代，只有商業的發展沒有商人階層的崛起。反觀西方社會的發展進程，經常面臨著貧窮的貴族與富裕的平民之間的鬥爭，富與貴的鬥爭結果是平民享受的自由與權利日益增多，並以法律的形式固定下來。富貴合一使中華帝國避免了財富對統治秩序的威脅，卻避免不了飢餓的農民一再揭竿而起，總逃不了無聊的一治一亂的循環。

　　儒家缺乏對禮儀文化的合法性、有效性的歷史反思，相反，莊子一再強調，儒家所堅守的那一套不過是「先王已陳芻狗」，禮儀法度應該「應時而變」，諷刺儒家是「推舟於陸」、「東施效顰」（《莊子・天運》）。但是，更有意義的是，莊子批駁了儒家所倡導的人際交往方式及其背後的心理機制。〔註50〕

　　2.3.2 親親之仁

　　面對禮崩樂壞的局面，儒家希望爲禮儀文化的合法性提供理論辯護和心理認同規則，這就是「仁」的觀念。孔子認爲，「仁」是禮儀的本質，是自覺自願地踐行禮儀規範的心理原則。「仁」本身是一個重要的倫理原則，但孔子出於辯護禮儀規範的正當性的目的，把「仁」囚禁在禮儀的禁錮之下，削足適履。有子、孟子等人既爲了論證「仁」之於禮的重要性，又爲了把「仁」絕對化，把「仁」的本質解釋成血緣和宗法情感（《論語・學而》：「有子曰：『孝悌也者，其爲仁之本與！』」《孟子・離婁上》：「仁之實，事親是也」）。後世儒學爲了擴展「仁」在家庭和宗法之外的社會功能，卻進一步把整個宇宙宗法化（張載曰：「乾稱父，坤稱母；民吾同胞，物我與也」）。莊子辛辣地諷刺了儒家倫理的心理主義：

　　　　商大宰蕩問仁於莊子。莊子曰：「虎狼，仁也。」曰：「何謂也？」
　　莊子曰：「父子相親，何爲不仁！」曰：「請問至仁。」莊子曰：「至
　　仁無親。」（《莊子・天運》）

莊子指責儒學人際心理沒能跳出泛動物心理的範圍，親親之仁與不仁（虎狼）之心是一體兩面。進化論學者和進化論心理學家向我們證明，人類的道德建

---

〔註50〕　本小節相關内容主要參考、借鑒了謝揚舉《道家哲學之研究——比較與環境
　　　　哲學視界中的道家》一書的「莊子對孔學社會人際心裏邏輯的反思」一節，
　　　　參見該書 316～339 頁（西安：陝西人民出版社，2003 年），並把謝揚舉先生
　　　　的一些觀點與進化論學者對人性的洞察結合在一起。

立在兩種進化機制上：親屬選擇和互惠互利，因此人類的利他主義精神也只
有兩種：建立在血緣之上的無條件的利他主義和建立在互惠基礎上的有條件
的利他主義。親親相衛的虎狼之仁或親親之仁都是建立在血緣之上的無條件
的利他主義精神，服務於家庭、宗族、部落的生物學目的。威爾遜把基於血
緣的無條件利他主義稱爲「文明的敵人」，如果人類僅僅有這一種利他主義精
神，「如果人類在很大的程度上受學習規則的支配，並且把情緒發育引向有利
於自己的親屬和部落，那麼全球性的和諧一致就很難實現了。國際合作也將
毀於不斷的戰爭和經濟鬥爭。家族和領土的規則將成爲以理性爲奴的熱情產
物。」〔註51〕我們的自我犧牲只是爲了自己和親屬能夠凌駕於他人之上。儒
家強調「仁」的生物性（血緣），辯護血親復仇的正當性，《孟子‧盡心下》
曰：「殺人之父，人亦殺其父；殺人之兄，人亦殺其兄。」這在社會組織還較
爲簡單的先秦社會，還具有一定的適應性，因爲謀殺對家庭的危害遠遠大於
對社會的危害。但隨著社會組織的日益複雜，人與人的聯繫日益緊密，就需
要由國家的合法暴力機構壟斷對犯罪行爲的懲罰權，但血親復仇在整個中國
古代社會一直屢禁不絕，儒家文化對此難辭其咎。

儒家強調血緣和宗法的另一個後果是中國古代社會的所有社會關係──
同鄉、師徒、職業行會等等──都沾染了家族、宗法色彩，家族化發生在社
會組織形態的類化、角色關係的類化和心理行爲的類化三個層次，可以說是
深入到了民族文化心理與個人心理之中。造成的負面影響就是社會倫理陷入
圈子道德的窠臼之中，「自己人」與「外人」、「圈內人」與「圈外人」之間涇
渭分明。〔註52〕人們效忠於內群體，排斥、防備外群體，這是一種非常普遍
的現象，即便是一群天眞未泯的孩子，如果隨機把他們分爲相互競爭的兩組，
也會加劇彼此的對立。但儒家文化不僅沒能提供超越人的這種本性的契機，
反而使人們對「內」與「外」表現出更加強烈的社會敏感性。而莊子則旗幟
鮮明地宣稱：「有親，非仁也」（《莊子‧大宗師》）。

### 2.3.3 爲仁之方

以互惠互利爲基礎的利他主義校正了以血緣爲基礎的利他主義的狹隘與
偏執，使更廣泛的社會合作成爲可能。儒家文化內部同樣也有這樣的資源，

〔註51〕〔美〕愛德華‧威爾遜著：《新的綜合：社會生物學》，陽河清譯，成都：四
　　　　川人民出版社，1985年，第142頁。
〔註52〕參見汪鳳炎、鄭紅著：《中國文化心理學》，廣州：暨南大學出版社，2005年。

即「為仁之方」（《論語‧雍也》），也就是《禮記‧大學》所說的「絜矩之道」。
〔註53〕

　　就其內涵而言，「為仁之方」即「己欲立而立人，己欲達而達人」（《論語‧衛靈公》）、「己所不欲勿施於人」（《論語‧衛靈公》）、「夫子之道，忠恕而已矣」（《論語‧里仁》）。朱熹對「忠恕」的解釋是「盡己之謂忠」，「推己之謂恕」。儒家的人際交往心理機制核心就在於從自我的心理訴求出發，推出主體間的共同原則。雖然儒家的人際交往心理機制暗示，儒家所理解的「自我」本身就具有主體間性，具有超越於以自我為中心的排他性的能力，但儒家所謂的人不是獨立的道德主體，而是宗法的紐結、心理主義的存在，「己」之所欲、所不欲，都以受到宗法、秩序的限制。

　　而且，「為仁之方」的內在心理機制也有其內在困境。首先，「絜矩之道」的有效性建立在「人同此心，心同此理」的假設性前提上。但這種心理機制和道德推理機制的背後，隱藏的是一種唯我主義，即將他人同質化，無視他人的特殊性，「這樣互相的人道終將導致預定的同化人格和規矩體制，個性化和社會差異的動力都將成為犧牲品。」〔註54〕「為仁之方」並不能避免「己」之所欲與「人」之所欲相互對立、否定。與此不同，莊子強調「以鳥養養鳥」：

　　　　昔者海鳥止於魯郊，魯侯御而觴之於廟，奏九韶以為樂，具太牢以為膳。鳥乃眩視憂悲，不敢食一臠，不敢飲一杯，三日而死。此以己養養鳥也，非以鳥養養鳥也。夫以鳥養養鳥者，宜棲之深林，遊之壇陸，浮之江湖，食之鰍鰷，隨行列而止，逶迤而處。彼唯人言之惡聞，奚以夫譊譊為乎！咸池九韶之樂，張之洞庭之野，鳥聞之而飛，獸聞之而走，魚聞之而下入，人卒聞之，相與還而觀之。魚處水而生，人處水而死。彼必相與異，其好惡故異也。故先聖不

---

〔註53〕「自私的基因」是我們的行為的策略製定者，大腦是其執行者，基因以支配神經系統的建造方式為手段，操縱了人的利他主義情感和利他主義行為，人們之所以會做出利他行為，是希望其他人也會對自己做出利他行為，利他行為實際上是偽裝起來的自私行為（參見道金斯著：《自私的基因》）。但另一方面，「自私的基因」也確實使人類具有了移情作用和合作性，情感建立在互惠基礎上，並不減少情感的真誠性（參見克里斯‧布斯克斯著：《進化思維：達爾文對我們世界觀的影響》，徐紀貴譯，成都：四川人民出版社，2010年，第270頁）。
〔註54〕謝揚舉著：《道家哲學之研究——比較與環境哲學視界中的道家》，西安：陝西人民出版社，2003年，第326頁。

一其能，不同其事。名止於實，義設於適，是之謂條達而福持。

（《莊子・至樂》）

「以己養養鳥」是唯我論的表現，是對他者特殊性的漠視。莊子的「魚之樂」、「濠梁之辯」也有「人同此心」的意味，但這種「知」是審美的知，而不是邏輯的知，甚至是對邏輯推理規則的否定和超越，由此不能建立任何互惠的倫理推理規則。

其次，儒家的這種人際交往心理機制是建立在直接的人際互動之上的，人際聯繫在這裏被打上了對等的、交易的、酬報的等等性質，是把道德建立成相互效勞的庸俗化道德。人與人的關係最終變成物與物的關係、利與利的關係。因此，儒家強調「直道」，即「以直報怨，以德報德」（《論語・憲問》），孟子也說：「君視臣如犬馬，則臣視君如國人；君視臣如土芥，則臣視君如寇讎」（《孟子・離婁》）。「以直報怨，以人治人，就不能真正排除推惡惡之心以至過濫的可能性。」﹝註55﹞威爾遜說以互惠爲基礎的有條件的利他主義的突出特點就是強烈的情緒和對物質的忠誠﹝註56﹞，「絜矩之道」的酬報性質和直道正是這種特點的體現。

而且，「禮尚往來」、「滴水之恩，當湧泉相報」這種以報償爲基礎的，人與人直接的面對面的互動方式，也只適用於比較封閉的熟人社會。在當代這種社會互動方式更加開放、交往方式更加多元化的陌生人社會，這種相互報償的倫理觀就顯得極其狹隘。在現代社會，慈善、公益、社會救助顯著地面向彼此陌生人的人和人群，並不尋求直接的報償（尤其是匿名捐助），而是希望愛心、公益在全社會的擴散，受人滴水之恩，湧泉報於社會。莊子說：

至仁無親……以敬孝易，以愛孝難；以愛孝易，而忘親難；忘親易，使親忘我難；使親忘我易，兼忘天下難；兼忘天下易，使天下兼忘我難。（《莊子・天運》）

莊子屢言「至 x 無 y」、「至 x 不 y」、「大 x 無 y」、「大 x 不 y」，都是對「y」的否定與超越。「忘親」、「使親忘我」實際上是要使家庭關係超越於簡單的血緣關係之上；「兼忘天下」、「使天下兼忘我」是要使社會合作超越於「利」的工具性紐帶：

﹝註55﹞謝揚舉著：《道家哲學之研究——比較與環境哲學視界中的道家》，西安：陝西人民出版社，2003 年，第 332 頁。

﹝註56﹞〔美〕愛德華・威爾遜著：《新的綜合：社會生物學》，陽河清譯，成都：四川人民出版社，1985 年，第 146 頁。

　　利澤施乎萬世，不爲愛人。（《莊子・大宗師》）

　　齎萬物而不爲義，澤及萬世而不爲仁。（《莊子・大宗師》）

對於莊子而言，眞正的利他主義是超越於狹隘的人類心理動機的；而受惠的人也對施惠的人不識、不知。這種倫理觀無疑更適合於開放社會，而且也更適宜於培育眞正的、純粹的利他主義行爲。進化論學者稱利他行爲本質是自私的，著眼點是「行爲」而不是主觀動機，主觀上眞誠的利他行爲並不能掩蓋本質上的自利性，而且「騙子、傻子、小氣鬼」這個經典的博弈論故事也揭示了無私利他動機的脆弱性，互利利他才是穩定策略。「大宗師」的純粹利他行爲也是著眼於「行爲」而非「動機」，這是因爲莊子洞察了人類動機的複雜性和不可靠性，「人心險於山川，難於知天」（《莊子・列禦寇》）。

　　道金斯認爲，人類的利他行爲是僞裝起來的自私行爲，是基因爲了更有效地達到其自私目的而操縱人類神經系統。儒家的「親親之仁」與「挈矩之道」不過是對人性固有的以血緣爲基礎的利他主義和以互惠爲基礎的利他主義的反映，並過分強調這種人類本性，沒有提供太多超越血緣利他與互惠利他的思想資源。道金斯同時強調，我們能夠審愼地培養眞正的、純粹的利他行爲，我們有足夠的力量去反對我們的締造者——自私的基因。〔註57〕但是，套用莊子的一句話：「人之所治也，安能治人」（《莊子・天道》），反對基因的力量絕不能再來自於基因，不能來自於泛動物的人類心理，而應該如莊子所言，「有人之形，無人之情」（《莊子・德充符》）。在我們的基因中，善與惡糾纏在一起，善的邏輯往往背後隱藏著惡，惡的邏輯往往背後隱藏著善。孟子把人性中善的一面稱之爲「四端」，卻無意於去認識人性中陰暗的一面，更不知所謂「善端」也會引人向惡。莊子借「溫伯雪子」之口說：「中國之民，明乎禮義而陋乎知人心」（《莊子・田子方》），如果勉強認爲禮義發端於人的善心，這句話可以改爲「中國之民，明乎人性善而陋乎知人性惡」。

　　莊子認爲大惡伴隨大善而產生的，因此並不像儒家那樣強調發揚人的善端。霍克海默、阿多諾和拉康深刻地指出，「康德即薩德」，莊子則在兩千多年前就指出「堯舜即桀紂」，「善人不得聖人之道不立，跖不得聖人之道不行。天下之善人少而不善人多，則聖人之利天下也少而害天下也多」（《莊子・胠

---

〔註57〕參見〔英〕理查德・道金斯著：《自私的基因》，盧允中、張岱雲譯，北京：科學出版社，1981年，第281頁。

篋》），聖人和盜跖是同構的，因此主張「與其譽堯而非桀也，不如兩忘而化其道」（《莊子‧大宗師》），不走以人治人的道路。

　　莊子認爲，人的自我超越的契機在人之外，人際和諧的關鍵在人際之外，這就是「道」。謝揚舉指出，莊子是在「人——人」的關係中引入「道」的超越性維度，從「道」的超越性維度玄同「人——人」之間的是非計較。人要超越自我通達於「道」，而後再通達於他人。〔註58〕人際關係以「道」爲中介，「吾所與吾子游者，遊於天地」、「吾與之乘天地之誠而不以物與之相攖」（《莊子‧徐无鬼》），所謂「天地」、「天地之誠」都是指「道」。謝揚舉說：

> 　　莊子發現有限存在的人應該與自在和道發生聯繫，將人的關係
> 理解爲仁者愛人，主體間性等等都是對人與非人的它者關係的隱
> 匿，因此莊子在設計人際心理單元模型時，把人——人關係中互爲
> 條件的「人」，加了一個括號給擱置起來。他的微觀認知單元由獨立
> 個體、「道」、超越之我三者構成。通過這種設計，莊子把以人治人
> 的心理路向打斷了，取向於「道」。在這裏，人不再是人際參照標準，
> 道變成了最高參照，道是人際認知一致性的所在，是人與人之間的
> 傳感媒介。〔註59〕

## 三、心之遊：逍遙

　　與「物」遊、與「人」遊、與「世」遊的最終歸宿是「遊心」，「遊心」是心與性、心與身、腦（心的理智維度）與心（情感）的和諧。「乘天地之正，御六氣之辨，以遊無窮」（《莊子‧逍遙遊》）；「乘雲氣，騎日月，而遊乎四海之外」（《莊子‧逍遙遊》），「無謂有謂，而遊乎塵垢之外」（《莊子‧齊物論》），「立乎不測，而遊於無有者也」（《應帝王》）、「體盡無窮，而遊無朕」（《莊子‧應帝王》）、「乘夫莽眇之鳥，以出六極之外，而遊無何有之鄉，以處壙埌之野」（《應帝王》）；這裏所謂「遊」都是指心遊，而所遊之地也並非物理空間（塵垢），而是心靈拓展出來的精神空間。「且夫乘物以遊心，託不得已以養中」（《人間世》）、「而遊心乎德之和」（《德充符》）。「汎若不繫之舟，虛而敖遊者也！」

---

〔註58〕儒家的「天」本來也能夠發揮類似的功能，但遺憾的是「天」也會儒家道德
　　　　人格化了，「天」是人的自我形象的投射，「天」是人的象徵。而「大宗師」
　　　　則是「道」的象徵，象徵著「道」的無情、無意志、無目的、無動機。

〔註59〕謝揚舉著：《道家哲學之研究——比較與環境哲學視界中的道家》，西安：陝
　　　　西人民出版社，2003 年，第 338～339 頁。

（《莊子・列禦寇》），「虛」是指心靈無所固著，無所執著，遊心與心靈的虛靜是完全一致的，就是要保持心靈的平和、淡漠與虛靜。有學者稱：「『遊心』無疑是『遊』最根本的內涵，也是與『無待』、『無爲』是一致的。『心』之『遊』即不被物的世界所束縛，不被對象世界所拘泥的、自由的自我精神。而所謂的『乘物以遊心』並不是說『物』與『心』形成了對待，而是說順物本性，無所作爲，則『心』方可超越於物而遊。『虛己以遊世』其實是消解了俗世之『我』，而釋放精神之『眞我』，在純粹精神境界裏，沒有物，也沒有俗世之我。」〔註60〕

　　我們不能簡單地說「心遊」（情感、態度）是「身遊」（行爲）的前提，同樣也不能簡單地說「身遊」是「心遊」的前提，兩者是互相涵養的關係。除了認知失調等情況，行爲總是和態度具有正相關性。態度本身就包含情感成分（affective component）、行爲成分（behavioral component）和認知成分（cognitive component），即知、情、意三個成分，這就是態度的「ABC」理論。態度的改變能夠引發行爲的改變，行爲的改變也能夠引發態度的改變。「攖寧也者，攖而後成者也」（《莊子・大宗師》），「攖寧」的意思是說「自由之實現要在具體社會環節中考驗，要面對外在的束縛，克服自由的對立面，達到攖而能定、動而不搖的本質自由。這相當於說，要實現和捍衛自由，必須在誘惑捍動自由的事事物物上力行。」〔註61〕在「人間世」中改變日常的行爲方式，踐行「無爲」的原則，也能夠培養對「物」和「人」的尊重、活動心靈的「逍遙遊」。莊子經常講「用心」方式，「事心」：

　　　　常季曰：「若然者，其用心也，獨若之何？」仲尼曰：「……審乎無假而不與物遷，命物之化而守其宗也。」（《莊子・德充符》）

　　　　自事其心者，哀樂不易施乎前，知其不可奈何而安之若命，德之至也。（《莊子・人間世》）

　　　　至人之用心若鏡。（《莊子・應帝王》）

　　　　韜乎其事心之大也。（《莊子・天地》）

　　　　肩吾問於孫叔敖曰：「子三爲令尹而不榮華，三去之而無憂色。

〔註60〕蕭無陂著：《自然的觀念——對老莊哲學中一個重要觀念的重新考察》，長沙：湖南人民出版社，2010年，第241頁。

〔註61〕謝陽舉：《自由與和諧——莊子的《逍遙遊》與《齊物論》聯解》，載《西北大學學報》（哲學社會科學版），1995年第2期，第97頁。

吾始也疑子，今視子之鼻間栩栩然，子之用心獨奈何？」孫叔敖曰：
「吾何以過人哉！吾以其來不可卻也，其去不可止也。吾以爲得失
之非我也，而無憂色而已矣。我何以過人哉！且不知其在彼乎？其
在我乎？其在彼邪亡乎我，在我邪亡乎彼。方將躊躇，方將四顧，
何暇至乎人貴人賤哉！」（《莊子·田子方》）

這些都不是躲在無人、無事處去「用心」、「事心」，而是在事事物物上「用心」、
「事心」，是在實踐活動中訓練以「無事」、「無物」的超然態度對待事事物物。

　　從消極方面來講，心遊「解」、「放」、「灑」、「洗」、「去」，首先是「解」
過度的生理欲望之「縛」：

且夫失性有五：一曰五色亂目，使目不明；二曰五聲亂耳，使
耳不聰；三曰五臭薰鼻，困惾中顙；四曰五味濁口，使口厲爽；五
曰趣舍滑心，使性飛揚。此五者，皆生之害也。（《莊子·天地》）

徹志之勃，解心之謬，去德之累，達道之塞。貴富顯嚴名利六
者，勃志也；容動色理氣意六者，謬心也；惡欲喜怒哀樂六者，累
德也；去就取與知能六者，塞道也。此四六者不蕩胸中則正，正則
靜，靜則明，明則虛，虛則無爲而無不爲也。（《莊子·庚桑楚》）

「虛靜乃是從成見欲望中的一種解放、解脫的功夫；也是解脫以後，心所呈
現的一種狀態，亦即是人生所到達的精神境界。」〔註62〕其次，就是「解」
社會、文化灌輸給我們的欲望帶來的束縛：

無趾語老聃曰：「孔丘之於至人，其未邪？彼何賓賓以學子爲？
彼且以蘄以諔詭幻怪之名聞，不知至人之以是爲己桎梏邪？」
（《莊子·德充符》）

再次，是要「解」社會、文化灌輸給我們的人生目標帶來的束縛：

無爲名尸，無爲謀府，無爲事任，無爲知主。體盡無窮，而遊
無朕。（《莊子·應帝王》）

巧者勞而知者憂，無能者無所求，飽食而敖遊，汎若不繫之舟，
虛而敖遊者也！（《莊子·列禦寇》）

當然，還要解除世俗的道德觀念對精神的刑罰與禁錮：

---

〔註62〕徐復觀著：《中國人性論史》，上海：華東師範大學出版社，2005 年，第 234
頁。

夫堯既已黥汝以仁義，而劓汝以是非矣。汝將何以遊夫遙蕩恣
睢轉徙之塗乎？（《莊子‧大宗師》）

總之，從否定或消極的一面來說，「所謂『遊』就是要讓精神不受仁義是非
的道德束縛，擺脫世俗功利目的之限制，超出社會制度的控制，突破人們
的也包括自己的常識與習慣思維方式的局限。因此，這種『遊』的理想，
實際上乃是對於現存的一切知識、價值、制度乃至於思維方式的否定和批
評。」〔註63〕

就積極的一面來說，「心遊」是「安」、「順」；是擴展心靈、精神的空間；
是內在生命的自然流露。「安命」的思想和態度經常受到質疑和批判，如劉笑
敢認為「安命無為」是莊子生活態度的基本原則，莊子學派的一個基本主張，
但「安命無為」實際上是一種「純然被動的生活方式」。〔註64〕但事實上並非
如此：

且夫得者，時也；失者，順也。安時而處順，哀樂不能入也，
此古之所謂縣解也，而不能自解者，物有結之。（《莊子‧大宗師》）

「哀樂不能入」是因為內在情感的充沛與富足，任何外在的東西、任何得失
都「無以益其樂」（《莊子‧繕性》）、「無以『損』其樂」；「安時而處順」是針
對人生不可知的、盲目的偶然性而提出的，不僅僅在於承認對於偶然性的無
可奈何，更在於坦然接受這種無可奈何；「縣解」的意義也不僅僅是擺脫無益
的情感剩餘，更在於心靈有能力接納無益的情感剩餘。曹智頻說：「安命」和
「知足」是「一種在利弊、得失問題上有了宏觀把握之後的心理認識境界，
而對現實中與物相關的問題全部被排除在心靈、認識之外。這樣，莊子就將
『安命』、『知足』這種世俗的『消極意義』的行為轉變成了一個具有『積極
意義』的心理境界。」〔註65〕

「心遊」是對精神空間的擴展，是遨遊於精神的太空之中，並從超越的
立場看破世事紛擾。「在想像中以精神與天地萬物相交流，內外兼忘，物我合
一，不知有生，不知有死，超脫於俗世，遊心於無窮，也就是開拓胸襟，與

---

〔註63〕 徐克謙著：《莊子哲學新探：道‧言‧自由與美》，北京：中華書局，2005年，
第148頁。

〔註64〕 劉笑敢著：《莊子哲學及其演變》（修訂版），北京：中國人民大學出版社，2010
年，第146頁。

〔註65〕 曹智頻著：《莊子自由思想研究》，合肥：安徽大學出版社，2010年，第35～
36頁。

宇宙同其遼遠宏闊。所謂得道，所謂與道爲一、與天爲一、與天地萬物爲一，所謂同於大通，所謂與造物者爲友，說法種種，實質相同，都是在追求與天地萬物融爲一體的精神境界。這種體驗是莊子精神生活的中心，是莊子生活的最高理想。」〔註66〕「心遊」強調對「道」的體悟，「與道相輔而行」（《莊子‧山木》）、「與道徘徊」（《莊子‧盜跖》），最終是以超越性的「道」爲人——物、我——他人、我——世俗關係的中介，從「道」的立場玄同物我、彼此，實現人際和諧。

「心遊」是深層自我「充實不可以已」（《莊子‧天下》）的自發流露，類似於藝術家「胸無成竹」的創造性活動，是無動機、無目的性的行爲。馬斯洛把非動機性行爲稱爲「表達性行爲」，這種行爲主要取決於機體本身的狀態，而不是由外界環境和文化變量所決定的；是非習得性的，往往不受控制，甚至無法控制；不試圖改變環境；不是滿足需要或消除威脅的手段，表達往往就是目的本身。〔註67〕馬斯洛認爲，自在性的存在本身、藝術、欣賞和遊戲都屬於此類表達性行爲。莊子的「逍遙遊」正是這樣的無動機、不費力、快樂的表達性行爲，是主體心靈狀體和身體狀態的協調、自如狀態，是目的自身，而不是實現功利性目的的手段。

## 第三節　兩種自由觀的比較

莊子的「自然」與「逍遙」雖然不等同於西方的「自由」，但畢竟包含了許多自由思想。因此我們這裏把莊子的「自然」與「逍遙」看作一種關於「自由」的理論，與康德的自由觀進行比較。

### 一、知與無知

康德與莊子一致認爲，自由與「無知」之間存在著某種內在的聯繫。康德認爲知識的領域內，我們不能發現自由，但我們在「物自身」——包括「我自身」——面前處於無知狀態，因爲這種無知，至少我們可以設想我們是自由的，自由的可能性因此而有了保障。《純粹理性批判》的一個寫作動機就是

---

〔註66〕劉笑敢著：《莊子哲學及其演變》（修訂版），北京：中國人民大學出版社，2010年，第 153 頁。

〔註67〕參見馬斯洛著：《動機與人格》（第三版），許金聲譯，北京：中國人民大學出版社，2007 年，第 79～92 頁。

懸擱知識，以便爲自由騰出地盤。莊子認爲我們在「道」面前處於無知狀態，知識無助於我們理解無限的、變動不居的現實生活，只有「道」才能給予我們自由。不可知的「物自身」與「道」在康德與莊子各自的自由觀中，具有相似的地位和作用，都在於提供一種超越性的牽引力，使人的精神不爲「物」役——對康德而言是不爲「物」（顯象）的法則所役，對莊子而言是不爲對「物」的執著所役。

這種表面上的一致背後是對知識的不同態度，以及無知與自由的不同聯繫。康德是從認識論的立場劃定知識的範圍，而莊子則是從生存論的立場提出對知識的批判。康德認爲自由可能存在於知識的領域之外，只要我們從根本上來說無法認識某個對象，我們就不能說它是被決定的，因爲知識就意味著知道它是如何被決定的。但擁有知識並不妨礙自由，甚至擁有知識能夠促進我們的自由（不純粹的實踐自由）。而對於莊子來說，知識本身就妨礙著我們的自由。「吾生也有涯，而知也無涯」，如果顛倒了生命與知識的關係，「以有涯隨無涯」（《莊子・養生主》）、「以其至小求窮其至大之域」（《莊子・秋水》），那麼求知活動就是一場注定要輸的戰役，「迷亂而不能自得」（《莊子・秋水》）；知識與知識之間缺乏通約性和共同標準，使人們陷入是非之爭的泥潭中，不能自由；知識總是被工具化，是滿足虛榮心的工具（《莊子・人間世》：「知也者爭之器也」），是滿足人們物質欲望的工具（《莊子・在宥》：「而所欲問者，物之質也；而所欲官者，物之殘也」），使人的精神庸俗、瑣碎、淺陋（《莊子・列禦寇》：「不離苞苴竿牘，敝精神乎蹇淺」）。總之，知識導致人類精神靈性的失落，遮蔽了人的本眞存在。〔註68〕

但是，這種表明的不一致也隱藏了另外一種一致性，即知識與智慧的之間的鴻溝。古希臘的哲學傳統是追求知識與智慧的統一。亞里士多德說：「我們應需求取原因的知識，因爲我們只能在認明一事物的基本原因後才能說知道了這事物。」〔註69〕在亞氏看來，我們不能滿足於知其所然，還要知其所以然，知其所以然才是眞正的知識。知其所以然就是知道「爲什麼」，知道「原因」。對亞氏來說，知道「爲什麼」，既意味著知道世界是如何變成它現在的

---

〔註68〕　參見靳瑞霞：《道論之下：莊子的技術觀和知識觀》，載《商丘師範學院學報》，2007 年第 2 期。

〔註69〕　〔古希臘〕亞里士多德著：《形而上學》，吳壽彭譯，北京：商務印書館，1959 年，第 6 頁。

樣子，也意味著知道它為什麼變成這個樣子，對「所然」的因果解釋與目的解釋是統一在一起的，而對世界的目的論解釋把生活的意義問題也包涵在內了。理論與實踐、知識與智慧、因果與意義，巧妙地結合在一起。

十七世紀以來，科學世界觀的崛起支配了人們看待事物的方式，按照西蒙·克里奇利的看法，科學的世界觀甚至支配了人們期望看待事物的方式，人們期望像旁觀者一樣從純理論的角度審視世界。〔註70〕但是，這個僅僅被「觀看」的世界與生活的意義和人類自由毫無關係，只有參與世界之中，才能理解生活的意義和自由。科學的世界觀致力於發現世界是如何變成它現在的樣子，因果解釋涵蓋了一切，自由無處容身。

「自我意識」這個單一的前提是康德整個哲學學的出發點，在思辨理性中，「自我意識」體現為「我思」，「我思」的興趣是認識這個世界，理解這個世界。「我思」通過範疇描述、解釋和預測這個世界。但是「我思」只為「自由」留下了一個我們捉摸不定的空位「先驗自由」。在實踐領域，「自我意識」不再是「我思」，而是「我要」、「我欲求」，只有在這裏，「自由」才有了現實性。但是，康德為我們提供了一個顛倒的世界觀，現實的自由必須奠基於理想的自由，康德把先驗自由與「無條件實踐法則」的關係視為分析性原理。但是，由「普遍性法則」過渡到「無條件法則」，再由「無條件法則」過渡到「道德法則」，每一個環節都不是那麼顯而易見的。阿利森就認為，「先驗自由」就只能是一種「觀點」、「視角」，只能是消極性的，它與道德自由、積極自由之間有著不可跨越的鴻溝。雖然康德在後來的第三批判與歷史哲學中試圖恢復知識與智慧的聯繫，但第一批判的種種二元論使得這項任務困難重重。

莊子對「世界是如何變成他現在的樣子」的回答迥異於西方：它「自己而然」、「自己如此」。但是，它自己又是「如何」如此的呢？回答是我們「不知其所以然」，所以才說它自己如此。我們知其然，不知其所以然，因此我們把它（也包括我們自身）視為自由的。莊子與康德在如下觀點上達成了一致：只要我們尚有未知，我們就有理由相信自由。侯世達認為自由意志與哥德爾不完全定理是一回事，任何一個能檢測自己內部行動的系統都必然會有這種不完備性，從而相信自己具有某種程度的自由。就像我們曾經說過的，「自由」是人類在無知面前的遁詞，所以「自由」才對人來說永遠都是一個無法解開的奧秘。

---

〔註70〕 參見〔英〕西蒙·克里奇利著：《解讀歐陸哲學》，江怡譯，北京：外語教學與研究出版社，2009 年，第 154 頁。

莊子的回答不僅迴避了因果決定論，也迴避了目的論。事物「自己如此」，「自己如此」也是本來如此、通常如此、勢當如此，理當如此，卻不是爲了任何目的而「自己如此」。因此，自然對於莊子來說，既不是因果解釋中的巨大的機器，也不是目的論解釋中偏愛人類的存在，而是類似於胸無成竹、揮灑自如的藝術家。

但是，莊子思想中有一個隱含的假設：自然中的一切「然」都是合意的，都具有無目的的合目的性，而人類社會中的「然」卻時常是不合意的。對「成心」之自我中心性的批判、對「聖人」之妄爲的批判，都意味著我們有必要考察人類社會中一切背離自然（「道」）的現象之「所以然」。考察人類事務的「所以然」對莊子而言意味著考察不自由的原因。但考察人類事務的「所以然」同時使我們的生活具有更多的自我意識，表明上看起來頗爲弔詭的是，莊子主張弱化人的自我意識。實際上，弱化自我意識正是以自我認識爲前提的，惟有獲得了對生活的自我意識，我們才能知道人性（對莊子而言是人心）中的哪些方面是應該超越的，我們才能知道使我們獲得自由的文化設計（如禮儀傳統），又是如何轉而限制了我們的自由。

## 二、相容與不相容

根據麥卡勒姆的解釋，自由就是行爲者 X 有擺脫束縛 Y 去做（或不做、成爲或不成爲）目的 Z 的權利或能力。在政治領域，我們討論的是權利，而這一解釋則同時包含了消極自由與積極自由。在形而上和道德哲學領域，我們討論的是能力，這一解釋也同時包含了自由的消極意義與自由的積極意義。〔註71〕由於康德的自由觀與莊子的自由觀都懸置了「目的」，因而我們這裏只能暫且根據行爲者和束縛兩個變項來比較康。我們首先來看「束縛」這個變項。

在康德那裏，自由的對立面是自然，確切地說是自然的因果律、因果決定論或自然必然性。康德的「自然」遵從嚴格的因果決定論，一切事件都是由時間上在先的另一事件所決定，因此一切事件都是被動的，「自由」因此而被假定爲不在時間、空間之內，本身不再有一個時間上在先的事件作爲「原因」。宇宙論意義上的自由是絕對地肇始一種狀態，從而肇始一個因果序列的能力；實踐意義上的自由以自由的先驗理念爲先決條件，是擺脫感官衝動的

---

〔註71〕有學者混淆了康德所謂的「自由的消極概念」與伯林提出的「消極自由」，並認爲後者來源於前者。

能力。康德認爲，「自由」是意志「在能夠不依賴於外來的規定它的原因而起作用時的那種屬性，就像自然必然性是一切物理性的存在者的因果性被外來原因的影響所規定而去活動的那種屬性一樣。」（GMS.446＼454）這裏的「外來的規定它的原因」就是指由自然必然性所導致的感官衝動、欲望、偏好等等。總之，無論是先驗意義上的自由，還是實踐意義上的自由（純粹的實踐自由），都是與自然不相容的。

　　莊子的自由卻是與自然相容的。舉凡自然界的一切生成、消逝、變易、運動，都被稱爲「化」，而一切的「化」都是「自己而然」、「自己如此」，亦即「自然」、「自化」。莊子主張「命物之化而守其宗」（《莊子·德充符》）、「命物之化」是說人要根據「化」而自覺地調整自己的意欲、行爲原則，以便主動地順應、參與萬物之化，甚至進一步「與化爲人」（《莊子·天運》），即與化爲偶、與化爲友；「守其宗」即守護其「德之和」，「與物化者，一不化者也」（《莊子·知北遊》）、「貴在於我而不失於變」（《莊子·田子方》），都是「守其宗」之意。可以說，「命物之化」屬於意志，「守其宗」則屬於感性，即審美自由感，但審美自由感同時是知、情、意的協調一致，是整個心靈、精神的自由。因此，「命物之化而守其宗」是主動地約束意志、行爲，使之與「化」爲一，而精神則超拔於萬化之流，不受情感、情緒上的困擾。對意志和行爲的自覺約束就是「無爲」，就是「不得已」而爲：

　　　　無門無毒，一宅而寓於不得已則幾矣。（《莊子·人間世》）

　　　　且夫乘物以遊心，託不得已以養中，至矣。（《莊子·人間世》）

　　　　感而後應，迫而後動，不得已而後起。去知與故，循天之理。
　　（《莊子·刻意》）

　　　　動以不得已之謂德，動無非我之謂治。（《莊子·庚桑楚》）

　　　　有爲也欲當，則緣於不得已。不得已之類，聖人之道。
　　（《莊子·庚桑楚》）

「不得已而後起」即《應帝王》所謂「不將不迎」，《田子方》所謂「效物而動」，眞實含義是不「先」物而動，充分地任其自化，聖人「不用其心，他使內心虛空，而讓外景塡充於中，根據外物自身的客觀關係分類，然後使他『動』。」〔註72〕「不得已之道」、「迫而後動」是實踐上的「奧卡姆剃刀」，

―――――――――――――――――――――――――――――――

〔註72〕　〔英〕葛瑞漢著：《論道者：中國古代哲學論辯》，張海晏譯，北京：中國社
　　　　　會科學出版社，2003年，第226頁。

而不是如其字面含義上的被「強迫」後才動，自然並不強迫人，只有在主觀意圖、目的違背於「物化」之「勢」而不得不放棄的時候才有被「強迫」的錯覺。「不得以之道」是把握「物化」的自然傾向、趨勢之後，不固執於私心、成見，順時而動、順勢而動，從而最大化地與環境協調溝通。傅佩榮認為，「不得已」是「各種條件成熟之後，所形成的自然趨勢。所以能夠依循不得已，是高明的作為。」〔註73〕葛瑞漢指出，莊子的「不得已之道」意味著自然與自由的對立是一個應該捨棄的二分法。〔註74〕

「物自身」與「道」都提供一種牽引力，使精神超拔於「物」，不為「物役」。但莊子是從永恒流變的立場使「物」虛無化，順應、參與萬化之流，藐物、棄物，從而使精神超拔於「物」。所謂「物役」，其實是「心則使之也」（《莊子・庚桑楚》），不自由恰恰在於「師心自用」，即運用智謀、智巧去抗拒永恒的流變，試圖使自己所鍾愛的「物」脫離於萬化之流，從而佔有、操縱「物」。任何「物」，無論你如何珍愛它、保護它，都不能使之不被「化」所吞沒，這不僅是徒勞無益的，而且只能造成痛苦意識，如《至樂》篇「莊子妻死」章所言：「人且偃然寢於巨室，而我噭噭然隨而哭之，自以為不通乎命。」萬化之流則是「物之所不得循而皆存」，與「化」為一、與「化」同體就是化解對「物」的執著，「故聖人將遊於物之所不得循而皆存。善妖善老，善始善終，人猶傚之，而況萬物之所繫而一化之所待乎！」（《莊子・大宗師》）

一言以蔽之，康德認為自由在於不被「物」的變化法則（即因果法則）所束縛，而莊子恰恰認為自由在於尊重、順應「物」的變化法則（即「自然」、「自化」），並參與「物」的變化之中，精神自由的一切束縛都是「心則使之也」。用老生常談的話來說，康德的自由觀的前提是天人二分、主客對立，莊子的自由觀的前提是天人合一。

## 三、自我與非我

不同種類、不同來源的「束縛」有可能只是對「行為者」的不同維度有束縛作用，因此，既然自由觀中的「束縛」變項不同，那麼，「行為者」這個變項的具體含義也有可能不同。

---

〔註73〕傅佩榮著：《解讀莊子》，上海：上海三聯書店，2007年，第203頁。
〔註74〕參見〔英〕葛瑞漢著：《論道者：中國古代哲學論辯》，張海晏譯，北京：中國社會科學出版社，2003年，第223頁。

　　康德把人類的偏好、愛好、感性欲求放在自然領域之內，人的眞正自我是理性，是純粹意志。對康德而言，感性欲求的產生與否、感性欲求會對何物產生欲望，這並不取決於我們自己，而是取決於感性事物對感官的刺激，它是自然的因果鏈條的一環，遵從自然定律。感性欲求是給定的、被決定的，在這方面我們毫無自由可言，它是與自由主體亦即「自我」有別的異己力量。同時，康德又把統治、約束自然所給定的欲望、偏好視爲理性的職責，只有在理性與自然的鬥爭中才能體現人的自由。自由與否在於眞實自我、理性能否統治我們的感性欲求，「意志對法則的一種自由的服從是與一種不可避免的、但僅僅由自己的理性施之於一切偏好的強制結合在一起的。」（KpV，80\86）這樣，理性與感性之間就形成自我與非我的對立。

　　另外一方面，偏好被歸屬於自然的領域，因此按照偏好而行動是不自由的。但是康德又認爲，偏好並不是在因果決定的意義上規定人的意志的，康德說實踐自由是「任性對感性衝動的強迫的獨立性」（KrV，B562\431），也就是說，自由不是對感性衝動本身的獨立性，而只是對感性衝動的「強迫」的獨立性，只有當主體把感性衝動、偏好納入自己的意志準則，偏好才能規定人的意志，但這種「納入」毫無疑問是一種理知的自由行爲。因此，偏好屬於自然，這僅僅意味著我們能夠給予偏好一種自然的解釋，並不意味著按照偏好而行動不是自由的。按照康德的解釋，偏好是行爲的一個「因爲」（because）或「理由」（reason），但並不就是行爲的原因（cause），根據維特根斯坦的理論，「因爲」、「理由」和「原因」之間只具有家族相似性，而康德卻把它們視爲同一的。偏好是道德性的障礙，但並不必然就是自由的障礙，儘管它常常是自由感的障礙。

　　與康德籠統地把感性欲求放在自然領域內的做法不同，莊子區分了「需求」（自然的欲望）與「欲望」（非自然的欲望）。首先，「需求」是指自然賦予的、源自於人的本性的欲求，「鷦鷯巢於深林，不過一枝；偃鼠飲河，不過滿腹」（《莊子·逍遙遊》），「需求」是簡單的、淳樸的，且極易獲得滿足，並不妨礙人的「逍遙」。「欲望」則是由人的技巧性文化亦即文明所造成的欲求，「宋人次（資）章甫而適越，越人斷發文身，無所用之」（《莊子·逍遙遊》），對「章甫」（禮帽）等文明產物的欲求是由文化製造出來的。莊子沒有把欲望歸咎於自然對我們的影響，而是歸咎於文化對人類認知、欲求能力的影響，歸根結底則是「心」在作怪。人類文明的發展會不斷地創造新的欲望，而且

人類文明的發展需要不斷地創造新的欲望，罪惡往往並非是由自然的「需求」引起，而是由文明創造出來的「欲望」引起的。道家強調返璞歸真的意義就在於避免文明所激發的欲望過分膨脹，把人的物質享受維持著一個適度的水平，否則自然將不堪重負。其次，「需求」是一種暫時性的欲求。整個世界是一個生生不息的「物化」過程，認為所欲之物會保持恒久狀態，這僅僅是一種妄想。因此，合理的欲求方式就是「暫時性」的欲求，以「順其自然」、灑脫的態度對待非自然的欲望，「受而喜之，忘而復之」（《莊子・大宗師》），使欲望與「物化」過程保持相同的節律。「欲望」並非單純來源於自然物的刺激，而是由人的想像力、理性的參與下形成的對「物」的執著，「忘」的藝術就是要有效地疏導、化解這種執著。

康德認為對於欲望的產生，我們沒有自由可言，自由只體現在對欲望的統治上。但對莊子來說，人擁有「不欲求我們實際上所欲求的事物的自由」，人能夠通過「坐忘」、「心齋」的疏導手段，使心靈在欲望的對象面前保持不動心。因此，對康德而言，「自由」意味著理性對感性欲求的鬥爭和統治，同時也意味著對自然的鬥爭和統治；而對於莊子而言，自由則是通過擺脫人為的、非自然的欲望而回歸自然。統治感性欲求，這是康德式的「自由」不可推卸的責任；擺脫非自然的欲望的困擾，則是獲得「逍遙」的前提。「自由」不可避免地導致人與自然、人與自我的鬥爭和衝突，「逍遙」則以內心的恬淡平和為目的。

莊子也絕不把人的理性看作人的真實自我。康德認為，「物」是按照法則而行動，而人類不僅按照法則而行動，而且是按照法則的表象，亦即思想、觀念而行動，這無疑就是指人的自由。但是，莊子卻對人的這種自由，亦即按照「成心」而行動的能力表示擔憂和警惕。

> 百骸、九竅、六藏、賅而存焉，吾誰與為親？汝皆說之乎？其有私焉？如是皆有為臣妾乎？其臣妾不足以相治乎？其遞相為君臣乎？其有真君存焉！（《莊子・齊物論》）

莊子對於那種認為人的真實自我是單純實體的觀念表示懷疑。從超越的立場來看，「真宰」、「真君」（真實自我）是「道」，從個體的角度來說，「真宰」、「真君」是「德」，更準確地說是「德之和」，也就是認知、情感、意志等精神力量協調一致的和諧狀態。依照「成心」而行動卻有可能破壞這種「德之和」，會使某一精神力量成為「德之和」的不和諧的音符、異化為「德之和」

的破壞性因素。這倒不是說莊子要否定人的這種能力，而是要對自己的觀念、思想保持自我懷疑、自我約束，使心靈更加開放。「逍遙」需要無知、無我，放棄理性對真實生命的支配欲望，使行為更多地具有自發性和表達性。因此，莊子式的自由，在實踐上首先是理性最少地主宰、控制人的行為，其次是自我最少地干預、控制自然，也正因此，道家能夠最大限度地整合自我的不同能力、自我與自然，使行為更加富有成效，使自我與自然更加融洽、和諧。

## 四、自我與他者

康德說，自由的積極概念排除了一切外來的原因對意志的規定，剩下的無非就是意志的自我規定，即自律。所謂自律，就是指我們的行為完全取決於我們的理性。理性是一種自發性的能力，其表現形式就是邏輯推理。理性排除一切欲求的具體內容，亦即排除一切「做什麼」的考慮，借助於邏輯的推理過程，單純以可普遍化的形式法則規定我們將「如何做」。也就是說，康德的自由概念的積極意義不是「做目的Z的自由」，而是「如何做目的Z的自由」。這些可普遍化的形式法則就是道德法則，只有當我們自覺地把道德法則作為我們的主觀動機的時候，我們的意志才是嚴格意義上的自由意志。

根據我們上面的分析，無條件的、普遍化的形式法則之所以能夠稱得上是「道德法則」，可能就在於它所蘊涵的「平等」精神。康德所謂的「平等」是抽象人格之間的平等，我們在與他人打交道的時候，把對方也當多純粹意志，我們是在與純粹人格打交道。「以己養養鳥年」和「以鳥養養鳥」之間的分別也可以作為對康德式「平等」的批判，因為它抹殺了人的特殊性。但是，康德認為，人格中的人性是設定目的並實現目的的能力，尊重他人的人格也包括尊重他人會自身設定的目的，這又要求我們尊重他人的特殊性。

莊子對自我與他者的關係有不同的理解。在古希臘，「自由」只是用於人的社會身份的標誌，表明他不是奴隸，因此，古希臘的「自由」是奴隸制社會關係、人際關係的反應，當人類能夠掌握自然必然性的時候就是「自由」的，「自由」佔據「主人」一端。〔註75〕近代自由則是從反抗專制勢力的過程中產生的，是一種反抗的聲音。而道家的「自然」卻首先是一種對統治者的勸導，教導統治者要學會尊重、敬意。在政治上，道家「自然」的消極意義

〔註75〕 參見葉秀山：《漫談莊子的「自由」觀》，載《道家文化研究》第八輯，上海：上海古籍出版社，1995年，第137～138頁。

就不是「行爲者 X 擺脫束縛 Y 的自由」，而是「讓他者從行爲者自身的奴役、主宰、干預下擺脫出來」，積極意義也不是「行爲者 X 做目的 Z 的自由」，而是「讓……自由」。

　　莊子將老子的「自然」貫徹到人生的各個方面，這種「他者優位」的精神依然保留下來。「逍遙」概念成立的前提是人與自然的整體性與連續性，因此，它需要弱化人的自我意識，混同萬物，「把與萬物原初的共存作爲未來的現實」，〔註76〕它需要「讓他者逍遙」。人與人的關係同樣如此，康德雖然批判啓蒙運動理性、科學萬能的思想，但是，就像柯林伍德對康德的評價：「當一個人剛從教條主義的迷夢中覺醒進入懷疑論的狀態時，他還不會背離教條主義很遠」，〔註77〕他對理性的普遍性、超越性、客觀性沒有任何質疑。而莊子則揭示了人類認識的視角主義特點，一切判斷、推理，都是從自己的意見出發和論證的，任何把自己的準則普遍化的做法都有可能是一種隱蔽的「自我中心主義」，是惟我獨尊的態度，漠視了他者的特殊性，因此，「道家不相信推理規則能替代和規範事實，因爲與康德的牛頓式的井井有條的世界觀相反，道家認同的是被經典理性主義者妖魔化和罪惡化的混沌宇宙觀。」〔註78〕道家採取「他者優位」的方法，一方面強調弱化自我，一方面任他人之自然，以「我」的「無爲」實現（至少是不妨礙）他者的自然與逍遙。

## 五、異化與和諧

　　與康德自己的理解不同，本文認爲康德的「自由意志」與莊子的「逍遙」都不是先天自由，而是後天獲致的自由。「自由意志」一般被理解爲人的天賦能力，它既是善的能力，也是惡的能力，是在善與惡之間進行選擇的能力。但康德式的自由意志是道德自由，是正確運用先天自由的能力。康德的「自律」也不等同於他的「自由意志」，而是應該被看作獲得和維持道德自由的條件。道德自由應該被看作每一個具有先天自由的人應該追求目標、美德，「自律」則是獲得這種美德的方式。如果我們拒絕康德對線性自然律的假定，以

---

〔註76〕謝揚舉著：《道家哲學之研究：比較與環境哲學視界中的道家》，西安：陝西人民出版社，2003 年，第 263 頁。

〔註77〕〔英〕柯林伍德著：《自然的觀念》，吳國盛譯，北京：北京大學出版社，2006 年，第 145 頁。

〔註78〕謝揚舉著：《道家哲學之研究：比較與環境哲學視界中的道家》，西安：陝西人民出版社，2003 年，第 333 頁。

及「先驗自由」與自然律之間的關係的假定，那麼我們就可以把「先驗自由」重新詮釋爲先天自由。先天自由是道德自由的必要條件，「自律」是道德自由的充分條件。莊子的「逍遙」是後天獲致的審美自由，「自然」（自己如此）可以被看作是先天自由，是「逍遙」的必要條件，「坐忘」、「心齋」則是「逍遙」的充分條件。道德自由與審美自由、「自律」與「坐忘」使兩者的自由表現出另外一個顯著差別：康德的「自由」是一種自我異化、自我疏離的自由，而莊子的「逍遙」則是一種和諧的「自由」，是自我的不同力量達成和解後的協調一致。

康德的道德自由是（實踐理性的）自由與壓制（實踐理性對對偏好、興趣、同情心的壓制）統一體。「自律」就是意志排除感性事物的限制、排除自然因果性的限制、排除內心情感、欲望和偏好的干擾，獨立規定自己。但意志是通過對抗、壓抑的方式排除偏好、情感、欲望的干擾。因此，康德的自由並不伴隨內心可以直接體驗的自由感，相反，自由主體體驗到的是否定自身感性利益的痛苦意識。而莊子的「逍遙」則包含著對人的自然情感的辯證回歸，「其特點是一種直覺式的內心體驗，要求超越一般的感性經驗和理性思維，採取整體契入的知、情、意融爲一體的方式來把握對象，是情感體驗過程、價值判斷過程和審美過程的統一。」〔註79〕從「德之和」的立場來看，實踐理性與感性之間的對抗模式的自由是自我的疏離。莊子對儒家道德哲學的批判就是力圖表明道德規範已經成爲與個體的生存發展相對立的、異己的東西，使人失去「性命之情」。

康德錯誤地理解了人類的自然情感與道德的關係，認爲諸如愛好、情感之類的非道德動因的在場，會破壞行爲的道德價值，只有當道德動機是意志的規定根據的時候，行爲才具有道德價值。西方傳統哲學的主流普遍認爲情緒是理性行爲的障礙，沒有情感的動物要比人類更有智慧，但是，當代許多哲學家和心理學家都承認，情緒是理性行爲的關鍵。這種觀點也得到了進化論學者和神經科學家的支持，像科幻電影《星際旅行》中只有理性而沒有情感的瓦肯人，智力將比人類更低。沒有情感，一個理性的人根本無法專注地思考任何問題，表現得將更加遲鈍、茫然、愚蠢。內疚、愛、嫉妒、報復欲等情感，對於形成人的道德意識是必不可少的。康德所設想的那種完美的道

---

〔註79〕胡元志：《莊子與康德的自由觀比較》，載《十堰職業技術學院學報》，2009年4月，第22卷第2期。

德推理程序也只是一種幻想，人類的道德能力不是像電腦那樣依照程序規則運行，而是基於各種各樣的情感。如果一個兒童沒有良好的情感教育與情感發育，就不可能獲得良好的道德能力。〔註80〕康德的道德理論依靠的是「似乎合理但卻是無動力的命令」，〔註81〕義務缺乏動力機制，因爲康德所謂的「動機」，既不是原因，也不是欲望，而是理由。〔註82〕當代學者對康德的道德價值學說提供了兩種解讀，一種是「戰鬥嘉獎模型」，即道德動機要排除非道德動因（愛好、情感）的影響，獨自規定意志；一種是「合格報告模型」，即道德行爲並不排斥非道德動因的在場，但義務足以成爲行爲的理由，道德價值能夠接受行爲在動因而非動機（理由）方面的多重規定。〔註83〕後一種解讀緩解了理性與情感的緊張關係。道德行爲依賴於理性與情感的合作，因爲我們不僅要有行動的理由，也要有行動的心理動力，沒有情感而僅僅具有理性的存在者只能「寂然不動」，卻沒有能力「感而遂通」。

---

〔註80〕　參見〔英〕蘭迪・埃文斯著：《解讀情感》，石林譯，北京：外語教學與研究出版社，2007 年，第 182～183 頁。

〔註81〕　約翰・M・瑞斯特著：《眞正的倫理學——重審道德之基礎》，向玉喬等譯，北京：中國人民大學出版社，2012 年，第 182 頁。

〔註82〕　參見〔美〕芭芭拉・赫爾曼著：《道德判斷的實踐》，陳虎平譯，北京：東方出版社，2006 年，第 19 頁。

〔註83〕　同上，第 14～20 頁。

# 第六章　自然與自由

　　康德在《判斷力批判》中試圖把自然與自由統一起來，討論了美、崇高與目的論等問題，並把目的論原則運用於後期對歷史問題的思考。莊子的自然與自由本來就是統一的，「逍遙」本身就是審美化的自由，把人類的認知、道德、生活實踐都審美化了。本章將具體討論《莊子》中潛在的「自然全美」觀念，以及莊子的審美意識。

　　康德在第三批判中還討論了藝術品與天才問題。康德對藝術品既有批判，也有肯定，莊子則批判了作為文明奢侈品的藝術，讚揚了手工藝人的創造活動。康德所謂的「天才」，在某些方面非常接近莊子所謂的「眞人」。本章也將討論相關內容。

　　最後，康德把人類歷史看作人的外在自由不斷進步的歷史，認為歷史的進步表現為法權的進步，並以法權體系的完善為目的。莊子的歷史觀則是一種文明批判的歷史觀，認為人類的自由隨著文明的進步而不斷喪失。

## 第一節　自然與自由的橋梁

　　康德雖然通過理解自然與自我的兩種視角或立場的劃分以及兩個世界的劃分，暫時解決了自然的因果性（自然必然性）與自由意志之間的對立，但也造成了嚴重的理論問題，即知識與道德、理論與實踐、顯象與本體之間無法跨越的鴻溝。人類完整的生命活動被分隔在不同的領域：當我們進行認識活動的時候，我們生活在自然世界中；當我們進行實踐活動的時候，我們是作為道德世界的成員或元首而對自然世界施加影響。雖然兩種立場的劃分，

表明自然與自由之間的對立只是一種幻相，但從任何單一立場來看，自然與自由都是不和調和的，兩種立場本身也無法調和。康德不得不尋求某種更具積極意義的調和方式。

溝通兩個世界的任務，直接促成了《判斷力批判》的產生。康德這樣表述這一問題及解決問題的關鍵所在：

> 現在，雖然在作爲感性東西的自然概念領域和作爲超感性東西的自由概念領域之間強化了一道明顯的鴻溝，以至於從前者到後者（因而憑藉理性的理論應用）不可能有任何過渡，就好像這是兩個不同的世界，前一個世界不能對後一個世界有任何影響似的；但是，後一個世界畢竟應當對前一個世界有影響，也就是說，自由概念應當使通過它的法則所提出的目的在感官世界中成爲現實的；因此，自然必須也能夠這樣來設想，即它的形式的合法則性至少與要在它裏面早就的目的按照自由法則的可能性相協調。——所以，畢竟必須存在著作爲自然的基礎的超感性東西與自由概念時間上所包含的東西的統一性的某種根據，這個根據的概念雖然沒有在理論上也沒有在實踐上達到對這個根據的一種認識，因而不擁有特有的領域，但卻仍然使按照一方的原則的思維方式向按照另一方的原則的思維方式的過渡稱爲可能。（KU，175～176＼185）〔註1〕

因爲自由的終極目的要在自然世界中實現，所以，自然中必須要有某種根據，使自然的形式上的合法則性能夠與我們的終極目的協調一致。而且，溝通自然世界與自由世界最終是溝通人的不同能力，即溝通我們認識能力的思維方式與欲求能力的思維方式。康德想到了人的愉快與不快的情感，把它作爲認識能力與欲求能力的中間環節，並且爲了與知性——認識能力、理性——實踐能力這種結構在形式上的統一，康德又提出了判斷力作爲知性與理性的中間環節。《純粹理性批判》與《實踐理性批判》都曾涉及判斷力，康德現在把它稱爲「規定性的判斷力」，另外又提出了「反思性判斷力」的新概念，前者是把普遍的概念或法則正確地運用於特殊的東西之上的能力，後者則是爲事物的特殊性尋找一個普遍性法則的能力。

---

〔註1〕KU 是《判斷力批判》的縮略語，所據譯本爲：《康德著作全集‧5‧判斷力批判》，李秋零編，北京：中國人民大學出版社，2007 年。下文一律依照如下體例引用：（KU，德文版頁碼＼李秋零譯本頁碼）。

## 一、另一個自然

### 1、自然的合目的性

　　知性概念都是抽象的，它不理會事物的特殊性，僅僅關注事物的普遍性。如果從邏輯結構上來考察自然體系中的萬事萬物，就會發現自然的無限豐富性擁有相同的特徵，即它們與心靈的本質分不開，完全契合於心靈的先驗自然規律。但是，如果是著眼於自然中千萬變化的特殊形式，它們又好像是知性概念的特殊變異。如此一來，我們就必須事先假定特殊的東西與普遍的知性概念之間具有統一性和協調一致性，就好像有一位設計者把自然的形式的多樣性、特殊性設計爲與我們的認識能力協調一致一樣：

> 　　既然普遍的自然法則的根據在我們的知性裏面，所以知性把這些法則指定給自然（雖然只是按照自然職位自然的普遍概念），而特殊的經驗性法則，就其中通過那些普遍的自然法則依然未得到規定的東西而言，必須按照這樣一種統一性來考察，就好像同樣有一個知性（即便不是我們的知性）爲了我們的認識能力而給予了這種統一性，一邊使一個按照特殊的自然法則的經驗體系成爲可能似的。這並不是說好像必須以這種方式現實地假定一個這樣的知性（因爲這只是反思性的判斷力，這個理念把它用作原則，是爲了反思，而不是爲了規定）；相反，這種能力由此是給即立法，而不是給自然立法。

> 　　現在，由於關於一個客體的概念，只要同時包含著這個客體的現實性的根據，就叫做目的，而一個事物與各種事物的那種惟有按照目的才有可能的性狀的協調一致，就叫做該事物的合目的性，所以，判斷力的原則就服從一般經驗性法則的那些自然事物的形式而言，就是自然在其雜多性中的合目的性。也就是說，自然通過這個概念被如此表現，就好像有一個知性包含著它的經驗性法則的雜多之同一性的根據似的。（KU，180～181＼189～190）

一個客體的形式、概念就叫做該客體的「目的」，所以，這種協調一致就叫作自然在其雜多性中「合目的性原則」——有學者建議用「設計」一詞來替換「無目的的合目的性」這個相對奇怪的用語，以便更加清楚地理解康德心中所設想的東西以及康德的前進方向。〔註2〕康德所要表達的意思是：自然似乎

---

〔註2〕　參見奧康諾主編：《批評的西方哲學史》，洪漢鼎等譯，北京：東方出版社，2005年，第315頁。

是被「設計」出來的產品，目的是要滿足人類認識能力的需要，但是我們又不需要假設實際上確實有一個「設計者」，因此，事實上也並沒有什麼「目的」，這僅僅是人類在主觀上看待自然的方式。由此可見，自然的合目的性這個概念是按照與實踐的合目的性概念的類比而被思考的。

康德按照形式—質料與主觀—客觀這兩對反思概念，把合目的性分爲四個種類：形式的主觀合目的性、形式的客觀合目的性、質料的主觀合目的性和質料的客觀合目的性。數學思維體現了形式的客觀合目的性，實踐行爲體現了質料的主觀合目的性，它們分別是理論哲學和實踐哲學涉及的內容，判斷力批判則研究剩下的形式的主觀合目的性和質料的客觀合目的性，因此，判斷力批判被分爲兩個部分。「形式的主觀合目的性」這一術語中，「形式的」意味著不與對象的實存有關，「主觀」的意味著僅僅與主體相關，康德把它歸於審美判斷力批判；「質料的客觀合目的性」這一術語中，「質料的」意味著它與事物（指自然中的有機體）的實際存在及存在方式（亦即生命）相關，「客觀的」意味著它不以主體的感覺和意願爲轉移，康德把它歸於目的論判斷力批判。在前者中，我們把自然的特殊形式「看作」是有目的的，在後者中，我們把有機體的實存亦即有機體的生命「看作是」有目的的。

康德還進一步把主觀的形式合目的性與人的情感能力聯繫在一起。知性的普遍性法則同時就是自然的普遍法則，因此，即便我們的知性不帶有任何意圖，也能發現知性法則必然與自然法則協調一致。自然的特殊法則的多樣性及其秩序卻遠遠超出了人類的把握能力，但它們卻現實地適合於人類的把握能力，這種協調一致只能理解爲偶然的。另外一方面，心靈是有意圖地去找出這種秩序的，爲的是「把諸原則的統一性帶進自然」（KU，187＼96），而這種意圖的實現能帶來愉悅的情感。這樣，康德就把反思性判斷力以及自然的合目的性與人的愉悅或不快的情感能力聯繫在一起，在第一批判和第二批判中受到排斥的情感以合法的身份進入了哲學的視野，並且，既然自然的合目的性是反思判斷力的先驗原則，那麼，愉悅的情感就是通過一個先天根據被規定的，因此是對每個人都有效的。

## 2、美學意義上的自然

### 2.1、自然美

情感與感覺、空間（先驗的直觀形式）都是感性的東西，是事物的感性表象，但是，空間和感覺都被用於構成關於對象的知識，而情感則完全是主

觀的，並不對知識做出貢獻，因此，與情感結合在一起的合目的性，就被康德稱爲事物的審美表象（在德文中，「感性」與「審美」是同一個詞），而根據情感對自然是否具有合目的性所作的判斷，則被稱爲鑒賞判斷。出於對理性的建築術的忠誠，康德按照範疇的四個契機規定了鑒賞判斷的四個特徵：按照質來看，鑒賞判斷是審美的（感性的）；按照量來看，鑒賞判斷是普遍的；按照關係來看，鑒賞判斷是合目的性的；按照模態來看，鑒賞判斷是必然的。按照這四個契機，把鑒賞判斷分別於知識判斷和道德判斷作比較，能夠闡明自然的形式特殊性、多樣性與人類情感的關係。

首先，從質的角度來看，鑒賞判斷是「審美的」（「感性的」），因爲它對認識沒有絲毫貢獻，僅僅「與主體的生活情感相關」（KU，204＼211），但由事物的合目的性表象而來的愉悅是一種無興趣的愉悅。「無興趣」又譯「無利害」或「無功利」，意思是這種愉悅不能給主體帶來現實的利益、好處，葉秀山解釋說：「我們所謂『功利——利害』關係，乃是把『對象』作爲一種『工具』，一個『手段』來加以考察，看看他們是『有益』的還是『有害』，這種『目的』與『手段』的關係，乃是實質性的，乃是實質性——物質性交換關係的一個環節。」〔註3〕興趣與對象的實存的表象結合在一起，因此與欲求能力有某種關係；直接地使感官和偏好獲得滿足與愉悅的是適意者，借助於「善」的概念而間接地使理性和道德感獲得滿足與愉悅的是善者；對適意者和善者的愉悅都與興趣相伴隨，因爲欲求能力意欲對象的實存：或者是現實地佔有對象，或者是通過行動而實現對象。但鑒賞判斷則是純然靜觀的、反思的，對對象的實存漠不關心，「僅僅把對象的形狀與愉快和不快的情感加以對照」（KU，209＼217）。

其次，從量的角度來看，鑒賞判斷是普遍的。對美者的愉悅不像感官愉悅那樣以「私人條件」爲根據，因此，「必須相信有理由指望每個人都有一種類似的愉悅」（KU，2211＼219），對美的判斷有權利要求「普遍的同意」（KU，216＼224）。對美者的愉悅也不是以概念爲根據，因爲除非以興趣爲中介（在道德判斷中），不存在從概念到情感的過渡，但鑒賞判斷又是無興趣的。從概念出發的判斷是客觀的，而鑒賞判斷不依賴於概念，因此，鑒賞判斷又是主觀的。鑒賞判斷的這種主觀性有兩方面的含義：第一，這種判斷不關涉客體，

〔註3〕 葉秀山：《康德《判斷力批判》的主要思想及其歷史意義》，載《浙江學刊》
　　　　2003 年第 3 期，第 7 頁。

第二，這種普遍性並不表示物的表象與認識能力的關係是對每個人都有效的，而是表示它與情感的關係是對每個人都有效的（參見 KU，214＼222）。

第三，從關係的角度來看，鑒賞判斷是對合目的性的形式的判斷。康德再次對「合目的性」這個術語作了解釋：「目的就是一個概念的對象，只要這概念被視爲那對象的原因（它的可能性的實在根據）；而一個概念在其客體方面的因果性就是合目的性」（KU，220＼227），康德又用拉丁文「forma finalis」（目的性的形式）來表示「合目的性」。某類事物的概念或形式刻畫了該類事物的本質、完善性，規定了屬於該類事物的所有個體應該是什麼，而個體的當前所是不一定符合於它所應是，在這種情況下，概念所刻畫的本質就成了個體的目的，也就是說個體以其所應是爲目的，它的存在就是爲了實現或符合於它的本質和完善性。在這裏，康德按照動力因的範式來理解目的因，把「合目的性」規定爲因果性的一種。「欲求能力，如果它只是通過概念……是可規定的，就會意志」（KU，220＼228），我把一塊泥坯做成如此這般形狀（形式），是爲了把它製成陶器，按照康德的理解，陶器就是這塊泥坯之所以如此這般形狀（形式）的「目的的因果性」。現在，一個自然物的特殊形式呈現出如此這般的性狀，反思性的判斷力把它看作是彷彿是由一個意志按照某種目的使它如此這般，但事實上並沒有這樣一個意志，也沒有目的，因此，該物形式上的「合目的性」就是「不帶任何目的的主觀合目的性」，「合目的性可以沒有目的，這是就我們並不把這個形式的諸原因設定在一個意志中，但畢竟只能通過從一個意志推導出對這形式的可能性的解釋來使我們理解這種解釋而言的」（KU，220＼228）。

形式的、主觀的、無目的的合目的性使美者再次與適意者和善者甚至有用者、完善者區別開來。適意性是以生理學爲根據的愉快，依賴於對象的質料刺激人的感官，它對人來說是有魅力的，但鑒賞判斷不依賴於魅力。善分爲就其自然而言的善和就他物而言的善，前者是目的善或對象的完善性，後者是工具善或對象的有用性，無論是何種善，都依賴於一個確定的概念和目的，概念和目的規定了它們應該是什麼。而鑒賞判斷絲毫不關心對象應該是什麼，純粹就其形式而言判斷它是否是美的。康德由此區分了純粹的鑒賞判斷和不純粹的鑒賞判斷、純粹的美（自由的美）和不純粹的美（依附的美），以完善性爲前提條件的美是依附的美、有條件的美。但是，康德又認爲，鑒賞判斷的最高典範或鑒賞的原型需要一個概念，純然的理念，因此，美的理

想只能是依附美，並且，惟有人的形象才有資格作爲美的理想，而在人的形象上，「理想就在於道德的表達」（KU，235＼244），「美的理想在於通過人體的形體外觀而作出的道德意義啓示」〔註4〕。

第四，就模態而言，美者是一個必然的愉悅之對象。適意者現實地在主體的心靈中造成了愉快，美者與愉悅有一種必然的關係，但這種必然性又不同於實踐的客觀必然性，而是一種主觀必然性，康德稱之爲「示範性」，亦即「所有人都贊同一個被視爲某個人們無法指明的普遍規則之實例的判斷的必然性」（KU，2237＼246）。鑒賞判斷的必然性因此就不能以概念爲根據，只能以一個主觀的原則爲根據，「這原則只通過情感而不通過概念，但卻畢竟普遍有效地規定著什麼是讓人喜歡或者討厭的」（KU，238＼247）。康德認爲這個主觀原則就是「共感」（或譯「共通感」）。「有了『共通感』，我們對於具體的事物進行審美判斷時所獲得的審美情感就不再是私人的感性，而是一種共通感。」〔註5〕實際上，鑒賞判斷的第二契機和第四契機所涉及都是情感的普遍可傳達性，即先天共通感的問題，鑒賞判斷之所以是普遍有效性，是因爲人所同具的共通感；美者之所以與情感有一種必然的聯繫，同樣是因爲人所具有的共通感。有學者評論說，康德照搬先驗範疇體系來研究鑒賞判斷，使得他的鑒賞理論「方枘圓鑿、牽強附會」〔註6〕。

2.2、崇高

在自然中，不僅有僅僅因爲其形式而直接令人感到愉悅的東西，也有使人激動、畏懼、驚贊的東西，康德稱之爲「崇高者」。對崇高的鑒賞判斷與對美的鑒賞判斷有相似性。它們都憑自身而直接讓人喜歡；都依賴於反思判斷力；都要求普遍的有效性；都不依賴於確定的概念。

但兩者也有差別。首先，自然的美只能在具有形式的對象身上發現，而形式就在於限制（limitations），相反，崇高也可以在一個無形式的對象上發現，因而就表現出無限制（limitlessness），「自然在大多數情況下激發其崇高者的理念，毋寧說是在它的混亂中，或者是在它的極其野性的、極無規則的無序

---

〔註4〕 〔英〕鮑桑葵著：《美學史》，張今譯，桂林：廣西師範大學出版社，2001年，第245頁。
〔註5〕 胡友峰著：《康德美學中的自然與自由觀念》，杭州：浙江大學出版社，2009年，第100頁。
〔註6〕 朱志榮著：《康德美學思想研究》，合肥：安徽人民出版社，1997年，第110頁。

和破壞中，只要可以看成偉大和威力」（KU，246＼255～256）。崇高感的對象是「一種抵抗我們的判斷力，因而不但不同它相和諧，而且同它格格不入的東西」。[註7] 其次，對美者的愉悅帶有一種「促進生命的情感」，而對崇高者的愉悅則是一種「間接產生的愉快」，這種愉快是崇高者「通過一種對生命力的瞬間阻礙，以及接踵而至的生命力更爲強烈的湧流的情感而產生的」（KU，245＼254）。但最爲重要的是，美是合目的性的，合乎想像力的展示能力的，而崇高者則顯得是違背目的的，對想像力來說彷彿是粗暴的。同時，「違背目的」這一事實表明，眞正說來並非自然對象是崇高的，而是自然對象適合於展現一種在心靈中發現的崇高，眞正的崇高者僅僅涉及理性的理念，心靈通過某種「偷換」，把對人性理念的敬重替換爲對自然對象的敬重（參見 KU，2257＼267）。美是表象中的合目的性形式，因此，儘管美的鑒賞判斷是主觀的，但畢竟在自然中還有一定的根據，即形式的特殊性和多樣性。而崇高者則不然，心靈只是利用自然的崇高者的表象，目的在於激活心靈中的眞正的崇高者，因此，崇高者的理論只是對自然的表象作出了合目的的使用，崇高的鑒賞判斷的根據完全在心靈之中，在心靈的思維方式中，即離開感性而尋求超感性者。

康德又把崇高者分爲數學的崇高者和力學的崇高者兩類。

### 數學的崇高者

數學上的崇高者是關於自然對象的量的。康德把「絕對地大的東西」稱爲崇高者。一般而言，大小都只是比較而言的，但「絕對地大」則是「超越於一切比較之上的大的東西」（KU，248＼257）、「與之相比別的一切都是小的，這種東西就是崇高的」（KU，250＼259）。「絕對地大」只是一種預設的尺度，不是事物的規定性的邏輯表象，而是反思性的審美表象，因爲沒有什麼自然對象就其自身的客觀規定而言是絕對地大的。

因此，如果要把某物稱爲「絕對地大」的崇高者，就不能把它與其他別的事物相比較，因爲這樣它就只是比較而言地大的；這樣一來，我們就只能把它與自身相比較，不能與其他（感性）事物相比較的就是非感性、超感性的理念。因此，眞正的崇高者只能是理念。但是，當對象足夠大，「以至於感性直觀的那些最初把握到的局部表象在想像力中已經開始淡化，而想像力卻

---

[註7] 〔英〕鮑桑葵著：《美學史》，張今譯，桂林：廣西師範大學出版社，2001年，第 249 頁。

繼續推進去把握更多的東西」（KU，252＼261），也就是說，在想像力試圖把握對象的大小的努力失敗的時候，理性卻通過把對象設想為「一個整體」（KU，254＼264）的理念，或者是「自然自身」（KU，268＼279）的理念而把握了它，想像力的失敗與受限制，突現了理性的不受限制，心靈認識到自身具有一種超越感性的能力和力量。

### 力學的崇高者

當我們發現我們的能力不能夠抗拒一個對象的威力，從而在心靈中激起對該對象畏懼的時候，它就被評判為力學上的崇高者。但康德指的不是在面對一個對象時感到畏懼，而是把對象評判為「可畏懼的」，「我們僅僅設想這種情況，我們也許要阻抗它，而且此時一切阻抗都會是絕對徒勞的」（KU，260＼270）。

> 險峻高聳的、彷彿威脅著人的山崖，天邊堆疊如山的攜帶著雷鳴電閃的雷雨雲，火山以其全部毀滅性的暴力，颶風連同它留下的破壞，無邊無際的被激怒的海洋，一條巨大河流的高懸的瀑布，諸如此類的東西，都使我們與之阻抗的能力與它們的威力相比成為無足輕重的小事。但是，只要我們處身於安全之中，則它們的景象越是可畏懼，就將越是吸引人；而我們樂意把這些對象稱為崇高的，乃是因為它們把靈魂的力量提高到其日常的中庸之上，並讓我們心中的一種完全不同性質的阻抗能力顯露出來，這種能力使我們鼓起勇氣，能夠與自然表面上的萬能相較量（KU，261＼271）。

康德這裏所說的「一種完全不同性質的阻抗能力」，是指我們人格中的人性對感性欲望的阻抗，自然被評判為崇高的，是因為「它在我們心中喚起了我們的力量（這力量不是本性），為的是把我們所操心的東西（財產、健康和生命）看做是渺小的」；「自然在這裏叫做崇高的，只是因為它把想像力提高到對如下場合的展示，在這樣的一些場合，心靈能夠使它自己超越於自然之上的使命本身的特有崇高成為它自己可以感到的」（KU，262＼272）。也就是說，自然的崇高者以某種方式把我們的超感性的使命直觀化了。

自然美在心靈中引起的情感是愉悅，而崇高者在心靈中引起的情感則是敬重。在數學的崇高者那裏，「絕對地大」的理念超越了想像力的直觀能力，「感到我們的能力不適合於達到一個對我們來說是法則的理念，這種情感就是敬重」（KU，257＼267）。在力學的崇高者那裏，「我們心中的、毫無畏懼地

評判那種威力以及把我們的使命設想為被提高到那種威力之上的那種能力」（KU，264＼274）在我們心中造成內在的敬重。

總之，崇高只能在心靈中發現，僅僅涉及理想的理念，自然的崇高者的功能是「把我們推回到我們自己身上」。〔註8〕在違背目的的自然面前，心靈受到鼓勵而離開感性，在我們自己心中感覺到一種不依賴於自然的合目的性，從而轉而去關注心靈中「包含著更高的合目的性的理念」（KU，246＼255）。自然的崇高者喚醒了心靈中的理念，想像力試圖展示理性理念，這是它不能勝任的任務；想像力是一種超越感官的感性直觀能力，而理念則是不允許有任何直觀的超感性的東西。這樣一來，崇高者就通過暴露感性能力的不足而揭示出理性能力的不受限制，彷彿是把理性對感性的優越性直觀化了。崇高者使心靈感到自己有能力在別的（實踐的）意圖中超越感性的局限。

### 3、美學中的自由

反思判斷力或鑒賞判斷揭示了自然的一個新的維度，即自然中的形式或無形式與心靈之間的先天的情感聯繫，自然不再僅僅是知識的客體，也不再是道德意志的阻礙，而是靜觀、反思的對象。不僅如此，鑒賞判斷同時還揭示了自由的另一種形式。先驗自由是一種帶有神秘性質、無法理解的、可能的自由，實踐自由是表現為絕對道德形式的意志自由，審美經驗中的自由既不含有神秘性，也不基於任何絕對命令。學者們一般把這種自由稱為「審美自由」或「自由感」。「自由感的發現為自然人向自由人的過渡提供了一個重要的契機，為先驗自由和實踐自由在心理經驗層面上的實在性提供了一個感性的基礎。」〔註9〕

就其內涵而言，自由感是一種心靈狀態，具體來說就是想像力和知性的自由遊戲的狀態。康德認為，當我們運用反思性判斷力反思自然的特殊形式的時候，我們並不是在認知，不是試圖在知識上規定對象，但是，我們畢竟仍然在運用我們的認識能力──想像力和知性，因此，審美意識純粹是一種感覺，卻又是真正合理的東西，是感性與理性之間的一個積極的匯合點。〔註

〔註8〕〔英〕鮑桑葵著：《美學史》，張今譯，桂林：廣西師範大學出版社，2001年，第249頁。
〔註9〕胡友峰著：《康德美學中的自然與自由觀念》，杭州：浙江大學出版社，2009年，第114頁。
〔註10〕參見〔英〕鮑桑葵著：《美學史》，張今譯，桂林：廣西師範大學出版社，2001年，第240頁。

10〕然而，這種運用又不同於理論的運用，康德認爲這種運用是想像力與知性的協調一致的「自由遊戲」。道德實踐的自由伴隨著對法則的敬重和因否定欲望而來的痛苦意識，但自由感則是感性的愉悅。

就其特性而言，自由感與鑒賞判斷的四個契機緊密相關，正是這四個契機的特性，決定了自由感的特性。首先，就質的契機而言，審美自由感是無興趣的愉悅。與生理性的感官快感不同，審美自由感既不依賴於對象的實存，也不依賴於感官在生理上的刺激，「完全是主體自身的生命自由觀在活動」。〔註11〕善的意志意欲某種東西並對它的存在感到愉悅，但眞正說來這種愉悅是理智的愉悅，對感性來說卻恰恰常常伴隨痛苦的意識，感性在對善的愉悅中是不自由的。感官快感與理智的愉悅都伴隨著興趣，興趣惟有在對象是實存的情況下才能獲得滿足，因此，「一切興趣都以需要爲前提條件，或者是產生一種需要；而作爲贊許的規定根據，需要不再讓關於對象的判斷是自由的」（KU，210＼218）。鑒賞並不產生需要，「只是拿愉悅的對象做遊戲，並不眷戀一個對象」（KU，210＼218），既沒有感官上的興趣也沒有理性方面的興趣強迫判斷力去贊許。〔註12〕總之，無興趣的愉悅表明審美自由感既非「自然律」，又非「道德律」。〔註13〕

就量的範疇而言，美的東西無須概念而普遍地讓人喜歡。感官快樂依賴於在每個人那裏都不甚相同的感官偏好，而審美自由感不受感官偏好的限制。審美自由感又是不依賴於概念的。在知性或理性的邏輯判斷中，想像力和知性的活動既要以對象的表象爲根據，又受到概念的限制，不能自由活動。但在鑒賞判斷中，對象的表象只是刺激心靈的一種媒介，想像力的作用則是將對象的表象與對象的實存相脫離，從而自由地建立起審美意象。〔註14〕就關係的範疇而言，美無須一個目的的表象而在對象身上感知到的合目的性的形式，因而審美自由感是無目的的。對於康德而言，目的是一種因果性，無論是自然的因果性，還是超感性的因果性，都對心靈造成某種強制。就模態

〔註11〕　胡友峰著：《康德美學中的自然與自由觀念》，杭州：浙江大學出版社，2009年，第122頁。
〔註12〕　參見朱志榮著：《康德美學思想研究》，合肥：安徽人民出版社，1997年，第104頁。
〔註13〕　葉秀山：《康德《判斷力批判》的主要思想及其歷史意義》，載《浙江學刊》2003年第3期，第8頁。
〔註14〕　參見朱志榮著：《康德美學思想研究》，合肥：安徽人民出版社，1997年，第103頁。

而言，審美自由感是建立在共通感之上的必然的愉悅，是主體間可普遍傳達的情感或心靈狀態。

總之，審美自由感是心靈的一種無欲求、無目的的遊戲狀態，不受任何對象之實存的限制，不受知性的概念與邏輯規則的限制，也不受道德律的限制。

在對崇高者的鑒賞中，自由更多地表現出了理智的特徵，因為自然的崇高者使我們意識到我們完全超越於自然領域的使命，並把人類理性的自由和使命直觀化了，「對自然中崇高者的情感就是對我們自己的使命的敬重」（KU，257＼267）。理性理念既吸引著感性，又排斥著感性，數學上的崇高者激勵感性去把握「自然本身」這個理念，但感性的能力在此是「不合目性」的，但感性的失敗所產生的不愉快，「激起我們的超感性使命的情感」（KU，258＼268），因此它對於理性理念及其喚醒來說是「合目的性」的（KU，260＼270）。康德的意思是說，崇高者凸顯了自由感的局限性，並向我們展現了理性自由的無限和崇高。

力學上的崇高者能夠威脅我們的感性生命，因此，它一方面使感性生命顯得如此渺小、如此不堪一擊，另一方面又給理性及人格提供了表現它的無所畏懼的機會，我們的理性能力、精神能力對可怕的東西採取無所畏懼的態度，我們就獲得了一種道德上的滿足。康德強調，要想欣賞自然崇高者，「人們就必須已經用各種各樣的理念裝滿了心靈」（KU，246＼255），沒有道德理念的發展，崇高者對於未開化的人來說就是嚇人的，他只能看到艱辛、危險和窘困（KU，265＼275），而不會獲得對自然以及自身的敬重。因此，對自然的崇高者的判斷，其基礎在於人的本性，在於對實踐的理念的情感亦即道德情感的稟賦（KU，265＼276）。

### 4、美學中的和諧

康德美學的主題是要溝通自然與自由，亦即感性自然與超感性自然。感性自然屬於顯象界，超感性自然屬於本體界，顯象界與本體界是截然不同的兩個世界（更嚴格地說是兩種截然不同的視角和立場），前者不能影響後者，但後者的價值理念卻畢竟要在前者中實現，因此，必須要有一個橋梁能夠溝通這兩者。為了履行這種溝通的功能，這個「橋梁」必定既要有顯象界的特點，又要有本體界的特點，自然與自由在這裏必須是能夠和諧一致的。

　　但是在這裏，自然與自由之間的和諧具有不同的意義，就每一種意義上的和諧而言，「自然」與「自由」兩個詞的所指均有所不同。

　　首先，自然與自由的和諧意味著審美主體與審美客體之間的和諧，在這裏，「自然」是指審美客體、自然物、自然界，而「自由」是指人、尤其是指人的超感性維度，「自然」與「自由」的和諧是人與物的和諧，人與自然界的和諧。在人的認識活動、生存實踐和道德實踐中，人與物都是互相限制、互相制約的，在此意義上人與物始終是對立的、矛盾的。在認識活動中，從先驗的立場來看是人爲自然立法，物「遵從」純粹知性所立的法則、規律；從經驗認識的立場來看，人的主觀認識要符合對象的客觀的特徵，「眞」就在於這種符合。在生存實踐中，人要追求自身偏好、需要的滿足，就此而言人受到物的限制而不得自由，而人則要佔有物、吞噬物。在道德實踐中，物在一定程度上構成了道德性的障礙，而人則極力要擺脫物對意志根據、道德性的影響。但是在審美活動中，人並不試圖佔有物，僅僅採取漠不關心的旁觀的態度，而物的表象也不對人的諸種心靈能力提出任何要求，物的表象僅僅是一個激活心靈能力的媒介，心靈能力彷彿是借用物提供給它的材料創造出「另一個自然」（KU，314＼327）。這「另一個自然」就是既不同於感性自然（第一自然、感官自然、有形體的自然），也不同於超感性自然（第二自然、能思維的自然）的「第三自然」。〔註15〕實際上，在筆者看來這個「第三自然」才是一個既包括感性自然又包括超感性自然的「眞的自然」，第一自然是一種理論的抽象，第二自然是一種理想，惟有第三自然才是現實的自然。

　　其次，自然與自由的和諧意味著人自身的和諧，人的不同心靈能力的和諧，在此意義上，「自然」意指人的內在自然、感性能力，「自由」則意指人的超感性的能力，亦即理性。在人的認識活動和道德實踐中，分別起建構作用的知性和理性實際上要遵循自身所立的法則，「想像力、知性和理性都受到限制和約束，不能隨意活動，每種活動中的兩種主體能力也都被固定的紐帶聯在一切，都會對象的存在服務。這樣，主體能力之間互相限制，又共同受對象的限制，就使主體感受到一種強制和被動，精神就產生了一定程度的緊

〔註15〕朱光潛和蔣孔陽等人誤把這裏的「另一個自然」翻譯成「第二自然」，參見劉爲欽：《「另一個自然」——康德美學的重要範疇》，載《哲學研究》1998 年第3 期，第 37～41 頁。

－247－

張和疲勞，從根本上說是不愉快的，雖然有時也可能有愉快的成分在內。」〔註16〕在美感中，想像力與知性之間的遊戲狀態，想像力對感性雜多的綜合、把握完全是自由的，它的創造力不受先驗範疇的必然性結構的限制，知性也不受自身的純粹概念和先驗自然法則的約束，這種自由遊戲直接促進了主體的生命自由感，是一種積極的愉悅。在崇高感中，想像力雖然有其不合目的性，但畢竟擴展了自身，因此有一種間接的愉悅，理性的自由在此處也是遊戲中的自由，而不是「一種合法的事務之下的自由」（KU，269\279），是純粹的自由，而不是自律的自由。在審美自由感中，不存在某個目的或任務需要由認識能力去完成，而僅僅有一種主觀上的合目的性。另一方面，生理學的感官欲望也不像在道德實踐中受到了理性的否定與禁止，它僅僅是沒有出現而已。因此，審美自由觀的提出本身就是自由觀的深化，因為它把先前受到排斥的感性能力與經驗納入自由。〔註17〕

我們從自然的特殊形式開始──這種特殊形式被假定為與知性的普遍法則協調一致，在反思這種特殊形式的時候獲得審美愉悅感，進而前進到崇高者面前，並且認識到真正的崇高者就是我們的道德性，這樣，我們的認識能力經由情感過渡到意志，知識經由美過渡到道德。古留加做了這樣的評論:「人的精神活動的每一個領域都被描述出來了，都處在自己的特殊性這道護牆之內，但同時那條從一個領域向另一個領域並匯合到某個中心的渠道卻挖通了。」〔註18〕

在這兩種意義上的自然與自由的和諧中，第一種只是潛在地存在於康德的思想中，甚或他自己也沒有意識到。康德重視的人自身的諸種能力──感性能力與理性能力、認識能力與實踐能力──之間的和諧。康德把他的哲學問題歸結為三個:我能認識什麼，我應該做什麼，我可以希望什麼，而這三個問題又可以歸結為人是什麼。人必須實現對自身的自我超越，把分離的認識與實踐、內在自然與內在自由統一起來，否則人就是分裂的、不完整的，「康德審美的最終歸宿就在於確立自然與自由的相互和諧，從而使人成為一個具有完整意義

〔註16〕 曹俊峰、朱立元、張玉能著:《西方美學通史・第四卷・德國古典美學》，上海:傷害文藝出版社，1999 年，第 116 頁。

〔註17〕 參見洪克強、蕭娜:《「純粹自由」何以可能?──從「三大批判」看康德自由理論的邏輯建構》，載《貴州社會科學》，2005 年 1 月，第 57 頁。

〔註18〕 〔蘇聯〕阿爾森・古留加著:《康德傳》，北京:貫澤林、侯鴻勳、王炳文譯，商務印書館，1981 年，第 196 頁。

上的人」，在於「溝通經驗世界和超驗世界，完成人自身的本體建構，使前兩大批判中確立的感性的人和理性的人在『審美的人』中獲得統一。」〔註19〕如果說在第一批判中是自然向人生成的話，那麼第三批判就是人向自身生成。

## 二、目的論

康德在審美判斷力批判中花了不少篇幅討論藝術問題，認爲美的藝術是模倣自然的，藝術家在進行藝術創作的時候要隱藏自己的目的，好像藝術創造是不經心的、自然而然的，但藝術創造畢竟是藝術家的目的性行爲，藝術作品是藝術家的目的的實現。自然物與藝術作品都呈現出某種兩面性：自然物是無目的的，但又表現得好像藝術作品那樣是有目的的，藝術作品是有目的，但又表現得好像自然物那樣是沒有目的的。自然物與藝術作品的類比使審美判斷力批判過渡到了自然目的論批判。

### 1、有機體

目的論判斷力並沒有自己特有的原則，只是把審美判斷力的原則——合目的性——運用於自然之上。當我們把審美判斷力的原則運用於對自然的考察的時候，我們就會問：自然物存在的目的是什麼？並且，我們最終會追問：自然這個整體存在的目的是什麼？

康德批判了普遍的目的論和普遍的機械論，根據前者，整個自然界包括石頭這樣的無機物，都是合目地地組織起來的，根據後者，甚至是連人在內的生命也都僅僅通過機械因果性來解釋。不同於普遍的機械論，康德認爲能夠在自然中看到實實在在的目的；不同於普遍的目的論，康德認爲我們只能在有機體身上看到目的。有機體是惟一可以被設想爲自然目的的存在者。

有機體的特徵是它的「自組織」，表現爲自我產生、自我修復、自我複製、自我繁殖的。「自組織」是原因與結果之間的交互作用。目的有內在目的和外在目的之分。外在目的是指一物的目的在其自身之外，其自身只是這另一物的手段而已。在這裏原因與結果之間是直線性的，而不是自組織的。外在目的可以從機械論的角度排除掉，但內在目的無法還原爲機械論。內在目的是指一物的存在對其自身而言就是目的，有機體的整體與部分、部分與部分之

---

〔註19〕胡友峰著：《康德美學中的自然與自由觀念》，杭州：浙江大學出版社，2009年，第 194 頁，第 201 頁。

間都是互爲目的與手段的，一個具有內在目的的事物，既是自己的原因又是自己的結果。這種因果關係的複雜程度已經不是機械論的、線性的因果關係所能理解的，目的論的提出就是要彌補機械論在解釋上的無能爲力。「目的論只是我們人類在看待複雜的有機體時的一種無奈之舉」，〔註20〕對於科學研究來說，目的論原則只是一個「外來的原則」（KU，381＼396）。但對於人類存在而言，目的論卻有著積極的作用。目的論思維作爲一種反思性的判斷力，起著協調人類知性和理性的活動的作用。知性的作用是把握自然的具體規律，是一種認知理性，理性的作用則是把握無限性（在目的論中，無限性是指因果關係的無限性），是一種價值理性，價值理性不僅在認識活動起著範導性的作用，而且在人類實踐中起著建構性的作用。康德認爲，目的論不僅可以補充機械因果心在研究自然的特殊法則方面的不足，同時作爲一種過渡把我們引向神學。

## 2、目的系統

康德繼續追問道：有機體是有目的地構造起來的，那麼，有機體之所以會出現的可能性條件是什麼？既然有機體出現了，那麼我們就必須把整個自然的存在及其現狀，看作是爲有機體的出現而準備的條件，整個自然都是爲了有機體的存在而存在，有機體把整個自然當作自身的手段。這樣，目的論就不再局限於生命有機體，整個自然都被看作一個目的系統。目的系統是一個生態等級系統，每一物種都相互依賴。那麼，這個生態等級系統有沒有最終的目的呢？康德認爲有，這個最終目的就是人，人的文化。

人是有理性的動物，這使得人超越其他物種。從植物到食草動物再到食肉動物，它們爲了什麼而是善的呢？康德回答說：

> 是爲了人作多種多樣的利用，是人的知性教給它對所有那些造物作這樣的利用的；而人就是創造在這塵世上的最終目的，因爲人是塵世惟一能夠給自己形成一個關於目的的概念，並且能夠通過自己的理性把合目的地形成的諸般事物的結合體變成一個目的的系統的存在者。（KU，426～427＼444）

是人的知性、理性賦予了它成爲目的系統的最終目的的條件。但如果知性和

---

〔註20〕鄧曉芒著：《康德哲學講演錄》，桂林：廣西師範大學出版社，2006年，第133頁。

理性僅僅用於對幸福的追求，還不足以使人成為最終目的。如果人的幸福是最終目的，那麼自然必定對人的幸福來說是仁慈的，然而在這個方面，自然並沒有把人類當作自己特殊的寵兒，沒有使人類在諸如瘟疫、飢餓、水患、嚴寒等方面受到保護。從幸福的角度來說，人永遠只是自然目的鏈條上的一個環。惟有文化才使人有資格成為目的系統的最終目的，甚至種種危害和磨難，也是為了這個目的。

康德如此定義文化：「一個有理性的存在者一般而言對隨便什麼目的的適應性（因而是他的自由中的適應性）的產生就是文化」（KU，431＼449）。文化又分為兩個層次。文化首先表現為勞動技能，勞動技能本身理性的一種發展，代代相傳逐步提高，直至成為一種規律。但勞動技能的發展還是服務於「幸福」這個目的的，而這個目的並不是人自由地設定的，而是由自然的欲求而它設定的，「它畢竟不足以在規定和選擇自己的目的方面促進意志」（KU，432＼450）。更高一個層次的文化是科學與藝術。但科學與藝術不借助於人們中間的不平等就得不到發展，科學與藝術使人類分化為下層勞動者和上層勞動者，前者從事著機械性的勞動為人類提供必需品，日益貧困和粗野，後者創造著不那麼急需的勞動，日益空虛和貪得無厭。因此，科學與藝術的發展會帶來不平等、壓迫、奴役，它的頂點就是奢侈。康德認為隨著技巧的發展，「磨難也在兩個方面劇烈地增長，一方面是由於外來的暴行，另一方面是由於內心的不滿足」（KU，432＼450），但這種苦難是與人類自然稟賦的發展結合在一起的，自然通過人的自然稟賦的發展實現了其目的。法制狀態是自然實現其終極意圖的形式條件，「公民社會」的合法的暴力禁止人與人之間損害彼此的自由，「惟有在這種狀態中，自然稟賦的最大發展才可能發生」（KU，432＼450）；但法制狀態或公民社會又需要「世界公民的整體」，否則國與國之間就會互相危害。

康德認為，在各種欲望、追求、戰爭、災難、痛苦背後，隱藏著「至上智慧」的終極意圖。偏好、虛榮、奢侈雖然給人類帶來種種災禍，但自然的終極意圖是由此「為人類的發展騰出地盤」（KU，433＼451）。作為最終目的的科學與藝術，雖然不能使人變得更加有道德，但還是使人文雅化、文明化了；並為人類接受理性的統治作好了準備。由於人類的自私本性而帶來的災禍「同時也就召喚、提升和鍛鍊著靈魂的力量，使之不屈服於這些災禍，並使我們感覺到潛存在我們心中的一種對更高目的的適應性。」（KU，433～434＼452）。這個更高的適應性就是終極目的亦即人的道德性。

### 3、神學

自然的最終目的是有條件的，它依賴於自然爲其提供種種可能性的條件。但終極目的與此不同，終極目的不需要任何別的東西作爲它的可能性的條件，「終極目的不是自然足以造就並且按照其理念產生出來的目的，因爲終極目的是無條件的」（KU，435＼453）。整個自然的存在，包括科學與藝術的發展，都是爲了這個終極目的。「所有科學、藝術、法治最終都是爲啓發人，讓人最後反思自己的道德素質。」〔註 21〕對於一個作爲道德存在者的人，不能再去問他是爲了什麼而實存。道德性是無條件的，以自身爲目的。「他能夠盡自己所能使整個自然都服從這個最高目的，至少他可以堅持不違背這個最高目的而屈從於自然的任何影響。」（KU，435＼454），整個自然都在目的論上隸屬於道德性這個終極目的。康德由此提出了對神學的道德證明。

康德在第一批判和第二批判中都涉及到了對神學的道德證明。簡單來說，我們爲了道德性而犧牲了自身的幸福，那麼，我們就不得不設想有一個上帝，能夠根據道德性而分配幸福。但我們此生不能使我們的道德性達到圓滿，因此我們不得不設想靈魂是不朽的，以便我們能夠在永生中不斷促進我們的道德性。這就是康德所謂的「我可以希望什麼」。康德認爲，希望以道德性爲前提，並指向幸福。希望介於道德和幸福之間，宗教是道德的補償物，補償了應與道德匹配的幸福的缺失，換言之，是對幸福的補償，而不是對道德不足的補償。〔註 22〕

康德在第三批判中批判了傳統的自然神學，以便爲道德神學開闢道路。康德首先指出了兩者所依據的不同原則：「自然神學是理性從自然的種種目的（它們只能經驗性地被認識）推論到自然的至上原因及其屬性的嘗試。一種道德神學（倫理神學）則是從自然中的理性存在者的道德目的（它能夠先天地被認識）推論到那個原因及其屬性的嘗試」（KU，436＼455）。自然目的論想要尋找一種神學，但它擁有的原則「無非是使自然的機械性從屬於一個有理智的世界創造者的建築術」（KU，438＼456），自然神學的至上原因只能被類比爲一個最高的藝術家，擁有「藝術理智」，但對於終極目的而言卻沒有「智

---

〔註 21〕鄧曉芒著：《康德哲學講演錄》，桂林：廣西師範大學出版社，2006 年，第 139 頁。
〔註 22〕曹峰：《希望：在自由與幸福之間——康德的希望問題略探》，載《甘肅理論學刊》，2011 年 3 月，第 61 頁。

慧」（參見 KU，441\459）。自然神學只是被誤解的自然目的論，只是神學的預科，想要成為神學，它還缺少一個能夠依靠的原則，即終極目的的概念，但惟有純粹理性才能先天地提供一個終極目的。

如前所述，這個終極目的就是道德性，康德不僅強調人在自然中的位置與使命，更強調道德的重要性：

> 一切形形色色的造物，無論它們有多麼偉大的藝術安排，有那麼多種多樣的合目的地彼此相關的聯繫，甚至包括它們的許多我們不正確地稱之為世界的體系的那個整體，如果在它們裏面沒有人（一般的理性存在者），它們的存在就會沒有任何目的；也就是說，如果沒有人，整個創造就會是一片純然的荒野，就會是白費的，沒有終極目的（KU，442\461）。

> 一種善良意志是他的存在能夠具有一種絕對的價值所憑藉的東西，而且惟有與這種東西相關，世界的存在才具有一個終極的目的（KU，443\462）。

> 人惟有作為道德的存在者才能是創造的一個終極目的。人們將說，這個人具有如此之多的才能，以至於他甚至由此而頗有作為，並因而對公共事務施加一種有益的影響，所以無論是在與他自己的幸福狀況的關係上還是在與他人的好處的關係上都有很大的價值，但如果他不具有善良的意志，這又有什麼用呢？如果人們根據他的內心來看他，他就是一個值得鄙視的客體（KU，443\462）。

### 4、人類歷史

《判斷力批判》對於人類歷史僅僅是匆匆一瞥，沒有詳細討論，但已經表達了康德對人類歷史的發展動力的看法。康德認為，自然通過對抗和衝突促進人的進步——這種觀點後來被黑格爾稱為「理性的狡計」。歷史的發展有其自身的安排，個體的人只是實現這個計劃、意圖的工具。歷史發展的目的是人的自然稟賦的發展與完善；最終目的是法律的進步，即「世界公民的整體」。康德晚年從目的論的角度更加詳細地討論了人類歷史，思考了人類歷史的起源、歷史發展的動力與方向、法律和權利問題、世界的永久和平。這些主要都是從第三批判引申出來的。〔註 23〕因此，康德是從價值理性的角度來

〔註23〕參見鄧曉芒著：《康德哲學講演錄》，桂林：廣西師範大學出版社，2006年，第 144 頁。

討論歷史的，正像赫費所言：「他所闡明的歷史是對作爲實踐理性存在者的人感興趣的歷史」〔註24〕

康德認爲，從微觀（個體）的角度來看，在歷史的長河中，有不少人表現出了智慧的光芒，但是，從宏觀來看，似乎一切歷史都是「由愚蠢、幼稚的虛榮交織而成的，常常也是由幼稚的惡意和毀滅欲交織而成」（Idee，17＼24）。〔註25〕康德的問題是，我們能否從看似令人絕望、毫無意義的人類歷史中，發現一些有意義的東西。爲此，康德探尋了世界歷史的起源及其最終目的。當然，這個起源只能通過構思被推測出來，而最終目的也只能作爲實踐理念而設計。康德提出了「自然的意圖」這個概念，作爲考察人類歷史的「導線」。從這個「意圖」或「導線」出發，我們可以把個人的一切看似毫無計劃的人類行爲理解爲是在無意中被這個「意圖」或「導線」牽引著的，是實現這個「意圖」的工具。在《關於一種世界公民觀點的普遍歷史的理念》一文中，康德提出了一下幾個命題：

命題Ⅰ：一種造物的所有自然稟賦都注定有朝一日完全地並且合乎目的地展開（Idee，18＼25）。

命題Ⅱ：在人（作爲塵世間惟一有理性的造物）身上，那些旨在運用其理性的自然稟賦，只應當在類中，但不是在個體中完全得到發展（Idee，18＼25）。

命題Ⅲ：自然期望：人完全從自身出發來產生超出其動物性存在的機械安排的一切，而且僅僅分享他不用本能，通過自己的理性爲自己帶來的幸福或者完善（Idee，19＼26）。

命題Ⅳ：自然用來實現其所有稟賦之發展的手段，就是這些稟賦在社會中的對立，只要這種對立畢竟最終成爲一種合乎法則的社會秩序的原因（Idee，20＼27）。

命題Ⅴ：自然迫使人去解決的人類最大問題，就是達成一個普遍管理法權的公民社會（Idee，22＼29）。

---

〔註24〕 〔德〕奧特弗里德・赫費著：《康德：生平、著作與影響》，鄭伊倩譯，北京：人民出版社，2007 年，第 223 頁。

〔註25〕 Idee 是《關於一種世界公民觀點的普遍歷史的理念》的縮略語，所據版本爲李秋零譯：《康德著作全集・第 8 卷・1871 年之後的論文》，下文一律依照如下格式引用：（Idee，德文本頁碼＼李秋零譯本頁碼）。

命題Ⅵ：這個問題是最難的問題，同時也是人類最後解決的問題（Idee，23＼30）。

命題Ⅶ：建立一種完善的公民憲政的問題，取決於一種合法的外部國際關係的問題，而且沒有這種關係就不能得到解決（Idee，24＼31）。

命題Ⅷ：人們在宏觀上可以把人類的歷史視為自然的一個隱秘計劃的實施，為的實現一種內部完善的，並且為此目的也是外部完善的國家憲政，作為自然在其中能夠完全發展其在人類裏面的一切稟賦的惟一狀態（Idee，27＼34）。

命題Ⅸ：按照自然的一項以人類中完全的公民聯合為目標的計劃來探討普遍的世界歷史，這樣一種哲學嘗試必須被視為可能的，甚至是有益於這個自然意圖的（Idee，29＼36）。

這些命題基本上都是對《判斷力批判》第二部分的相關內容的引申和深化。自然就如同一個藝術家，利用人類本性中的自私、自我中心主義、貪念，促使人這個「類」從動物性的低級階段開始，逐漸前進到人性的最高階段，歷史的意義在於為人類自然稟賦的發展和完善創造條件，即建立法制國家和世界公民整體，惟有在這個條件之下，人類的自然稟賦才能得到更充分的發揮。但康德僅僅把歷史的進步意義局限在政治與法律領域，不相信歷史的進步能夠使人達到道德性的完善。

在《人類歷史推測的開端》一文中，康德「推測」了人類從自然到自由的幾個步驟。世界歷史起源於沒有自由的幸福，人類最初生活在樂園中：無知、沒有自由、沒有過錯、幸福。然而，人類通過自由選擇的嘗試，背叛了自然，進入了人類歷史。大概分為四個步驟：

第一步是理性的覺醒以及從本能中得到解放。起初是本能在引導人類的行為，他們感覺良好。但理性很快躁動起來，通過比較而把對食物的知識擴展到本能的界限之外；理性「憑藉想像力的協助來裝出欲望」（Anfang；111＼114），[註26]康德稱這種欲望為「貪婪」，由此炮製出大量不必要甚至違背自然的偏好，即「淫逸」；這嘗試的成果是：「意識到理性是一種能夠把自己

[註26] Anfang 是《人類歷史推測的開端》縮略語，所據版本為李秋零譯：《康德著作全集·第8卷·1871年之後的論文》。下文一律依照如下格式引用：（Anfang；德文版頁碼＼李秋零譯本頁碼）。

擴展到一切動物被拘禁於其中的界限之外的能力」（Anfang；111～112＼114）。也就是說，理性憑藉與本能的牴觸，發現自己具有一種自己選擇生活方式的能力，不像動物那樣受制於惟一的一種生活方式。但是，短暫的欣悅之後是恐懼和憂慮，因為他雖然擁有自由選擇的能力，但對無限的可供選擇的事物卻缺乏必要的認識，不知道如何去選擇。人從本能中得到解放，「打開了欲望對象的無限性」，〔註 27〕但人還沒有文明理性，還不能指導他進行正確的選擇。因此，懲罰接踵而至。

第二步是愛、審美、道德感的發展。除了飲食本能，最重要的就是性本能了。康德認為，理性借助想像力，使得性衝動的周期延長，「通過使一種偏好的對象脫離感官而使該偏好更加熱情和持久」（Anfang；113＼115），這表現出理性對衝動有些控制的意識。並且，「拒絕」也發揮了重要作用，使人類的情感「從純然感受到的吸引力過渡到觀念的吸引力，從純然動物性欲望逐漸過渡到愛，並借助愛從純然適意的情感過渡到對美的鑒賞，起初只是對於人身上的美，但後來也是對於自然的美。此外還有端莊，即一種通過良好的風度（對可能激起輕視的東西的掩飾）引起別人對我們的敬重的偏好，作為一切真正的社會性的本真基礎，為作為一種道德生物的人的發展提供了最初的暗示」（Anfang；113＼115～116）。康德在這段話中推測了愛、審美和道德情感的最初發展，並把「端莊」看作是道德情感本真基礎。「端莊」雖然是一個微小的開端，「但卻由於給思維方式提供了一個全新的方向而是劃時代的，它比接踵而至的一連串數不清的文化擴展都更為重要」（Anfang；113＼116）。

第三步是憂患意識的覺醒，即「深思熟慮地期待未來的東西」（Anfang；113＼116）。這種能力是「人的優勢的最關鍵性的標誌」；「但同時也是不確定的未來所激起的憂慮和苦惱的最無窮盡的源泉」，男人預見到辛苦的工作，女人預見到性別帶來的麻煩和男人加諸於她的麻煩，雙方都預見到不可避免的死亡；他們看起來都「譴責自己運用了給他們引起所有這些災禍的理性」（Anfang；113＼116）生活在後代之間似乎是惟一的安慰性前景。（Anfang；114＼116）。

第四步是認識到自身是「自然的目的」，而且塵世中沒有任何競爭者。察覺到自己憑藉自己的本性而對一切動物擁有一種特權；不再把動物視作同

---

〔註27〕 〔德〕奧特弗里德‧赫費著：《康德：生平、著作與影響》，鄭伊倩譯，北京：
人民出版社，2007 年，第 224 頁。

伴，而是視作手段和工具；與此同時，「這種觀念包含著（儘管是模糊地）對立的思想：他不可以對任何人這麼說某種東西，而是必須把這人視為大自然的賞賜的平等分享者（Anfang；114＼117）。「這樣，人便進入了一種與一切有理性的存在者的平等之中，不論他們的地位如何，也就是說要求，本身就是目的，被任何別人也尊為一個目的，並且不被任何人僅僅當作達成其他目的的手段來使用」（Anfang；114＼117）。康德甚至認為比人更高的存在者也無權恣情任意地支配人、統治人，根據就在於人是目的。

　　第四步意味著人類徹底脫離大自然的母腹，「這是一種雖然可敬，但也充滿了危險的變化，因為大自然把人逐出了無憂無慮的和完全的襁褓狀態」，諸多憂愁、辛勞和未知的災禍等著他；這一切都誘使他想像出一個樂園，但他與「想像出來的幸福之地」（Anfang；115＼117）之間，「駐紮」著理性，理性驅使他發展自己的能力，不允許他返回粗野和淳樸的狀態。康德在附釋中說：

> 從對人類最初歷史的這種描述中得出：人走出理性給他呈現為他的類的最初居留地的樂園，無非是從一種純然動物性的造物的粗野過渡到人性，從本能的學步車過渡到理性的知道，一言以蔽之，從大自然的監護過渡到自由狀態（Anfang；115＼118）。

但康德同時強調，人類歷史的開端對人的「類」而言，是從比較壞到比較好的歷程，但對於個體來說，卻是災禍、墮落的開始。隨著理性的覺醒，理性不斷與其本能產生衝突，人與人之間、群體與群體之間開始對立，種種災禍與惡習就是不可避免的了，「自然的歷史從善開始，因為它是上帝的作品；自由的歷史從惡開始，因為它是人的作品」（Anfang；115＼118）。但正是這種原始的墮落及其後果，迫使人類運用並發展自身的自然稟賦和力量，使文明成為可能。盧梭關於科學與藝術的文章，揭示了文化與人類本性的衝突；但在《愛彌兒》和《社會契約論》中，盧梭又嘗試解決這個問題：文化應該如何發展，使得文化與本能不再衝突。康德也對未來的文化提出了展望：人的自然稟賦受到進展中的文化的損害，反過來損害文化，直到完善的文化又成為本性，「這就是人類的道德規定的最終目標」（Anfang；117＼120）。

　　李秋零認為，「自然意圖」概念是康德歷史觀的總樞紐，是歷史領域的「公設」。哲學家試圖在荒誕的人類歷史進程中發現一個自然意圖，這個意圖就是把人類的全部自然稟賦都完全地發揮出來。「在倫理學中大談善良意志的康德，在歷史哲學中卻轉向了惡劣的情慾。善良的自由意志只能是遠居於彼岸

的美好理想，在現實中卻毫無用處。眞正在現實中其作用的恰恰是它的對立面。至此，善在惡中、意志在情感中、理性在感性中、自由在必然中、本體在顯象中找到了實現自身的依據」。〔註28〕

# 第二節　莊子論「美」與「技」

不少學者都指出了莊子哲學與美學的關係，如徐復觀說：「莊子的所謂道，本質上是最高地藝術精神。」〔註29〕李澤厚與劉紀綱說：「莊子的美學同他的哲學是渾然一體的東西，他的美學即是他的哲學，他的哲學也即是他的美學。」〔註30〕李澤厚後來又說：「就實質說，莊子哲學即美學。他要求對整體人生採取審美關照態度：不計利害、是非、功過，忘乎物我、主客、人己，從而讓自我與整個宇宙合爲一體。……從所謂宇宙觀、認識論去說明理解莊子，不如從美學上才能眞正把握住莊子哲學的整體實質。」〔註31〕

莊子並沒有把「美」當作一個專題化的研究對象，但他談論「道」、談論「遊」、談論「忘」、談論「逍遙」，實際上都是在談論「美」、談論審美意識、審美自由感。「對於『道』的認識，不是科學的，而是審美的；不是訴之於抽象的理智，而是訴之於直覺、想像和情感體驗。可以通過直覺、想像和情感去體驗，但不能像科學認識那樣用語言去加以明確的規定。也正因爲這樣，莊子學派在講到對『道』的認識時，他們教給人的方法並不是科學的邏輯的理智分析，而是……『心齋』、『坐忘』，即一種審美的感知。」〔註32〕莊子也不是把審美當作人生的一個側面、一個維度，而是主張把審美態度貫穿到日常生活的方方面面中，以審美的方式生存，可以說，莊子的審美態度就是莊子的人生態度，「莊子哲學力求消除人的異化，達到個體的自由和無限，而它

〔註28〕 李秋零：《從康德的「自然意圖」到黑格爾的「理性狡計」——德國古典歷史哲學發展的一條重要線索》，載《中國人民大學學報》，1991 年第 5 期，第 65頁。

〔註29〕 徐復觀：《徐復觀文集·第四卷·中國藝術精神》，李維武編，武漢：湖北人民出版社，2002 年，第 49 頁。

〔註30〕 李澤厚、劉紀綱著：《中國美學史》（第一卷），北京：中國社會科學出版社，1984 年，第 227 頁。

〔註31〕 李澤厚著：《中國古代思想史論》，天津：天津社會科學出版社，2003 年，第178 頁。

〔註32〕 李澤厚、劉紀綱著：《中國美學史》（第一卷），北京：中國社會科學出版社，1984 年，第 273 頁。

所採取的方法……是對於生活採取一種超越於利害得失之上的情感和態度。這樣一種態度恰好帶有審美的特點。」「莊子哲學所提倡的人生態度，就其本質來看，正是一種審美的態度。」〔註33〕

## 一、自然全美

### 1、美與醜

　　莊子認為，世俗所謂的美具有主觀性與相對性：「猨猵狙以為雌，麋與鹿交，鰍與魚游。毛嬙麗姬，人之所美也；魚見之深入，鳥見之高飛，麋鹿見之決驟，四者孰知天下之正色哉？」（《莊子‧齊物論》）人認為是美的東西，其他動物未必認為它就是美的，莊子實際上是以此作為比喻，說明不同的人對某個事物是否是美的具有不同的判斷。莊子還提出要在世俗所謂醜的東西之上發現美，「在中國美學史上，也是莊子第一個明確地談到了醜的問題，指出了在醜的外形之中完全可以包含有超越於醜的形體的精神美。」〔註34〕《德充符》描繪了許多相貌醜陋的、奇形怪狀的人，但卻以審美的態度看待他們，這是對世俗（儒家）所謂的「文質彬彬」之「美」的否定。鮑桑葵認為，康德的「崇高」可以依賴於形式，也可以依賴於無形式、非形式，因此也包含了畸形甚至醜陋的東西〔註35〕。在康德那裏，畸形或醜陋的東西之所以有可能是崇高的，是因為它激發了審美主體的超感性力量，但在莊子那裏，之所以能夠以審美的態度對待畸形、醜陋的人，是因為他們自身的精神力量使審美主體忽略他們形體上的醜。

　　醜的東西（或形體之醜）所表現出的「美」是精神美，即「德」，但這種精神美不是所謂的道德美。劉紹瑾認為：「『德』是一種心態——擺脫了世俗之累的一種和諧逸豫的精神境界。」〔註36〕更準確地說，「德」是生命力，「徹志之勃，解心之謬，去德之累，達道之塞。貴富顯嚴名利六者，勃志也；容動色理氣意六者，謬心也；惡欲喜怒哀樂六者，累德也；去就取與知能六者，塞道

〔註33〕李澤厚、劉紀綱著：《中國美學史》（第一卷），北京：中國社會科學出版社，1984年，第241頁。
〔註34〕同上，第257頁。
〔註35〕參見〔英〕鮑桑葵著：《美學史》，張今譯，桂林：廣西師範大學出版社，2001年，第249頁。
〔註36〕劉紹瑾著：《莊子與中國美學》，廣州：廣東高等教育出版社，1989年，第34頁。

也」（《莊子・庚桑楚》），「德」就是在去除世俗之累之後，更加自由、更加充沛的生命力。葉朗說，「美」與「醜」是中國古典美學體系中的較低層次的範疇，更高的範疇就是「生意」、「宇宙的生命力」、「一氣運化」，只要一個自然物或人工製品表現了這種「生意」、「生命力」，那麼醜的東西也能得到人們的欣賞和喜愛。〔註37〕「是其所美者爲神奇，其所惡者爲臭腐。臭腐復化爲神奇，神奇復化爲臭腐。故曰：『通天下一氣耳。』」（《莊子・知北遊》），世俗所謂美與醜、神奇與臭腐都是相互轉化的，所不變的是生命力的自然流動。

因此，莊子的思想中隱含著「自然全美」的命題，世俗之「美」與「醜」，是「以物觀物」，「自然全美」是「以道觀物」。從「道」的超越立場審視萬事萬物，所有的事物都會呈現出它們自己的本來面目，都具有自己獨特的審美價值。《知北遊》篇所謂「道」「無所不在」的命題，也蘊含著「美無所不在」的命題。彭鋒認爲，莊子的「自然全美」思想還包含著「不自然全醜」的內涵：

> 西施病心而顰其裏，其裏之醜人見之而美之，歸亦捧心而顰其裏。其裏之富人見之，堅閉門而不出；貧人見之，挈妻子而去之走。彼知顰美而不知顰之所以美。（《莊子・天運》）

> 陽子之宋，宿於逆旅。逆旅人有妾二人，其一人美，其一人惡。惡者貴而美者賤。陽子問其故，逆旅小子對曰：「其美者自美，吾不知其美也；其惡者自惡，吾不知其惡也。」（《莊子・山木》）

東施效顰之所以「醜」到人們避之惟恐不及的地步，就在於不自然，在莊子看來，醜人之美就在於他無視自身形體上的醜，展現自己的生命力（「德」），也就是一種美。「一個人如果對一種值得追求的價值的追求（如自美），容易導致他遠離自身而變得不自然；一個人如果能夠對一種不值得追求的品質的正視（如自醜），則表明他能夠正視自身而自然存在。」〔註38〕「自然全美」所謂的「自然」指自然界中的萬事萬物，「不自然全醜」的「不自然」是形容詞，一切刻意雕琢的都是不自然的。自然界中的萬事萬物都是非刻意、非雕琢的，因而「自然全美」的「自然」也可以理解爲形容詞。〔註39〕莊子認爲，樸素

---

〔註37〕參見葉朗著：《中國美學史大綱》，上海：上海人民出版社，第 127 頁。

〔註38〕彭鋒：《自然全美：一個古老而全新的觀念》，載《南通師範學院學報》（哲學社會科學版），2002 年 3 月，第 116 頁。

〔註39〕同上。

的才是美的：「靜而聖，動而王，無爲也而尊，樸素而天下莫能與之爭美」（《莊子‧天道》）；「淡然無極而眾美從之」（《莊子‧刻意》）。

　　另外一方面，「美」一般而言總是與「樂」聯繫在一起的，執著於世俗所謂的美與醜的分別，有時候反而會喪失審美自由感，莊子之所以要確定「美」與「醜」的相對性、「美」與「醜」的通而爲一，「根本的原因是由於在莊子看來，人們如果執著於美醜的絕對區分，好美惡醜，因得美而樂，失美而悲，那就會勞形苦心，傷生滅命。」〔註40〕

　　總之，在莊子那裏，「美」與「醜」都是審美對象，而它們的審美特質就在於自然和自由。

## 2、大美

　　從「道觀」的角度超越世俗所謂「美」與「醜」的相對性，以「自然全美」的態度欣賞宇宙間的萬事萬物，這就是所謂的「大美」、「至美」、「共美」：

　　　　夫天地者，古之所大也，而黃帝、堯、舜之所共美也
　　（《莊子‧天道》）。

　　　　天地有大美而不言，四時有明法而不議，萬物有成理而不說。
　　　　聖人者，原天地之美而達萬物之理。是故至人無爲，大聖不作，觀
　　　　於天地之謂也（《莊子‧知北遊》）。

　　　　判天地之美，析萬物之理，察古人之全。寡能備於天地之美，
　　　　稱神明之容（《莊子‧天下》）。

「大美」不同於康德所謂的「崇高」，「崇高」是審美主體自身的生命力受到壓迫，隨後又在壓迫中認識到自身的超感性力量，「崇高」所產生的審美愉悅伴隨著痛感，但「大美」所產生的審美愉悅雖然伴隨著的驚歎，卻沒有恐怖與痛感，「大美」「是一種令人歡欣鼓舞、奮發昂揚的美，是一種明朗地肯定著人的自由和偉大的美。」〔註41〕

　　「大美」尤其是對自然之整體的欣賞和讚歎，對自然之變幻多端的欣賞與讚歎。首先，就整體之「大」而言，「大美」是在物我兩忘的情境下，審美主體與天地萬物融合無間，合而爲一，此之謂「與天和」，「與天和者，天樂

〔註40〕李澤厚、劉紀綱著：《中國美學史》（第一卷），北京：中國社會科學出版社，1984年，第260頁。
〔註41〕李澤厚、劉紀綱著：《中國美學史》（第一卷），北京：中國社會科學出版社，1984年，第255頁。

也」（《莊子・天道》），李澤厚指出，《莊子》中經常「美」、「樂」並舉，「樂」
亦即「美」，〔註42〕與自然相融合是人生之「至美至樂」（《莊子・田子方》）。
其次，就變化而言，「大美」是對「化」的普遍性、無限性、多樣性、創造性
的欣賞和讚歎：

> 萬化而未始有極也，其爲樂可勝計邪（《莊子・大宗師》）。

> 萬物化作，萌區有狀，盛衰之殺，變化之流也（《莊子・天道》）。

> 知天樂者，其生也天行，其死也物化（《莊子・天道》）。

> 消息滿虛，一晦一明，日改月化，日有所爲而莫見其功
> （《田子方》）。

> 今彼神明至精，與彼百化（《莊子・知北遊》）。

> 以天爲宗，以德爲本，以道爲門，兆於變化，謂之聖人
> （《莊子・天下》）。

正如史華茲所言，莊子提倡「爲不可窮竭的世界自身所產生的無限多樣的變
化形態以及不斷的變形轉化而感到喜悅的美感。」〔註43〕萬物之化不可勝計，
在萬物之化上體驗到的「美」與「樂」，也是不可勝計的；懂得「天樂」、「大
美」的人縱身於大化之流中，體驗變化的樂趣。

　　這裏又體現出了莊子的「大美」與康德的「崇高」之間的另一種差異。
康德美學的第一原理是審美無興趣性或無利害性，該原理強調審美主體對審
美對象的外在靜觀，因此是一種分離式（detached）的審美經驗，而莊子的審
美經驗不僅包括靜觀式的無利害性，更強調介入性（engaged）的審美經驗。
介入性的審美經驗不是對某個孤立的對象的欣賞，而是對審美主體與審美對
象共同構成的情境的欣賞，對環境的欣賞，要求審美主體積極地參與到審美
對象之中，處身於審美對象之中，在情境或環境中活動。康德對「崇高」的
欣賞與贊同同樣要求分離式的審美距離：

> 只要我們處身於安全之中，則它們的景象越是可畏懼，就將越
> 是吸引人；而我們樂意把這些對象成爲崇高的，乃是因爲它們把靈

---

〔註42〕 參見李澤厚、劉紀綱著：《中國美學史》（第一卷），北京：中國社會科學出版
　　　　社，1984 年，第 254 頁。

〔註43〕 〔美〕本傑明・史華茲著、程鋼譯：《古代中國的思想世界》，南京：江蘇人
　　　　民出版社，2004 年，第 227 頁。

　　魂的力量提高到其日常的中庸之上，並讓我們心中的一種完全不同
　　性質的阻抗能力顯露出來，這種能力使我們鼓起勇氣，能夠與自然
　　表面上的萬能相較量（KU，261＼271）。

康德的「崇高」是可畏懼的，但審美主體並不畏懼它，因為審美主體與審美
對象是分離的，審美主體自身是「安全」的；康德的「崇高」是一種偷換，
真正崇高的不是對象，而是主體靈魂中的某種能夠與對象相抗衡的精神力
量。莊子的「大美」也常常表現出「可畏懼」的特徵，而且審美主體同樣並
不畏懼它，但理由並不是審美主體自身是安全的，而是因為這種畏懼是毫無
益處的情緒剩餘，是因為過分貪戀自身的生存：

　　　　古之真人，不知說生，不知惡死。(《莊子‧大宗師》)

　　　　子祀曰：「女惡之乎？」曰：「亡，予何惡！浸假而化予之左臂
　　以為雞，予因以求時夜；浸假而化予之右臂以為彈，予因以求鴞炙；
　　浸假而化予之尻以為輪，以神為馬，予因以乘之，豈更駕哉！且夫
　　得者，時也；失者，順也。安時而處順，哀樂不能入也，此古之所
　　謂縣解也，而不能自解者，物有結之。(《莊子‧大宗師》)

　　　　俄而子來有病，喘喘然將死。其妻子環而泣之。子犁往問之，
　　曰：「叱！避！無怛化！」倚其戶與之語曰：「偉哉造化！又將奚以
　　汝為？將奚以汝適？以汝為鼠肝乎？以汝為蟲臂乎？」
　　(《莊子‧大宗師》)

　　　　支離叔與滑介叔觀於冥伯之丘，崑崙之虛，黃帝之所休。俄而
　　柳生其左肘，其意蹶蹶然惡之。支離叔曰：「子惡之乎？」滑介叔曰：
　　「亡，予何惡！生者，假借也。假之而生生者，塵垢也。死生為晝
　　夜。且吾與子觀化而化及我，我又何惡焉！」(《莊子‧至樂》)

莊子的「大美」要求審美主體無條件地欣賞和讚歎「化」的無限性和創造性，
並以審美的態度對待自身的生命存在，把自己的生命投入到萬化之流中，在
萬化之流中體驗生命的喜怒哀樂。同樣，「大美」也不是某種偷換，自然本身
或「化」本身就是值得讚歎和崇敬的。當然，審美主體自身的精神力量同樣
是值得欣賞和讚歎的，毋寧說審美主體與審美客體都是同樣的「大美」，因為
審美主體與審美對象原初就是統一的，主體的自由與對象的自然原初就是統
一的。莊子「處處都力求從宇宙的本體（「道」）高度來論證人生的哲理，把

人類的生活放到整個無限的宇宙中去加以觀察，以此來探求人類精神達到無限和自由的道路。」〔註44〕

因此，在康德對「美」和「崇高」的鑒賞活動和審美體驗中，自然對象與審美主體的統一在本質上依然是分離式的，所謂「統一」只是兩者不矛盾、不敵對，審美對象並不憑藉審美主體的感官性狀而「控制」主體，而審美主體也並不試圖宰制、佔有對象。而在莊子對「美」尤其是對「大美」、「至美」的欣賞和讚歎中，審美主體與自然對象之間的統一是介入性的，主體投入到自然之中，在自然中獲得生命體驗。「淒然似秋，暖然似春，喜怒通四時，與物有宜而莫知其極」（《大宗師》），在介入式的審美體驗中，審美主體的心境與作為審美客體的環境之間獲得某種內在的親和性，人與自然處於契合、和諧的關係中。比較而言，康德的「崇高」是在我們的生命獨立於自然、沒有面臨死亡威脅的情況下，對可畏懼的對象的欣賞，並在欣賞自然的時候想到人的自由和崇高，這多多少少有些自欺欺人的「精神勝利法」的意味在內，就像鮑桑葵所說的那樣，這是一種「貧乏的道德勝利」，〔註45〕而莊子則建議我們放棄唯我獨尊的態度，徹底地融入自然，甚至欣賞自己的生命的衰變與死亡。

莊子所追求的美是要回歸自然，審美觀照下的自然才是本真的自然，沒有被人的欲望、概念框架改造的自然，沒有被人的技術統治破壞的自然。感官欲望試圖借助技術手段控制、主宰、消費、消化自然。概念框架試圖表象（represent）自然，因此自然在認識中是再現性的（representative），而審美經驗則是呈現性（presentive）的。「再現」是表徵對象之外的某種東西，意識中的表象指向意識之外的超感性客體，而「呈現」則以對象自身為目的，使對象成為其自身，「人見其人，物見其物」（《莊子·庚桑楚》）。在審美經驗中，對象就是杜夫海納所謂的「準主體」，獨立自存而不服從審美主體的改造。「準主體」這個詞表明，在美中，人與自然對象的關係不是「我」與「它」的關係，而是布伯所謂的「我」與「你」的關係。

莊子的美是要回歸自然，在自然中獲得人的自由同時給予「物」以自由。

〔註44〕 李澤厚、劉紀綱著：《中國美學史》（第一卷），北京：中國社會科學出版社，1984年，第237頁。

〔註45〕 〔英〕鮑桑葵著：《美學史》，張今譯，桂林：廣西師範大學出版社，2001年，第251頁。

正如朱志良所說：「莊子所反對的就是人為自然立法的做法。莊子認為，這合於『人』理，並不合『天』理」。因為，在人為世界立法的關係中，人是世界的中心，人握有世界的解釋權，世界在人的知識譜系中存在。莊子認為，這是一種虛假的存在。莊子哲學的總體旨歸正是將世界從對象性中拯救出來，還世界以自身的本然意義──不是人所賦予的意義。」〔註46〕康德的美則是「自然向人生成」、「人向自身生成」，依存的美高於自由的美，道德高於美，「美」是道德的象徵，康德的追求是在要自然中創造一個人工的、善的共同體。為此目的，人要把自然作為自身的工具，人是自然的最終目的，實際上是把自然排斥在人工文明之外，把自然僅僅當作可供利用的資源，對自然的審美態度無非是為了使人向善。但道德存在於彼岸，不在現實的、真實的自然之中，在人工文明中所能實現的自由只是主體間的外在自由在強制性的法律體系之下的外在和諧，最終極的內在自由的實現被設定了永生與未來中。

## 二、審美意識

　　莊子的美學思想中更為重要的部分是對審美的意識特徵的刻畫。審美主體要想能夠欣賞到自然之美，尤其是自然之大美，需要主體具備一定的意識特徵，欣賞到對象的美，是主體與客體的統一，具備欣賞自然之美的意識特徵，是主體自身不同心靈能力的統一，是主體自身自由意識的體現。在這方面，莊子與康德有更多相似之處，例如無目的性、無功利性、不需要概念，等等。

### 1、審美通感

　　我們首先要介紹《莊子》中透露出的審美通感現象。康德論述了審美共通感，把它作為鑒賞判斷的普遍性、必然性的先驗條件，莊子沒有相關論述，但莊子涉及到了另一種重要的審美現象，即審美通感或審美聯覺現象〔註47〕，儘管莊子也沒有明確論述審美通感，只是在一些修辭中體現了這種現象。審美通感是指在審美知覺中視覺、聽覺、味覺、觸覺等感覺之間相互替代、滲透和挪移、相互勾連和交錯，使一種感官可以激發另一種感官。這是審美意識的整體性的體現。

〔註46〕朱志良著：《中國美學十五講》，北京：北京大學出版社，2006年，第6頁。
〔註47〕對此問題的論述主要參考了方勇《莊子學史》(方勇著：《莊子學史》(第一冊)，北京：人民出版社，2008年)。

是皇帝之所聽熒也。(《莊子‧齊物論》)

「熒」從「焱」從「冖」,「冖」意為遠方的邊界,合起來是指遠處的火花,因此「熒」是形容詞,形容火微暗、微弱的樣子,引申為視覺上的迷惑、眩惑。莊子在這裏以視覺的目眩形容聽覺(更準確地說是理解力)的迷惑,似乎聽覺、心智感受到了視覺上的忽明忽暗、閃爍不定的迷亂景象。

庖丁為文惠君解牛……合於《桑林》之舞,乃中《經首》之會。

(《莊子‧養生主》)

由身體的運動聯想到《桑林》之舞,是比較容易的,但莊子進一步聯想到了《經首》之樂的旋律,「致使我們無法分清到底哪是訴諸聽覺的音樂旋律,哪是訴諸視覺的舞步節奏,只是感到其中的音樂旋律就是舞步節奏的靈魂,舞步節奏就是音樂旋律的回聲」。〔註48〕

斫輪,徐則甘而不固,疾則苦而不入。(《莊子‧天道》)

「甘」與「苦」都是是味覺,前者有順滑的感覺,後者有澀滯的感覺,以「甘」、「苦」形容孔眼與樺頭之間的鬆滑與緊澀,正是一種審美聯覺或審美通感,使藝術形象更加生動、奇妙。

心理學家認為審美通感具有生理學基礎,並不是純粹的主觀幻相、主觀創造出來的東西。心理學家指出,新生兒的大腦密度非常大,不同腦區的功能之間相互勾連、滲透的情況大於成人,隨著年齡的增長,一部分不必要的連接會被修剪,但是一些傑出的藝術家在這方面的能力要高於常人。很有可能人類的比喻能力也源自通感的能力。通感是審美主體各種心靈能力自由活動的結果。另一方面,審美通感也依賴於藝術家的創造性的聯想,使藝術家能夠更加自由地表情達意。

### 2、「虛」與「靜」

我們前面提到的莊子所提倡的對待「物」的非功利、無目的的態度正是一種審美態度,但莊子美學對中國傳統美學最深刻的影響還是對「虛」、「靜」的審美意識的刻畫。

「虛」與「靜」是審美意識的核心特徵。就消極方面而言,「虛是沒有以自我為中心的成見;靜是不為物欲感情所擾動。」〔註49〕要做到「虛」、「靜」,

---

〔註48〕方勇著:《莊子學史》(第一冊),北京:人民出版社,2008年,第101頁。
〔註49〕徐復觀著:《中國人性論史》,上海:華東師範大學出版社,2005年,第234頁。

就要「無情」、「無欲」。按照莊子自己的解釋，「無情」不是沒有感情，而是「不以好惡內傷其身」（《莊子‧德充符》），喜怒哀樂本身也是審美體驗的對象，「無情」的主題是自由，即不被這些情感所牽制。「失性有五：一曰五色亂目，使目不明；二曰五聲亂耳，使耳不聰；三曰五臭薰鼻，困惾中顙；四曰五味濁口，使口厲爽；五曰趣舍滑心，使性飛揚。」（《莊子‧天地》）莊子美學以樸素、自然爲美，過於強烈的欲望、感覺刺激反而損害欣賞自然之美、樸素之美的能力。因此，「無情」、「無欲」辯證地向情感、欲望回歸，「『禁欲』與『返眞』相反相成地統一起來，這就是『至樂無樂』。『無樂』是忘卻功利、倫理之樂，這種『無樂』乃是最大的快樂，是自然的『至樂』。」〔註50〕「無情」、「無欲」的眞正旨趣是「盡性」，儘量發揮人的自然天性，即不壓抑人的情感與欲望，也不放縱人的情感與欲望。

要做到「虛」、「靜」，就要超越功利欲求，不做利害得失的盤算，更不意欲佔有對象。要欣賞樹幹臃腫、枝條捲曲，似乎無用的大樹之美，就要拋棄「用」的功利訴求，「樹之於無何有之鄉，廣莫之野，彷徨乎無爲其側，逍遙乎寢臥其下」（《莊子‧逍遙遊》）。

要做到「虛」、「靜」還要超越概念思維的局限，「徇耳目內通而外於心知」（莊子‧人間世）。「外於心知」，對於康德而言是有一個不確定的概念，對於莊子來說是徹底否定心智的概念思維，純粹以直覺的方式去體驗對象，所謂「用心若鏡」（《莊子‧應帝王》），就是要使心靈猶如一面鏡子，觀照自然對象，「盡其所受乎天而無見得」。下面一段話有助於我們理解什麼是「用心若鏡」：

> 當我們看到一棵樹，將有關樹的「知識」暫時拋開，光看到一棵樹的絕對的獨一無二之處：它獨特的樹幹造型，它的樹結，它的盤根錯節；它在空中搖曳，葉子閃爍著光芒。此時，我們見到的才是樹之眞理。心理學家弗洛姆寫道，在很大程度上，「我們通常所見到的樹都沒有個性，而不過是一種抽象物的表達」。所以當我們遭遇眞理時，我們遇到如道教宗師老子所指出的那種眞理，他說：「道可道，非常道；名可名，非常名。」如果不再用以往那種抽象的方式觀察樹木，並極力避免……掉入「已知」的陷阱，那必然會涉及懷疑和不確定性，我們的抽象物和精神結構也會隨之消失或改變。當

〔註50〕劉晟：《「心齋」、「物化」與審美——莊子審美哲學論》，載《山東師大學報》（社會科學版），1993年第3期，第91頁。

這一切發生時，創造性洞見便會自組織起來。於是我們發現了許多
意想不到的眞相和本質，甚至周圍日常事物之間的聯繫，這常會使
我們感到幾分驚奇，幾分欣喜。〔註51〕

徐復觀認爲，莊子的「心齋」是一種「純知覺活動」，即關注於「知覺」自身
而忘記心中固有的分解性之知，〔註52〕因此，在審美過程中所知覺到的不再
是我們已經瞭解到的感知和思維形象，不再是人爲建構的千遍一律、毫無新
意的概念框架和知覺秩序。審美感知的心理狀態是心靈的各種能力協調一致
的結果，是感覺與理解、情感與理智、主觀與客觀高度統一的狀態。「在這種
狀態中，滲透著理性的情感通過想像的活躍而得到抒發、展開和表現，對象
與主體之間消除了疏遠和對立，從而產生出一種忘懷一切的自由感，一種特
殊的精神愉快。」〔註53〕

就積極的方面而言，「虛」、「靜」是感官與心智的自由遊戲，「無聽之以
耳而聽之以心，無聽之以心而聽之以氣。耳止於聽，心止於符。氣也者，虛
而待物者也」（《莊子‧人間世》），這是讓感官和心智進入自由的遊戲狀態，
而不去控制它、約束它；「聽之以氣」亦即「盡其所受乎天而無見得，亦虛而
已」（《莊子‧應帝王》），心靈只是以虛靜觀照的態度對待對象。虛靜之心是
自由的心靈，空明之心，「虛室生白，吉祥止止」（《莊子‧人間世》），在虛靜
之心的映鑒之下，萬物顯現出各自的本眞狀態，「與物爲春」（《莊子‧德充
符》）、「萬物復情」（《莊子‧天地》），「宇泰定者，發乎天光。發乎天光者，
人見其人，物見其物」（《莊子‧庚桑楚》）。「虛」、「靜」的字面含義是空乏、
不動，但就其實質而言則是精神充盈於心靈之中，是充沛的、靈動的，錢鍾
書對此有精彩的論述：「心者以動爲性，以實爲用。非靜也，凝而不紛，鍥而
不捨。心專則止於所注之物，非安心不動，乃用心不移。如大力者轉巨石，
及其未能，人石相持，視若不動，而此中息息作用、息息相長也。亦非虛也，
聚精會神，心與心所注者融彙無間，印合和勝，有所寄寓，有所主宰，充盈
飽實，自無餘地可容雜念也。」〔註54〕

〔註51〕 約翰‧布里格斯、戴維‧皮特等著：《混沌七鑒：來自易學的永恒智慧》，陳
忠等譯，上海：上海世紀出版集團，2008 年，第 22～23 頁。
〔註52〕 參見徐復觀著：《中國藝術精神》，上海：華東師範大學出版社，2004 年，第
42～45 頁。
〔註53〕 李澤厚、劉紀綱著：《中國美學史》（第一卷），北京：中國社會科學出版社，
1984 年，第 268 頁。
〔註54〕 錢鍾書：《談藝錄》，北京：三聯書店，2001 年，第 803 頁。

　　總之，虛靜是心靈的淨化，是審美發生的前提條件，是審美體驗的極致，消解了物我界限，融化了主客對立。〔註55〕

### 3、生活的審美化

　　「坐忘」和「心齋」是形成「虛」、「靜」的審美意識的關鍵。莊子對審美意識的刻畫與康德的遊戲說高度一致，這裏的相似性無需贅述。但莊子的審美意識與康德的審美意識還是有一些差異的，除了上面提到的莊子的審美意識不僅包含了審美距離說（無功利性）、審美介入性，還有一個極其重要的差別，即日常生活的審美化。「坐忘」並不像康德的審美態度那樣，僅僅是在某時某地短暫地調整一下心理狀態和心理定向，暫時換一種眼光審視自然，「坐忘」的終極目標是把這種審美意識貫徹到人生的每一個瞬間，「《逍遙遊》最重要的自由原則，就體現在莊子需要人們立於『人間世』之中，把自由的功夫做到一念之間，做在事事物物上，做在每一個社會行爲上。」〔註56〕莊子是要將整個生命審美化，將人生轉換爲一種審美化的人生，這是一種「整個人格的審美胸次的建構」，〔註57〕也就是說，「虛」、「靜」不僅是一種審美意識，也是一種審美人格：

　　　　聖人之心靜乎！天地之鑒也，萬物之鏡也。夫虛靜恬淡寂漠無
　　爲者，天地之平而道德之至也。故帝王聖人休焉。休則虛，虛則實，
　　實則倫矣。虛則靜，靜則動，動則得矣。……靜而聖，動而王，無
　　爲也而尊，樸素而天下莫能與之爭美。夫明白於天地之德者，此之
　　謂大本大宗，與天和者也。所以均調天下，與人和者也。與人和者，
　　謂之人樂；與天和者，謂之天樂。（《莊子·天道》）

一旦獲得「虛」、「靜」的意識狀態，不僅能夠成爲天地之鑒、萬物之鏡，認識到天地萬物之美，同時也成就一種人格美。當然，這並非一日之功，《莊子·大宗師》所謂「三日而後能外天下；已外天下矣，吾又守之，七日而後能外物；已外物矣，吾又守之，九日而後能外生；已外生矣，而後能朝徹；朝徹而後能見獨」，這是長期的精神修煉的人格成就，尤其是經歷了世事紛擾的歷

---

〔註55〕參見王凱著：《逍遙遊：莊子美學的現代闡釋》，武漢：武漢大學出版社，2003
　　　　年，第83～92頁。
〔註56〕謝陽舉：《自由與和諧——莊子的《逍遙遊》與《齊物論》聯解》，載《西北
　　　　大學學報》（哲學社會科學版），1995年第2期，第98頁。
〔註57〕劉方著：《中國美學的歷史演進及其現代轉型》，成都：巴蜀書社，2005年，
　　　　第93頁。

練，「攖而後成者也」。「審美態度的主動性，使人們在艱難的生活處境中仍然可以找到美，得到審美的快樂和慰藉。」〔註58〕

莊子的美學最終仍然回歸於「遊」這個概念，它不是康德式的諸認識能力的自由遊戲，而是整個人的生存狀態的自由遊戲。「『遊』這一範疇所體現的美學實質，代表著古代中國美學思想對於存在召喚的一種應答，是一種對於人生根本問題的審美的解答。『遊』標誌著一種中國人對於人生的詩性領悟，一種中國人的理性人生境界與審美生存方式。它表明了中國美學精神的核心內涵，是強調人生需要藝術化，藝術不僅僅是一種人的精神需求的滿足，更重要、更根本的在於它是一種生存方式，一種人生觀，一種理想的人生境界。藝術式的人生，才是有價值、有意義的人生。」〔註59〕「美」與「樂」（審美愉悅感、審美自由感）在莊子那裏並不像在康德那裏只是一種由感性自然通向道德自由的中介、橋梁，而是人生的終極狀態，在「美」中，感性與高級心靈能力相反相成，和諧共處，〔註60〕個體依據自由的審美態度、價值取向和思維方式，改造日常生活的方方面面。

無論是康德那裏，還是在莊子那裏，「審美」都讓分裂的自我走向統一，同時也讓相互對立的自我與外在自然獲得和諧。但是「美」在康德與莊子的思想中處於不同的地位。

在康德的思想體系中，美學與科學、道德一樣獲得了獨立的地位，這體現在美學獲得了學科自律性，但與科學、道德相比，美學還是矮了一頭，它沒有自己獨立的王國，漂浮在自然世界與道德世界之間，僅僅是一座橋梁而已。美的價值在於它表現了道德理念和道德秩序——雖然美並不服從道德。

康德認為道德象徵著宇宙的秩序，但對於莊子來說，美才是宇宙的秩序。康德只是在思考人類歷史的時候，在論述「自然的意圖」的時候，才把自然比作藝術家。這個藝術家更像是一個操縱提線木偶的表演者，人性的各種貪欲就是掌控在它手中的絲線。而整個自然界，包括人類在內，都是為了道德的目的而創造的。但莊子這裏，整個自然界本身就是「道」的藝術作品，恰

---

〔註58〕 李澤厚、劉紀綱著：《中國美學史》（第一卷），北京：中國社會科學出版社，1984 年，第 264 頁。

〔註59〕 劉方著：《中國美學的歷史演進及其現代轉型》，成都：巴蜀書社，2005 年，第 70 頁。

〔註60〕 在莊子的美學思想中，真、善、美是統一在一起的，參見李澤厚、劉紀綱著：《中國美學史》（第一卷），北京：中國社會科學出版社，1984 年，第 246 頁。

恰在人類社會歷史領域，人類的自我中心性破壞了「道」的藝術作品。康德認為，崇高者不過是我們把自身的道德人格投射到自然中的結果，人，人的道德人格，始終比自然界更有價值更為偉大。實際上，莊子的「道」（「大美」）也不過是人的藝術人格在自然界中的投射，但「道」同時也是人的道德人格在自然界中的投射，「吾師乎！吾師乎！齎萬物而不為義，澤及萬世而不為仁，長於上古而不為老，覆載天地、刻雕眾形而不為巧」（《莊子‧大宗師》）。莊子並沒有意識到這種一種「投射」，而且這種投射的結果使莊子得出了與康德截然相反的結論：人在「道」的面前是極其渺小的。莊子認為，人的道德無論是就其動機而言，還是就其效果而言，都是有缺陷的，而且其動機的效果往往適得其反。而「道」沒有任何動機，一切都是無意為之，卻自然而然地擁有了無限功績。師「道」不師「心」正是要效法這種自然而然、無目的的合目的性。

## 三、技藝

「道」所具有的自然無為的特徵正是自由，而自由是美的本質，李澤厚與劉紀綱認為，「道」是一切美所從出的最終根源，莊子論「道」就是在論「美」，論「美」也是在論「道」，〔註61〕「體道」就是獲得美的享受。「體道」不僅有「心齋」、「坐忘」這一種途徑，還有經由「技」而入「道」的方式。《莊子》中描述了大量具有超凡技巧的、生活於社會底層的能工巧匠（「小人」），這既與莊子本身的生活經歷有關，同時也是對儒家所提倡的「君子」人格的否定。

### 1、文明批判

《莊子》中的「技」可以分為兩種：工具之技和通道之技。工具之技是服務於功利性目的的人工器械和禮儀法度等社會治理工具。按照王素芬的歸納與解讀，工具之技有三個特徵：違背自然之道；破壞生態和社會和諧；戕害人的本真之性。〔註62〕「技」的發明與運用是出於功利性目的，但「技」的積纍和發展會使人產生越來越高的依賴性，付出的勞動反而增多，出現「人為物役」的異化狀態，違背了自然的無為之道。「技」還破壞生態：

---

〔註61〕 參見李澤厚、劉紀綱著：《中國美學史》（第一卷），北京：中國社會科學出版社，1984年，第241～242頁。

〔註62〕 參見王素芬著：《順物自然——生態語境下的莊學研究》，北京：人民出版社，2011年，第201～206頁。

「夫弓弩畢弋機變之知多，則鳥亂於上矣；鈎餌罔罟罾笱之知
多，則魚亂於水矣；削格羅落置罘之知多，則獸亂於澤矣；知詐漸
毒、頡滑堅白、解垢同異之變多，則俗惑於辯矣。」（《莊子·胠篋》）

黃帝立爲天子十九年，令行天下，聞廣成子在於空同之上，故
往見之，曰：「我聞吾子達於至道，敢問至道之精。吾欲取天地之精，
以佐五穀，以養民人。吾又欲官陰陽以遂群生，爲之奈何？」廣成
子曰：「而所欲問者，物之質也；而所欲官者，物之殘也。自而治天
下，雲氣不待族而雨，草木不待黃而落，日月之光益以荒矣，而佞
人之心翦翦者，又奚足以語至道！」（《莊子·在宥》）

「黃帝」是一位貪婪對待自然的掠奪者，其所謂「道」大概是指控制自然的
技術裝置與技術手段。莊子的理想社會是「萬物群生，連屬其鄉；禽獸成群，
草木遂長。是故禽獸可係羈而遊，鳥鵲之巢可攀援而窺」、「同與禽獸居，族
與萬物並」（《莊子·馬蹄》）的「至德之世」，而技術的發展卻導致「上悖日
月之明，下爍山川之精，中墮四時之施，惴耎之蟲，肖翹之物，莫不失其性」
（《莊子·胠篋》）。聯繫到今天的環境危機，莊子的寓言既深刻又有預見性。

技術（包括禮儀法度等社會技術）的發展還造成階級分化，並且技術總
是服務於統治階級的，強權者總是利用各種技術奴役人民，逞其私欲：

將爲胠篋探囊發匱之盜而爲守備，則必攝緘縢，固扃鐍，此世
俗之所謂知也。然而巨盜至，則負匱揭篋擔囊而趨，唯恐緘縢扃鐍
之不固也。然則鄉之所謂知者，不乃爲大盜積者也？（《莊子·胠篋》）

夫川竭而谷虛，丘夷而淵實。聖人已死，則大盜不起，天下平
而無故矣！聖人不死，大盜不止。雖重聖人而治天下，則是重利盜
跖也。爲之斗斛以量之，則並與斗斛而竊之；爲之權衡以稱之，則
並與權衡而竊之；爲之符璽以信之，則並與符璽而竊之；爲之仁義
以矯之，則並與仁義而竊之。何以知其然邪？彼竊鈎者誅，竊國者
爲諸侯，諸侯之門而仁義存焉，則是非竊仁義聖知邪？故逐於大盜，
揭諸侯，竊仁義並斗斛權衡符璽之利者，雖有軒冕之賞弗能勸，斧
鉞之威弗能禁。此重利盜跖而使不可禁者，是乃聖人之過也。
（《莊子·胠篋》）

莊子辛辣地把「聖人」（這裏是指階級社會的統治者）稱爲「大盜」，他們盜
取人們發明的一切技術手段，攫取一切自然資源與道義資源，甚至還把控制、

改造自然的機械運用於下層人民的血肉之軀上。李約瑟總結說：「道家反技術的心理，確代表一般的心理，即無論什麼機器或發明，都只是對封建諸侯有利。例如度量衡是欺騙人民的，使農民得不到他應得的一份，再不然就發明酷刑的器械以懲治反暴政的人民。」〔註63〕「道家作爲合作性社會的代表……看到，用以統御無生命界的工具可以轉過來對付工具創造者的血肉之軀。他們的洞察力是人與機器的整個關係史的一部分：這種關係有時是增進人的健康，有時是壓抑人的，有時又是致人於死命的。」〔註64〕

技術的發展還敗壞人的自然天性。技術本身是人類運用自身的體力和智力變革對象的活動，但技術又成爲異化了的力量，指向了人類自身。技術的可操作性質激勵人們以操作之心、算計之心（「機心」）待人接物，技術的效用激發人們的貪欲，使人們受欲望的主宰與驅使：

> 爲圃者忿然作色而笑曰：「吾聞之吾師，有機械者必有機事，有機事者必有機心。機心存於胸中則純白不備。純白不備則神生不定，神生不定者，道之所不載也。吾非不知，羞而不爲也。」
>
> （《莊子‧天地》）

技術的發展深刻地改變了人們的思維方式、態度和行爲模式。

康德受盧梭的影響，也批判了文明的發展。技術造成了階級分化，底層勞動者從事著機械性的勞動，日益貧困和粗野，上層社會從事著非必需的、舒適閒暇的勞動，日益空虛和貪得無厭；文明的發展以奢侈爲頂點，一方面加劇著對自然和他人的暴力，一方面加劇著內心的不滿足。這些都與莊子對技術的批判高度一致，由此可見莊子思想的前瞻性和深刻之處。但是，康德又強調，這些表面的墮落和磨難，都是對人的一種鍛鍊，背後隱藏著某種合目的、合規律的趨向。

康德的「自然意圖」論認爲，「自然」毫不顧惜人的幸福，一切墮落和苦難都是爲了激發人的自然稟賦來應對種種墮落和苦難，以此促進自然稟賦的發展和完善。莊子的觀點與此針鋒相對，所謂「其耆欲深者，其天機淺」（《莊子‧大宗師》），技術的發展使人「純白不備」、「神生不定」，人的天賦能力反

〔註63〕　〔英〕李約瑟著：《中國古代科學思想史》，陳立夫譯，江西人民出版社，2006年版，第143頁。

〔註64〕　〔英〕李約瑟著：《中國科學技術史‧第二卷‧科學思想史》，何兆武等譯，科學出版社，1990年，第140頁。

而變得更加淺陋。似乎莊子與康德都把握住了部分真理。一方面，人類控制、支配自然和能力的能力都獲得了顯著的提高，但這些都是莊子所反對的。另外一方面，技術在今天越來越成為一種獨立的力量，擁有了維繫自身的能力，迫使人類去適應技術的發展；人們越來越被囚禁於技術的牢籠中而得不到自由。而且，康德所謂的自然稟賦的發展和完善，不僅絲毫不顧惜人的幸福，而且關注是人的「類」，而不是人類個體，活生生的、有自身訴求的個體成為某種無情的宏大敘事的目標的工具和手段。還有，康德也沒有看到技術發展所導致的環境災難。當然，康德也能夠得到辯護，技術發展造成的問題需要技術的進一步發展來解決，環境災難同樣是激勵人們發揮自身稟賦的契機。但是，環境哲學家們指出，即便寄希望於通過技術的進一步發展來克服技術自身的弊端，也需要人的思維方式的轉變。但這是否會鍛造一個更大的技術牢籠呢？

## 2、由技通道

通道之技則與工具之技相反，是符合自然之道的，「技兼於事，事兼於義，義兼於德，德兼於道，道兼於天」（《莊子・天地》）；是契合於人與「物」的本性的，是「以天合天」（《莊子・達生》）。

由技通道的過程涉及許多關於意識活動的辯證法，例如：需要靜心、凝神，但又要弱化自我意識的監控能力；技術服務於某種目的，但又要儘量無目的地運用技術。方勇在《莊子學史》中出色地解釋了「庖丁解牛」：

> 庖丁解牛實踐活動的過程分為三個階段。即：開始，他搞不清牛體的結構，找不到可以進刀的空隙，因此所看到的不過是一頭牛，這屬於學習宰牛技術的初級階段。三年之後，他積累了一定的經驗，對於牛的全身何處有空隙，何處有筋骨，都已完全瞭解，因此呈現在眼前的只是許多可以任意拆卸的牛的零件，這屬於技巧嫻熟的高級階段。方今之時，他遊刃恢恢而寬大有餘，但並沒有依賴於各感覺器官的任何幫助。在莊子看來，這已超出「技」的範疇而進入了「道」的境界。綜觀上述，我們至少可以從庖丁解牛實踐活動的過程中概括出如下幾個特徵：第一，行動的控制從有意識向無意識變化。在學習的初期，庖丁也不外是一個「族庖」，儘管他小心翼翼地以自覺意識去控制每一個動作，但他的運刀總不免是十分生硬的砍

斫。後來由於長期反覆練習，他進入了廢棄「官知」而「遊刃有餘」的境界，說明他的意識控制已經逐漸減弱，而動覺自動控制則得到了不斷加強。第二，由視覺控制轉向非意識性的習慣思維控制。無論是「所見無非全牛者」，還是「未嘗見全牛也」，所強調的都無非是一個「見」字，說明他的視覺一刻也沒有失去過對宰牛動作的控製作用。但在方今之時，他則僅僅「以神遇而不以目視」，即可以廢棄視覺的控製作用，完全憑藉著習慣思維來行事，而這種習慣思維，正是在長期的宰牛實踐活動中所形成的一種自動化的運動系列思維模式。第三，動作不斷趨向於協調化和自動化。庖丁初學解牛時的當作，表現為一砍一斫的局部動作形式。方今之時，這種局部動作已結合為完整的動作系統。也就是說，各動作之間的停頓時間已大為縮短，多餘或不協調的動作已完全消失，所以刀子才得以輕快自如地「遊」起來，到達了一種高度自動化的美妙境界。第四，在習慣無意識的參與下，動作的準確性達到了驚人的程度。如所謂「技經肯綮之未嘗，而況大軱乎」，即說明他的刀子始終遊行於空隙之間，未曾誤碰經絡一下，可況是大骨呢！從某種意義上來說，這種高度的準確性，往往是意識指導下的動作所不能達到的，主體自己也是無法察知的。第五，緊張的勞動狀態轉化為輕鬆愉快的審美境界。開始學習解牛之時，庖丁「所見無非全牛者」，說明他必定因找不到下刀指出而感到十分緊張。方今之時，則已「進乎技矣」，只要他的習慣無意識思維信號一啓動，整個運動感覺系統就會按照嚴格的運動程序，以連鎖反應的方式實現其整個勞動過程。如「手之所觸，肩之所倚，足之所履，膝之所踦，砉然響然，奏刀騞然，莫不中音，合於《桑林》之舞，乃中《經首》之會」，這就是一種高度協調化、高度自動化的無意識動作系列模式，簡直像一場極其高妙的「解牛樂舞」。那麼，這時的庖丁哪裏還能意識到什麼緊張和勞累呢！〔註65〕

方勇總結的五個特徵的前三個都可以歸結為「無意識的操作」。就像我們在前面所論述過的，「無意識」所謂的「意識」是指「自我意識」，所謂「無」在

---

〔註65〕方勇著：《莊子學史》（第一冊），北京：人民出版社，2008 年，第 114～115 頁。

這裏可以理解爲動詞：弱化、降低。所謂「無意識」，就是指弱化、降低自我意識對意識活動和行爲的監控。心理學家指出，讓創造性自由發揮的關鍵就是要關閉自我批判、自我評價的心理機制。

當然，要達到這一步，還需要以長期對客觀規律性的領會、把握、熟練爲前提，以長期對主觀合目的性的集中凝練爲前提，李澤厚指出，無意識並不是所謂『幽暗的』生物本能，而是人經過意識的努力所達到的積澱，「心齋」和「坐忘」就是這種積澱的過程。〔註66〕《莊子·達生》中描述了大量這樣的故事：

> 仲尼適楚，出於林中，見佝僂者承蜩，猶掇之也。仲尼曰：「子巧乎，有道邪？」曰：「我有道也。五六月累丸二而不墜，則失者錙銖；累三而不墜，則失者十一；累五而不墜，猶掇之也。吾處身也，若橛株拘；吾執臂也，若槁木之枝。雖天地之大，萬物之多，而唯蜩翼之知。吾不反不側，不以萬物易蜩之翼，何爲而不得！」孔子顧謂弟子曰：「用志不分，乃凝於神。其佝僂丈人之謂乎！」
>
> （《莊子·達生》）
>
> 顏淵問仲尼曰：「吾嘗濟乎觴深之淵，津人操舟若神。吾問焉曰：『操舟可學邪？』曰：『可。善遊者數能。若乃夫沒人，則未嘗見舟而便操之也。』吾問焉而不吾告，敢問何謂也？」仲尼曰：「善遊者數能，忘水也；若乃夫沒人之未嘗見舟而便操之也，彼視淵若陵，視舟若履，猶其車卻也。覆卻萬方陳乎前而不得入其舍，惡往而不暇！以瓦注者巧，以鉤注者憚，以黃金注者殙。其巧一也，而有所矜，則重外也。凡外重者內拙。」（《莊子·達生》）
>
> 孔子觀於呂梁，縣水三十仞，流沫四十里，黿鼉魚鱉之所不能游也。見一丈夫游之，以爲有苦而欲死也。使弟子並流而拯之。數百步而出，被髮行歌而遊於塘下。孔子從而問焉，曰：「吾以子爲鬼，察子則人也。請問：蹈水有道乎？」曰：「亡，吾無道。吾始乎故，長乎性，成乎命。與齊俱入，與汩偕出，從水之道而不爲私焉。此吾所以蹈之也。」孔子曰：「何謂始乎故，長乎性，成乎命？」曰：「吾生於陵而安於陵，故也；長於水而安於水，性也；不知吾所以然而然，命也。」（《莊子·達生》）

---

〔註66〕參見李澤厚著：《美學三書》，合肥：安徽文藝出版社，1999年，第324頁。

　　梓慶削木爲鐻，鐻成，見者驚猶鬼神。魯侯見而問焉，曰：「子
何術以爲焉？」對曰：「臣，工人，何術之有！雖然，有一焉：臣將
爲鐻，未嘗敢以耗氣也，必齊以靜心。齊三日，而不敢懷慶賞爵祿；
齊五日，不敢懷非譽巧拙；齊七日，輒然忘吾有四枝形體也。當是
時也，無公朝。其巧專而外骨消，然後入山林，觀天性形軀，至矣，
然後成鐻，然後加手焉，不然則已。則以天合天，器之所以疑神者，
其是與！」（《莊子・達生》）

　　工倕旋而蓋規矩，指與物化而不以心稽，故其靈臺一而不桎。
（《莊子・達生》）

這些超凡的工匠、達人，都經歷了長期艱苦卓絕的努力，最後使規律完全內
化，使行爲達到無目的而又合乎目的、無意志而合規律的辯證統一。「用志不
分，乃凝於神」、「外重者內拙」是講精神的專注，心無旁鶩。「齊〔齋〕以靜
心」是排除對功利的考慮，以便全身心地投入創造活動中。「從水之道而不爲
私焉」亦即「順物自然而無容私焉」，「容」者「用」也，創造性的活動要順
應對象的本性與規律，「不用私」、「不以心稽」就是要弱化自我意識的主宰、
控制的欲望，與對象融爲一體而無主客之分。葛瑞漢說這些能工巧匠「無須
借助大量的分析，從第一原理處置理性與選擇，他們不再聽憑思維與作爲初
學者所學到的規則的指引；他們關注整體而做出反應，依據不能訴諸語言的
本能，全神貫注，眼到手到。」〔註67〕

　　在熟練的技術實踐活動中，首先是達到了形神合一，「官知止而神欲行」，
鍾泰說：「非止不能穩且準，非行不能敏且活也」，王夫之謂：「行止皆神也，
而官自應之」，意識不再艱苦地試圖控制身體，兩者相合無間。但凡學習過如
何騎自行車的人都能體會這種妙處，在最初階段，似乎全身的肌肉都緊張起
來、運動起來，自我意識試圖控制、操縱所有的神經與肌肉以達到目的。隨
著技巧的積澱與成熟，意識形成或強化了專門的神經回路，大量不需要的肌
肉也獲得解放，動作由專門的神經和肌肉來完成，以至於最後自我意識完全
不必監控我們自己的行爲。心理學家指出，我們在日常生活中很少用到自我
意識，我們無意識地行走，無意識地看書，無意識地寫字，無意識地遣詞造
句，這使我們的自我意識能夠專注於我們不熟悉、陌生而新穎的事物或任務。

〔註67〕〔英〕葛瑞漢著：《論道者：中國古代哲學論辯》，張海晏譯，北京：中國社
　　　　會科學出版社，2003 年，第 219 頁。

其次，在熟練的技術活動中，心與物完美地統一。庖丁「以神遇而不以目視」，「神會」物理，心物合一，工倕「不以心稽」而仍能「靈臺一而不桎」，「心」就是自我意識、私心，以自我為中心，包含許多功利的考量，「靈臺」是不含私意的純粹意識，自由而不受任何束縛，隨心所欲卻又與物想契合。「以天合天」既意味著心靈之「天」與自然對象之「天」的契合，也可以意味著心靈之「天」與身體之「天」的契合。在此意義上，藝術可以是說是「天」的作品，而不是「人」的作品。但是，正如莊子所說：「庸詎知吾所謂天之非人乎？所謂人之非天乎？」（《莊子·大宗師》），「天在內，人在外」（《莊子·秋水》），藝術作品既是「天」的作品，也是「人」的作品，但這裏「天」與「人」是內在一致的，「人」不是一般所謂的「人」，而是「真人」。「莊子所說的真，要求人們要順應自然，完全讓事物按照它的自然本性去活動和表現自己，不要以任何外力去強行干預和改變它。這顯然包含有尊重事物自身規律的意思，也有真即合規律的意思。但從另一方面看，莊子還認為順應自然之所以是必要的，不能違背的，是由於只有順應自然，不用外力去強行干預改變它，這樣包含人在內的自然生命才能得到自由的發展。」〔註68〕

「心齋」、「坐忘」不是要放棄人的能動性，更不是要徹底放棄人的主體性，而是人的自我約束，是人的自律，需要發揮人的主觀能動性。一般情況下，所謂的「主體性」是指人在主體與客體關係中的地位、能力和作用，「主體」往往被等同於「自我意識」。在此意義上，《莊子》的確是要弱化、解構人的主體性，其實質是要解構與人的內在自然對立，重建一個由人的意識與人的內在自然協同塑造的主體。「齋以靜心」的過程就是人的返本歸真、恢復自然本性的過程，在這個過程中「化掉」一切束縛人的自由的「人化」尺度、「社會化」尺度，讓人的內在之「天」合於物的內在之「天」，從而創造出渾然「天」成的勞動產品。庖丁「為之而四顧，為之躊躇滿志」（《莊子·養生主》），所謂「滿志」是說技藝的自由運作導向心靈的『豐滿』與『充實』。

### 3、藝術與手藝

康德在《判斷力批判》中用了不少篇幅討論藝術與天才。他把藝術定義為「通過自由而產生，亦即通過以理性為其行動之基礎的任性而生產」（KU，303\315）的東西。康德把藝術與手藝區分開來，「前者叫做自由的藝術，後

---

〔註68〕李澤厚、劉紀綱著：《中國美學史》（第一卷），北京：中國社會科學出版社，1984年，第249頁。

者也可以叫做雇傭的藝術。人們這樣看待前者，就好像它只是作為遊戲，亦即作為獨自就使人適意的活動而能夠合目的地得出結果（成功）似的；而後者卻是這樣，它能夠作為工作，亦即作為獨自不使人適意而只是通過其效果（如傭金）而吸引人的活動，因而強制性地加之於人」（KU，304＼317）。然而，我們前面提及的「通道之技」則幾乎全是康德所謂的「手藝」、「雇傭的藝術」。

「雇傭的藝術」實際上是勞動的異化，勞動者無法在自己的勞動中找到樂趣。莊子也批判了這種異化，認為這種異化是由於階級分化造成。而對於勞動人民和勞動本身，莊子卻是持讚賞態度的。對於莊子而言，「由技通道」的關鍵，或者說合乎道的勞動的特徵是只問耕耘不問收穫，使單純的勞動及其成就而非其效果──「慶賞爵祿」、「非譽巧拙」（《莊子‧達生》）成為使人適意的東西。「知作而不知藏，與而不求其報」（《莊子‧山木》）、「百里奚爵祿不入於心，故飯牛而牛肥」（《莊子‧田子方》），「『道』的工作準則，就是只考慮工作本身，不考慮工作的社會屬性和自己的相關利益」，〔註69〕但恰恰因此，合乎道的勞動更能夠「合目的地得出結果（成功）」。莊子的相關論述既表現了他對下層手工藝人、小生產者的熱愛和敬重，也體現了他試圖把日常工作審美化的傾向。

相反，對於象徵著奢侈的藝術，莊子倒是多有批判，除非藝術工作者能夠合乎道地進行藝術創作，如「解衣般礡裸」（《莊子‧田子方》）的畫師。更多的時候，莊子都是在激烈地批判藝術：

> 擢亂六律，鑠絕竽瑟，塞瞽曠之耳，而天下始人含其聰矣；滅文章，散五采，膠離朱之目，而天下始人含其明矣。毀絕鉤繩而棄規矩，攦工倕之指，而天下始人有其巧矣……彼曾、史、楊、墨、師曠、工倕、離朱者，皆外立其德而以爚亂天下者也，法之所無用也。
> （《莊子‧胠篋》）

原因大概有兩方面，一方面，藝術工作者滋生了炫耀賣弄之心，執著於「非譽巧拙」，並拿藝術換取「慶賞爵祿」；另一方面，藝術作品多是用來裝點上層社會、強權者，象徵著權力、奴役、不公平。可以說，莊子是從社會衝突的角度來看待藝術的，藝術作品加劇了社會的不平等和階級對立。與此不同，康德是從功能論的視角看待藝術，注重藝術在社交活動中的功能，他把藝術

---

〔註69〕顏世安著：《莊子評傳》，南京：南京大學出版社，2011 年，第 286 頁。

區分爲適意的藝術和美的藝術，前者的目的是「使愉快來伴隨作爲純然感覺的表象」，用在社交場合消遣時間並使社交活動變得妙趣橫生，後者「使愉快來伴隨作爲認識方式的表象」（KU，305＼318），雖然不以社交爲目的，但仍然「促進了社交傳達而對心靈能力的培養」（KU，306＼319）。

在下面這一點上，康德的「藝術」（美的藝術）和莊子的「技」（手藝）是共通的，即追求自然。「以天合天」是莊子對「手藝」的最高評價，康德同樣說藝術作品必須顯得是「擺脫了任性規則的一切強制」，即莊子所謂「不以心稽」、「順物自然而無容私」，使得藝術作品好像是自然的產品，「藝術只有當我們意識到它是藝術而在我們看來它畢竟又是自然的時候才被稱爲美的」（KU，306＼319）。康德還說：

> 因此，美的藝術的產品中的合目的性雖然是有意的，但卻畢竟不顯得是有意的；也就是說，美的藝術必須被視爲自然，雖然人們意識到它是藝術。但一個藝術產品顯得是自然卻是由於，雖然惟有按照規則這個產品才能夠成爲它應當是東西，而在與規則的一致中看得出所有的一絲不苟；但卻沒有刻板，沒有顯露出學院派的形式，也就是說，沒有表現出這規則懸浮在藝術家眼前並給他的心靈力量加上桎梏的痕跡。（KU，306～307＼320）

這與莊子對「技」的描述高度一致，「技」和「藝」都是要達到自由與自然的統一，自我（理性、自我意識）與內在自然（無意識）的統一。

康德認爲，美的藝術是天才的藝術，「天才就是給藝術提供規則的才能（自然稟賦）。既然這種才能作爲藝術家天生的創造性能力本身屬於自然，所以人們也可以這樣來表述：天才就是天生的心靈稟賦，通過它自然給藝術提供規則」（KU，307＼320）。因爲藝術並沒有先行的規則，讓創造者遵照這些規則進行藝術創造，所以，自然借助天才給藝術提供規則。康德還說明了天才的一些屬性。（1）、原創性，它創造出來的東西沒有任何確定的規則；（2）、示範性，它的作品能夠爲其他人提供模做的對象，並作爲評判其他人的作品的標準；（3）、它不能說明自己是如何完成作品的，「一個產品的創作者把這產品歸功於他的天才，他自己並不知道這方面是理念是如何在他心中出現的，就連隨心所欲地或者按照計劃地想出這些理念並在使別人能夠產生出同樣的產品的這樣一些規範中把這些理念傳達給別人，這也不是他所能控制的」（KU，308＼321）。（4）、天才只是爲藝術頒佈規則，而且是美的藝術。

　　第三點在《莊子》中有相似的論述：「斫輪，徐則甘而不固，疾則苦而不入，不徐不疾，得之於手而應於心，口不能言，有數存乎其間。臣不能以喻臣之子，臣之子亦不能受之於臣」（《莊子‧天道》）。藝術是一種「知道如何」，而不是「知道什麼」，因而創作者能夠「得之於手」卻「口不能言」。藝術的規則是內隱知識、默會知識，而不是明述知識，不能通過語言、文字、圖畫來向外傳遞，只能通過實踐、體驗和領悟來獲得。天才是一種實踐智力，具有主觀的經驗性、模擬性，不能通過教育的方式在人類共同體中傳承、積纍。

　　但是《莊子》包含著這樣一層意思：天才的發揮不僅需要後天的勤奮，還需要去除禁閉人的自然稟賦的東西，這就是「心齋」、「坐忘」的一系列淨化心靈的功夫。康德說美的藝術需要具有「精神」，而「精神」就叫做「心靈中活躍的原則」（KU，313＼327），它使靈魂活躍起來。對於莊子而言，只有經歷了「心齋」、「坐忘」的去蔽功夫才能使心靈真正活躍起來，使心靈「虛」、「靜」之後，方能「虛室生白」（《莊子‧人間世》），「宇泰定者」才能「發乎天光」（《莊子‧庚桑楚》），所謂「白」與「光」都是指藝術化、審美化的直覺洞見。但對於莊子而言，「心齋」、「坐忘」的去蔽過程就是拋棄人為、回歸自然的過程，只有回歸自然才能「反本歸真」，恢復人的真性，發揮人的自由。可以說，康德的「天才」是最合乎自然、最接近莊子所謂的「真人」的人。

## 第三節　歷史與自由

　　我們前面說過，康德在前兩部批判以及《奠基》中所刻畫的道德自由（自由意志）始終是一種理想化的自由，一種與自然（決定論）不相容的自由，而不是一種現實的自由。只有在目的論視野之下的歷史領域中，自由（自由任性）才是一種現實的自由，是與自然相容的自由。康德把這種「相容」理解為「不真實」，任性的自由只是一種自由感，實際上是被自然所操縱的。任性的自由是一種過渡狀態，始於沒有任何自由的自然狀態，以自由意志為終極目的。但在人類歷史中，永遠不可能獲得或實現自由意志，而只能啟示這種自由；歷史以普遍的法制進步為目的，普遍法制狀態下的自由並不要求自律，因而只是一種外在自由，一種外在法律體系強制下的自由。歷史的進步同樣也是科學和技術的進步，而科學和技術的進步意味著人類有更大的能力把自然當作自身目的的手段，這同樣是一種外在自由的進步。

　　就像我們在討論人性的時候所說的那樣，莊子認爲歷史的發展過程是道德不斷下衰的過程，是自由不斷喪失的過程。所有被康德視爲進步的東西，都被莊子視爲墮落。首先，康德認爲在人類歷史之前是沒有自由的黃金時代，人類歷史開端於自由意識的覺醒。這種覺醒對於個體來說，是痛苦和災難的開始，但對於人的「類」來說，卻是一種善、一種進步。莊子認爲人類歷史之前是「至德之世」，歷史的進程是少數精英、統治者爲害社會的過程。

　　其次，技術（工具之技）的發展是徹頭徹尾的墮落，因爲（1）把自然僅僅當作滿足自身欲望的手段的態度是錯誤的；（2）「有機械者必有機事，有機事者必有機心，機心存於胸中則純白不備」（《莊子・天地》），技術敗壞人性；（3）技術會被統治者強加於人類同胞身上。

　　再次，倫理觀念（仁義）的發明敗壞了人的道德本性。康德認爲歷史的開始是人類本性墮落的開始，但這種墮落同時也爲人類走向道德上的完善提供了契機；道德觀念的發展不可避免地伴隨著虛僞、自欺這種「根本惡」，但虛僞以及社交場合的裝腔作勢畢竟促使人文明化，而且爲人類接受眞正的道德理念提供了前提條件，可以說沒有這種人類之惡也就沒有人類之善，只有在道德觀念發展到一定程度的時候，虛僞才是人們必須與之不懈鬥爭的弱點。莊子沒有看到這種「惡」的正面的、積極的價值，僅僅強調「眞」、「誠」。康德關於善與惡的辯證法是由惡向善的發展，惡是善的必經階段和手段、契機，而莊子（外篇的一些觀點）關於善與惡的辯證法是善與惡是同步發展，更大的善意味著更大的虛僞更大的惡，「與其譽堯而非桀也，不如兩忘而化其道」（《莊子・大宗師》）。但是，當把「仁義」理解爲習俗的時候，《莊子》的一些篇章還是提供一種比較現實的態度，即把習俗視爲歷史發展階段中的一種權宜、方便，「假道於仁，託宿於義」（《莊子・天運》）、「禮者，世俗之所爲也；眞者，所以受於天也，自然不可易也。故聖人法天貴眞，不拘於俗」（《莊子・漁父》），「俗」具有一定的存在價值，只要不拘守、固執於「俗」，忘記「眞」是「自然不可易」的，就沒有徹底否定「俗」的必要。

　　另一方面，雖然康德熱情謳歌道德自律與道德人格，但康德即使是在寫《道德形而上學的奠基》與《實踐理性批判》的時候，對這種道德的實現也是持悲觀態度，把靈魂不死作爲道德性的實現（不是道德性本身）的前提，到了晚期思考歷史問題的時候，這種悲觀態度似乎更加明顯，雖然人類的歷史是從較壞到較好發展（Anfang；123＼126），而不是從善到惡的歷史，但「從造就出人

的如此彎曲的木頭中，不可能加工出任何完全直的東西」（Idee；23＼30）。但不管怎麼說，康德還是希望能夠加工出筆直的東西來，而莊子則認爲「待鈎繩規矩而正者，是削其性者也」（《莊子‧駢拇》），人性有其「常然」，不應該改變它，「常然者，曲者不以鈎，直者不以繩，圓者不以規，方者不以矩，附離不以膠漆，約束不以纆索」（《莊子‧駢拇》）。當然，莊子這種觀點能夠自圓其說的前提是，一切不能忍受的人類之惡都是失其「常然」的結果和表現。

最後，康德把普遍的法制狀態視爲歷史發展的任務，歷史的進步真正來說是法治的進步，而不是人的道德性的進步，而莊子則把「法」視爲惡的東西。康德所謂的「法」對於莊子以及所有中國古代的思想家來說，都是陌生的東西，康德所謂的「法」是權利，是社會契約，而中國古代所謂「法」則純粹是一種暴力工具，是統治者專斷意志的體現，「大刑用甲兵，其次爲斧鉞，中刑用刀鋸，其次用鑽笮，薄刑用鞭撲，以威民也。故大者陳之原野，小者致之市朝。」（《國語‧魯語》）；「殺戮禁誅謂之法」（《管子‧心術》）；「法者，刑法也，所以禁強暴也」（《鹽鐵論‧詔聖》），在中國古人的理解中，法、刑、兵是一回事，都是赤裸裸的暴力工具，施之於國就是法，施之於天下（異族、異國）就是兵；思想上的儒法之爭，也似乎不涉及法的本質和法的價值問題，只涉及法的效用。〔註70〕雖然《莊子》中沒有充分的直接證據，但可以想像其作者對「法」的本質的看法與儒法兩家沒有什麼區別。《莊子‧天道》說「賞罰利害，五刑之辟，教之末也；禮法度數，刑名比詳，治之末也」；「驟而語形名賞罰，此有知治之具，非知治之道」，《莊子‧天運》說「禮義法度者，應時而變者也」，「法」對於人類歷史來說，始終不是本質的、最重要的東西。

莊子的歷史觀既受限於他所處的時代，又受限於一種特殊的文化背景。莊子生活於人類文明史的早期，並沒有太多的歷史經驗可供反思，所謂「至德之世」只是對口耳相傳的早期歷史的美化。中國文化由於其進入「國家」路徑不同於古希臘、古羅馬，由氏族組織原則直接上陞爲國家組織原則，「國之大事，在祀與戎」，異族間的武力征伐成爲理解「法」的原型，「刑」與「法」始終沒有分開，再加上中國的獨特地理位置，使得中國與異質文明的接觸不然地中海國家那麼廣泛，缺乏自我反思的他者的眼光。

〔註70〕這是儒法之所以能合流的關鍵，所謂「外儒內法」、「陽儒陰法」、「刑德並用」，都沒有對法的本質和社會功用做重新思考。參見梁治平著：《尋求自然秩序中的和諧》，北京：中國政法大學出版社，2002年，第56頁。

　　但康德的歷史觀也有其自身的問題。康德的歷史觀正是當代思想家所批判的「宏大元敘事」。在《重提這個問題：人類是在不斷朝向改善前進嗎？》一文中，康德批判了三種歷史觀：恐怖主義歷史觀認爲歷史是倒退；幸福主義歷史觀認爲歷史無論是在道德方面還是在幸福方面都是前進的；阿布德拉主義歷史觀認爲歷史是循環的。康德認爲三種歷史觀都不足信，因爲都是選取了不斷變動的歷史中的一個經驗立場，把它當作了絕對立足點，而評判歷史的絕對立足點是道德，但道德只能在彼岸世界中找到。但是，康德的批判哲學的精髓是找到不同學科的自律性規律，那麼，歷史批判也應該致力於弄清歷史研究的性質，「劃定」歷史研究在知識地圖上的地盤，但康德的「自然意圖」卻是一種超出一般歷史學家視野之外的模式〔註 71〕。康德的「自然意圖」爲了所謂人的「類」的任務，不惜踐踏個人和社會的安寧和幸福。康德認爲，法制狀態能夠作爲自我中心性的「非意向後果」，通過「惡魔之爭」而實現，〔註 72〕因而，康德爲了論證法治的進步，不惜爲戰爭辯護。「自然的意圖」以及自然稟賦在人的「類」中的完全實現，並不能使在戰爭中無辜冤死的、不計其數的受害者的死亡顯得更有價值。人雖然能夠在人類的社會歷史中自由地創造自己的歷史，但一切都是在冥冥中無意識地形成的，始終是「自然的意圖」的工具，「最積極、最具能動性的東西就成了最消極、最被動的東西。康德所開始的這一轉折（超越、壓抑個體自由的傾向），經由費希特和謝林的中介，被黑格爾最終完成了。」〔註 73〕

---

〔註 71〕　參見威廉・德雷對「思辨的歷史哲學」與「批判的歷史哲學」的區分（威廉・德雷：《歷史哲學》，王煒、尚新建譯，上海：三聯書店，1988 年，第 1～2 頁）。

〔註 72〕　參見託馬斯・麥卡錫：《對康德以來普遍歷史觀念的評論》，陳常焱譯，載《哲學分析》，2010 年第 4 期，第 92 頁。

〔註 73〕　司有平、胡萬年：《大自然的意圖——解讀康德的歷史哲學》，載《巢湖學院學報》，2007 年第 4 期，第 14 頁。

# 結　語


　　人意識到自身與自然「是」相互分離的，這是人類在進化史所取得的了不起的成就。但是，進化史上的任何成就都在帶來收益的同時也造成一定的代價，這些代價往往就是進化史的下一個階段必須面對和解決的問題。

　　人意識到自身與自然相互分離，起源於人的自我意識的覺醒。有意識但沒有自我意識的生物對自身（self）與異物（non-self）以及二者之間的區分，都有一定程度的覺知，因此能夠很好地應對環境的變化。但擁有自我意識的生物能夠更好地認識自身與世界，更明確地認識自身與世界的區別。因為擁有自我意識的生物能夠反思、評價自己的認知策略，選擇和運用更好的認知策略。因此，擁有自我意識的生物擁有更強的目標選擇能力、行為準備和行為控制的能力，從而使自身擁有更強的適應能力。但是，擁有自我意識的生物傾向於把自身與外界環境之間的「區別」理解成「分離」甚至「對立」。自我意識使人類強烈地意識到自身的自由，也強烈地意識到自然對自己的這種自由的限制。人類生活在自由與限制的張力之下，對自然（人類自由的限制性因素）的改造、對（自由與限制之間的）張力的克服，是人類的物質文明、技術文明不斷取得進步的動力。物質文明、技術文明的進步也在不斷改變著人類與自然「打交道」的方式，因此可以說自我意識深刻地改變了人類對自身和自然的認識，也改變了人類與自然之間的關係。

　　但是，不管人是否在主觀上把自身與自然理解成相互分離的，不管人對於人與自然的關係擁有什麼樣的世界觀，人與自然在事實上都是緊密地聯結在一切的，套用莊子的一句話來說就是「其一也一，其不一也一」（《莊子・大宗師》）。如果人與自然是相互分離的，那麼不管自然環境如何被破壞，都

不會危機人類自身的生存。因此，那種過於強調人類自由、對自然不友好的技術文明是難以維持下去的。

自我意識也極大地豐富了人類的精神世界。有意識但沒有自我意識的生物只擁有極其簡單的精神場景，傑拉爾德·埃德爾曼稱之為「記憶中的當下」，即「適應性地把當前或想像的可能發生的事件和該動物由價值驅動的行為的歷史聯繫起來的場景。」〔註1〕擁有自我意識的生物擁有明確的時間意識，能夠更加自由地在意識中建構關於過去與未來的精神場景，有了對過去的懷念、留戀，對未來的焦慮、憧憬。自我意識和時間意識拓展了人類的精神體驗的維度，有了自尊、自豪、自信、自責、內疚、羞愧等情感體驗。但自我意識也意味著主客與客我的分化，尤其內疚等負面情緒，使人類意識到內在自我與外在行為之間的不符和衝突，從而在精神生活中體驗到真實自我與虛假自我之間的衝突與異化。精神與肉體的衝突、理性與本能的衝突、理性與感性的衝突，都根源於自我意識，並且往往被理解為自然與自我的衝突。薛定諤說：「人類比其他任何物種更能強烈地感受到內心不和諧而引起的劇痛的折磨。」但他同時強調：「若沒有這種不和諧，人類就不曾承受任何痛苦，就沒有進化。」〔註2〕按照薛定諤的理解，有意識的生命必然與生物的原始欲望作持續的鬥爭，在他看來，康德的道德律就可以簡化為「不要自私」，這是對生物的利己本能的否定與克服。如此看來，自我的衝突與異化是自我監督、自我反思、自我教育、自我完善的前提和動力，也是人類道德文化不斷演化的前提和動力。但是，對本能、欲望過於嚴厲的文化並不利於人的心靈健康和人格完善。弗洛伊德深刻地解釋了壓抑人類本能的危害；馬斯洛向我們指出，與文化的力量相比，人的本能往往是脆弱的、處於劣勢的，我們需要一種對本能仁慈的文化，恢復和加強我們的生物性自我。

擁有自我意識使人類難以擺脫自我中心主義和人類中心主義。擁有自我意識也使人類陷入種種精神的痛苦與磨難之中，就像多布贊斯基所說的那樣：「自知是人類的根本特徵之一，可能是最根本的特徵。這一特徵是進化上的新生事物，人類的先祖——人科動物——只有非常初級的自知，或者根本

〔註1〕〔美〕傑拉爾德·埃德爾曼、朱利歐·托諾尼著：《意識的宇宙：物質如何轉變為精神》，顧凡及譯，上海，上海科學技術出版社，2004年，第120頁。
〔註2〕〔奧〕薛定諤著：《生命是什麼》，羅來歐、羅遼復譯，長沙：湖南科學技術出版社，2003年，第99頁。

就沒有這種能力。然而，自知也帶來了一系列的陰暗面：害怕、焦慮和對死亡的自知。」〔註3〕

　　神秘主義是克服人與自然的異化、人的自我異化的一種方式。這種方式普遍存在於東西方文化尤其是各大宗教傳統之中。圖根哈特認為，一切神秘主義都要從某種動機出發來理解，即超越自我中心性、尋求靈魂的安寧。〔註4〕神秘主義把「自我」看作一切麻煩的根源，它在原本一體的「道」或「存在」中劃下一條心理界限，「在這條界線裏面的一切，你會感覺是你自己，或者叫做你的『自我』，而在界線外面的一切你則覺得是『非我』。」〔註5〕有時候神秘主義建議我們去尋找那個人人都珍愛的「自我」，直到最後一無所得而認識到「自我」的虛幻性；有時候神秘主義建議我們不斷擴大我們的自我認同，直到最後認同整個宇宙。兩種方式殊途同歸，神秘主義者體驗到自我以某種方式與「道」、「存在」以及一切事物都融為一體，體驗到過去、現在、未來融為不生不滅、無始無終的非時間性的「當下」。神秘主義並不是要徹底否定「自我」，因為神秘主義的意識體驗仍然擁有自我指涉的能力，而是要否定「自我」與「非我」之間的對立。威爾伯說：

　　　　無論何時我們去找尋一個脫離體驗的體驗者，它都會消失成為體驗。當我們找尋體驗者時，我們僅僅發現另一個體驗——主體與客體總是呈現為一體。

　　　　所謂的「你」的內在感覺和所謂外在的「世界」的感覺是同一種感覺。內在的主體和外在的客體只是同一種感覺的兩個名稱，這不是你將感覺到的某種東西，它們就是你唯一能感覺的東西。〔註6〕

在神秘體驗中，體驗者（主體）、被體驗者（客體）都融化在統一的體驗本身之中。主體與客體的融合為一就是沒有疆界的境界、沒有疆界的知覺、沒有疆界的永恆當下。隨著分裂的、孤獨的自我感的消失，一切對限制、束縛的

---

〔註3〕Dobzhansky, T.（1967）The biology of Ultimate Concern, New York: The New American Library. 轉引自〔澳〕約翰‧埃克爾斯著：《腦的進化：自我意識的創生》，潘泓譯，上海，上海世紀出版集團，2007年，第239頁。

〔註4〕參見〔德〕恩斯特‧圖根哈特著：《自我中心性與神秘主義——一項人類學研究》，鄭辟瑞譯，上海：上海譯文出版社，2007年，第1～2頁。

〔註5〕〔美〕肯‧威爾伯著：《沒有疆界》，許金聲等譯，北京：中國人民大學出版社，2012年，第4頁。

〔註6〕同上，第45頁、47頁。

感覺也消失了，「只要你平靜地靜止在這個觀照的覺識中──注視著身體、心智以及自然漂浮──你可能會開始注意到你實際感受到的是自由的感覺，一種解脫的感覺，一種不被你所看到的客體束縛的感覺。你什麼也看不到，你只是靜止在廣闊的自由當中。」〔註7〕

　　雖然我們不能把莊子等同於一個神秘主義者，但毫無疑問莊子的思想富有神秘主義的元素，描述了許多神秘主義的體驗，例如「吾喪我」（《莊子‧齊物論》）、「天地與我並生，而萬物與我爲一」（《莊子‧齊物論》）、「見獨而後能無古今，無古今而後能入於不死不生」（《莊子‧大宗師》）。但是，我們之所以要把莊子與康德放在一起進行比較，並不是看重莊子思想中的神秘主義元素。如前所述，神秘主義的基本動機是想要獲得靈魂的安寧，但我們同時也指出，心靈在一定程度上的不和諧、痛苦、對抗和衝突，恰恰是個體心靈成長的契機，也是人類文化前進的動力之一。神秘主義體驗所包含的萬物一體的意識、大慈大悲的精神，似乎已經到了人性所能達到的最高境界，這固然是好的。但對於人類文化的前進而言，神秘主義似乎削弱了我們前進的動力。

　　另外一方面，神秘主義無助於我們適應這個時代所面臨的環境災難、生態危機等社會問題。神秘主義能夠解決個體的靈魂安寧問題，但我們無法要求社會上的每一個個體都做神秘主義者，去體驗自我與自然、自由與自然之間的徹底的和諧與統一。而且，當人類個體聚集在一起而構成一個集體、群體、社會、國家的時候，而顯現出個體身上不會出現的特徵和屬性，社會性的問題必須求助於社會化的解決方案。我們必須努力建構一套能夠在更大範圍內被人們共享的自然觀、自由觀、世界觀。

　　因此，把莊子與康德放在一起進行比較的眞正意義在於，我們把道家文化看作親近自然、對自然友善的文化類型的一個典範，而把康德哲學當作以人爲中心的、要求超越自然的人本主義文化的一個典範，從而比較兩種文化類型的得失，尋求一種能夠解決當代社會危機、文化危機的思路。

　　就我們所關心的環境問題而言，道家文化給我們留下的豐富遺產是道家對人類自由、人類文化與自然的關係的思考與認識。道家認爲，自然是人類自由之根，是人類文化之根，那種過分強調人類自由、強調人類文化的價值

〔註7〕〔美〕肯‧威爾伯著：《萬物簡史》，許金聲等譯，北京：中國人民大學出版社，2006年，第198頁。

與力量的文化類型是一種與自然相互異化的文化，損害了自身的根基，因此是不可持續的。能夠健康發展、持續的文化，必定是親近自然、能夠與自然和諧共處、共同繁榮的文化。

以康德爲典範的西方現代性文化類型在短短數百年內極大地豐富了人類的物質文明、精神文明。這種文化把人作爲價值本位，強調人的尊嚴、價值，把人看作萬物的尺度、自然的尺度，強調人的主體性、自主性、創造性、責任心，堅信人類進步的無限可能性。但現代性文化也有貶低自然甚至敵視自然的傾向，認爲人是自然的主人，人擁有不可質疑的權利把自然當作自身幸福的工具，人應該征服自然。現代性文化在帶給我們前所未有的收益的同時，也把我們置於前所未有的危機與災難之中。

當然，道家文化也有其問題，就是對異化現象的批判過了頭，而對於文化建構來說又不足。就像在個體的心理成長的過程一樣，痛苦、衝突、對抗是心靈成長的契機，而過度的痛苦、衝突、對抗則會導致嚴重的心理症狀，不利於個體的心靈成長。心靈的成長是在適度的衝突、對抗中尋求和諧與安寧的辯證統一過程，是衝突與和諧的動態平衡，即莊子所謂「攖而後成者也」（《莊子·大宗師》）。毫無痛苦、衝突與對抗，個體就失去了心理成長、人格完善的機會。文化的完善與成熟也是如此。文化與自然過分統一、和諧，文化也就停滯不前了，文化與自然之間過分的衝突、對抗又會危及自身存在與發展的根基。

當前的環境危機、生態災難是人類自由、人類文化進一步成熟與發展的契機。我們需要重新理解自由、重新理解自然、重新理解自由與自然的關係。人類自由、人類文化認識到自身紮根於自然之中，是人類的自我意識、文化的自我意識進一步覺醒與深化的體現。人類自由與人類文化如何能夠在保持與自然的適度衝突與張力的同時，又不危及自然和自身的存在與發展，這是我們這代人甚至也是未來幾代人面臨的問題。

# 參考文獻

## 一、古籍類

1. 〔晉〕陳壽，〔宋〕裴松之注：《三國志》，北京：中華書局，2011 年。
2. 〔晉〕杜預注，〔唐〕孔穎達正義：《春秋左傳正義・春秋序》，上海：上海古籍出版社，1990 年。
3. 〔南朝宋〕范曄撰，〔唐〕李賢注：《後漢書》，北京：中華書局，1965 年。
4. 〔明〕方以智著：《藥地炮莊》，張永義、邢益海校點，北京：華夏出版社，2011 年。
5. 〔清〕郭慶藩撰：《莊子集釋》，王孝魚點校，北京：中華書局，1961 年。
6. 〔清〕焦循撰：《孟子正義》，沈文倬點校，北京：中華書局，1987 年。
7. 〔漢〕孔安國，〔唐〕孔穎達正義：《尚書正義》，上海：上海古籍出版社，2007 年。
8. 〔宋〕林希逸撰：《莊子鬳齋口義校注》，周啟成校注，北京：中華書局，1997 年。
9. 〔清〕劉寶楠撰：《論語正義》，高流水點校，北京：中華書局，1990 年。
10. 〔清〕陸樹芝著：《莊子雪》，上海：華東師範大學出版社，2011 年。
11. 〔明〕陸西星撰：《南華真經副墨》，蔣門馬點校，北京：中華書局，2010 年。
12. 〔戰國〕呂不韋編，〔漢〕高誘注，〔清〕畢沅校正：《呂氏春秋》，上海：上海古籍出版社，1996 年。
13. 〔宋〕呂惠卿撰：《莊子義集校》，湯君集校，北京：中華書局，2009 年。
14. 〔漢〕毛公撰，〔漢〕鄭玄箋〔漢〕，〔唐〕孔穎達正義，《毛詩正義》，上海：上海古籍出版社，1990 年。

15. 〔清〕王夫之著:《老子衍·莊子通·莊子解》,北京:中華書局,2009年。

16. 〔清〕王先謙撰:《莊子集解》,沈嘯寰點校,北京:中華書局,1987年。

17. 〔清〕王先謙:《荀子集解》,沈嘯寰、王星賢點校,北京:中華書局,1988年。

18. 〔南朝陳〕徐陵編,〔清〕吳兆宜注:《玉臺新詠》,上海:上海古籍出版社:2007年。

19. 徐元誥撰:《國語集解》,王叔民、沈長雲點校,北京:中華書局,2002年。

20. 〔漢〕許慎撰、〔清〕段玉裁注:《說文解字注》,上海:上海古籍出版社,1981年。

21. 〔漢〕鄭玄注,〔唐〕孔穎達正義:《禮記》,上海:上海古籍出版社,2008年。

22. 〔清〕朱彬著:《禮記訓纂》,北京:中華書局,1995年。

## 二、工具類

1. 北京大學哲學系編:《古希臘羅馬哲學》,北京:商務印書館,1961年。

2. 陳嘉映等譯:《西方大觀念》,北京:華夏出版社,2007年。

3. 谷衍奎主編:《漢字源流字典》,北京:華夏出版社,2003年。

4. 蔣永福、吳可、岳長齡主編:《東西方哲學大辭典》,南昌:江西人民出版社,2000年。

5. 尼古拉斯·布寧、余紀元編著:《西方哲學英漢對照辭典》,北京:人民出版社,2001年。

## 三、著述類

1. 安繼民著:《秩序與自由:儒道互補初論》,北京:社會科學文獻出版社,2010年。

2. 曹礎基著:《莊子淺注》,北京:中華書局,2000年。

3. 曹俊峰、朱立元、張玉能著:《西方美學通史·第四卷·德國古典美學》,上海:上海文藝出版社,1999年。

4. 曹智頻著:《莊子自由思想研究》,合肥:安徽大學出版社,2010年。

5. 陳鼓應著:《老莊新論》(修訂版),北京:商務印書館,2008年。

6. 陳鼓應著:《莊子今注今譯》,北京:商務印書館,2007年。

7. 陳徽著:《致命與逍遙——莊子思想研究》,上海:復旦大學出版社,2012年。

8. 慈繼偉著：《正義的兩面性》，北京：三聯書店，2001 年。

9. 崔大華著：《莊子歧解》，鄭州：中州古籍出版社，1988 年。

10. 崔大華著：《莊子研究》，北京：人民出版社，1992 年。

11. 鄧曉芒著：《康德哲學講演錄》，桂林：廣西師範大學出版社，2006 年。

12. 鄧曉芒著：《冥河的擺渡者——康德〈判斷力批判〉》，武漢：武漢大學出版社，2007 年。

13. 方東美著：《原始儒家道家哲學》，北京：中華書局，2012 年。

14. 方東美著：《中國哲學精神及其發展》，載《中國現代學術經典·方東美卷》，石家莊：河北教育出版社，1996 年。

15. 方光華著：《中國古代本體思想史稿》，北京：中國社會科學出版社，2005 年。

16. 方勇著：《莊子學史》（第一冊），北京：人民出版社，2008 年。

17. 馮友蘭著：《中國哲學史》，北京：中華書局，1961 年。

18. 傅佩榮著：《解讀莊子》，上海：上海三聯書店，2007 年。

19. 傅偉勳著：《從西方哲學到禪佛教》，北京：三聯書店，1989 年。

20. 高亨著：《高亨著作集林·第六卷·莊子今箋》，北京：清華大學出版社，2004 年。

21. 高亨著《詩經今注》，北京：清華大學出版社，2010 年。

22. 郭立田著：《康德〈純粹理性批判〉文本解讀》，哈爾濱：黑龍江大學出版社，2010 年。

23. 郭沫若著：《十批判書》，北京：東方出版社，1996 年。

24. 韓林合著：《虛己以遊世：〈莊子〉哲學研究》，北京：北京大學出版社，2006 年。

25. 韓水法著：《康德物自身學說研究》，北京：商務印書館，2009 年。

26. 韓水法著：《批判的形而上學》，北京：北京大學出版社，2009 年。

27. 侯外盧著：《中國古代社會史論》，石家莊：河北教育出版社，2000 年。

28. 胡友峰著：《康德美學中的自然與自由觀念》，杭州：浙江大學出版社，2009 年。

29. 黃裕生著：《真理與自由：康德哲學的存在論闡釋》，南京：江蘇人民出版社，2008 年。

30. 蔣錫昌著：《老子校詁》，上海：商務印書館，1937 年。

31. 李道湘著：《神秘與理性：莊子與中國傳統文化》，北京：開明出版社，2000 年。

32. 李錦全、曹智頻著：《莊子與中國文化》，貴陽：貴州人民出版社，2001年。

33. 李欣、鍾錦著：《康德辯證法新釋》，上海：同濟大學出版社，2009年。

34. 李澤厚、劉紀綱著：《中國美學史》（第一卷），北京：中國社會科學出版社，1984年。

35. 李澤厚著：《美學三書》，合肥：安徽文藝出版社，1999年。

36. 李澤厚著：《批判哲學的批判——康德述評》，天津：天津社會科學出版社，2003年。

37. 李澤厚著：《中國古代思想史論》，天津：天津社會科學出版社，2003年。

38. 梁治平著：《尋求自然秩序中的和諧》，北京：中國政法大學出版社，2002年。

39. 劉方著：《中國美學的歷史演進及其現代轉型》，成都：巴蜀書社，2005年。

40. 劉笑敢著：《老子古今——五種對勘與析評引論》（上卷），北京：中國社會科學出版社，2006年。

41. 劉笑敢著：《莊子哲學及其演變》（修訂版），北京：中國人民大學出版社，2010年。

42. 陸永品著：《莊子通釋》，北京：中國社會科學出版社，2006年。

43. 羅安憲著：《虛靜與逍遙——道家心性論研究》，北京：人民出版社，2005年。

44. 馬持盈著：《詩經今注今譯》，臺北：臺灣商務印書館，1971年（民國六十年）。

45. 張恒壽著：《莊子新探》，武漢：湖北人民出版社，1983年。

46. 蒙培元著：《人與自然——中國哲學生態觀》，北京：人民出版社，2004年。

47. 牟宗三著：《中國哲學十九講》，上海：上海世紀出版集團，2005年。

48. 倪梁康著：《自識與反思》，北京：商務印書館，2002年。

49. 彭裕商著：《文子校注》，成都：巴蜀書社，2006年。

50. 齊良驥著：《康德的知識學》，北京：商務印書館，2011年。

51. 錢穆著：《莊老通辨》，北京：三聯書店出版社，2002年。

52. 錢穆著：《莊子纂箋》，北京：三聯書店出版社，2010年。

53. 孫以楷、甄長松著：《莊子通論》，北京：東方出版社，1995年。

54. 孫以楷主編：《道家與中國哲學》，北京：人民出版社，2004年。

55. 孫以楷著：《老子通論》，合肥：安徽大學出版社，2004年。

56. 唐君毅著：《中國哲學原論：導論篇》，北京：中國社會科學出版社，2005年。

57. 唐君毅著：《中國哲學原論：原道篇》，北京：中國社會科學出版社，2006年。

58. 涂光社著：《莊子範疇心解》，北京：中國社會科學出版社，2003年。

59. 汪鳳炎、鄭紅著：《中國文化心理學》，廣州：暨南大學出版社，2005年。

60. 汪子嵩、范明生、陳村富等著：《希臘哲學史》（第一卷），北京：人民出版社，1988年。

61. 汪子嵩、范明生、陳村富等著：《希臘哲學史》（第二卷），北京：人民出版社，1993年。

62. 汪子嵩、范明生、陳村富等著：《希臘哲學史》（第三卷），北京：人民出版社，2003年。

63. 王凱著：《逍遙遊：莊子美學的現代闡釋》，武漢：武漢大學出版社，2003年。

64. 王力著：《漢語史稿》，北京：中華書局，1980年。

65. 王利器著：《文子疏義》，北京：中華書局，2000年。

66. 王叔岷著：《莊學管窺》，北京：中華書局，2007年。

67. 王叔岷著：《莊子校詮》，北京：中華書局，2007年。

68. 王樹人、李明珠著：《感悟莊子：「象」思維下的〈莊子〉》，南京：江蘇人民出版社，2006年。

69. 王素芬著：《順物自然——生態語境下的莊學研究》，北京：人民出版社，2011年。

70. 王中江著：《道家形而上學》，上海：上海文化出版社，2001年。

71. 聞一多：《聞一多全集·第9卷》，武漢：湖北人民出版社，1993年。

72. 蕭無陂著：《自然的觀念——對老莊哲學中一個重要觀念的重新考察》，長沙：湖南人民出版社，2010年。

73. 謝揚舉著：《道家哲學之研究——比較與環境哲學視界中的道家》，西安：陝西人民出版社，2003年。

74. 徐復觀著：《中國人性論史》，上海：華東師範大學出版社，2005年。

75. 徐克謙著：《莊子哲學新探：道·言·自由與美》，北京：中華書局，2005年。

76. 徐向東編：《自由意志與道德責任》，南京：江蘇人民出版社，2006年。

77. 嚴復著：《莊子評語》，載《嚴復集·第四冊》，王栻編，北京：中華書局，1986年。

78. 顏世安著：《莊子評傳》，南京：南京大學出版社，2011年。

79. 楊寬著：《戰國史》，上海：上海人民出版社，1998 年。

80. 楊柳橋著：《莊子譯注》，上海：上海古籍出版社，2006 年。

81. 楊天宇著：《禮記譯注》，上海：上海古籍出版社，2004 年。

82. 楊祖陶、鄧曉芒著：《康德〈純粹理性批判〉指要》，北京：人民出版社，2001 年。

83. 楊祖陶：《德國古代哲學邏輯進程》，武漢：武漢大學出版社，2006 年。

84. 楊祖陶：《康德黑格爾哲學研究》，武漢：武漢大學出版社，2001 年。

85. 葉朗著：《中國美學史大綱》，上海：上海人民出版社。

86. 葉秀山著：《葉秀山文集·哲學卷》，重慶：重慶出版社，2000 年。

87. 易曉波著：《論康德的知性與理性》，長沙：湖南教育出版社，2010 年。

88. 袁梅著：《詩經譯注》，山東，齊魯書社，1985 年。

89. 張岱年著：《中國哲學史大綱》，北京：中國社會科學出版社，1985 年。

90. 張世英：《哲學導論》，北京：北京大學出版社，2002 年。

91. 張松輝著：《莊子疑義考辨》，北京：中華書局，2007 年。

92. 張松如、陳鼓應、趙明、張軍：《老莊論集》，濟南：齊魯書社，1987 年。

93. 張政文著：《康德批判哲學的還原與批判》，北京：社會科學文獻出版社，2005 年。

94. 張志揚、陳家琪著：《形而上學的巴別塔》，上海：同濟大學出版社，2004 年。

95. 趙廣明著：《康德的信仰：康德的自由、自然和上帝理念批判》，南京：江蘇人民出版社，2008 年。

96. 鄭昕著：《康德學述》，北京：商務印書館，1984 年。

97. 鍾泰著：《莊子發微》，上海：上海古籍出版社，2002 年。

98. 朱光潛著：《西方美學史》北京：人民文學出版社，2002 年。

99. 朱桂曜著：《莊子內篇證補》，上海：商務印書館，1935 年。

100. 朱志良著：《中國美學十五講》，北京：北京大學出版社，2006 年。

101. 朱志榮著：《康德美學思想研究》，合肥：安徽人民出版社，1997 年。

## 四、譯著類

1. 〔蘇聯〕阿爾森·古留加著：《康德傳》，賈澤林、侯鴻勳、王炳文譯，北京：商務印書館，1981 年。

2. 〔奧〕埃爾溫·薛定諤著、羅來鷗、羅遼復譯：《生命是什麼》，長沙：湖南科學技術出版社，2003 年。

3. 〔美〕愛德華・威爾遜著：《論人的天性》，林和生、謝顯寧、王作虹譯，貴陽：貴州人民出版社，1987 年。

4. 〔美〕愛德華・威爾遜著：《新的綜合：社會生物學》，陽河清譯，成都：四川人民出版社，1985 年。

5. 〔英〕安德魯・海伍德著：《政治學核心概念》，吳勇譯，天津：天津人民出版社，2008 年。

6. 〔英〕安東尼・肯尼編：《牛津西方哲學史》，韓東暉譯，北京：中國人民大學出版社，2006 年。

7. 〔英〕安東尼・肯尼著：《牛津西方哲學史・第 1 卷・古代哲學》，王柯平譯，長春：吉林出版集團有限責任公司，2010 年。

8. 安東尼・肯尼著：《牛津西方哲學史・第 3 卷・近代哲學的興起》，楊平譯，長春：吉林出版集團有限責任公司，2010 年。

9. 〔美〕安樂哲著：《自我的圓成：中西互鏡下的古典儒家和道家》，彭國祥譯，石家莊：河北人民出版社，2006 年。

10. 奧康諾主編：《批評的西方哲學史》，洪漢鼎等譯，北京：東方出版社，2005 年。

11. 〔德〕奧特弗里德・赫費著：《康德：生平、著作與影響》，鄭伊倩譯，北京：人民出版社，2007 年。

12. 〔德〕奧特弗里德・赫費著：《現代哲學的基石：康德的〈純粹理性批判〉》，郭大爲譯，北京：人民出版社，2008 年。

13. 〔美〕芭芭拉・赫爾曼著：《道德判斷的實踐》，陳虎平譯，北京：東方出版社，2006 年。

14. 〔法〕邦雅曼・貢斯當著：《古代人的自由與現代人的自由》，閻克文等譯，上海：上海人民出版社，2005 年。

15. 〔英〕鮑桑葵著：《美學史》，張今譯，桂林：廣西師範大學出版社，2001 年。

16. 〔美〕本傑明・史華茲著：《古代中國的思想世界》，程綱譯，南京：江蘇人民出版社，2004 年。

17. 〔美〕布魯克・諾埃爾・穆爾、肯尼思・布魯德著：《思想的力量：哲學導論》（第 6 版），李宏昀等譯，上海：上海社會科學出版社，2009 年。

18. 〔德〕策勒爾著：《古希臘哲學史綱》，翁紹軍譯、賀仁麟校，濟南：山東人民出版社，1996 年。

19. 〔英〕大衛・科珀著：《存在主義》（第二版），孫小玲、鄭劍文譯，上海：復旦大學出版社，2012 年。

20. 〔法〕笛卡爾著：《第一哲學沉思集》，龐景仁譯，北京：商務印書館，1986 年。

21. 〔德〕恩斯特・圖根德哈特著：《自我中心性與神秘主義：一項人類學研究》，鄭辟瑞譯，上海：上海譯文出版社，2007 年。

22. 〔法〕弗朗索瓦・余連著：《聖人無意：或哲學的他者》，閆素偉譯，北京：商務印書館。

23. 〔法〕弗朗索瓦・余蓮著：《勢：中國的效力觀》，卓立譯，北京：北京大學出版社，2009 年。

24. 〔英〕弗朗西斯・克里克著：《驚人的假說：靈魂的科學探索》，汪雲九、齊翔林等譯，長沙：湖南科學技術出版社，2010 年。

25. 〔美〕格拉切著：《形而上學及其任務——關於知識的範疇基礎研究》，陶秀璈等譯，濟南：山東人民出版社，2008 年。

26. 〔英〕葛瑞漢著：《論道者：中國古代哲學論辯》，張海晏譯，北京：中國社會科學出版社，2003 年。

27. 〔德〕黑格爾著：《邏輯學》，楊一之譯，北京：商務印書館，1976 年。

28. 〔德〕黑格爾著：《精神現象學》，賀麟、王玖興譯，北京：商務印書館，1979 年。

29. 亨利・E・阿利森著：《康德的自由理論》，陳虎平譯，遼寧：遼寧教育出版社，2001 年版。

30. 〔英〕亨利・西季威克著：《倫理學方法》，廖申白譯，北京：中國社會科學出版社，1993 年。

31. 〔英〕亨利・西季威克著：《倫理學史綱》，熊敏譯、陳虎平校，南京：江蘇人民出版社，2008 年。

32. 〔美〕侯世達著：《哥德爾、艾舍爾、巴赫——集異璧之大成》，北京：商務印書館，1997 年。

33. 〔英〕霍布斯著：《利維坦》，黎思復等譯，北京：商務印書館，1997 年。

34. 〔美〕傑拉爾德・埃德爾曼、朱利歐・托諾尼著：《意識的宇宙——物質如何轉變爲精神》，顧凡及譯，上海：上海科學技術出版社，2004 年。

35. 〔美〕傑拉爾德・埃德爾曼著：《第二自然——意識之謎》，唐璐譯，長沙：湖南科學技術出版社，2010 年。

36. 〔德〕卡爾・阿默里克斯編：《德國唯心主義》，三聯，2006 年。

37. 〔美〕卡普拉著：《物理學之「道」——近代物理學與東方神秘主義》，朱潤生譯，北京：北京出版社，1999 年。

38. 〔德〕康德：《康德書信百封》，李秋零譯，上海：上海人民出版社，1992 年。

39. 〔德〕康德著：《純粹理性批判》，鄧曉芒譯，楊祖陶校，北京：人民出版社，2004 年。

40.〔德〕康德著:《純粹理性批判》,李秋零譯,北京:中國人民大學出版社, 2004 年。

41.〔德〕康德:《康德著作全集》(第 1 卷),李秋零主編,北京:中國人民 大學出版社,2003 年。

42.〔德〕康德:《康德著作全集》(第 2 卷),李秋零主編,北京:中國人民 大學出版社,2004 年。

43.〔德〕康德:《康德著作全集》(第 4 卷),李秋零主編,北京:中國人民 大學出版社,2005 年。

44.〔德〕康德:《康德著作全集》(第 5 卷),李秋零主編,北京:中國人民 大學出版社,2007 年。

45.〔德〕康德:《康德著作全集》(第 6 卷),李秋零主編,北京:中國人民 大學出版社,2007 年。

46.〔德〕康德:《康德著作全集》(第 7 卷),李秋零主編,北京:中國人民 大學出版社,2008 年。

47.〔德〕康德:《康德著作全集》(第 8 卷),李秋零主編,北京:中國人民 大學出版社,2008 年。

48.〔英〕康浦·斯密著:《康德純粹理性批判解義》,韋卓民譯,武漢:華中 師範大學出版社,2006 年。

49.〔英〕柯林伍德著:《形而上學論》,宮睿譯,北京:北京大學出版社,2007 年。

50.〔英〕柯林伍德著:《自然的觀念》,吳國盛譯,北京:北京大學出版社, 2006 年。

51.〔美〕克萊因著:《西方文化中的數學》,張祖貴譯,上海:復旦大學出版 社,2004 年。

52.〔美〕克萊因著:《西方文化中的數學》,張祖貴譯,上海:復旦大學出版 社,2004 年。

53. 克里斯·桑希爾著:《德國政治哲學:法的形而上學》,陳江進譯,北京: 人民出版社,2009 年。

54.〔美〕肯·威爾伯著:《沒有疆界》,許金聲譯,北京:中國人民大學出版 社,2012 年。

55.〔美〕肯·威爾伯著:《萬物簡史》,許金聲等譯,北京:中國人民大學出 版社,2006 年。

56.〔英〕蘭迪·埃文斯著:《解讀情感》,石林譯,北京:外語教學與研究出 版社,2007 年。

57.〔美〕蘭迪·拉森、戴維·巴斯著:《人格心理學——人性的科學探索》, 郭永玉等譯,北京:人民郵電出版社,2011 年。

58. 〔英〕李約瑟著：《中國古代科學思想史》，陳立夫譯，江西人民出版社，2006 年版。

59. 〔英〕李約瑟著：《中國科學技術史·第二卷·科學思想史》，何兆武等譯，北京：科學出版社，1990 年。

60. 里夏德·克朗納著：《論康德與黑格爾》，關子尹編譯，上海：同濟大學出版社，2004 年第 12 月。

61. 〔英〕理查德·道金斯著：《自私的基因》，盧允中、張岱雲譯，北京：科學出版社，1981 年。

62. 〔美〕理查德·格里格、菲利普·津巴多著：《心理學與生活》，王壘、王甦譯，北京：人民郵電出版社，2003 年。

63. 〔美〕劉易斯·貝克著：《〈實踐理性批判〉通釋》，黃濤譯，上海：華東師範大學出版社，2011 年。

64. 〔英〕羅賓·鄧巴等著：《進化心理學：從猿到人的心靈演化之路》，萬美婷譯，北京：中國輕工業出版社，2011 年。

65. 〔美〕羅伯特·所羅門著：《大問題：簡明哲學導論》，張卜天譯，桂林：廣西師範大學出版社，2004 年。

66. 〔英〕羅傑·彭羅斯著：《皇帝新腦──有關電腦、人腦及物理定律》，許賢明、吳忠超譯，長沙：湖南科學技術出版社，1995 年。

67. 〔英〕羅傑·斯克魯頓著：《康德》（牛津通識讀本），劉華文譯，南京：譯林出版社，2011 年。

68. 〔英〕洛克著：《人類理解論》，關文運譯，北京：商務印書館，1959 年。

69. 〔德〕馬丁·布伯：《我與你》，陳維綱譯，北京：三聯書店，1986 年。

70. 〔德〕馬丁·海德格爾著：《路標》，孫周興譯，北京：商務印書館，2000 年。

71. 〔德〕馬丁·海德格爾著：《物的追問──康德關於先驗原理的學說》，趙衛國譯，上海：上海譯文出版社，2010 年。

72. 〔美〕馬克·里拉等編：《以賽亞·柏林的遺產》，劉擎等譯，北京：新星出版社，2009 年。

73. 〔美〕馬斯洛著：《動機與人格》（第三版），許金聲譯，北京：中國人民大學出版社，2007 年。

74. 〔美〕麥克爾·路克思著：《當代形而上學導論》，朱新民譯，上海：復旦大學出版社，2008 年。

75. 〔美〕摩狄曼·J·阿德勒著：《六大觀念：真、善、美、自由、平等、正義》，陳珠權、楊建國譯，北京：團結出版社，1989 年。

76. 〔英〕尼古拉斯·布寧、〔中〕燕宏遠等主編：《當代英美哲學概論》，北京：社會科學文獻出版社，2002 年。

77.〔美〕諾伯特·威利著:《符號自我》,文一茗譯,成都:四川教育出版社,2011 年。

78.〔美〕〔英〕裴頓著:《康德的經驗形而上學:〈純粹理性批判〉上半部注釋》,韋卓民譯,武漢:華中大學出版社,2009 年。

79.〔美〕喬納森·布朗著:《自我》,陳浩鶯等譯,北京:人民郵電出版社,2004 年。

80.〔德〕石里克著:《普通認識論》,李步樓譯,北京:商務印書館,2005 年。

81.〔美〕史蒂文·盧坡爾著:《倫理學導論》,陳燕譯,北京:中國人民大學出版社,2008 年。

82.〔美〕斯通普夫·菲澤著:《西方哲學史》(第七版),丁三東等譯,北京:中華書局,2005 年。

83. 斯圖亞特·雷切爾斯著:《道德的理由》,楊宗元譯,北京:中國人民大學出版社,2009 年。

84. 蘇珊·布萊克莫爾著:《意識新探》,薛貴譯,北京:外語教學與研究出版社,2007 年。

85.〔智〕瓦雷拉、〔加〕E·湯普森、〔美〕E·羅施著:《具身心智:認知科學和人類經驗》,李恒威、李恒熙、王球、於霞譯,杭州:浙江大學出版社,2010 年。

86. 威廉·德雷:《歷史哲學》,王煒、尚新建譯,上海:三聯書店,1988 年。

87.〔英〕西蒙·克里奇利著:《解讀歐陸哲學》,江怡譯,北京:外語教學與研究出版社,2009 年。

88.〔英〕休謨著:《人性論》,關文運譯,北京:商務印書館,1959 年。

89.〔法〕謝和耐著:《中國社會史》,耿昇譯,南京:江蘇人民出版社,1995 年。

90.〔古希臘〕亞里士多德著:《形而上學》,吳壽彭譯,北京:商務印書館,1959 年。

91.〔英〕以賽亞·柏林著:《自由論》,胡傳勝譯,南京:譯林出版社,2003 年。應奇、劉訓練編《第三種自由》,北京:東方出版社,2006 年。

92.〔澳〕約翰·C·埃克爾斯著:《腦的進化——自我意識的創生》,潘泓譯,上海:上海世紀出版集團,2007 年。

93. 約翰·M·瑞斯特著:《真正的倫理學——重審道德之基礎》,向玉喬等譯,北京:中國人民大學出版社,2012 年。

94. 約翰·布里格斯、戴維·皮特等著:《混沌七鑒:來自易學的永恒智慧》,陳忠等譯,上海:上海世紀出版集團,2008 年。

95. 〔美〕約翰・布羅克曼著：《第三種文化：洞察世界的新途徑——誰更有發言權，人文學者，還是科學陣營裏的思想家？》呂芳譯，海南：海南出版社，2003 年。

96. 〔加拿大〕約翰・華特生著：《康德哲學講解》，韋卓民譯，武漢：華中師範大學出版社，2006 年。

97. 〔美〕約翰・羅爾斯著：《道德哲學史講義》，張國清譯，上海：上海三聯書店，2003 年。

98. 〔美〕約翰・塞爾著：《心靈、語言和社會——實在世界中的哲學》，李步樓譯，上海：上海譯文出版社，2001 年。

99. 〔美〕約翰・塞爾著：《心靈導論》，徐英瑾譯，上海：上海人民出版社，2008 年。

100. 〔美〕約翰・塞爾著：《意識的奧秘》，劉葉濤譯，南京、南京大學出版社，2009 年。

101. 〔美〕澤諾・萬德勒著：《哲學中的語言學》，陳嘉映譯，北京：華夏出版社，2008 年。

## 五、外文類

1. Immanuel Kant, Critique of Judgment, translated by werner S. Pluhar, Cambridge, Hackett Publishing Company, 1987.

2. Immanuel Kant, Critique of Practical Reason, translated by werner S. Pluhar, Cambridge, Hackett Publishing Company, 2002.

3. Immanuel Kant, Critique of Pure Judgment, General editor: Paul Guyer and Allen W. Wood, Cambridge, Cambridge university Press, 2002.

4. Immanuel Kant, Critique of Pure Reason, General editor: Paul Guyer and Allen W. Wood, Cambridge, Cambridge university Press, 1998.

5. Immanuel Kant, Critique of Pure Reason, translated by werner S. Pluhar, Cambridge, Hackett Publishing Campany, 1996.

6. Immanuel Kant, Religion and Rational Theology, General editor: Paul Guyer and Allen W. Wood, Cambridge, Cambridge university Press, 1996.

7. Immanuel Kant, Theoretical Philosophy after 1781, General editor: Paul Guyer and Allen W. Wood, Cambridge, Cambridge university Press, 2002.

8. Pablo Muchnik, An Alternative Proof of the universal Propensity to Evil, Sharon Anderson-Gold, Pablo Muchnik, Kant's Anatomy of Evil, Cambridge, Cambridge University Press, 2010.

9. Paul Guyer, Kant's System of Nature and Freedom, Oxford university press, 2005.

10. Robert B. Louden, Evil Everywhere The Ordinariness of Kantian Radical Evil, Sharon Anderson-Gold, Pablo Muchnik, Kant's Anatomy of Evil, Cambridge University Press, 2010.

11. Seiriol Morgan, The Missing Formal Proof of Humanity's Radical Evil in Kant's「Religion」, The Philosophical Review, Vol. 114, No. 1（Jan., 2005）.

## 六 論文類

1. 白文君：《康德論述根本惡的三重維度及其矛盾》，載《倫理學研究》2007年5月第3期（總第29期）。

2. 白文君：《論康德的人性思想》，載《學術論壇》，2007年第11期（總第202期）。

3. 包兆會：《莊子的自發性思想及其在美學生成中的作用》，載《江西社會科學》，2011年第2期。

4. 曹峰：《希望：在自由與幸福之間──康德的希望問題略探》，載《甘肅理論學刊》，2011年3月第2期（總第204期）。

5. 陳靜：《吾喪我──莊子〈齊物論〉解讀》，載《哲學研究》，2001年第5期。

6. 陳巍、郭本禹：《邁向整合腦與經驗的意識科學──varela的升級現象學述評》，載《心理科學》，2011年第34卷，第4期。

7. 陳瑤華：《康德論「根本惡」》，載《東吳政治學報》2006年第23期。

8. 崔宜明：《康德哲學中的自由理念──在自由意志與自由權利之間》，載《華東師範大學學報》，2010年第5期。

9. 鄧曉芒：《康德和黑格爾的自由觀比較》，載《社會科學戰線》，2005年第3期。

10. 鄧曉芒：《康德自由概念的三個層次》，《復旦學報》，2004年第2期。

11. 刁生虎：《老莊直覺思維及其方法論意義》，載《焦作教育學院學報》（綜合版），2001年3月，第17卷第1期。

12. 董濱宇：《「先驗自由」與理性的功能──對阿利森關於康德哲學中相關批評的質疑》，載《蘭州學刊》，2010年第3期（總第198期）。

13.〔美〕格拉姆·帕克斯：《人與自然──尼采哲學與道家學說之比較研究》，載《道家文化研究》（第二輯），上海：上海古籍出版社，1992年。

14. 漢娜·皮金特：《「Freedom」與「Liberty」是孿生子嗎？》，陳偉譯，載應奇、劉訓練編《第三種自由》，北京：東方出版社，2006年。

15. 賀來：《「認識論轉向」的本體論意蘊》，載《社會科學戰線》，2005年第3期。

16. 洪克強、蕭娜：《「純粹自由」何以可能？──從「三大批判」看康德自由理論的邏輯建構》，載《貴州社會科學》，2005年第1期（總第193期）。

17. 洪克強：《康德自由觀的歷史貢獻及其當代意義》，載《雲南社會科學》，2003年第4期。

18. 胡萬年：《奧古斯丁自由意誌概念的形而上維度──兼與康德自由意志比較》，載《安徽大學學》（哲學社會科學版），2008 年 9 月第 32 卷第 5 期。

19. 胡元志：《莊子與康德的自由觀比較》，載《十堰職業技術學院學報》，2009 年 4 月第 22 卷第 2 期。

20. 貫學鴻：《〈莊子〉物化考辨》，載《揚州大學學報》，2008 年第 12 卷第 2 期。

21. 傑拉爾德‧麥卡勒姆著，李麗紅譯《消極自由與積極自由》，載載應奇、劉訓練編《第三種自由》，北京：東方出版社，2006 年。

22. 靳瑞霞：《道論之下：莊子的技術觀和知識觀》，載《商丘師範學院學報》，2007 年第 2 期。

23. 李秋零：《「本性」還是「本質」？──答鄒曉東先生》，載《哲學門》（總第十六輯）第八卷第二冊，北京大學出版社，2008 年 1 月，第 280 頁。

24. 李秋零：《從康德的「自然意圖」到黑格爾的「理性狡計」──德國古典歷史哲學發展的一條重要線索》，載《中國人民大學學報》，1991 年第 5 期。

25. 李秋零：《康德論人性根本惡及人的改惡向善》，載《哲學研究》1997 年第 1 期。

26. 梁鵬：《判斷力：從自然向自由過渡的橋梁──康德《判斷力批判》主題淺論》，載《探索與爭鳴》，1990 年第 4 期。

27. 劉晟：《「心齋」、「物化」與審美──莊子審美哲學論》，載《山東師大學報》（社會科學版），1993 年第 3 期。

28. 劉為欽：《「另一個自然」──康德美學的重要範疇》，載《哲學研究》1998 年第 3 期。

29. 潘志恒：《康德的自由理論評析》，載《比較法研究》，2004 年第 2 期。

30. 彭鋒：《自然全美：一個古老而全新的觀念》，載《南通師範學院學報》（哲學社會科學版），2002 年第 18 卷第 1 期。

31. 錢捷：《什麼是康德的「第二類比」》，載《德國哲學論叢》（2000），湖北大學哲學研究所，「德國哲學論叢」編委會編，北京大學出版社，2001 年。

32. 喬根鎖：《論老莊哲學的直覺與直觀》，載《西藏民族學院學報》（哲學社會科學版），2003 年 9 月，第 25 卷第 5 期。

33. 任繼愈：《莊子探源》，載《哲學研究》，1961 年第 2 期。

34. 司有平、胡萬年：《大自然的意圖──解讀康德的歷史哲學》，載《巢湖學院學報》，2007 年第 4 期（總第 85 期）。

35. 蘇婭：《論康德的「第三種自由」》，載《深圳大學學報》（人文社會科學版），2011 年第 28 卷第 2 期。

36. 孫波：《論康德道德宗教中的自由理念》，載《世界宗教研究》，1999 年第 2 期。

37. 孫迎聯、杜貴陽：《康德自由理論的邏輯路徑》，載《理論學習》2006 年第 6 期。

38. 托馬斯・麥卡錫：《對康德以來普遍歷史觀念的評論》，陳常燊譯，載《哲學分析》，2010 年第 1 卷第 4 期。

39. 王建軍：《康德自由理論的兩個前提》，載《安徽大學學報》，2010 年第 3 期。

40. 王錕：《目的論與自由：論康德的政治哲學》，載《浙江師範大學學報》，2008 年第 33 卷第 5 期。

41. 王亞波：《從語言和體系兩個層面理解莊子的「吾喪我」》，載《江蘇廣播電視大學學報》，2012 年第 4 期。

42. 吳友軍：《康德「自由意志」的不自由實質——阿多諾對康德自由觀的批判》，載《求是學刊》，2004 年第 31 卷第 3 期。

43. 徐向東：《人類自由問題》，載徐向東編《自由意志與道德責任》，南京：江蘇人民出版社，2006 年。

44. 姚君喜：《康德先驗哲學中的自由問題》，載《蘭州商學院學報》，2000 年第 16 卷第 3 期。

45. 葉秀山：《漫談莊子的「自由」觀》，載《道家文化研究》第八輯，上海：上海古籍出版社，1995 年。

46. 俞吾金：《康德批判哲學的研究起點和形成過程》，《東南學術》，2002 年第 2 期。

47. 袁茂雄：《莊子「吾喪我」考析》，載《河西學院學報》，2010 年第 26 卷第 3 期。

48. 張祥明：《寬容：莊子的認識論精神》，載《齊魯學刊》，1998 年第 6 期。

49. 趙明：《〈逍遙遊〉義辨》，載《復旦學報》編輯部編《莊子研究》，上海：復旦大學出版社，1986 年。

50. 趙詩華，王玲：《論莊子自由觀的三重境界：載《內蒙古農業大學學報》（社會科學版），2007 第 6 期（第 9 卷，總第 36 期）。

51. 趙汀陽：《先驗論證》，載《世界哲學》，2005 年第 3 期。

# 後 記

　　2006 年 9 月，我有幸進入西北大學中國思想文化研究所，跟隨謝陽舉老師學習中國思想史，攻讀歷史學碩士學位；2009 年 9 月，我再次跟隨謝陽舉老師學習中國思想史，攻讀歷史學博士學位。7 年來，我在學習上得到了謝陽舉老師的細心指導，我在生活上也得到了謝陽舉老師的關愛。我的博士學位論文從選題，到最後的修改完善，每一成就都有謝老師的汗水在裏面。在此，我想表達對謝老師的誠摯謝意。

　　在中國思想文化研究所學習的七年來，張豈之先生淵博的學養、寬闊的胸懷、對學生們的殷切希望和教誨，無不給我留下了深刻的印象。方光華老師、張茂澤老師、陳占峰老師、宋玉波老師不僅使我獲取了知識，也給我的論文提供了許多幫助。劉薇老師、李江輝老師、鄭熊老師給我的學習和生活都提供了莫大的幫助。在此一併向老師表示感謝。

　　我還要特別感謝我的師弟陳鑫，在我因爲家事而分身乏術的時候，提供了很多幫助，使我能夠順利完成論文的打印、提交等任務。

　　最後，感謝我的父母、姐姐、哥哥多年來的支持，感謝我的妻子多年來的任勞任怨，感謝上天在我的論文快要完成的時候，賜給我一個健康活潑的孩子。

路傳頌
2013 年 5 月 3 日於西北大學

　　又記：

　　此書出版之際，我在博士論文的基礎上進行了一些修改，但錯謬在所難免，懇請讀者朋友們不吝賜教。我的電子郵箱是：lu.cs312@outlook.com。

　　感謝林慶彰教授將本書納入《中國學術思想研究輯刊》叢書，感謝花木蘭文化出版社同意出版此書，感謝花木蘭文化出版社各位老師辛勤而嚴謹的編輯工作。

路傳頌
2015 年 3 月 17 日於西北大學